复旦中文学科建设丛书
古典文献学卷

蛾术薪传 下

陈尚君 编选

商务印书馆
The Commercial Press
创于1897

今本《顺宗实录》作者考辨

蒋 凡

一、讨论今本《顺宗实录》作者问题的重要性

最近,学术界就韩愈的评价问题展开了讨论,特别是关于他的思想与为人的问题,争鸣非常热烈。在争鸣中,几乎各家都引用了《韩昌黎文集·外集》所附《顺宗实录》(以下简称今本《顺宗实录》)的有关材料。由此可见今本《顺宗实录》在讨论中确实占有重要的地位。但这里有个基本前提,即目前流传的今本《顺宗实录》的作者是韩愈。在历史上,除清代的沈钦韩等个别人外,这是一致公认的说法。近来,陈光崇、瞿林东诸先生曾著文详加考证。①但最近《文学评论丛刊》第7辑刊登了《今本〈顺宗实录〉非韩愈所作辨》一文②,否定了历史公认的说法,并断定今本《顺宗实录》的作者是韦处厚。如果此说属实,把基本前提推翻了,那么大家引证今本《顺宗实录》的材料以讨论问题就是无的放矢。这就不仅是简单的考据问题,而是直接涉及评价韩愈的问题。从这点看,展开关于今本《顺宗实录》作者问题的讨论,确是非常必要。

---

① 陈光崇《唐实录纂修考》的"顺宗实录"部分,《辽宁大学学报(哲学社会科学版)》1978年第2期。瞿林东《韩愈与〈顺宗实录〉》,《社会科学战线》1979年第3期。
② 另参见张绪荣《韩柳之争探讨》中"澄清关于《顺宗实录》的一桩公案"一段,《武汉师范学院学报》1978年2—3期。

二、韦处厚撰三卷本《顺宗实录》在历史上没有流传的机会

在历史上,韦处厚和韩愈都编写过《顺宗实录》,韦本三卷,韩本五卷,这是事实。这两种本子,谁先谁后?据《旧唐书》卷一六〇《韩愈传》:"及撰《顺宗实录》,繁简不当,叙事拙于取舍,颇为当代所非。穆宗、文宗曾诏史臣添改。……而韦处厚竟别撰《顺宗实录》三卷。"据此,似是韩本先而韦本后,朝廷最后公布并因此获得广泛流传的是韦本。但这个记载是根本违反史实的。韩愈在《进〈顺宗皇帝实录〉表状》中明言:"去八年(按:元和八年[813])十一月,臣在史职。监修李吉甫授臣以前史官韦处厚所撰先帝(按:即顺宗)实录三卷,云未周悉,令臣重修。臣与修撰左拾遗沈传师、直馆京兆府咸阳尉宇文籍等共加采访,并寻诏敕,修成《顺宗皇帝实录》五卷。削去常事,著其系于政者,比之旧录,十益六七。忠良奸佞,莫不备书;苟关于时,无所不录。吉甫慎重其事,欲更研讨,比及身殁,尚未加功。臣于吉甫宅取得旧本,自冬及夏,刊正方毕。……谨随表献上。"这一表状在元和十年四月二十九日上奏。同年五月四日又就此事再次上表:"宰臣宣进止,其间有错误,令臣改毕,却进旧本者。臣当修撰之时,史官沈传师等采事得于传闻,诠次不精,致有差误。圣明所鉴,毫发无遗,恕臣不逮,重令刊正,今并改讫。……庶获编录,永传无穷。"这一文件说得很清楚:韦本先而韩本后,韦本是韩愈等重修时的参考本,韩本则是重修后的正式进奏本。当时朝廷公布的正是韩本,因它唯一合法,所以获得了"永传无穷"的资格。那么李吉甫为什么要命令韩愈等重修呢?这里有宗派斗争的影响。韦处厚于元和初任史官,与宰相裴垍及韦贯之等关系密切,元和五年十月,裴垍把韦处厚等撰《德宗实录》五十卷正式进奏,公布流传。韦处厚即着手编写《顺宗实录》。而元和六年正月,李吉甫入相,他与裴垍、韦贯之有矛盾、有成见,裴垍被贬为太子宾客,即因"李吉甫恶之"(《通鉴》卷二三八)。于是李吉甫又进一步采取组织措施,迁怒其"党人",因而韦处厚等皆罢史职。《唐会要》卷六十四:

六年(811)四月,史官左拾遗樊绅、右拾遗韦处厚、太常博士林宝并停修撰,守本官。……宰相李吉甫自淮南至,复监修国史,与垍有隙,又以垍抱病方退,不宜以《贞元实录》(按:应为《永贞实录》之误)上进,故史官皆罢。

由此可见,韦本三卷《顺宗实录》写于元和六年四月之前,它早摆在史馆,等候新来的监修宰相的审查。但因宗派斗争及其他原因(如质量问题),李吉甫决心不让韦本通过,并把它扣了下来,一方面不予进奏,一方面又把它交给后任史官韩愈作为重修实录时的参考本。这办法很巧妙,一下子就把韦本空锁史馆,从此销声匿迹了。我们这样分析是有根据的。只要对唐代实录的编纂、公布及流传的事实有所了解,自然就会清楚:在历史上,韦本《实录》从来就没有获得流传的机会。

唐代各朝均修实录。它是国史,因而朝野都很重视。它与私家修史大不相同,政府设有史馆及专职官吏来加以编纂。特别是中唐顺宗永贞元年(805)以后,情况变化,政府明文规定,未经朝廷审查、批准和公布的实录,严格不许流传。请看《唐会要》卷六十三:

贞元(按:当为"永贞"之误)①元年九月,监修国史宰臣韦执谊奏:"伏以皇王大典,实存简册,施于千载,传述不经。窃见自顷以来,史臣有所修撰,皆于私家纪录,其本不在馆中。褒贬之间,恐伤独见,编纪之际,或虑遗文,从前已来,有此乖阙。自今以后,伏望令修撰官,同共封镂。除已成实录撰进宣下者,其余见修日历,并不得私家置本,仍请永为常式。"从之。

这里明文记载,对于韦氏所奏之事,宪宗批示"从之"。于是从永贞元年(805)九月起,这一新规定就以"钦定"的形式正式生效,"永为常式"。后来,史上不见中、晚唐有哪个皇帝下令把它废除的记载。按这一严格规定,不要说是

---

① 据《资治通鉴》卷二三六,宰相韦执谊于永贞元年九月壬申上奏,时宪宗即位一月,顺宗称太上皇。是年十一月,韦即被贬为崖州司马。于此可证《唐会要》"贞元元年"实为"永贞元年"之误。

未经审批和正式公布的实录不许在社会上私自流传，就是作为编史用的"日历"（即大事记一类）之类的参考材料，也不许擅自带出史馆，即在史官家中，也不许保留任何实录的底本。根据这一规定，顺宗永贞以后编写的实录，如果不经朝廷"宣下"公布，或是没有"钦定"的特殊恩准，是绝对不许私自传抄的。有的实录，虽经"宣下"公布并已广泛流传，倘若后来的皇帝下诏作废，一旦失去"钦定"的合法面貌，它的存在与流传就产生了新的危机。如《宪宗实录》，原是路随、韦处厚等撰，这是文宗太和年间批准公布的国史，我们暂称它是旧本《宪宗实录》。但"会昌元年（841）十二月，李德裕奏修改《宪宗实录》所载李吉甫不善之迹，郑亚希旨削之"（《旧唐书·武宗纪》）。这是新本《宪宗实录》，它经武宗批准公布，取代旧本而获得流传。而武宗逝世后，宣宗即位，由于牛、李党争等种种原因，周墀上书斥责李德裕等的修改是"窜寄它事，以广父功"（《新唐书》卷八二《周墀传》）。于是宣宗于大中二年十一月下诏："《宪宗实录》宜施旧本，其新本委天下诸州察访，如有写得者，并送馆，不得隐藏。"已经公布流传的实录，一旦失去了"钦定"的合法性，就必须重新打入史馆"冷宫"，个人"不得隐藏"。曾经正式公布的新本《宪宗实录》的命运尚且如此，何况是未经审批的实录手稿！旧本《宪宗实录》，因为已经恢复了它那一度失去的"钦定"面貌，所以重新获得了广泛流传的可能性。而韦处厚撰三卷本《顺宗实录》的情况则完全不同，因它从来就不具备"钦定"的合法性。

韦处厚在元和初任史官，他撰《顺宗实录》，事在永贞元年（805）九月以后不久，当然必须严格执行韦执谊奏章中提到的新规定。如前所述，韦本《顺宗实录》因为李吉甫指责它"未周悉"，由监修宰相审查的第一关就通不过，当然就更谈不到朝廷的批准公布，于是它剩下的唯一任务是留待后任史官重修时做参考。一旦新修实录写成进奏，这个参考本也就完成了自己的历史使命，只能空锁史馆，任其尘埋土封而无人问津了。这是韦本《实录》无法逃脱的命运！韦本《实录》原只是一部手写稿本，不准私自流传，当然无人传抄或刻印。于是除了极少数的有关史官和监修宰相外，谁也无法看到，因而无从识其"庐山真面目"。

后来,在晚唐、五代以后,除今本《顺宗实录》五卷因附《韩昌黎集》而保存外,唐史馆中保存的大量"钦定"实录先后因兵火之灾而亡佚,当然更不用说那未经审批的"海内孤本"了。由此可见,韦本《顺宗实录》三卷,从它诞生后不久,即因从未获得"钦定"面貌,不具备流传的条件,旋即夭折在史馆的"摇篮"之中。今天人们看不到那曾经因"钦定"而广泛流传的唐代各朝实录,却会突然发现早已夭折的韦本《顺宗实录》,如果这不是"奇迹",就必然是神话。神话是迷人的,但却不是历史的真实!

三、韩本《顺宗实录》五卷在史上已广泛流传

据前所引韩愈《进顺宗皇帝实录表状》,韩愈等三人于元和八年(813)十一月接受了重修《顺宗实录》的任务,花了几个月的时间,很快完成了初稿并交监修宰相李吉甫审查,大概因为这一稿本攻击了宦官集团并涉及其他敏感的政治问题,李吉甫"慎重其事,欲更研讨"①,因而暂时搁置。元和九年十月李吉甫去世,于是韩愈从李宅中取出旧本,"自冬及夏,刊正方毕",这个修改本于元和十年四月二十九日随表上奏,后来宰相传达了朝廷的审查意见,韩愈又修改一通,于五月四日写成定稿本正式进奏。这个定稿本是否批准公布了呢?回答是肯定的。请看《旧唐书》卷一五九《路随传》:

> 太和二年,处厚薨,随代为相,拜中书侍郎加监修国史。初,韩愈撰《顺宗实录》,说禁中事颇切直,内官恶之,往往于上前言其不实,累朝有诏改修。及随进《宪宗实录》后,文宗复令改正永贞时事。随奏曰:"臣昨面奉圣旨,以《顺宗实录》颇非详实,委臣等重加刊正,毕日闻奏。臣自奉宣命,取史本欲加笔削,近见卫尉卿周居巢、谏议大夫王彦威、给事中李固言、史官

---

① 李吉甫是中唐宪宗时期一位颇有真才实干的政治家,但他与宦官头目梁守谦等关系密切。参见《通鉴》卷二三九"元和七年冬十月乙未,魏博监军以状闻"条。

苏景胤等各上章疏,具陈刊改非甚便宜。又闻班行如此议论颇众。……今者庶僚竞言,不知本起;表章交奏,似有他疑。臣……既迫群议,辄冒上闻。纵臣果获修成,必惧终为时累。且韩愈所书,亦非己出,元和之后,已是相循,纵其亲密,岂害公理!……其《实录》伏望条示旧记最错误者,宣付史官,委之修定。……"诏曰:"其《实录》中所书德宗、顺宗朝禁中事,寻访根柢,盖起谬传,谅非信史。宜令史官详正刊去,其他不要更修。余依所奏。"

如果韩本《实录》没有获得"钦定"的合法性,宦官们就看不到,更不必在皇帝面前搬弄是非,攻其"失实",因而也就不会有"累朝有诏改修"的事情出现。正因它是宪宗"钦定"的国史,根据传统习惯,"人君尚不改史,取必信也",所以史官敢于违抗帝旨,坚决抵制宦官集团对韩本《实录》的篡改。路随明言:"韩愈所书,亦非己出,元和之后,已是相循。"由此可见在元和以后获得广泛流传的《顺宗实录》,正是韩撰的五卷本,而非韦撰的三卷本,这是铁的事实。韦处厚死于文宗太和二年(828),路随继之为相。而路随奉命修改韩本《实录》,据《唐会要》卷六十四所载,发生于太和五年。是时韦处厚已死,他的"另撰"云云,纯是无稽之谈。路随、韦处厚、韩愈三人曾同朝为官,彼此非常熟悉。路随又是监修国史的宰相,当然对于韦、韩两人编写《顺宗实录》之事非常清楚。但他对韦本《实录》从未提及,而只谓"韩愈所书"。可见在文宗朝流传的只有韩本。韩愈的门生李汉在编《韩昌黎集》时也说:"《顺宗实录》五卷,列于史书,不在集中。"(见李汉《昌黎先生集序》)所谓"列于史书",也就是进奏后经皇帝批准公布的实录。李汉与路随是同代人,他们两人的话相互印证,说明韩本《实录》"元和之后,已是相循"的说法确是事实。

但有人可能提出,韩本《实录》既然"累朝有诏改修",是否仍然可说是"韩愈等撰"呢?回答是肯定的。虽然文宗之前的穆、敬两朝几次下诏,但只是"改修",并非推翻重来的"重修"或"另撰"。即令有小修小改,仍然不失其基本面貌,所以宦官会对它再三诋毁。而文宗朝,宦官集团势力恶性膨胀,挟持君主,废立自专,文宗因而有"受制家奴"之叹。这时文宗迫于宦官的无情压力,不得不下诏复令"改正"。因为韩本《实录》既然"言禁中事甚切直",矛头指向宦官集团,因而宦官必欲把它删削净尽而后快;朝官集团则因与宦官集团有矛盾,就以"人君尚不改史"为由,极力抗拒改修。于是围绕着韩本《实录》的改修与否及如何修改的问题,南司(朝官)与北司(宦官)展开了一场激烈的斗争。后来路随奉命改修,可说是南、北司相互斗争又相互妥协的产物。当时文宗下令把韩本《实录》"所书德宗、顺宗朝禁中事……详正刊去,其他不要更修"。所谓"详正刊去",在具体执行时就有很大的活动余地,可多改多删,也可少删少改,就看你怎样理解与贯彻。当时具体执行修改的史官中有李汉、蒋系两人,都是韩愈的女婿,他们当然与一般朝官通气,尽量小删小改,力图保持原书面貌。所以韩本《实录》虽经文宗朝的一场浩劫,删去了许多极不利于宦官集团的史料,但并没有删削净尽,隐约仍可看到韩愈对于宦官集团的批判。如"初,叔文欲依前带翰林学士,宦官俱文珍等恶其专权,削去翰林之职"。这"削去翰林之职",并非出于顺宗之意,清楚地暴露了俱文珍等宦官侵夺君权的罪行,令人隐约感觉到作者的君权旁落之痛。又如"中官刘光奇、俱文珍、薛盈珍、尚解玉等,皆先朝任使旧人,同心怨猜,屡以启上"。"怨猜"云云,就是对于皇帝施加压力的一种体面的说法。"怨猜"皇帝,这不是"犯上作乱"是什么? 明眼人一看就明白。由此可见韩本《实录》的改修,并非下诏作废,取消其"钦定"的合法性,而是有所变动,但仍保存了基本原貌。这样的修改本,著作权当然仍归韩愈、沈传师、宇文籍三人;而三人当中,韩是主编,是最后的定稿人,并由他负责进奏,所以史上也有题"韩愈撰"的,这也没有什么大错。在文宗以后出现的这个新修改本,仍以"钦定"的唯一合法的面貌出现。因而在晚唐时代得以广泛流传的《顺宗实录》,当然是韩本而非韦本。

再从史书及公私诸家目录来看。韦处厚曾参与了《德宗实录》《宪宗实录》诸书的编纂工作,因为这几部书是"钦定"本,所以见于新、旧《唐书》本传及后代目录的记载。而他虽编写《顺宗实录》三卷,则除韩愈《进顺宗皇帝实录表状》及《旧唐书·韩愈传》提及外,史书及公私目录均不载。为什么? 就因为韦本《实录》在唐代从未正式进奏，没有获得"钦定"流传的"许可证"。一部没人传抄的手稿本，即使不经兵火之灾，它的自然"寿命"也很有限。后来的史家及目录学家，谁也没有见过韦本《实录》，当然无从记载了。而关于韩本《实录》的广泛流传，史上不乏记载。仅以南宋以前的史家及公私目录的记录为例：

△《崇文总目》卷二："《顺宗实录》五卷，韩愈等撰，李吉甫监修。"（钱绎按："《玉海》云：景祐中编次《崇文总目》，《顺宗实录》有七本，皆五卷。五本略而二本详。"）

> 凡按：南宋王应麟《玉海》所云详本、略本问题，实本司马光《通鉴考异》之说，材料详后。

△《新唐书》卷五十八《艺文志》："《顺宗实录》五卷，韩愈、沈传师、宇文籍撰。"

> 凡按：欧阳修与宋祁是史家，在史料辨伪方面颇为精审。宋代馆阁中的详本与略本，他们都研究过，但仍题韩愈等三人撰，并没提及韦本《实录》。这应该是有根据的。

△晁公武《昭德先生郡斋读书志》卷二在"《唐顺宗实录》五卷"一条下曰："右唐韩愈撰。"

△朱熹《韩文考异》："李汉之说，据当时而言之，似未为失。然其为害，已足使《笔解》亡逸，无复真本，《实录》窜易，不成全书。……况今去公之时又益以远，比之当日，事体又大不同，故其片文只字，名为公之作而决可知其非伪者，皆当收拾无使失坠。……故今于《实录》，姑仍外集，而详加校定，庶几犹足以见公笔削之大指。"

> 凡按：朱熹在"辨伪"考订方面的功夫较深。他曾熟读韩文，韩氏《进顺宗皇帝实录表状》所载韦、韩二人均编有《顺宗实录》一事，他当

然明白。但他在严加辨别之后,证其"决可知其非伪者",仍把今本《顺宗实录》的著作权归于韩愈,应该是有他的考虑,而非一时的偏听偏信。

△ 陈振孙《直斋书录解题》卷四(编年类):"《唐顺宗实录》五卷,唐史馆修撰韩愈撰,见愈外集。"

这些宋以前的材料有以下几点相同:一是不管详本、略本,均题韩愈等撰;一是不论详、略本,均作五卷;一是从来没有提及韦本。就像司马光这样善于思考的史家,他明知韦处厚曾撰《顺宗实录》三卷,但却不明文交代略本即是韦本。为什么? 因为他是一个严肃的学者,没有充分的事实作根据,是不会随便乱说的。由此可知,在历史上广泛流传的一直是韩本而非韦本。韦本既然没有机会流传,那么史上围绕《顺宗实录》所产生的各种变化,如详本、略本与今本这类复杂的问题,当然就只能是发生于韩本系统的问题,而与韦本《实录》无涉。

四、详本、略本、今本及其他

今本《顺宗实录》的作者是韩愈等人,这是一清二楚的事实。但为什么有人会以《今本〈顺宗实录〉非韩愈所作辨》为题,做出绝然相反的结论? 这种错误是怎样产生的呢? 我想,关键就在于作者把下面的两个问题相互混淆、纠缠不清了:一是韦本与韩本的关系问题;一是韩本系统中的详本、略本及今本的演变问题。这两个既相联系、又相区别的问题,一旦被煮成一锅"糊涂粥"后,区别就消失了,于是就得出了这样简单的结论:韩本五卷是详,韦本三卷是略;略本即今本;今本即韦处厚撰。但是,一旦我们把这两个问题分清,历史的真相就暴露无遗了。前面二、三节中,我们解决了韦本与韩本的问题。下面让我们再来谈谈详本、略本与今本等问题。

从现存史料看,最早记载这一问题的是北宋仁宗景祐年间王尧臣等编次的

《崇文总目》。对于详、略两种本子,作者虽是"两存之",但均题"韩愈等撰",并没怀疑韩愈的著作权,更不会想到"略本是韦处厚撰"这类奇怪的问题。后来司马光在编写《资治通鉴》时具体比较了详、略两种本子,提出了其间"异同"问题,见《通鉴考异》卷十九"李师古发兵屯曹州"条:

> 景祐中,诏编次《崇文总目》,《顺宗实录》有七本,皆五卷,题曰:"韩愈等撰。"五本略而二本详,编次者两存之。其中多异同,今以详、略为别。

在这里,司马光只是指出当时流传的详、略两本在文字上"多异同",对这些史料,他编史时是择优而取。但司马光并没进一步去研究为什么会有详、略两本的现象,没说出"详本出韩"而"略本是韦"这类的话。恰恰相反,他的《通鉴考异》倒是一再统称"韩愈《顺宗实录》"。可见即司马光也没因详、略本的"异同",就怀疑略本旧题韩愈等撰是否正确,更没有进一步肯定它是韦本。但清代的沈钦韩却曲解了司马光的意思,并据《通鉴考异》做出了"全新"的结论:

> 按:韦处厚撰者三卷,昌黎后撰者五卷。略本是韦(凡按:此话根据何在?甚为武断),详本出韩。今以此本与《通鉴考异》校之,无一事与详本者合,而适合彼所称略本。然则此书非韩公本文也。盖刊者适得略本,愤愤可恨。不知刻者何为却收此本。(光绪十七年[1891]广雅书局刊本《韩集补注》)

这里应注意两点:一是南宋朱熹收入《韩昌黎集·外集》中的五卷本《顺宗实录》,也就是现在唯一流传的今本《顺宗实录》,经沈钦韩一比较,发现它"适合彼所称略本"。这就是说,今本即是历史上的略本。这个发现是正确的。一是所谓"略本出韦"的结论是错误的。现在有人根据沈氏此论,变本加厉,谓"由于韦本成书在它(即韩本)之前,而且早已有人传抄(凡按:有何根据?有何记载?),这样从元和九年(814)以后,两种本子得以并存"。本文第二、三节就论证了韦本只是一个手写稿本,它在历史上早已亡佚,怎会一千多年以后突然出现?沈氏"略本是韦"云云,并没提出事实根据。而今人据此发挥,说什么在韩愈重修的元和九年之前,"早已有人传抄",更纯属子虚乌有,毫不足信。因为从永贞元年(805)九月起关于编修国史的新规定已经实行。韦本的流传早已排除。因此我们可以断言,"略本是韦,详本出韩"的结论,无法解释史上详本、略本的问题。关于这一问题,我们另有解释:韩愈在元和十年(815)的五卷进奏稿本是详本;后来几经删削修改、又在流传中被"窜定无全篇"(见《新唐书·韩愈传》)的本子也分五卷,称为略本,也即现在尚在流传的今本。在唐代,因为略本是最后的"钦定"本,所以它流传较广,得以保留的机会就相应增加,所以北宋馆阁中收藏的七本中就占了五本;而详本虽也曾因"钦定"而流传,但经修改后新本公布,详本失去了"钦定"的面貌,因而按规定就必须收回史馆,"民间不得隐藏",当然流传机会相应减少,因此北宋馆阁中只保留了两本。这就是北宋馆阁中所保存的详本少而略本多的道理。后来,在北宋末年靖康难中,汴京沦陷,馆阁遭灾,因而馆阁中的《顺宗实录》,不管详、略,一概亡佚。但与详本的命运不同,略本因在社会上流传机会较多,民间尚可看到,如南宋方崧卿《韩集举正》虽不收,但方氏以前的韩集诸本均附《顺宗实录》五卷,于是它就有幸被朱熹收入韩集《外集》而保存下来。朱熹也明知它已被后人"窜易不成全书",但既然详本亡佚,无奈之际,只能收此略本,附集成为今本而流传了。

根据这一看法,今人提到的"详本有而略本无"的四件事就不难解释了。

一、《旧唐书·顺宗纪》:

> 史臣韩愈曰:顺宗之为太子也……每于敷奏,未尝以颜色假借宦官。居储位二十年,天下阴受其赐。惜乎寝疾践祚,近习弄权;而能传政之良,克昌运祚,贤哉!

大概这是刘昫等人照抄详本《实录》的一段话,它不见于今本《实录》中。为什么?因为文宗的改修指示是:"所书德宗、顺宗朝禁中事……宜令史官详正刊去。"这段记载谓顺宗"未尝以颜色假借宦官"云云,不正是因言"禁中事",直接刺痛宦官而被删吗?这材料的被删,一方面说明了韩愈对于宦官的态度,一方面也透露了详本被删的某些具体情况。

二、《通鉴考异》引详本:王叔文入翰林宴宦官李忠言、刘光琦、俱文珍及诸学士一事。王叔文有"自判度支已来,所为国家兴利除害"等语,"俱文珍随语折之,叔文无以对"。而略本即今本则无这段记载。为什么被删?有以下几种可能:一是写宦官大小头目在翰林宴中竞议国政,这样写法,有干涉朝政的"嫌疑",故以言"禁中事"被删;一是写王叔文"为国家兴利除害"云云,有歌颂的嫌疑;歌颂王叔文,即对镇压王叔文的宪宗不利,这是用另一形式言"禁中事",故出于政治宗派斗争也必删之。

三、略本:"韦皋上表请皇太子监国,又上皇太子笺;寻而裴垍、严绶表继至,悉与皋同。"详本"裴垍"作"裴均"。而寻检史册,永贞元年(805)裴垍为考功员外郎,裴均为荆南节度使。所谓"外有韦皋、裴垍、严绶等笺表"之"外",当然非指朝官,而指在外的节镇。故以详本作"裴均"为是。今天有人以此事为由,坚持略本是韦的观点。实际上,韦处厚与裴垍关系密切,形同"党人",韦氏又在裴垍的领导下修史,当然绝对不会把裴均的事误为裴垍。如果略本的作者确是韦处厚,就不应该发生这种错误了。这条材料反过来正可作为略本非韦本的旁证。不过更大的可能是,在后人的传抄与刊刻之时,因"均"与"垍"两字形近而误。关于这点,前人早已言之,道理明显,不再详细征引。

四、"李师古发兵屯曹州"条,详本有而略本无。此事发生于永贞元年正月,德宗逝世、顺宗即位,而告哀使未至、节镇不悉详情的微妙时期。本来宦官集团很不乐意顺宗即位,公然对朝臣宣称:"禁中议所立尚未定。"后因朝官抵制,无奈而立之(见《通鉴》二三六)。因而此事被删,也有以下两种可能:一是宦官与强藩相互勾结,企图利用这一微妙时机,向朝廷施加压力。这样记载,有可能泄露废立的阴谋,当属言"禁中事"而删;一是对李师古之猖獗不臣,李元素之懦弱无能,"朝廷两慰解之",这写出了朝廷的屈辱,皇帝脸上也无光彩,以涉"禁中事"而删。

对于上述材料被删情况的说明,是否完全合情合理,当然还可进一步研究。但以这些被删史料作根据,断言"今本《顺宗实录》非韩愈撰"云云,实是故作惊人之语,漏洞百出,难以服人。

第一，作者声名、流传卷数诸问题。

现在有人认为："略本必是韦处厚本，因它不是法定的本子，而韦的名字又不像韩愈那样为人所熟知，于是他的名字遂为韩愈所代替。而原来三卷也就被传抄者分成五卷，以求符合韩作之数了。既然从形式上看两种实录都是韩愈撰，都是五卷本，那么传抄者、特别是刻印者，自然会选用略本而摒弃详本，以求省工，这是常情。"这是武断的论述。就韩、韦两人声名大小而论，在古文创作方面，当然是韩大于韦。但即在当时，如裴度、李德裕等名宰相，对韩愈古文就不甚恭维了。而在政界及史学界，则韦的声名比韩要大得多。韦、韩两人，原是先后史官，同朝共事多年。后来在敬宗、文宗两朝，韦处厚升任宰相，声名显赫。而韩愈在穆宗朝去世时最高的官位也不过是侍郎，从无入相的希望。再从史学上看，韦处厚曾编纂过《德宗实录》五十卷，得到朝廷赏识，早获"信史"之誉（见《旧唐书·韦处厚传》），后来参与草创《宪宗实录》，又出任监修国史的宰相，名声大得很。而韩愈只做了一年多的史官，编过《顺宗实录》五卷。在编史的方面，韦的名声也大于韩。《顺宗实录》是史书而不是古文。因而从史学上看，谓韦处厚的"名字遂为韩愈所代替"云云，是没有根据的。

其次，谈谈卷数的问题。在历史上，无论详本、略本或今本，均为五卷。又因为韦撰三卷本早佚，所以史上从无三卷本的记载。但今人为了说明略本即今本的作者是韦处厚，就不得不在卷数上也费一番口舌，称"韩集中的五卷本，实是三卷本"，是后人"把三卷强行分割为五卷的"。这个意见，实在不敢苟同。这样的说法在史上毫无根据，公私诸家目录也不见记载。五卷本到底怎样被"强行分割"为三卷本的，作者没告诉我们。正如友人卞岐先生所指出，既然是"强行分割"，就应该有明显的分割痕迹存在，那么我们就请作者指出这一痕迹，并据此恢复三卷本的原貌。显然作者无法完成这一任务，因为史上从无"强行分割"的痕迹存在。这种没有根据的结论，古人地下有灵，也是不能接受的。

原载《文学评论丛刊》第十六辑，中国社会科学出版社1982年版

唐柳玭《柳氏叙训》研究[1]

陈尚君

唐末柳玭在广明乱后撰《柳氏叙训》一书，记录他从家族前辈处所见所闻的自祖父柳公绰以下的家族内外轶事，阐述柳氏家法的基本原则，用以告诫家族子弟务必遵循礼法，保持家族的世业，并对当时之种种贪渎不良行为予以批评。此书撰成于汉、唐以来以世家大族为主体的传统社会即将崩溃之际，留下了唐代名阀望族遵循礼法家规的可贵记录，也为宋以后许多学者反复称道。可惜原书在明以后失传，学者对此书缺乏完整之认识。本文努力从存世文献中辑录本书佚文，并据以阐发该书所包含的世族家法和家族叙事，揭示其在中古社会文化史上的特殊意义。

一、柳玭之家世与生平

柳玭，《旧唐书》卷一六五、《新唐书》卷一六三皆有传附其祖公绰传后。关于其先世，《旧唐书》云公绰"祖正礼，邠州士曹参军；父子温，丹州刺史"。于玭即为高祖、曾祖。《元和姓纂》卷七所载较详："敏从祖弟道茂，生孝斌。斌生客

---

[1] 本文曾在台湾师范大学国文系举办的"2011叙事文学与文化国际学术研讨会"上宣读，承嘉义大学徐志平教授担任论文讲评，有所匡正，谨表感谢。另西南交通大学罗宁教授赐告司马光《家范》、朱熹《小学外编》中引及柳书，本文有以采纳，亦表感铭。

尼、五臣、宝积。客尼生明伟,义川令。明伟生正己、正礼。正己孙甫。正礼,邠州司户,生子华、子温、子金、子平。子华,池州刺史。子温,丹州刺史。生公绰、公权。公绰,湖南观察兼中丞。公权(下有脱文)。"虽然河东柳氏在北朝以来皆称名门,柳敏也曾仕隋为"上大将军、武德郡公"(据《新唐书·宰相世系表》),但道茂这一支,一直并无显宦。岑仲勉《元和姓纂四校记》参据各种文献,考证五臣即仵臣,贞观十四年(640)曾任水部郎中;客尼官至廓州别驾,另有子明杰;子华曾自池州刺史入补昭应令,又为成都令,官至检校金部郎中;子温因公绰贵而得赠尚书右仆射。①可知此一家族入唐后一直无显宦名臣,直到元和以后柳公绰兄弟,始得光大门楣。仅据两《唐书》《柳公绰传》《柳璨传》和《元和姓纂》及岑仲勉之考证、《新唐书·宰相世系表三上》,列柳玭家族谱系如下:

```
道茂—孝斌—客尼—明伟—正己—□—甫
             正礼—子华—公器—希颜—珮
                        仲遵—璨
                             瑀
                             瑊
                   公度—说
             子温—公绰—仲郢—璞
                             珪
                             璧
                             玭
                   公权—仲宪—瑗
                   公谅—
             子金
             子平
明亮—□—□—惟则—湛
五臣—明谌—正元
宝积—明逸
   明肃
   明杰—正礭
```

两《唐书》都曾摘录柳玭《叙训》之节文,并略述其生平。《旧唐书》云柳仲郢

---

① 唐林宝撰,岑仲勉校,郁贤皓、陶敏整理《元和姓纂(附四校记)》,中华书局1994年版,第1109—1110页。

"子珪、璧、玭","珪字镇方,大中五年(851)登进士第,累辟使府,早卒"。"璧,大中九年登进士第"累从使府,僖宗入蜀曾充翰林学士。玭传云:

> 玭应两经举,释褐秘书正字,又书判拔萃。高湜辟为度支推官。逾年,拜右补阙。湜出镇泽潞,奏为节度副使。入为殿中侍御史。李蔚镇襄阳,辟为掌书记。湜再镇泽潞,复为副使。入为刑部员外。湜为乱将所逐,贬高要尉,玭三上疏申理。湜见疏本,叹曰:"我自辨析,亦不及此。"寻出广州节度副使。明年,黄巢陷广州,郡人邓承勋以小舟载玭脱祸。召为起居郎。贼陷长安,为刃所伤。出奔行在,历谏议、给事中,位至御史大夫。

缺载玭晚年贬官之事。《新唐书》本传有很大补充:

> 玭以明经补秘书正字,由书判拔萃,累转左补阙。高湜再镇昭义,皆表为副。擢刑部员外郎。湜贬高要尉,玭三疏申理。湜后得稿嗟叹,以为其言虽自辨不加也。出为岭南节度副使。廨中橘熟既食,乃纳直于官。黄巢陷交广,逃还,除起居郎。巢入京师,奔行在,再迁中书舍人、御史中丞。文德元年,以吏部侍郎修国史。拜御史大夫,直清有父风,昭宗欲倚以相,中官谮玭烦碎,非廊庙器,乃止。坐事贬泸州刺史,卒。光化初,帝自华还,诏复官爵。

《养亲寿老新书》卷二、《山堂肆考》卷九一、卷一一六载玭字直清,他书不载。《北梦琐言》卷四云:"唐柳大夫玭直清重德,中外惮之。"《新唐书》本传称玭"拜御史大夫,直清有父风"。皆不以直清为字,二书当误读所致。

柳玭生年难以确定。今知其最早事迹为《旧唐书》卷一五八《韦澳传》所载:

> 澳于延英对。上曰:"户部阙判使。"澳对以府事。上言户部阙判使者三,又曰:"卿意何如?"澳对曰:"臣近年心力减耗,不奈繁剧。累曾陈乞一小镇,圣慈未垂矜允。"上默然,不乐其奏。澳甥柳玭知其对,谓澳曰:"舅之奖遇,特承圣知,延英奏对,恐未得中。"澳曰:"吾不为时相所信,忽自宸旨,委以使务,必以吾他岐得之,何以自明,我意不错尔。须知时事渐不堪,是吾徒贪爵位所致尔,宜志之。"

《资治通鉴》卷二四九列此事于大中十一年（857）正月。当时他应已成年。联系他的两位兄长分别以大中五年、九年登第，若此年他二十五岁，大约生于文宗大和七年（833）前后。后文推测他的卒年大约在乾宁二年（895）左右，即享年六十一余岁，应属基本合理。

参严耕望《唐仆尚丞郎表》、郁贤皓《唐刺史考全编》对高湜事迹的排比考证，大体可以确定的事迹是：咸通十一年（870）十月，以中书舍人权知礼部贡举，次年为礼部侍郎。十三年以兵部侍郎判度支，寻出为昭义节度使。乾符元年（874），湜再为昭义节度使。二年十月，昭义军乱，高湜被逐，贬崖州司马①。李蔚无镇襄阳事，疑为乾符三年到六年镇襄阳之李福之误。②由此大约可以理出柳玭咸通、乾符年间的履历：咸通十三年，高湜荐为度支判官；寻高湜出镇昭义，奏为副使。其间可能曾任右补阙或殿中侍御史。乾符元年，湜再镇昭义，仍为副使。二年，高湜被逐贬官，玭进疏申理。三年后，任襄阳掌书记。

此后柳玭似由襄阳南下到广州，担任广州节度副使。乾符四年到六年，岭南节度使都是李迢。至六年五月，黄巢攻陷广州，李迢被杀③，柳玭得以逃脱北归，入朝为起居郎。广明元年（880）十月，黄巢占领长安，柳玭虽为刃所伤，但得脱逃至行在。计其在潞州、广州、长安三次遭逢兵难，所幸皆得脱险。

其后柳玭在朝任职。《爱日斋丛抄》卷一引《柳氏家训序》云："中和三年（883）癸卯夏，銮舆在蜀之三年也，余为中书舍人。"此时其兄柳璧任翰林学士④，兄弟分掌内外制，堪称盛事。《海录碎事》卷一一上："柳玭为左史，其著《序训》，自称左侍极。"按：唐门下省起居郎在龙朔、天授间曾改名左史，而左侍极在唐神

---

① 此据《隋唐五代墓志汇编·洛阳卷》第14册收高彬墓志，天津古籍出版社1990年版。《旧唐书·柳玭传》作"贬高要尉"，是受咸通间高湜贬高州司户之误，参见《玉泉子》。
② 以上参见郁贤皓《唐刺史考全编》卷一八九，安徽大学出版社2000年版，第2册，第1245—1246页；第4册，第2600页。
③ 以上参见郁贤皓《唐刺史考全编》卷二五七，第5册，第3178页。
④ 参见傅璇琮《唐翰林学士传论·晚唐卷》，辽海出版社2007年版，第468—470页。

龙后则为左散骑常侍之别称。①《海录碎事》引录过简,不详其在序中追述曾任起居郎之经历而误用别称,抑曾任左散骑。估计《柳氏叙训》之成书,在僖宗末年,即中和三年(883)至光启间。

昭宗即位后,柳玭历位通显。《唐会要》卷二载,僖宗于文德元年(888)十二月葬靖陵,谥议为"右丞、权知礼部侍郎柳玭撰"。《登科记考》卷二三列其知光启四年(888)贡举,仅是推测,没有确证。

《旧唐书》卷一七九《陆扆传》载,扆"龙纪元年冬,召授蓝田尉、直弘文馆,迁左拾遗兼集贤学士。中丞柳玭奏改监察御史",为大顺二年(891)以前事。

《唐会要》卷六三:"大顺二年二月,敕吏部侍郎柳玭等修宣宗、懿宗、僖宗实录。"参与者凡十五人,裴庭裕《东观奏记序》亦载此,云昭宗即位次年而有此议,玭实主其事。《新唐书》本传作文德元年事,恐非是。

其任御史大夫仅存一事。《北梦琐言》卷一〇:"僧鸾有逸才,而不拘检。早岁称卿御,谒薛氏能尚书于嘉州,八座以其颠率,难为举子,乃俾出家。自于百尺大像前披剃,不肯师于常僧也。后入京,为文章供奉,赐紫,柳玭大夫甚爱其才。租庸张相亦曾加敬,盛言其大用,由是反初,号鲜于凤,修刺谒柳公,公鄙之不接。又谒张相,张相亦拒之。于是失望,而为李铤江西判官。后为西班小将军,竟于黄州遇害。"大约为景福初年事。

《资治通鉴》卷二五九载景福二年(893)三月,"以渝州刺史柳玭为泸州刺史"。《资治通鉴考异》卷二六云,此则记载来源于实录,但原委不详,大致先贬渝州,再改泸州。《新唐书》本传此后即云"卒"。其实柳玭贬泸州后应仍存活多年,唐、宋诸书载其被贬后事迹颇多:

> 唐柳大夫玭,直清重德,中外惮之。谪授泸州郡守,先诣东川庭参,具橐鞬,元戎顾相彦朗坚却之。亚台曰:"朝廷本用见责,此乃军府旧仪。"顾公不得已而受之。赴任路由渝州,有牟麞秀才者,即都校牟居厚之子,文采

---

① 龚延明《中国历代职官别名大辞典》,上海辞书出版社2006年版,第179、429页。

不高,执所业谒见,亚台奖饰甚勤。甥侄从行,以为牟子卷轴不消见遇。亚台曰:"巴蜀多故,土豪倔起,斯乃押衙之子,独能慕善,苟不诱进,渠即退志。以吾称之,人必荣之,由此减三五员草贼,不亦善乎?"子弟窃笑而服之。(《北梦琐言》卷四)

唐柳玭大夫之任泸州,沂舟经马骁镇,土豪赵师儒率乡兵数千,凭高立寨,刑讼生杀,得以自专,本道署以军职。闻五马经过,乃棹扁舟,被褐衫,把杖子迎接。参状云百姓赵师儒。亚台以其有职,非隶属邑,怪而辞之。师儒曰:"巴蜀乱离,某怀集乡人,拒他盗,非敢僭幸,妄徼戎职。"亚台欣而接之。乃驻旌旆,馆于寨中,供亿丰备,钦礼弥勤。师儒亦有诗句,皆陈素心,亚台悉为和之。睹其清俭,不觉嗟叹曰:"我他年若登廊庙,必为斯人而致节察。"盖赏其知分任真也。(《北梦琐言》卷四)

柳玭善书,自御史大夫贬泸州刺史。东川节度使顾彦晖请书德政碑,玭曰:"若以润笔为赠,即不敢从命。"(《容斋续笔》卷六)

泸州为东川属州,故柳玭先到东川幕府谒见节度使顾彦晖。彦朗为彦晖兄,光启三年(887)自右卫大将军镇东川,大顺二年(991)卒①,《北梦琐言》有误记。亚台为御史大夫之别称。柳玭在朝官显,贬官后以下属之礼庭参节度使,虽显迂执,亦足见其之循规蹈矩。顾彦晖请其书德政碑,知其在东川幕府颇曾停留。从其对赵师儒所云"我他年若登廊庙,必为斯人而致节察",似乎其虽贬官,对今后起复乃至大用,仍颇抱有信心,即此次被贬,并非很严重的罪责。

关于柳玭临终前的情况,《北梦琐言》卷一二云:

仆尝览《柳氏训序》,见其家法整肃,乃士流之最也。柳玭出官泸州郡,洎牵复,沿路染疾,至东川通泉县求医。幕中有昆弟之子省之,亚台回面,且云不识。家人曰:"是某院郎君。"坚云不识,莫喻尊旨。良久,老仆忖之,得非郎君幞头脚乎,固宜见怪,但垂之而入,必不见阻。比郎君垂下翘翘之

---

① 郁贤皓《唐刺史考全编》卷二二九,第5册,第3035页。

尾,果接抚之,其纯厚皆此类也。仆亲家柳坤,即亚台疏房也。侨寓阳安郡,伯仲相率省焉。亚台先问:"读书否,修文否,苟不如是,须学作官。我之先人修文成名,皆作官业,幸勿弃分阴也。"泸州郡有柳大夫所造公廨,家具皆牢实麓重,传及数政,莫知于今存否。

所谓"牵复",指柳玭得朝命允从贬所起用,但他离开泸州后于路得病,旋即拟往梓州通泉求医治疗。通泉距东川幕府较近,故有幕中子弟往省。《北梦琐言》作者孙光宪亲家柳坤,当时居简州(阳安郡),也与伯仲往视。柳玭在泸州时间似不短,故曾起造公廨。孙光宪的有关柳玭遗事的记载,大抵即来自柳坤之叙述。

明曹学佺《蜀中广记》卷一八载,合州安居县"太平里,有唐柳玭墓。玭在景福间刺渝州,迁泸州,道卒,葬于安居也"。安居唐时属普州,其地在通泉南。估计柳玭治病稍痊,即拟南下取道江路北归,无奈卒于道途,最后葬于安居。《新唐书》本传称其光化初(898)追复官爵,为其卒年之下限。估计其去世,在乾宁二年(895)或稍后。

二、《柳氏叙训》之成书与流传

关于《柳氏叙训》一书之成书,前引《爱日斋丛抄》卷一引《柳氏家训序》云:"中和三年(883)癸卯夏,銮舆在蜀之三年也,余为中书舍人。旬休,阅书于重城之东南。其书多阴阳杂记、占梦相宅、九宫五纬之流。又有字书小学,率雕板印纸,浸染不可尽晓。"可知成于中和三年以后,未必即此年。其编纂目的,《郡斋读书志》卷二下谓"柳玭叙其祖公绰已下内外事迹,以训其子孙"。《旧唐书》本传亦称"尝著书诫其子弟"。书名有"叙训""序训""家训"等之异,今姑以《柳氏叙训》为正名。

此书在宋代流传极广,亦叠见著录,《崇文总目》卷四传记下作柳玭《训序》一卷、《郡斋读书志》卷二下作《柳氏序训》一卷,《遂初堂书目》杂传类作唐《柳氏叙训》,《宋史》卷二〇三《艺文志》史部传记类作柳玭《柳氏序训》一卷。宋、元诸书称引者,不啻数十家。明杨士奇《文渊阁书目》卷二尚载《柳氏家训》一部一册,知明内府有存。大约其后即湮没不传。

《旧唐书》本传引录此书六百三十五字,以家法要义为主,不涉家族事实。《新唐书》本传引录八百五十一字,内容上有很大不同,增加了崔琯子孙、魏玄同选婿、高公兄弟清贫、王涯言冯球妻奢侈、舒元舆兴狱等数则事实。宋代笔记、类书亦多据二书加以征引。近代以来,学者多以为原本久亡,如周勋初氏编《唐语林校证》附《〈唐语林〉援据原书提要》断言"原书已佚",仅能指出《唐语林》中一则出自该书。其主编《唐人轶事汇编》也未能采及其书。

20世纪90年代末,我在南宋刘清之《戒子通录》卷二中发现收录柳书颇为详尽,多他书未见之内容。刘清之,《宋史》卷四三《儒林传》有传,字子澄,临江人。登绍兴二十七年(1057)进士第,光宗时官至知袁州。本传提及其著书有"《曾子内外杂篇》《训蒙新书》《外书》《戒子通录》《墨庄总录》《祭仪》《时令书》《续说苑》《文集》《农书》"等。《戒子通录》一书,宋、元书目皆未著录。元虞集《道园学古录》卷三一有所撰序,云得旧本于临川刘氏后人,为其"世守以保族"之书,同书卷三二《送墨庄刘叔熙远游序》云旧本传自刘叔熙,因其"有助于名教",刻而传世。《文渊阁书目》曾著录,是明时内府有存。清修四库时,从《永乐大典》中辑出为八卷。世传仅此本。卷二收唐柳玭《序训》,题注云:"为御史大夫。按玭,京兆华原人,太保公绰之孙,仆射仲郢之第四子。昭宗时,官御史大夫。"所录凡十九则。当时以为足本,略作标点,收入《中华野史》第2册。[①]后比读其他文献,方发现此书亦仅为节录本,原序未录,他书所引柳氏先人的许多事实也未见该书。大致刘氏仅录可为子孙戒者以入编,虽较他书引录为详,但删节仍多。乃发愿广征文献,反复校勘,凡辑得序文佚文三则,正编共得三十七则,于《戒子通录》所收,乃得倍之,欢喜何如。

---

① 柳玭著,陈尚君辑录校点《柳氏叙训》,《中华野史》第2册,泰山出版社2000年版,第697—699页。

三、《柳氏叙训》文本校录

略述体例如下：甲、据可靠文献辑录佚文，以保留较完整者为依据，据他书引录以校订之。乙、各书征引，名称或异，今分别加以引录，为两《唐书》和《戒子通录》所引书名则从省。丙、大体依循《戒子通录》之次第，而将相关佚文陆续编入。无从系属者则附于编末。丁、各书所引，于柳书原文多有改易。今尽量遵从原文。改文之异文不一一出校。无以恢复原文者一律按所据文本录文。因致前后录文称谓不一，读者谅之。戊、序号为笔者所加。

序

中和三年（883）癸卯夏，銮舆在蜀之三年也，余为中书舍人。旬休，阅书于重城之东南。其书多阴阳杂记、占梦相宅、九宫五纬之流，又有字书小学，率雕板印纸①，浸染不可尽晓。（《爱日斋丛抄》卷一引《柳氏家训序》）

汾州有易生，非卜筮而前知。柳公绰尝问之《易》，曰："仆射只怕八井。"后果于并州遇疾。（《天中记》卷四〇引《柳氏家训序》）

左侍极②。（《海录碎事》卷一一上、《事文类聚新集》卷二四）

一、先祖河东节度使公绰，在公卿间，最名有家法。中门东有小斋，自非朝谒之日，每平旦辄出至小斋③，诸子仲郢等④皆束带晨省于中门之北。公绰决私事⑤，接宾客，与弟公权及群从弟再会食⑥，自旦至暮，不离小斋。烛至，则以次⑦命子弟

---

① 《石林燕语》卷八引"在蜀时尝阅书，字书小学，率雕板印纸"。
② 《海录碎事》卷一一上：柳玭为左史，其著《序训》，自称左侍极。
③ "至"，《戒子通录》缺，据《家范》卷一、《小学外编》补。
④ "仲郢等"三字，《戒子通录》缺，据《家范》卷一作"诸子仲郢等"。《小学外编》无"等"字。
⑤ "私事"，《家范》卷一作"公私事"。按：在家决公事，恐非是。
⑥ 《寿亲养老新书》卷二：公绰、公权、公谅兄弟三人，公器、公度，其从兄弟也。
⑦ "以次"，《戒子通录》缺，据《家范》卷一补。

一人执经史,立烛前①,躬读一过讫,乃讲议居官治家之法。或论文,或②听琴,至人定钟,然后归寝。诸子复昏定于中门之北。凡二十余年,未尝一日变易。其遇饥岁,则诸子皆疏食,曰:"昔吾兄弟侍先君为丹州刺史,以学业未成,不听食肉,吾不敢忘也。"(《戒子通录》卷二)

二、姑姊妹侄有孤嫠者,虽疏远必为择婿嫁之,皆用刻木妆奁缬文绢为资装。常言:"必待资装丰备,何如嫁不失时。"及公绰卒,仲郢一遵其法。(《家范》卷一)

三、公穆宗朝为大京兆,有禁军校冒驺卒唱驻马,毙之。明日,延英对上,上色甚怒,诘其专杀之状,对曰:"陛下不以臣无似,使待罪京兆。京兆为辇毂师表,今视事之初,而小将敢尔唐突,此乃轻陛下诏命,非独慢臣也。臣知杖无礼之人,不知其为神策军将也。"上曰:"何不奏?"对曰:"臣职当杖之,不当奏。"上曰:"谁当奏者?"对曰:"本军当奏。若死于街衢,金吾街使当奏;在坊内,左右巡使当奏。"上无以罪之③。朝退,上顾左右曰:"尔辈大须作意,如此神采④,我亦怕他。"⑤(《资治通鉴考异》卷二〇引《柳氏叙训》)

四、公为襄阳节度使。有名马,人争画为图,圉人洁其鬃尾⑥,被蹴致毙,命斩于鞠场。宾吏请曰:"圉人备之不至,良马可惜。"公曰:"有良马之貌,含驽马

---

① "立烛前",《戒子通录》缺,据《家范》卷一补。
② "或",《戒子通录》缺,据《家范》卷一、《小学外编》补。
③ "延英对上"至此,据《资治通鉴》卷二三九补。
④ "神采",《资治通鉴考异》作"神策",据《资治通鉴》卷二三九胡注引《考异》改。
⑤ 《资治通鉴》卷二三九:庚子,以给事中柳公绰为京兆尹。公绰初赴府,有神策小将跃马横冲前导,公绰驻马杖杀之。明日,人对延英,上色甚怒,诘其专杀之状。对曰:"陛下不以臣无似,使待罪京兆,京兆为辇毂师表,今视事之初,而小将敢尔唐突,此乃轻陛下诏命,非独慢臣也。臣知杖无礼之人,不知其为神策将军也。"上曰:"何不奏?"对曰:"臣职当杖之,不当奏。"上曰:"谁当奏者?"对曰:"本军当奏。若死于街衢,金吾街使当奏,坊内左右巡使当奏。"上无以罪之,退谓左右曰:"汝曹须作意此人,朕亦畏之。"《考异》曰:《柳氏叙训》:"公穆宗朝为大京兆,有禁军校冒驺卒唱驻马,毙之。明日,延英对上云云。朝退,上顾左右曰:'尔辈大须作意,如此神采,我亦怕他。'"《因话录》曰:"宪宗正色,诘公专杀之状。公曰:'京兆尹在取则之地,臣初受陛下奖擢,军中偏裨跃马冲过,此乃轻陛下法,不独轻臣。臣杖无礼之人,不打神策将军。'"按公绰,宪宗、穆宗朝俱尝为京兆尹,此事恐非穆宗所能为,《叙训》之误也,今从《因话录》。
⑥ "鬃尾",《资治通鉴》卷二四三胡注引《考异》作"蹄尾"。

之性,必杀之。"有齐衰者哭且献状曰:"迁三世十二丧于武昌,为津吏所遏,不得出。"公览状,召军侯擒之,破其十二柩,皆实以稻米①。时岁俭②,邻境尤甚,人以为神明之政。③《资治通鉴考异》卷二〇引《柳氏叙训》）

五、柳公绰为御史④中丞日,张平叔以侥幸承宠。及⑤罪发,鞫于宪司,吏引曰:"张侍郎。"公绰叱曰:"赃吏岂可呼官命⑥!"据按复引曰:"囚张平叔。"系于别囹,遂穷竟其失官钱四十万缗,以具狱闻。《能改斋漫录》卷六引《柳氏家训》）

六、祖母韩夫人,相国休之曾孙,相国滉之孙,仆射贞公皋之长女。家法严肃俭约,为搢绅家楷范。归我家三年,无少长,未尝见其⑦启齿。贞公在省为仆射,先公于襄阳加端揆,常衣绢素,不用绫罗锦绣。贞公亲仁里有宅,每归觐,不乘金碧舆,只乘竹兜子,二青衣步屣以随,贞公叹乃御下之俭也。常命粉苦参、黄连、熊胆和为丸,赐先公及诸叔。每永夜习学,含之,以资勤苦⑧。《戒子通录》卷二）

七、晋江韩滉,乃余五代祖之离孙⑨兄弟十人,皆我出,必是外孙也。《海录碎事》卷七上《序训》）

八、平章事韩滉有幼子,夫人柳氏所生也。弟湟戏于掌上,误坠阶而死。滉禁约夫人勿悲啼,恐伤叔郎意。为兄如此,岂妻妾它人所能间哉!（司马光《家范》卷七）

---

① "稻米",《资治通鉴考异》作"稻禾",《资治通鉴》卷二四三胡注引《考异》、《折狱龟鉴》卷七改。
② "岁俭",《折狱龟鉴》卷七引《柳氏叙训》作"岁歉"。
③ 《资治通鉴考异》引此后云:按韩愈《与公绰书》曰:"杀所乘马以祭踶死之士。"乃在鄂岳时事,《叙训》《旧传》皆误也。察齐衰者,乃是闭籴,非美事,今不取。
《折狱龟鉴》卷七引《柳氏叙训》叙此后云:盖葬于歉岁,不应并举三世十二丧,故知其诈耳。虽非劫取者,而与元膺搜举事颇相类也,故附著之。然议者以为闭籴非美,不足为法令,但取其明察,虑有他奸,故著为察贼之鉴耳。
④ "御史"二字,据《寓简》卷五引《柳氏家训》补。
⑤ "及",《寓简》卷五引《柳氏家训》作"一夕"。
⑥ "命"字,据《寓简》卷五引《柳氏家训》补。
⑦ "其",《戒子通录》缺,据《小学外编》补。
⑧ "每永夜"三句,司马光《家范》卷一作"每夜读书,使噙之以止睡"。
⑨ 按:"之离孙"语意不明,疑有脱文。

九、上初至梁,省奏甚悦。又知西平聚兵,必乏粮糗,命运米百艘。①《资治通鉴考异》卷一八引柳玭《叙训》）

一〇、以绫二十万匹犒军。②《资治通鉴考异》卷一八引《柳氏叙训》）

一一、先公居外藩。先公每入境,郡邑未尝知。③既至,每出入,常于戟门外下马,呼幕宾为丈,皆许纳拜,未尝笑语款洽。牛相国辟为武昌从事,动遵礼法。奇章公叹曰:"非积习名教,不及此。"《戒子通录》卷二）

一二、先公以礼律身,居家无事,亦端坐拱手,出内斋,未尝不束带④。三为大镇,厩无良马,衣不薰香,公退必读书,手不释卷。家法:在官不奏祥瑞,不度僧道,不贷赃吏。凡理藩府,急于济贫恤孤,有水旱必先期假贷廪粟,军食必精丰,逋租必贳免,馆传必增饰,宴宾犒军必华盛。而交代之际,仓储帑藏,必盈溢于始至。境内有孤贫衣缨家女及笄者,皆为选婿,出俸金为资装嫁之。《戒子通录》卷二）

一三、[仲郢]事季父太保如事元公,非甚疾,见太保,未尝不束带。任大京

---

① 《资治通鉴》卷二三一:[贞元二年]五月,盐铁判官万年王绍以江淮缯帛来至,上命先给将士,然后御衫。韩滉欲遣使献绫罗四十担诣行在,幕僚何士幹请行。滉喜曰:"君得相为行,请今日过江。"士幹许诺。归别家,则家之薪米储偫已罗门庭矣,登舟则资装器用已充舟中矣。下至厨爨,滉皆手笔记列,无不周备。每担夫与白金一版置腰间,又运米百艘以饷李晟,自负囊米置舟中,将佐争举之,须臾而毕。艘置五弩手,以为防援,有寇则叩舷相警,五百弩已彀矣。比至渭桥,盗不敢近。时关中兵荒,米斗直钱五百,及滉米至,减五之四。滉为人强力严毅,自奉俭素,夫人常衣绢裙,破,然后易。 《考异》曰:柳玭《叙训》曰:"上初至梁,省奏甚悦。又知西平聚兵,必乏粮糗,命运米百艘。"按五月初,梁州尚未春服,月末已克长安。梁、润相去数千里,诏命岂能遽达乎?今不取。

② 《资治通鉴》卷二三二:[兴元元年十月辛丑]刘玄佐在汴,习邻道故事,久未入朝。韩滉过汴,玄佐重其才望,以属吏礼谒之。滉相约为兄弟,请拜玄佐母。其母喜,置酒见之。酒半,滉曰:"弟何日时入朝?"玄佐曰:"久欲入朝,但力未办耳。"滉曰:"滉力可及,弟宜早入朝,丈母垂白,不可使更帅诸儿女往填宫也。"母悲泣不自胜。滉乃遗玄佐钱二十万缗,备行装。滉留大梁三日,大出金帛赏劳,一军为之倾动。玄佐惊服,既而遣人密听之。滉问孔目吏"今日所费几何",诘责甚즐。玄佐笑曰:"吾知之矣。"壬寅,玄佐与陈许节度使曲环俱入朝。 《考异》曰:《柳氏叙训》云:"以绫二十万匹犒军。"今从《国史补》。 又曰:《邠侯家传》曰:"韩相将入朝觐,先公令人报,比在阙庭已奏来,则必能致大梁入朝。今求所望善谕以致之。十二月,刘玄佐果入朝。"此盖李繁掠美,今从《柳氏叙训》。

③ 《小学外编》作"柳公绰居外藩,其子每入境,郡邑未尝知"。与此不同。

④ "未尝不束带",《寿亲养老新书》卷二作"亦肃容束带"。

兆、盐铁使，通衢遇太保，必下马端笏立候①。太保马过，方登车。每暮归，必束带迎太保马首起居②。太保屡以为言，终不以官达稍改。太保常言于公卿间云："元公之子，事某如事严父。古之贤者，事诸父如父，礼也。"（司马光《家范》卷六）

一四、叔祖少保公权，字诚悬。玭兄弟尝从诸季父送别东郊，仆马在门，会阴晦，多雨具，少保因言："我少时家贫，当房严训。年十六，当房往鲍陂人家致祭，处分先往撰文。时甚雪，只得一驴，女家人清净，随后得一破褥子，披至鲍陂，为庄客所哀，为燔薪，得附火为文，写上板子。当房朝下到庄呈祝版，此时免科责便满望，岂暇知寒？今日虽散退，还得尔许官，尔等作得祭文者有几人？皆乘马，有油衣，吾为尔等忧。"太保晓声律，而不好乐。常云："闻乐令人骄惰。"（《戒子通录》卷二）

一五、柳公权有银杯盂，数为主藏竖海鸥所窃。一日，鸥白公言，不测其失之由。公曰："银碗应解飞。"不复更言。（《海录碎事》卷七下引《柳氏序训》）

一六、备有钟、王、欧、虞、褚、陆之体。（《广川书跋》卷八引柳玭谓柳公权书云云）

一七、先妣韦夫人，外王父相国文公贯之，奕世以贞谅峻鲠称。先夫人事君舅君姑凡十一年，晨省于鸡鸣，昏定于初夕，未尝阙。梁国夫人有疾，先夫人一月不下堂，早夜奉养，疾愈始归院。文公及第，登谏科，判入高等，授长安尉。秩满，困穷穴地，燔薪，敷豆糜以御冬。（《戒子通录》卷二）

一八、韦肇初及第，偶于慈恩寺塔下题名，后进慕效之。（《广川书跋》卷七《陈昭题名》引《柳氏序训》）

按：据《旧唐书》卷一五八《韦贯之传》，肇为贯之父，于柳玭为外曾祖。

一九、孝公房舅谓余弟兄③曰："尔家④虽非鼎甲，然中外名德冠冕之盛，亦可谓华腴右族⑤。"玭自闻此言，刻骨畏惧。夫门地高者⑥，可畏不可恃。可畏

---

① "立候"二字，司马光《家范》缺，据《寿亲养老新书》卷二、《小学外编》补。
② "归""必"二字，司马光《家范》缺，据《寿亲养老新书》卷二补。
③ "余弟兄"，《海录碎事》卷七下引柳玭《序训》作"予兄弟"。
④ "尔家"，《海录碎事》卷七下引柳玭《序训》作"女家"。
⑤ "右族"，《海录碎事》卷七下引柳玭《序训》作"名族矣"。
⑥ "者"，《通录》缺，据《旧唐书》本传、《御览》卷六〇一引《唐书》补。

者,立身行己,一事有坠先训,则罪大于他人。虽生可以苟取爵位①,死亦不可②见祖先于地下③。不可恃者,门高则自骄,族盛则为人窥嫉④,实艺懿行,人未必信,纤瑕微累,十手争指矣⑤。所以承地⑥胄者,修己不得不恳⑦,为学不得不坚。(《戒子通录》卷二)

二〇、夫士君子生于世,己无能而望他人用之,己无善而望他人爱之,亦犹农夫卤莽种之,而怨天⑧泽之不润,虽欲弗馁,其可得乎?余微时,每闻先公仆射与太保房叔祖讲论家法,莫不言立己以孝悌⑨为基,以恭默为本,以畏怯为务,以勤俭为法,以交结为末事,以气焰⑩为凶人。肥家以忍顺,保交以简敬。百行备,疑⑪体之未臧;三缄密,虑言之或失。广记如不及,求名如傥来,去恪⑫与骄,庶几寡过,莅官则洁己省事,而后可以言守法⑬,守法而后⑭可以言养人。直不近祸,廉不沽名,廪禄虽微,不可易黎甿之膏血,榎楚虽用,不可恣褊狭之胸襟。忧与祸不偕,洁与富不并。(《戒子通录》卷二)

二一、董生有云:"吊者在门,贺者在闾。"言忧则恐惧,恐惧则福至。又曰:"贺者在门,吊者在闾。"言受福则骄奢,骄奢则祸至。故世族远长⑮与命位丰约,

---

① "爵位",《旧唐书》本传作"名位"。
② "亦不可",《御览》卷六〇一引《唐书》作"何以"。"死亦不可",《江湖小集》卷九五《孝诗》注引柳玭戒子作"死何面目"。
③ "一事"以下数句,《方舆胜览》卷六〇作"一事有失,则得罪重于他人,死无以见先人于地下矣"。
④ "为人窥嫉",《御览》卷六〇一引《唐书》作"人所嫉"。
⑤ "实艺懿行"四句,《清波杂志》卷一〇《柳氏家诫》作"懿行实才,人未之信;小有疵颣,众皆指之,此其所以不可恃也"。其下"故膏粱子弟,学宜加勤,行宜加俭,仅得比众人耳"云云,当非柳书中语。
⑥ "地",《旧唐书》本传作"世"。
⑦ "恳",《新唐书》本传、《少仪外传》卷下引《柳氏家训》、《文山集》卷一四《跋彭和甫族谱》引柳玭言作"至"。
⑧ "天",《戒子通录》作"大",据《旧唐书》本传、《少仪外传》卷下引《柳氏家训》改。
⑨ "悌",《戒子通录》作"弟",据《旧唐书》本传、《少仪外传》卷下引《柳氏家训》改。
⑩ "气焰",《旧唐书》本传作"气义"。
⑪ "疑",《戒子通录》作"矣",据《旧唐书》本传改。
⑫ "恪",《旧唐书》本传作"奢"。
⑬ "守法",《新唐书》本传、《合璧事类前集》卷二七作"家法"。
⑭ "守法而后",《新唐书》本传、《合璧事类前集》卷二七作"家法备然后"。
⑮ "远长",吕祖谦《少仪外传》卷下引《柳氏家训》"久近"。

不假问龟蓍星数,在处心行事而已。(《新唐书》卷一八六本传)

二二、余又比见名家①子孙,其祖先正直当官,耿介特立,不畏强御者,及其衰也,唯好犯上,更无他能。如其先逊顺处己,和柔保身,以远悔尤;及其衰也②,则但有暗劣,莫知所宗。此际几微,非贤不达。(《戒子通录》卷二)

二三、夫坏名灾己,辱先丧家,其失有尤大者五,宜深记之。一是自求安逸,靡甘淡泊,苟便③于己,不恤人言。二是不知儒术,不闲④古道,憪前经而不耻,论当世而解颐,自无学业⑤,恶人有学。三是胜己者厌之,佞己者悦之,唯乐戏谈,莫思古道,闻人之善嫉之,闻人之恶传⑥之。浸渍颇僻,销刓德义,簪裾徒在,厮养何殊?四是崇好慢⑦游,耽嗜麹糵,以衔杯为高致,以勤事为俗人⑧,习之易荒,觉已难悔。五是急于名宦,昵近权要,一资半级,虽或得之,众怒群猜,鲜有存者。兹五不黜,甚于痤疽,痤疽则砭石可瘳,五失则神医⑨莫理。前朝炯戒,方册具存,近世覆车,闻见相接。(《戒子通录》卷二)

二四、夫中人已下,修词力学者则躁进患失,思展其用;审命知退者则业荒文芜,一不足操⑩。唯智者⑪研其虑,博其闻,坚其习,精其业,用之则行,舍之则藏。苟异于斯,孰⑫为君子?(《戒子通录》卷二)

二五、余自幼奉严训,实自悫克,不敢以资基冒进,分为州邑冗吏,未尝以一言求伸于公卿间。今优游清切,乃逾心期,至于披阅坟史,研味秘奥,犹惜寸阴,

---

① "名家",《旧唐书》本传作"家门"。
② "唯好犯上"至"及其衰也"二十七字,《通录》缺,据《旧唐书》本传补。
③ "便",《旧唐书》本传、《小学外编》作"利"。
④ "不闲",《旧唐书》本传、《小学外编》作"不悦"。
⑤ "自无学业",《旧唐书》本传、《小学外编》作"身既寡知"。
⑥ "传",《旧唐书》本传作"扬"。
⑦ "慢",《小学外编》作"优"。
⑧ "俗人",《旧唐书》本传、《小学外编》作"俗流"。
⑨ "神医",《旧唐书》本传作"巫医"。
⑩ "操",《旧唐书》本传作"采"。
⑪ "智者",《旧唐书》本传作"上智"。
⑫ "孰",《旧唐书》本传作"岂"。

不知老之将至。噫！君臣、父子之道，礼乐、刑政之规，在于儒术，是乃本源。夫以忧虞疾疢，有限之年，自少及衰，从旦至暮，孜孜于本教之事，尚不得一二，矧以他事挠之耶？（《戒子通录》卷二）

二六、《语》曰："不有博弈者乎，为之，犹贤乎已。"此一章意义，全在已字。已者，饱食终日，无所用心之人也。如是者，心智昏懒，兼不及于博弈。夫子以博弈为喻者，乃深切于戒劝，明言博弈为鄙事，非许儒学不务经术，但博弈耳。吴宫之论，可为格言。近者，又有叶子戏，或闻其名本起妇女。既鄙于握槊，乃赌钱之流，手执青蚨，坐销白日，进德修业，其若是乎？（《戒子通录》卷二）

二七、夫世族之源长庆远，与命位之丰约否泰，不假问蓍龟，不假征星数，处心行事而已。今昭国里崔山南琯①昆弟子孙之盛，乡族罕比②。山南曾祖母③长孙夫人，年高无齿。祖母唐夫人事姑孝，每旦栉縰笄，拜于阶下，即升堂乳其姑。长孙夫人不粒食数年而康宁。一日疾病，长幼咸萃，宣言无以报新妇恩，愿新妇有子有孙，皆得如新妇孝敬，则崔之门安得不昌大乎！（《戒子通录》卷二）

二八、今东都仁和里裴尚书宽子孙众盛，实为名阀。天后时，宰相魏玄同选尚书之先为长婿，未成婚而魏陷罗织狱，家従丁岭表。来俊臣辈既死，始沾恩还北。魏之长女已逾笄，及湖外，其家议北裴必不复求婚，沦落贫窭，无以为衣食资。诣老比丘尼祈披缁，居其寺，女亦甘愿下发，有日矣。有客尼自外至，闻其议曰："一见魏氏女，可乎？"见之曰："此女俗福丰厚，必有令匹，子孙将遍天下，宜事北归。"言讫而去。家人④遂不敢议。及荆门，则裴自京洛赍资聘，俟魏氏之北反，已数月矣。今势利之徒，奉权幸如不及，舍信誓如反掌，则裴之蕃衍，

---

① "琯"，《戒子通录》缺，据《新唐书》本传、吕祖谦《少仪外传》卷下引《柳氏家训》、《长安志》卷八引柳玭云补。
② 《长安志》卷八引柳玭云："崔氏居昭国宅，子孙昌盛，衣冠不绝。"
③ "曾祖母"，《清河书画舫》卷八上李龙眠《慈孝故实图》、伯时真迹《岭南黎民表书》，《寿亲养老新书》卷四引柳玭曰、《小学外编》引柳玭曰作"曾祖王母"。
④ "家人"二字，据吕祖谦《少仪外传》卷下引《柳氏家训》、《锦绣万花谷后集》卷一七引柳玭《家训》补。

乃天之报施也。郑司徒言于河南文公云:"裴某作刺史,儿女皆饭饼饵,人言其为吏清白,与周给亲爱,不可不信矣。"(《戒子通录》卷二)

二九、余季妹适弘农杨堪,在蒋相国幕,清刻自持,属吏有馈献,皆不纳。尝言不唯自清,抑亦内助焉。余旧府高公先侍郎①兄弟三②人,俱居清列,非速客不二羹胾,夕食龁③卜匏④而已,皆保重名于世。(《戒子通录》卷二)

三〇、永宁王相国(按:王相涯)方居相位,掌利权。窦氏女归,请曰:"玉工货一钗奇巧,须七十万钱。"王曰:"七十万,我一月俸金尔,岂于女惜,但一股钗七十万,此妖物也,必与祸相随。"女不复敢言。数月,女自婚姻会归,告王曰:"前时钗,为冯外郎妻首饰矣。"乃冯球也。王叹曰:"冯为郎吏,妻之首饰有七十万钱,其可久乎,其善终乎?"冯为贾相(按:贾相悚)门人最密。贾为东户,又取为属郎。贾有苍头,颇张威福,冯于贾忠,将发之未能。贾入相,冯一日遇苍头于门,召而勖⑤之曰:"户部中谤词不一,苟不悛,必告相国。"奴泣拜谢而去。未浃旬,冯晨谒⑥,贾未兴,时方命设火内斋,曰冠当出。俄有二青衣,赍银罂出曰:"相公恐员外寒,命奉地黄酒三杯。"冯悦,尽举之。青衣入,冯出告其仆御曰:"渴且咽,粗能言其事。"食顷而终。贾为冯兴叹出涕,竟不知其由。又明年,王、贾皆遘祸。噫!王以珍玩奇货为物之妖,信知言矣,而徒知物之妖,而不知恩权隆赫之妖甚于物邪?冯以卑位贪宝货,已不能正其家,尽忠所事,而不能保其身,斯亦不足言矣。买之臧获,害门客于墙庑之间而不知,欲始终富贵,其可得乎?此虽一事,作戒数端。(《戒子通录》卷二)

---

① "先侍郎",《新唐书》本传、《少仪外传》卷下引《柳氏家训》、《永乐大典》卷二二五九引柳玭《家戒》作"先君"。"余旧府高公先侍郎",《事文类聚续集》卷一六引柳玭《家戒》、《合璧事类外集》卷四六引柳玭曰皆误作"余先君"。

② "三",《事文类聚续集》卷一四作"二"。

③ "龁",《事文类聚续集》卷一四作"惟"。

④ "匏",《新唐书》本传、《事文类聚续集》卷一六引柳玭《家戒》、《合璧事类外集》卷四六引柳玭曰作"瓠"。

⑤ "勖",《新唐书》卷一八六本传作"责"。

⑥ "谒",《戒子通录》作"与",据《小学外编》改。

三一、又李相国泌居相位,请征阳道州为谏议大夫。阳既至,亦甚衔恩。未几,李薨于相位,其子繁居丧,与阳并居。阳将献疏斥裴延龄之恶,嗜酒目昏,以恩故子弟待繁,召之写疏。繁强记,绝笔诵于口,录以呈延龄,递奏之云:"城将此疏行于朝数日矣。"道州疏入,德宗已得延龄稿,震怒,俄斥道州,竟不反。繁后为谯郡守,虐诛巨盗不以法。舒相元舆布衣时,以文贽繁。繁曰:"自此有一舒家。"衔之。及为御史,鞫谯狱,入繁罪不可解。数年,舒亦及祸。今世人各盛言宿业报应之说,曾不思视履考祥之事,不其惑欤!①(《戒子通录》卷二)

三二、两京复,泌谋居多,其功乃大于鲁连、范蠡云。(《新唐书》卷一二九《李泌传》)

按:陈振孙《直斋书录解题》卷七著录《邺侯家传》十卷,云"按:《中兴书目》有柳玭后序,今无之"。此或后序中语。

三三、余又见名门右族,莫不由祖考忠孝勤俭以成立之,莫不由子孙顽率奢傲以覆坠之。成立之难如升天,覆坠之易如燎毛②,言之痛心,尔宜刻骨。(《戒子通录》卷二)

三四、又余家世本以学识礼法称于士林间。比见诸家于吉凶礼制有疑文者,多取正焉。丧乱以来,门祚衰落,清风素范,有不绝如线之虑。当礼乐崩坏之际,荷祖先名教之训,弟兄两人,年将中寿,基构之重,属于后生,纂续则贫贱为荣,隳坠则富贵可耻。今所纪旧事,十忘三四,昼览而夜思,栖心讲求,触类滋长。夫行道之人,德行文学为根株,正直刚毅为柯叶,有根无叶,③或可俟时,有叶无根,膏雨所不能活也。苟懵斯理,欲绍家声,则今之流传,反成灾害,谛听熟念,以保令名。至于孝慈友悌,忠信笃行,乃食之醯酱,不可一日无也,岂必言哉!比史官皆有序传,以纪宗门。余初及行在,尚守左史,故敢以《序训》为目。(《戒子通录》卷二)

---

① 此节亦见吕祖谦《少仪外传》下引《柳氏家训》。
② "成立"两句,《诚斋集》卷一一八《宋故资政殿学士朝议大夫致仕庐陵郡开国侯食邑一千五百户食实封一百户赐紫金鱼袋赠通议大夫胡公(铨)行状》引李宗谔引唐柳玭云作"积累如登天,覆坠如燎毛"。
③ 四库本《戒子通录》按:"有根无叶"四字,原本脱去,今从《新唐书》增入。

三五、余家升平里西堂藏书，经、史、子、集皆有三本：一本纸墨签束元①华丽者镇库，一本次者长将随行披览②，又一本次者后生子孙③为业。（《海录碎事》卷一八引《柳氏序训》）

三六、刻蔗姥之东，有一肆焉。注曰：蜀风，刻蔗于路隅，救渴求售，故以名焉。（《海录碎事》卷四上引《柳氏训序》）

三七、柳仆射仲郢任盐铁使。奉敕："医人刘集宜与一场官。"集医行间阎间，颇通中禁，遂有此命。仲郢手疏执奏曰："刘集之艺若精，可用为翰林医官，其次授州府医博士，委务铜盐，恐不可责其课最。又场官贱品，非特敕所宜，臣未敢奉诏。"宣宗御笔批："刘集与绢百匹，放东回。"数日延英对，曰："卿论刘集大好。"（《唐语林》卷二）

按：《唐语林》此则不详所出，周勋初《校证》亦未考及。今按：此书首引用书目有《柳氏叙训》，然今能指认者似仅此则，姑存此。

四、《柳氏叙训》所见世族家法

宋人称引《柳氏叙训》最重要的一则，是其序中关于中和间在蜀所见雕版书盛行的记录，有准确的时间和地点，且内容涉及"阴阳杂记、占梦相宅、九宫五纬"和"字书小学"等诸多部类，且明确为"雕板印纸"（序。本节以下凡引录《叙训》原文，皆仅注明第三节文本校录所标之序号），故叶梦得《石林燕语》卷八、叶寘《爱日斋丛抄》卷一都曾明确征引，更引起当代研究版刻起源学者的重视。虽然由于韩国和敦煌所存早期古雕刻本的发现，已经可以将雕版开始的年代推溯到8世纪初，但柳批所记蜀诸雕版的规模和种类，仍然极堪重视，今见古刻本大

---

① "束元"，《纬略》卷七引《柳氏家训》作"卷"。
② "长将随行披览"，《纬略》卷七引《柳氏家训》作"供览"，《说郛》卷二三下元袁桷《澄怀录》引《柳氏序训》作"长将披览"。
③ "子孙"，《纬略》卷七引《柳氏家训》作"子弟"。

体仍以佛相和星命类内容为多。当然,《叙训》最重要的价值,仍在其关于柳氏内外先人事迹和家法礼俗的记载。

从《诫子通录》所存文本的顺序来分析,《叙训》在前半部分主要记载柳玭祖父公绰、祖母韩氏及其先人韩滉、叔祖公权、父亲仲郢、母亲韦氏及其先人韦贯之等恪守家族礼法的遗事,然后列举了众多世家而立身有亏终至破家亡身的旧事,引起关于守家循法的种种议论。《旧唐书》本传称:"初,公绰理家甚严,子弟克禀诫训,言家法者,世称柳氏云。"那么,家法的主要内容应包括哪些方面呢?《叙训》有具体的说明:

> 余微时,每闻先公仆射与太保房叔祖讲论家法,莫不言立己以孝悌为基,以恭默为本,以畏怯为务,以勤俭为法,以交结为末事,以气焰为凶人,肥家以忍顺,保交以简敬。百行备,疑体之未臧;三缄密,虑言之或失。广记如不及,求名如傥来,去恪与骄,庶几寡过,莅官则洁己省事,而后可以言守法,守法而后可以言养人。直不近祸,廉不沽名,廪禄虽微,不可易黎甿之膏血,榎楚虽用,不可恣褊狭之胸襟。忧与祸不偕,洁与富不并。(二〇)

这是总的原则,其中包含守家和为官的基本原则。如果加以细分,我以为可以分析为若干细项,以下可以逐项加以说明。

甲、循礼。这是家法中最主要的内容,强调居家与为官都应动循礼法,不可随意,更不能轻渎。《叙训》云:公绰"在公卿间,最名有家法。中门东有小斋,自非朝谒之日,每平旦辄出至小斋,诸子皆束带晨省于中门之北。公绰决私事,接宾客,与弟公权及群从弟再会食,自旦至暮,不离小斋"。至暮,"诸子皆束带晨省于中门之北。凡二十余年,未尝一日变易"。(一)"先公以礼律身,居家无事,亦端坐拱手,出内斋,未尝不束带。"(一二)仲郢"事季父太保如事元公,非甚疾,见太保,未尝不束带。任大京兆、盐铁使,通衢遇太保,必下马端笏立候。太保马过,方登车。每暮归,必束带迎太保马首起居。太保屡以为言,终不以官达稍改"(一三)。这样无分内容,动遵礼法,在士大夫中赢得很高声誉,牛僧孺即因此感叹:"非积习名教,不及此。"(一〇)本文前引柳玭晚年的若干轶事,如到东川谒见节度使严格遵循礼法,晚见同族昆弟幞头脚不合规范拒绝相认,虽看似迂执,但是他动循礼法的具体写照。

乙、勤学。《叙训》述公绰"退必读书,手不释卷"(一二)。"自旦至暮,不离小斋。烛至,则命子弟一人执经史,躬读一过讫,乃讲议居官治家之法。或论文听琴,至人定钟,然后归寝。"(一)柳家也为此有丰备的藏书在长安升平里西堂,凡"经、史、子、集皆有三本:一本纸墨签束元华丽者镇库,一本次者长将随行披览,又一本次者后生子孙为业"。基本典籍皆配备三本,华丽者留库,次者由家主携带,随行披览,再次者供年幼子孙修读之用。(三五)柳玭本人即到晚年仍读书不倦:"优游清切,乃逾心期,至于披阅坟史,研味秘奥,犹惜寸阴,不知老之将至。"认为"自少及衰,从旦至暮",孜孜于此,"尚不得一二"。柳氏祖孙三代多从进士、制举进身而得列位通显,勤学成为这个家族的日常习惯。

丙、尚俭。柳玭特别提到其祖母韩氏,"家法严肃俭约,为搢绅家楷范"。虽然其父韩皋为仆射,其子仲郢加使相,贵极一时,仍"常衣绢素,不用绫罗锦绣"。祖母韩夫人,相国休之曾孙,相国滉之孙,仆射贞公皋之长女。归我家三年,无少长,未尝见其启齿。贞公在省,先公于襄阳加端揆,贞公亲仁里有宅,"每归觐,不乘金碧舆,只乘竹兜子,二青衣步㩴以随,贞公叹乃御下之俭也。常命粉苦参、黄连、熊胆和为丸,赐先公及诸叔。每永夜习学,含之,以资勤苦①"(六)。仲郢"三为大镇,厩无良马,衣不薰香"(一二)。柳玭还特意提到他在昭义幕府的使主高湜兄弟三人"非速客不二羹胾,夕食齕卜匏而已,皆保重名于世"(二九)的俭朴生活。他两入高氏幕府,在高湜被贬后有三疏为其请命,立身原则的相同,当是一方面的原因。

丁、行孝。这是所有家族家法都包含之意,柳家亦不能例外。《叙训》特别提到其母韦氏"事君舅君姑凡十一年,晨省于鸡鸣,昏定于初夕,未尝阙。梁国夫人有疾,先夫人一月不下堂,早夜奉养,疾愈始归院"(一七)。梁国夫人为公

---

① 《南部新书》卷四云此为公绰父"柳子温家法",似有误记。

绰妻韩氏。又载崔珀"曾祖母长孙夫人,年高无齿。祖母唐夫人事姑孝,每旦栉縰笄,拜于阶下,即升堂乳其姑。长孙夫人不粒食数年而康宁。一日疾病,长幼咸萃,宣言无以报新妇恩,愿新妇有子有孙,皆得如新妇孝敬,则崔之门安得不昌大乎!"(二七)则直接说明子孙行孝,家族门第始得昌荣光大。

戊、诫慎。包括方面很广,具体又可分析为:

A 诫骄堕,举柳公权"晓声律而不好乐。常云:'闻乐令人骄惰。'"(一四)

B 诫博,认为"博弈为鄙事",好博者"鄙于握槊","手执青蚨,坐销白日",无所成就。(二六)

C 诫势利,《叙训》述武后时宰相魏玄同选裴宽先人为婿,未成婚而魏遭酷吏之陷贬岭南,及北归则沦落贫窭,"无以为衣食资",魏女乃欲下发为尼,但行至荆门,裴氏已经具资行聘。柳玭认为裴宽后人子孙昌盛,成为名阀,正是其先人不趋势利之德荫所致。(二八)

D 诫贪。《叙训》既表彰妹婿杨堪"清刻自持,属吏有馈献,皆不纳",认为得自内助。又特别举到王涯女欲得七十万钱之钗,王涯斥此"一股钗七十万,此妖物也,必与祸相随"。后此钗为贾𫗧门人冯球所得,王涯感喟:"冯为郎吏,妻之首饰有七十万钱,其可久乎,其善终乎?"(三〇)最后涉贪之冯、贾不得善终,王亦坐甘露事件被祸。柳玭认为此一事而"作诫数端",其意甚好,但结论稍显勉强。

E 诫反复。《叙训》举了两个例子。一是名相李泌之子李繁,又李相国居相位,请征阳道州为谏议大夫,阳城以其为恩故子弟,乃将欲弹奏裴延龄之疏让其先睹,不料李繁录以呈延龄,导致裴得以恶人先告状,阳城坐此贬斥道州。后来李繁又遭舒元舆之衔私报复,舒至甘露之变受嫌累而族诛。柳玭以此言"宿业报应",以为当世诫。(三一)

己、谨职。《叙训》云称其父仲郢"凡理藩府,急于济贫恤孤,有水旱必先期假贷廪粟,军食必精丰,逋租必蠲免,馆传必增饰,宴宾犒军必华盛。而交代之际,仓储帑藏,必盈溢于始至"(一二),是克尽为官之职守。柳公绰为京兆尹而毙杀冲撞的军将,即使皇帝问起仍坚持"臣职当杖之,不当奏"。也是明确职分之所在。(三)至如引家法"在官不奏祥瑞,不度僧、道,不贷赃吏"(一二),则是对为官操守的坚持。

庚、恤贫。上则已引《叙训》称其祖公绰"姑姊妹侄有孤嫠者,虽疏远必为择婿嫁之,皆用刻木妆奁缬文绢为资装。常言:'必待资装丰备,何如嫁不失时。'"(二)其父仲郢继承父范,"凡理藩府急于济贫恤孤,有水旱必先期假贷廪粟";"境内有孤贫衣缨家女及筓者,皆为选婿,出俸金为资装嫁之"(一二)。这些是为官的职责。而家族纷争中最大的问题是贫富不均,故历代家规都有对同族孤寒者体恤的规定,柳氏亦如此。《因话录》载族侄柳应规任员外郎后欲借公绰购宅,为其拒绝,但当其去世后,则"抚视孤幼,恩意加厚,特为置居处"。族孙柳立病终以儿女相托,公绰"嫁其孤女,虽箱箧刀尺微物,悉手自阅视以付之"。

辛、守家。将此条列在最后,因为有关叙述应该是全书中最重要的部分,即告诫子弟律己持家,最重要的是要使家族发扬昌盛。其中一段最为宋人所称颂:"夫门地高者,可畏不可恃。可畏者,立身行己,一事有坠先训,则罪大于他人。虽生可以苟取爵位,死亦不可见祖先于地下。不可恃者,门高则自骄,族盛则为人窥嫉,实艺懿行,人未必信,纤瑕微累,十手争指矣。所以承地胄者,修己不得不恳,为学不得不坚。"(一九)虽然世家子弟因有先人之余荫,入仕较易,且有前代之基业可以继承,但同时也肩负着保存并弘大家业之责任。门第高而容易骄傲,家族兴盛则窥伺忌妒者也多。而世家子弟若有真才实学,他人未必愿意相信,而一旦有微小失误,则千夫所指,无以自解。柳玭的这些议论,即便在当代社会,官二代、富二代在世界各国都是多事之源,也具有针砭意义吧。

柳玭特别强调,"名门右族,莫不由祖考忠孝勤俭以成立之,莫不由子孙顽率奢傲以复坠之。成立之难如升天,复坠之易如燎毛"(三三),因而要求"行道之人,德行文学为根株,正直刚毅为柯叶",恪守"孝慈友悌,忠信笃行"(三四),并举出"坏名灾己,辱先丧家"的五项最大的愆尤:"一是自求安逸,靡甘淡泊,苟便于己,不恤人言。""二是自无学业,恶人有学。""三是胜己者厌之,佞己者悦之,唯乐戏谈,莫思古道,闻人之善嫉之,闻人之恶传之。""四是崇好慢游,耽嗜曲蘖。""五是急于名宦,昵近权要。"

虽然柳玭反复叙述其闻自先人的种种家法故训,并努力实践履行,但他无法把握的是,唐末从庞勋、王仙芝、黄巢开始的民变,迅速导致地方军阀的膨胀和中央权力的消灭,并引起全国分裂割据局面的形成,地方豪强的扩张,并引起汉、魏以来超稳定的世族社会的崩溃。柳玭为挽救世族崩溃而提出的种种妙方,没有得到实际的响应,就被历史大浪淘汰无痕。

五、《柳氏叙训》之家族叙事

南宋洪迈《容斋四笔》卷一一引真宗初命儒臣编修《君臣事迹》后,谓辅臣语:"又有子孙追述先德,叙家世,如李繁《邺侯传》《柳氏序训》《魏公家传》之类,或隐己之恶,或攘人之善,并多溢美,故匪信书。"这段话后来被刊本《册府元龟》收在卷首"考据"中。据《直斋书录解题》卷七《邺侯家传》下解题,据《中兴书目》,知柳玭曾为该传作后序,而《叙训》中对李繁之反复无行深致谴责,似乎对《邺侯家传》之溢美有所不满。不过,司马光似乎对《邺侯家传》的认识要优于真宗,全书中引录至多,是否恰当,容以后再作讨论。

《叙训》对家族往事的叙述,为其体例所限,当然对先人只是颂德。因为多述私事,《资治通鉴》采纳得并不多。而《资治通鉴考异》采据的几则,一是柳公绰毙杀冲撞京兆尹的神策军将事,司马光认为《叙训》作穆宗时事,时间有误,认为宪宗时事,改其时而采其说,并全录延英对问之语(三)。二是叙公绰因名马蹴毙围人,命斩马于鞠场。司马光据韩愈《与公绰书》"杀所乘马以祭蹴死之士"语,认为事实,但柳玭将鄂岳之事误记为襄阳事。另察齐衰者因丧而盗运粮米,司马光以"闼橐非美事"而不录,从另一立场证明柳玭并无伪造事实(四)。三是韩滉运米百艘到关中,助李晟军资粮事(九)。司马光认为时间上有些出入而没有采信,但韩滉经营东南对于德宗奉天之难解决之重要,今人已有充分认识①,并非柳玭虚构。四是韩滉过汴犒军,并促刘玄佐入朝事。司马光基本事实采信《叙训》,而仅在所赠之物为钱二十万缗采信《国史补》,不取《柳氏叙训》绫二十万匹之说(八)。司马光当然曾全部认真读过《叙训》全书,就他考异的几则来说,大体可信而细节略有出入。重大政事如此,凡涉及家族之内事实,大约可以认为柳玭虽有溢美而未必假造。

《叙训》有一则记载值得玩味:"孝公房舅谓余弟兄曰:'尔家虽非鼎甲,然中外名德冠冕之盛,亦可谓华腴右族。'"(一九)此孝公房舅当指韦澳或其兄弟。所谓"鼎甲",当指唐时第一流之家族,如唐初所认为的崔、卢、郑、李、王之五姓,稍逊则有韦、杜、杨、薛、张等大姓,柳氏在唐初以来虽也多名宦,但就柳玭这一支来说,显然地位并不高。所谓"中外名德冠冕之盛",是指柳家依靠联姻名族而形成的政治影响力。《叙训》所载柳氏四代人的婚姻状况,即保存了这方面的重要记录。先根据《叙训》和两《唐书·柳公绰传》之记载,列其四世婚姻关系如下表:

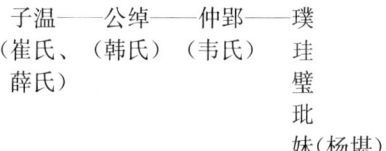

公绰父子温,先取崔氏,出清河一系,为崔融、崔翘之后人,故公绰与当时名宦崔从、崔能等人为中表亲。子温再娶薛氏,为薛苹之姊妹(据《因话录》卷二)。苹(746—819),《旧唐书》卷一八五、《新唐书》卷一六四有传,宪宗初历任湖南、浙东、浙西三镇。《旧唐书·柳公绰传》称其"事继亲薛氏三十年,姻戚不知公绰非薛氏所生"。

公绰妻韩氏,封梁国夫人。其曾祖韩休相玄宗,祖韩滉相德宗,父韩皋元和、长庆间历官左右仆射,两《唐书》均有传。《叙训》连带也多叙及韩氏祖孙之

---

① 参复旦大学历史地理研究所李碧妍2011年博士论文《危机与重构——唐帝国及其地方诸侯》第四章。

若干轶事,但多为《戒子通录》所删。

仲郢妻韦氏,为宪宗相韦贯之女。贯之,《旧唐书》卷一六八有传,出韦氏逍遥公房。其父韦肇,《叙训》也有述及(一八)。本传称贯之"自布衣至贵位,居室无改易,历重位二十年,苞苴宝玉,不敢到门,性沉厚寡言,与人交,终岁无款曲,未曾伪词以悦人。身殁之后,家无羡财"。与柳氏门风相似。其子韦澳即柳玭之舅,懿宗时官至户部侍郎。前引其大中十一年(857)与柳玭的一段对话,可以见到韦澳的为官操守和原则,很可能也源自柳玭的叙述。

柳玭兄弟的婚姻,没有留下记载。柳玭提到其妹婿杨堪(二九),为牛党重要人物杨虞卿之子,两《唐书》皆附传在其父后。

以上根据《叙训》及史传揭示柳氏四世的婚姻状况。仅据此不完整记录,即可见到与崔、薛、韩、韦、杨等诸世家显宦的联姻关系,可见唐后期新晋世家借婚姻以扩大家族版图的具体状况。

柳玭对其内外先人的懿德善行的记载,根据司马光《资治通鉴考异》的考辨,虽然有细节之出入,但基本事实应属可信,即可能有所隐恶,但还并非全出编造,其所叙述与唐代其他公私记载还是契合的。

最后,我想据传世典籍和出土文献补充一些史传和《叙训》没有述及的柳家轶事,也从别一方面求证《叙训》家族叙事的可信程度。

一是赵璘《因话录》卷二:"仆射柳元公家行为士林仪表,居大官,奉继亲薛太夫人尽孝敬之道,凡事不异布衣时。薛夫人左右仆使,至有连小字呼公者。性严重,居外下辇,常惕惧。在薛夫人之侧,未尝以毅颜待家人,恂恂如小子弟。敦睦内外,当世无比。宗族穷苦无告,因公而存立优泰者,不知其数。在方镇,子弟有事他适,所经境内,人不知之。族子应规为水部员外郎,求公为市宅,公不与。潜语所亲曰:'柳应规以儒素进身,始入省,便造新宅,殊不若且税居之为善也。'及水部殁,公抚视孤幼,恩意加厚,特为置居处,诸子皆与身名。族孙立疾病,以儿女托公。及廉察夏口,嫁其孤女,虽箱箧刀尺微物,悉手自阅视以付之。公出自清河崔氏,继外族薛氏,前后与舅能、从同时领方镇,居省闼又与继舅苹同时为观察使,妻父韩仆射同时居大僚,未尝敢以爵位自高,减卑下之敬。其行已如此。"据周勋初所考,《因话录》成书于乾符初年(约874)①,即较《叙训》成书约早十年。璘外家出柳芳、柳并一支,可能因此而对公绰一家有一些了解。但所记与《叙训》若合符契,则可视为当时士林之一般所闻。

二是裴庭裕《东观奏记》卷中载:"蓝田尉、直弘文馆柳珪擢为右拾遗、弘文馆直学士,给事中萧倣、郑公舆、裔绰驳还曰:'陛下高悬爵位,本待贤良,既命浇浮,恐非惩劝。珪居家不禀于义方,奉国岂尽于忠节?'刑部尚书柳仲郢诣东上阁门进表,称:'子珪才器庸劣,不合尘玷谏垣。若诬以不孝,即冤屈为甚。'太子少师柳公权又讼侵毁之枉。上令免珪官,且在家修省。贞元、元和以来,士林家礼法严整,以韩皋、柳公绰、柳仲郢为首称。一旦子称不孝,簪组叹之。"裴庭裕为大顺间柳玭受命编三朝实录之十五人之一,其书序则称所载以宣宗朝遗事为主,所据即编实录准备之资料。柳珪被弹,可能有政治斗争的因素,但虽经仲郢、公权出援,宣宗仍采纳萧、郑驳议而免柳珪之职,是其确实所行有亏。这一事件,柳玭肯定也熟知,也可能他在《叙训》中不指名地讲子弟行为有玷,即包含柳珪所为。但没有径言,毕竟包含为兄长讳的用意。

三是柳仲郢佚文《叔母穆夫人墓志铭》:

> 皇考治家教且严,月旦及望,诸叔母拜堂下毕,即上手低面,听我皇考训诫曰:"人家兄弟无不义者,尽因娶妇入门,异姓相聚,争长竞短,分门割户,皆汝妇人所作。"

此文全文不传,却保存于署名皇都风月主人的《绿窗新话》卷下《柳家婢不事牙郎》,该书一般认为是南宋说书艺人讲说文本的节录书。柳公绰对其诸弟妇的训诫,认为人家兄弟相争的责任多在娶妇入门后的争竞,所谓防范家族分裂先从妇人抓起,语意强烈,对应了家教甚严的叙述。

---

① 周勋初《唐语林校证》附《〈唐语林〉援据原书提要》,中华书局1987年版,第766页。

四是《北梦琐言》卷四讲了一则与柳家有关的有趣故事：

唐柳仆射仲郢镇郓城，有一婢失意，将婢于成都鬻之。盖巨源使君乃西川大校，累典雄郡，宅在苦竹溪，女侩具以柳婢言导，盖公欲之，乃取归其家，女工之具悉随之，日夕赏其巧技。或一日，盖公临街窥窗，柳婢在侍，通衢有鬻绫罗者，从窗下过，召婢就宅，盖公于束缣内选择边幅舒卷揆之，第其厚薄，酬酢可否。柳婢失声而仆，似中风恙，命扶之而去，一无言语，但令舆还女侩家。翌日而瘳，诘其所苦，青衣曰："某虽贱人，曾为柳家细婢，死则死矣，安能事卖绢牙郎乎？"蜀都闻之，皆嗟叹也。清族之家，率由礼门，盖公暴贵，未知士风，为婢仆所讥，宜矣哉！

盖巨源墓志已经出土，崔璲撰，今藏四川省博物馆①。盖之祖父为军将，盖虽列军戎，但以文学自强，官至兴元少尹，墓志和《金石录》《舆地碑记》著录其撰文碑记有五六篇之多。盖因买绫罗酬价之细节而被柳婢奚落如此，唐代世家与新兴家族之门风差别，可见一斑。此婢虽出身下贱，但染习如此深刻，亦足为谈资。

五是近代曾出土柳仲郢为其妹撰墓志，题作《唐故柳氏长殇女墓志铭并序》，署"兄中散大夫权知京兆尹上柱国赐紫金鱼袋仲郢撰"，志文云："呜呼！天不与寿而不能成其美者，我家之殇妹名曰老师是也。会昌五年（845）五月二十一日，夭于升平里第，享年一十有六。兄仲郢，见任京兆尹，以为家有世禄，著于族系，官讳严重，不敢□书，盖亦以彰幼而有知之体。粤以六月二十一日，葬于杜城村，准经制也。"②以下铭文从略。柳氏卒于升平里第，与《叙训》记载合，为柳氏之世业。而柳仲郢特别提到"家有世禄，著于族系，官讳严重，不敢□书，盖亦以彰幼而有知之体"，以说明其在殇妹墓志中没有详述族系官讳的原因。

六是《长安新出墓志》载陕西长安近年新出墓志有《唐刘氏墓志》一种，全文

---

① 杨荣新《唐代盖巨源墓志考释》，《文博》2006年4期。
② 周绍良主编、赵超副主编《唐代墓志汇编》会昌〇四二，上海古籍出版社1992年版，第2241页。

仅五十三字:"唐检校尚书左仆射兼刑部尚书河东郡开国公柳公绰男小阅所生刘氏,大和四年(830)正月廿二日卒,其月廿七日葬于此。呜呼伤哉!故记。"①此为柳公绰为其亡妾所撰书的墓志。这位刘氏的身份显然很卑微,可能连妾的名分都没有,在讲究名分地位的家族中,如何表述当然很讲究。在这五十三字中,柳公绰的官职爵位用了十八字,很庄重。而刘氏的名分只是其"男小阅所生"者,连孩子他妈的意思都不到。所有关于刘氏死亡的感情只有一句套式的"呜呼伤哉",也不知其情之真假,反正这一表达是严格遵循礼俗家法的。

以上述诸文献与《叙训》比读,则其叙事之大端可信,但稍有讳饰,可以得到认定。

2011年9月26日初稿
2012年1月9日二稿

原载台湾师范大学《国文学报》2012年2期

参考书目②

一、史部：

[五代]晋刘昫《旧唐书》,中华书局点校本。

[宋]欧阳修、宋祁《新唐书》,中华书局点校本。

[元]脱脱《宋史》,中华书局点校本。

[宋]司马光等著,[元]胡三省音注《资治通鉴》,中华书局点校本。

*[宋]司马光《资治通鉴考异》,《四部丛刊》影宋本。

[宋]王溥编《唐会要》,上海社科院历史所校点,上海古籍出版社本。

[清]徐松著、赵守俨点校《登科记考》,中华书局点校本。

---

① 《长安新出墓志》,西安市长安博物馆编,文物出版社2011年版,第260—261页。
② 古籍按照《四库全书》的分类顺序排列。今人著作按照出版顺序排列。

[宋]郑克《折狱龟鉴》,《景印文渊阁四库全书》本。

*[宋]祝穆《方舆胜览》,上海古籍出版社影宋本。

[宋]王象之编《舆地纪胜》,粤雅堂刊本。

[宋]宋敏求《长安志》,中华书局编《宋元方志丛书》本。

[明]曹学佺《蜀中广记》,《景印文渊阁四库全书》本。

[宋]晁公武《郡斋读书志》,《万有文库》影印宋袁州本。

[宋]陈振孙著、徐小蛮校点《直斋书录解题》,上海古籍出版社本。

[宋]王尧臣编《崇文总目》,《粤雅堂丛书》本。

[宋]尤袤编《遂初堂书目》,《海山仙馆丛书》本。

[明]杨士奇编《文渊阁书目》,《读画斋丛书》本。

[宋]赵明诚著、金文明校点《金石录》,上海书画出版社点校本。

二、子部

*[宋]刘清之编《戒子通录》,《景印文渊阁四库全书》本。

[宋]吕祖谦编《少仪外传》,《景印文渊阁四库全书》本。

[宋]朱熹编《小学外编》,《景印文渊阁四库全书》收《御定小学集注》本。

[唐]李肇《唐国史补》,古典文学出版社1957年版。

[唐]韦绚《刘宾客嘉话录》,《顾氏文房小说》本。参《文史》第四辑唐兰校订本。

*[唐]赵璘《因话录》,古典文学出版社1957年版。

*[唐]裴庭裕著、田廷柱校点《东观奏记》,中华书局1994年版。

*[宋]李昉等、汪绍楹校点《太平广记》,中华书局1961年版。

*[宋]孙光宪著、林艾园校点《北梦琐言》逸文,上海古籍出版社1981年版。

*[宋]钱易《南部新书》,中华书局上海编辑所1958年版。

[宋]王谠《唐语林》,古典文学出版社1957年标点本。

周勋初校证《唐语林校证》,中华书局1987年版。

[宋]皇都风月主人编《绿窗新话》,上海古籍出版社1991年版。

[宋]周煇著、刘永翔校注《清波杂志》,中华书局1997年点校本。

*[宋]叶梦得《石林燕语》,中华书局1984年点校本。

［宋］洪迈《容斋随笔》，上海古籍出版社1978年标点本。

*［宋］吴曾《能改斋漫录》，中华书局上海编辑所1965年排印本。

［宋］沈作喆《寓简》，《景印文渊阁四库全书》本。

*［宋］叶寘《爱日斋丛抄》，中华书局2010年点校本。

［唐］林宝著，岑仲勉校，郁贤皓、陶敏整理《元和姓纂（附四校记）》，中华书局1994年版。

［宋］李昉等编《太平御览》，中华书局影宋本。

［宋］王钦臣等编《册府元龟》，中华书局影印明刊本。

*［宋］佚名编《锦绣万花谷》，上海辞书出版社影印明刊本。

［宋］叶廷珪编《海录碎事》，上海辞书出版社影印明刊本。

［宋］祝穆辑《新编古今事文类聚》，书目文献出版社影印元刊本。

《合璧事类前集》，《景印文渊阁四库全书》本。

［明］彭大翼编《山堂肆考》《景印文渊阁四库全书》本。

［明］陈耀文《天中记》，《景印文渊阁四库全书》本。

［明］张丑《清河书画舫》，《景印文渊阁四库全书》本。

［宋］董逌《广川书跋》，《津逮秘书》本。

［宋］陈直著、［元］邹铉续《寿亲养老新书》，《景印文渊阁四库全书》本。

三、集部：

［宋］杨万里《诚斋集》，《四部丛刊初编》本。

［元］虞集《道园学古录》，《四部丛刊初编》本。

四、今人著作：

严耕望《唐仆尚丞郎表》，"中央研究院"历史语言研究所专刊，1956年。

《隋唐五代墓志汇编·洛阳卷》，天津古籍出版社1990年版。

周绍良主编、赵超副主编《唐代墓志汇编》，上海古籍出版社1992年版。

郁贤皓《唐刺史考全编》，安徽大学出版社2000年版。

《中华野史》，泰山出版社2000年版。

杨荣新《唐代盖巨源墓志考释》，《文博》2006年第4期。

周勋初主编《唐人轶事汇编》,上海古籍出版社 2006 年版。

龚延明编《中国历代职官别名大辞典》,上海辞书出版社 2006 年版。

傅璇琮《唐翰林学士传论·晚唐卷》,辽海出版社 2007 年版。

西安市长安博物馆编《长安新出墓志》,文物出版社 2011 年版。

李碧妍《危机与重构——唐帝国及其地方诸侯》,复旦大学历史地理研究所 2011 年博士论文。

(说明:征引文献前标示 * 号者,已列入 Selected Bibliography)

《建康实录》宋本校勘刍议

季忠平

就目前所知,作为一部记载六朝历史的重要史书,《建康实录》在其流传过程中只刊刻了四次,包括宋刻两次,清刻两次。其中最早的北宋嘉祐三年(1058)江宁府刻本,诸家著录多付阙如,尚存天壤与否,不得而知。另一种宋刻,即南宋绍兴十八年(1148)荆湖北路安抚使司重别雕印本,海内仅存孤本,经汲古阁、海源阁等辗转珍藏,今书藏国家图书馆。清顾广圻曾用此南宋刻本校其手中抄本,后嘉庆间张海鹏据顾氏校本重刊,光绪间甘元焕又据此翻刻。此外在清代,尚有不少抄本行世。由于存世的南宋刻本有阙页,而现存清刊、抄本所阙大致相同[①],所以我们认为,现存的南宋刻本可能是行世的刊、抄本的版本之源。因此南宋刻本对于《建康实录》校勘整理具有很重要的意义,1984年中华书局将其影印出版,使这一八百年来仅存孤本得以化身百千,以供天下学人研究利用。诚然,现在通行的两种《建康实录》整理本,即中华书局1986年出版的由张忱石整理的点校本(以下简称"张本"),以及上海古籍出版社1987年出版的由孟昭庚等整理的点校本(以下简称"孟本"),在对《建康实录》的校勘整理方面都取得了相当的成果,但是,上述两种点校本对于南宋本的利用似乎还不够充分。尽管南宋本也不是十全十美,其中不乏明显的讹误,但鉴于南宋本在《建

---

① 个别本子所阙略有不同,系后人据正史增补。

康实录》流传过程中的特殊地位,我们认为,对于《建康实录》的整理而言,利用南宋本进行对校,应该是一个不可或缺的重要步骤。有鉴于此,笔者利用南宋刻本(以下简称"宋本")与张本相对校,获得了数以百计的异文,考诸同时代正史及其他典籍,联系当时政治、军事以及文化方面的实际情况,发现其中有相当一部分可以纠正通行本中存在的问题。现从其中挑选出若干例①,略缀刍议,以就正于大方之家。

一、利用宋本可以纠正通行本中承清刊、抄本而来的讹误

【例1】 是岁,丹杨都尉妫览、郡丞戴员等与边洪谋杀太守孙翊。(卷一《吴·太祖上》,第7页)

"都尉",宋本作"都督"。三国时,吴国在濒江以及其他战略要地一般都置都督一职。《三国志·吴书·孙韶传》载:"初,孙权杀吴郡太守盛宪,宪故孝廉妫览、戴员亡匿山中,孙翊为丹杨,皆礼致之。览为大都督督兵,员为郡丞。"此事又载于《资治通鉴》卷六十四建安九年(204):"丹阳大都督妫览、郡丞戴员杀太守孙翊。"据此可知,"都尉"乃"都督"之误。

【例2】 十一月,蜀使致书于权,引躬自责,永修旧好。(卷一《吴·太祖上》,第23页)

"永",宋本作"求"。《吴书·孙权传》注引《江表传》载:"权云:'近得玄德书,已深引咎,求复旧好。'"此当为《建康实录》文字所本。根据《三国志》及《资治通鉴》的记载,当时是蜀主动提出重申盟好,而孙权亦曾就和魏与和蜀举棋不定,因此,作"求"更为贴切,"永"当是"求"形近之讹。

【例3】 初望气者云,荆州有天子气破扬州而建业宫不利,故后主上武昌,仍使掘破荆州界大臣各冢断其山岗。(卷四《吴·后主》,第94页)

---

① 本文所举例子,除另作说明外,皆取张、孟二本文字相同且不出校记者,原文及页码均根据张本中华书局1986年第1版。

"各",宋本作"名"。该段文字亦见于《吴书·孙皓传》注引《汉晋春秋》:"初,望气者云,荆州有王气破扬州而建业宫不利,故皓徙武昌,遣使者发民掘荆州界大臣名家冢与山冈连者以厌之。"我们怀疑其中"家"可能是涉下"冢"字而衍,当然,也不排除"名家"是"名家冢"之省称的可能性。据此我们认为,宋本作"名冢"更为得实。"各冢"难解,孙皓必不能使人遍掘荆州界所有大臣墓,"各"当是"名"形近之讹。

【例4】 循自以枕席废顿,臣节不修,累表固让,命皇太子亲往拜焉。(卷五《晋·中宗元皇帝》,第131页)

"枕席",宋本作"枕疾"。《晋书·贺循传》载此事亦作"枕疾"。"枕疾"是当时常用的一个词语,意为卧病。如《晋书·桓温传》载桓温上疏称:"夫盛衰常理,过备无害,故汉高枕疾,吕后问相,孝武不豫,霍光启嗣。"又如谢灵运《辨宗论》:"余枕疾务寡,颇多暇日。"

【例5】 恺之能运五十匹绢画一像,使心运手,须臾成。头面、手足、胸臆、肩背,无遗失尺度,此其难也。(卷八《晋·太宗简文皇帝》,第242页)

"运",宋本作"连"。"运五十匹绢画一像"殊不可解,宋本原作"连",是指顾恺之在由五十匹绢拼成的巨幅画面上画单个人物肖像,这对于画家把握人物造型的比例来说,确实是很困难的事情,所谓"无遗失尺度",正是指画家在这方面的成功之处。张彦远《历代名画记》卷五"顾恺之"条引此亦作"连"。"运"当是"连"形近之讹。

【例6】 薛安都,河东汾阳人也。(卷十四《宋·列传》,第544页)

"阳",宋本作"阴"。《宋书·薛安都传》《南史·薛安都传》均作:"薛安都,河东汾阴人也。"本书卷十五安都之侄薛渊传亦称其为"河东汾阴人",可为一证。

【例7】 己未夜,郢城有一物如兽,色白而长,攀树而泣,若将别者,因投城外黄鹤矶水中。(卷十七《梁·高祖武皇帝》,第670页)

"色",宋本作"毛"。"色白而长"不可解。"如兽"是指其体形,"白而长"则是描写其毛,"色"当是"毛"形近之讹。

【例8】 初在青州,尝用铜斗覆在药厨下,忽于斗下得二死雀。思话叹曰:"斗覆而双鹊殒,其不祥乎!"既而被系。(卷十四《宋·列传》,第534页)

"鹊",宋本作"雀"。前文既未明确指出所死何鸟,仅泛称为"雀",后文似不应专指为"鹊"。《宋书·萧思话传》《南史·萧思话传》均作"斗覆而双雀殒"。《太平御览》卷九二二亦作"斗覆而双雀殒"。核以诸书,"鹊"当是"雀"音近之讹。

二、利用宋本可以补正通行本中存在的脱失

【例9】 初,王敦构逆,导忧覆族,使郭璞筮之曰:"吉,无不利。淮水绝,王氏灭。"(卷七《晋·显宗成皇帝》,第193页)

"筮之"后宋本有"卦成"二字。"卦成"即得卦之意,为记占筮之成语,如本书卷八:"初,冰令郭璞筮,卦成,曰……"又如《晋书·郭璞传》:"初,庾翼幼时尝令璞筮公家及身,卦成,曰……"而此事《晋书·王导传》亦作:"初,导渡淮,使郭璞筮之,卦成,璞曰:'吉,无不利。淮水绝,王氏灭。'"足证通行本脱"卦成"二字。

【例10】 初,邈妻郗氏甚妒,邈在先娶妾,郗氏怨怼,与邈书声绝。(卷十《晋·安皇帝》,第308页)

"在"下宋本有"吴"。《晋书·谢邈传》记此事仅称"邈先娶妾",《建康实录》较之略详,称"在吴",可能是指谢邈出任吴兴太守一职时。

【例11】 庆之先患头风,好着狐皮帽,群蛮恶之,号曰苍头公。每见庆之军,辄惧曰:"苍头已复来矣。"(卷十四《宋·列传》,第533页)

"头"下宋本有"公"。前文既有"号曰苍头公"的说法,则后文当从宋本作"苍头公"。《宋书·沈庆之传》:"每见庆之军,辄畏惧曰:'苍头公已复来矣。'"《南史·沈庆之传》同。此当是本书文字所本,可为确证。

【例12】 后衡阳王义季镇京口，长史孙勃迎颙于黄鹄山之竹林园舍，林涧甚美，因憩于此涧。（卷十四《宋·列传》，第550页）

"因"上宋本有"颙"。乍一看来，有无"颙"字，似乎于文义没有多大出入，但仔细研究文意，此处着一"颙"字，强调是戴颙"憩于此涧"，这对于突出戴颙的隐士身份，有着微妙的意义。正因如此，《宋书·戴颙传》及《南史·戴颙传》皆作："山北有竹林精舍，林涧甚美，颙憩于此涧。"

【例13】 而使吕僧珍勒兵封库及图籍。（卷十七《梁·高祖武皇帝》，第668页）

"库"上宋本有"府"。此处"府"不可脱。郑玄注《礼记·曲礼下》云："府谓宝藏货贿之处也，库谓车马兵甲之处也。""府库"一词，是指国家贮藏财物、兵甲之所。如《孟子·梁惠王下》："君之仓廪实，府库充。"《周礼·天官·大府》："凡万民之贡，以充府库。"由于府库攸关一个国家的经济、军事，所以富有战略眼光的政治家在攻入敌人首都之后，都对它十分重视。如《史记·高祖本纪》载刘邦攻入咸阳后，"乃封秦军重宝财物府库"。梁武帝也不例外，《梁书·武帝纪》："高祖命吕僧珍勒兵封府库及图籍。"此事还见于《吕僧珍传》："建康城平，高祖命僧珍率所领先入清宫，封检府库。"《张弘策传》："城平，高祖遣弘策与吕僧珍先入清宫，封检府库。"又《南史·武帝纪》作："帝命吕僧珍、张弥勒兵封府库及图籍。"《资治通鉴》卷一四四记此事亦作"封府库及图籍"。以上诸书，可以证明通行本脱"府"，由于"府库"一词含有特殊的意义，因此这样的脱失显然是不应该的。

【例14】 侯景立皇子纲，为简文帝。（卷十七《梁·高祖武皇帝》，第691页）

"皇"下宋本有"太"。《梁书·武帝纪》："（中大通三年[531]）秋七月乙亥，立晋安王纲为皇太子。"可见，萧纲当时的身份为皇太子。皇帝之子皆为皇子，但其中只有一人才是未来皇位的继承者，为了突出这个皇子在诸皇子中的地位，皇帝通过隆重的仪式，给以"皇太子"的称号。典籍中"皇太子"常可以省称为"太子"，但似乎未见简称为"皇子"的例子。此处宋本的行文较之通行本更为准确。

三、利用宋本可以除去通行本中无谓的衍文

【例15】 十三年春正月辛丑,以晋安王伯恭为尚书左仆射,袁宪为右仆射。(卷二十《陈·高宗孝宣皇帝顼》,第793页)

"春正月",宋本无。此处"辛丑"为太建十三年(581)的纪年干支,窜入"春正月",显得不伦不类。本书记陈朝史事多用纪年干支,如"太建三年辛卯正月癸丑""(太建)十一年己亥春正月""(太建)十二年庚子六月""至德二年甲申正月丁卯"等。张、孟二本皆不明此文例,故张本"十三年春正月辛丑"条下有校记称:"'春正月'三字原缺。《陈书·宣帝纪》《南史·陈本纪下》及《通鉴》一七五皆作'春正月壬午'。壬午为正月朔日,辛丑为二十日,皆在正月,虽未知孰是,然'辛丑'前当脱'春正月'三字,今据徐抄本补①。"而孟本虽作"十三年辛丑",但也出校记称:"宋刻本同。徐本'辛丑'二字作'春正月'三字。按徐本为是。"张本以为此处"辛丑"为纪月干支,故窜入"春正月"三字以领之;孟本校记则直欲依徐本以"春正月"三字取"辛丑"而代之。窜入"春正月",虽也不当,尚有正史可依;至于去"辛丑",则全无根据,难免武断。

【例16】 帝自谓安民曰:"卿面方如田,此封侯相也。"(卷十五《齐·列传》,第606页)

"此",宋本无。《南齐书·李安民传》记此事作:"帝大惊,目安民曰:'卿面方如田,封侯状也。'"《南史·李安人②传》亦作:"卿面方如田,封侯相也。"《太平御览》卷七三〇也引作:"卿面方如田,封侯状也。"可证宋本为得实。《梁书·吕僧珍传》有:"此儿奇声,封侯相也。"与此相似,可作参证。顺便提一下,"自谓"不可通,"自"当是"目"之讹,《南齐书》等诸书皆作"目安人曰"可证。

---

① 所谓"徐抄本"及下文孟本校记所提及的"徐本",均指武昌徐可行藏《建康实录》抄本,见邮承铨《〈建康实录〉校记叙例》。

② 安人即安民,涉唐讳改。

【例17】 按,《宗室传》:太宗初即位,未解严,桓温屯中堂,夜警,御史中丞敬王恬奏劾温大不敬,请理温罪。温见叹曰:"此儿乃敢弹我耶!真可畏也。"(卷八《晋·太宗简文皇帝》,第240页)

"耶",宋本无。《晋书·宗室传》亦作"此儿乃敢弹我",无"耶"字。"耶"字当是后人在传写过程中所臆加,原文语气急促,传神地写出了权倾一时的桓温对于敬王恬敢捋虎须的行为的震惊,加上"耶"字,未免有蛇足之嫌。

四、利用宋本可以保留当时语言文字的原貌

【例18】 统不能忍,引刀砍勤,数日乃死,时人多之。(卷一《吴·太祖上》,第16页)

"砍",宋本作"斫"。"砍"字后出,当时描写用刀砍击的动作都作"斫"。《三国志·凌统传》记此事作:"统不忍,引刀斫勤,数日乃死。"《太平御览》卷八四六引此亦作"斫"。

【例19】 既见帝,言导忠诚,帝纳其言,与饮酒,既醉而出。(卷五《晋·中宗元皇帝》,第140页)

"既",宋本作"致"。此段文字所本为《晋书·周𫖮传》:"既见帝,言导忠诚,申救甚至,帝纳其言。𫖮喜饮酒,致醉而出。"①文中"致"与"喜"相呼应,细腻地写出周𫖮因救王导成功而纵情畅饮的快乐心情。本书此处虽无"喜"字,但一"致"字,亦足以传达出周𫖮此时的心情。若依通行本,则短短一段文字中,两见"既"字,非惟拗口难读,传神写照,亦复荡然无存。

【例20】 庆之曰:"朝廷以君不足烦壮少,故老夫来耳。"(卷十三《宋·世祖孝武皇帝》,第479页)

"壮少",宋本作"少壮"。张本于此条下出校记称:"'壮少',宋本、库本同。

---

① 《晋书》引文及标点依中华书局点校本。此处疑点作"𫖮喜,饮酒致醉而出",更符合文义。

甘抄本、徐抄本、丁抄本、周抄本、刘抄本及《宋书》《南史·沈庆之传》皆作'少壮'。"①需要说明的是,校记中所称"宋本、库本同"是错误的,笔者所据宋本正作"少壮",而笔者所能查到的《四库全书》文渊阁本《建康实录》也作"少壮"(当然,张本所据的"库本"为文津阁本,或许文字有出入,也未可知)。"壮少"一词,古来罕见,而"少壮"则在典籍中屡见不鲜,如汉武帝《秋风辞》:"箫鼓鸣兮发櫂歌,欢乐极兮哀情多,少壮几时兮奈老何!"又如为人熟知的《乐府诗集·相和歌辞五·长歌行一》:"少壮不努力,老大徒伤悲。"再如魏文帝《与吴质书》:"少壮真当努力,年一过往,何可攀援!"孟本不出校而作"壮少",失在未用宋本相校;张本校记误称宋本作"壮少",则足以混淆视听,使人误入歧途。

【例21】 时远方一比丘尼有道术,至姑孰求浴,温窃视之。(卷九《晋·烈宗孝武皇帝》,第258页)

"视",宋本作"窥"。《晋书·桓温传》亦作"温窃窥之","窥"与前面的"窃"相呼应,较之"视",更为准确生动。张、孟二本舍此不从,又不出校,若不以宋本相校,纵读千遍,也不能使人知其误处。

【例22】 又言袈裟非朝会之服,钵盂非庙廊之器。(卷十《晋·安皇帝》,第316页)

"庙廊",宋本作"廊庙"。《高僧传》卷六亦作"廊庙"。廊指大殿四周之廊,庙则指太庙,均为古时帝王与大臣议论国事之处,故典籍多以"廊庙"代指朝廷,例多不赘举。此处"廊庙"与"朝会"相对,正指朝廷,不烦强乙作"庙廊",以失却古时语言原貌。

【例23】 按,《晋书》:桓玄尝候道子,正遇其醉,宾客满堂。(卷十《晋·安皇帝》,第318页)

"堂",宋本作"坐"。《晋书·司马道子传》亦作"宾客满坐"。《世说新语·言语》载此事作:"桓玄义兴还后,见司马太傅,太傅已醉,坐上多客。""宾客满堂"与"宾客满坐"在今天看来意义相差不大,但为了保留古代语言的原貌,当以

---

① 有关诸抄本的著录见张本卷首所附张忱石《点校说明》。

从宋本及《晋书》作"坐"为是。

【例24】 道济愤怒气盛,目光如炬,俄尔之间,引酒一斛,王遂矫诏赐死。(卷十二《宋·太祖文皇帝》,第430页)

"酒",宋本作"饮"。《实录》此文本自《南史·檀道济传》:"道济见收,愤怒气盛,目光如炬,俄尔间引饮一斛。""引饮"是时语,意思是"举杯而饮"。后人不明此义,屡屡改之,如本书卷十五:"于是遣郑伯禽进以生金,帝曰:'我不须金,醇酒足矣。'乃饮酒一升,伯禽就加摺焉。"其中"饮酒",宋本亦作"引饮";《南史·和帝纪》记此事亦作"乃引饮一升"。与"引饮"相似的还有"引酌",如《晋书·陶潜传》:"潜既遇酒,便引酌野亭,欣然忘进。"又如陶渊明《归去来兮辞》:"引壶觞以自酌。"凡此皆可帮助后人理解"引饮"一词。

原载《文献》2001年第3期

《旧五代史·党项传》族姓蕃名考

苏乾英

《旧五代史》原书久佚,清乾隆间,四库馆臣邵晋涵等始从《永乐大典》《册府元龟》《资治通鉴考异》等书中辑录出来,大致得其十之七八。现时通行本是乾隆四十年(1775)的辑本,总共十七万三千多字,按照原来的卷数分为一百五十卷。这部书,现在看来,仍然很有价值,为治五代及唐末、宋初历史者不可缺少的参考书。

我们在标点这部书的过程中,遇到一个比较难以解决的问题,那就是边区少数民族的姓名问题。该书卷一百二十八《党项传》便是一个突出的例子。这篇史传记载后唐明宗长兴三年(932),对西北党项部族的一次大规模的战争。这次战争以党项的失败告终,被俘将领达十余人之多。这十余人的姓名如何标点,实在是很费考虑的。原文是:

> 明宗遣灵武康福邠州药彦稠等出兵讨之福等击破阿埋韦悉褒勒强赖埋厮骨尾及其大首领连香李八萨王都统悉那埋摩侍御乞埋嵬悉逋等族杀数千人获其牛羊巨万计及其所劫外国宝玉等悉以赐军士由是党项之患稍息。

《旧五代史》的监修者薛居正(912—981),同修者卢多逊(933—985)、张澹(918—974)、李昉(925—996)等,都身经五代,历登显要,他们对于当时朝政及其与西北边区少数民族的关系比较熟悉,凡所记载都是根据当时的公私著述,应该是比较可信的。可是由于年代久远,现在要读通它,点断它,那就不怎么容易了。

关于党项的族姓、名号的问题，自北宋以来，一直没有得到很好的解决。司马光奉敕编集的《资治通鉴》虽然亦提到后唐明宗长兴三年(932)的事，但极为简略，只说到"药彦稠等奏诛党项十九族，俘二千七百人"而已。至于此"十九族"的族姓则一字未提。元脱脱等撰《宋史》，其中有关党项历史的有《党项传》和《夏国传》两篇，但关于后唐明宗长兴三年的事根本没有提到。清张鉴撰《夏国记事本末》，近人罗福苌撰《宋史夏国传集注》亦皆不谈后唐明宗长兴三年的事。清周春撰《代北姓谱》，清张澍撰《西夏姓氏录》虽皆罗列了一些有关西北游牧民族的姓氏，但没有作进一步的研究，可供参考的亦极有限。故欲借助于前人的著述来查清后唐长兴三年党项被俘将领的族姓、名号，根本不可能。

由于我国北方，自"五胡十六国之乱"以来，中经前秦王朝和北魏王朝的两次统一、分裂以至灭亡，前后达二百余年之久。在这期间，因战乱之故，各国的相互兼并，种族的迁徙、融合，情况至极复杂。故对于党项的族姓、名号的研究，除着眼于羌族各部落之外，尚须注意到由外部羼入的其他各族。同时，除了解羌族的一般习俗之外，还须注意到长期以来汉族对他们的影响。

我国古代西北各游牧民族，一般皆以部落为姓。党项的情况亦是如此。《旧唐书·党项传》："其种每姓别自为部落，一姓之中复分为小部落，大者万余骑，小者数千骑，不相统一。"① 可见党项属下的各部族，原来都是以部落为姓的。大部落又分为若干小部落，各个大小部落都各有自己的族姓。《旧五代史·党项传》所载后唐长兴三年，因战败而被俘的党项将领十余人，他们都是各自代表自己的部族的。这些部族，除了羌族之外，尚有其他羼入的各族。他们有的尚保持了原来的复姓，有的则因受汉族的影响，早已由复姓改为单姓，有的则是唐王朝的赐姓，有的则习惯于呼名不呼姓，各族情况不尽相同。

现在把有关的史传、氏族志以及姓氏书中，凡有涉及党项被俘将领的族姓、名号的，分别列举出来，并略加考证如次：

---

① 《旧唐书》卷一百九十八，第 16 册，中华书局标点本，第 5290 页。

阿埋，蕃名。古代羌族和鲜卑族人，常在其名字的前面冠一"阿"字，以助呼唤。《宋史·党项传》："咸平六年（1003）七月，补野狸族首领阿宜为怀安将军。"① "景德二年（1005），原野狸族首领厮多遒丹卒，其子阿酉代为首领，且乞奉料。诏谕以立功则赐之。"②《宋史·夏国传》："[李]德明小字阿移。"③ "元符元年（1098）十二月，泾原折可适掩夏西寿统军嵬名阿埋、监军妹勒都逋，获之。"④ 这里的"阿"字和《魏书·官氏志》中的"阿伏干氏，后改为阿氏"的情况不同。阿伏干是以部落为姓，后改阿氏，此处"阿"是姓。而《宋史·党项传》《夏国传》中的阿宜、阿酉、阿移、阿埋等则各有自己的族姓。阿宜、阿酉皆属野狸族；阿移属李氏一族（"李"是唐王朝赐给党项拓跋氏的姓）；阿埋属嵬名氏。李氏和嵬名氏原都属于鲜卑族的拓跋氏后裔。此处"阿"不是姓，而是助词。党项和夏国人的这种称呼习惯，可能是受汉族的影响。自古以来，汉人便常在名字前面冠一"阿"字。例如：三国魏曹操小字阿瞒，三国蜀后主刘禅小字阿斗，晋王导小字阿龙，这些都是以"阿"作为呼唤助词的。后唐长兴三年（932）被俘的党项将领阿埋当属同样情况。《五代会要·党项羌》与《册府元龟》卷九八七皆称"阿埋三族"，可见阿埋是代表三个蕃族的。长兴三年被俘的阿埋与元符元年被俘的阿埋虽然同名，但不是同一个人，因彼此相隔有一百六十六年之久，不可能有如此长寿的人，唯其同属于鲜卑族则甚有可能。

韦悉氏，羌族姓。这是后唐长兴三年被击破的党项诸部落种族之一。此族亦见于《五代会要·党项羌》和《册府元龟》卷九八七。这个族姓，除指该族首领之外，亦指该族的其他成员。

褒氏，高车族姓。魏时为内入诸姓之一。《魏书·官氏志》："达勃氏，后改为褒氏。"⑤ 宋邓名世撰《古今姓氏书辩证·入声·十二曷》："元魏达勃氏，后改

---

① 《宋史》卷四百九十一，第 40 册，中华书局标点本，第 14145 页。
② 同上，第 14146 页。
③ 同上，卷四百八十五，第 13689 页。
④ 同上，卷四百八十六，第 14018 页。
⑤ 《魏书》卷一百一十三，第 8 册，中华书局标点本，第 5226 页。

为褒氏,一曰袞氏。"①褒、袞古通。《魏书·高车传》:"高车之族,十有二姓……六曰达薄干氏。"②《北史·周室诸王传·齐炀王宪》:"宪所生[母]达步干氏,蠕蠕(亦作茹茹)人也。"③明陈士元著《姓觿·入声·七曷》:"'达薄干''达步干'皆省'干'字,仅作'达薄''达步'而已"④,薄、步与勃皆音相近。故知"达薄""达步"皆为"达勃"的同音异译。高车族为匈奴的别种,原居漠北,后为柔然所逐,徙居漠南。登国四年(389)被魏所击败,降附于魏,唯其间亦有一部分降附于柔然。柔然后改称蠕蠕,故《北史》称宪所生母为蠕蠕人。太和中改为褒氏的达勃氏,当为降附于魏的高车族。自魏分裂为东、西两部分以后,由于中原地区的扰攘不安,生活困难,可能有一部分的高车族人西徙到了羌族的住地。后唐长兴三年(932)被俘的褒勒,当为属于西徙的高车族人。

强氏(亦作彊氏),氐族姓。《通志·氏族五·上声》:"《符秦录》:有强永、强帛;姚秦有强起、强斌、西阳侯强京,并略阳氐人。唐兵部郎中强宝质孙修御史中丞,其先略阳氐人,徙扶风,望出扶风。宋强至、强浚明登进士,余杭人。又有强相如、强公湛皆登第,常州人,望出天水。"⑤略阳,在今陕西的西南;天水,在甘肃的东南;扶风,在陕西的中部,渭水的北面。自略阳至天水一带原为氐族住居的地方,其后亦有东徙至扶风者,故云"望出扶风"。我国西部,有些地方原为氐、羌杂处,故羌族之中有氐族,这是极其自然的事。后唐长兴三年被俘的强赖,当为杂处于羌族之中的氐族人。

埋厮骨尾,蕃名。《宋史·党项传》:"(雍熙)二年(985)四月,[王]侁等于银州北破悉利诸族,斩首三千六百余级,生擒八十人,俘老小一千四百余口,器甲一百八十六,枭伪署代州刺史折罗遇并弟埋乞,获马牛羊三万计。五月,又于开

---

① 《古今姓氏书辩证》卷三十七,商务印书馆《丛书集成初编》本,第6册,第521页。
② 《魏书》卷一百一十三,第8册,第3013页。
③ 《北史》卷五十八,第7册,中华书局标点本,第2091页。
④ 《姓觿》卷九,商务印书馆《丛书集成初编》本,第3册,第293、289页。
⑤ 《通志》卷二十九,第1册,商务印书馆精装本,第478页。

光谷西杏子平破保寺、保香族,追奔二十余里,斩首八百余级,枭其首领埋乜已等五十七人。"①又:"[咸平]四年(1001)七月……以白马族埋香为安化郎将。"②以上埋乞、埋乜已、埋香三人皆银、代诸州羌族,他们都各有自己所属的部落种族,不能以他们的名号作为族姓来看待。后唐长兴三年(932)被俘的埋斯骨尾亦属同样情况,它是以首领的名号来代表一个部落种族的。后面,与之同时被俘的党项都统埋摩亦是一样。

连氏,鲜卑族姓。魏时亦为内入诸姓之一。《魏书·官氏志》:"是连氏,后改为连氏。"③《古今姓氏书辩证·上声·四纸》:"北齐文宣帝有黄门侍郎是连子畅。代北是连氏,随魏南徙,孝文太和中改为连氏,望出河南。"④河南连氏,自魏亡后,有一部分恢复旧氏,重返代北。但亦有仍新姓者,后唐长兴三年被俘的党项大首领连香便是其中之一。连氏之不北返者皆仍新姓,《新五代史·闽世家》闽王王昶时,有控鹤都将连仲遇,便是河南连氏的后裔。⑤

李氏,唐王朝赐给党项王族拓跋氏的姓。唐时赐给拓跋氏的姓前后共有两次:第一次,太宗贞观九年(675),李靖西征,大破吐谷浑于西海(青海),党项首领拓跋赤辞被迫内附。唐授以西戎州都督,并赐姓李⑥。第二次,僖宗中和二年(882),党项首领拓跋思恭与沙陀的李克用共同出兵助唐,镇压黄巢起义军,有功唐室。唐授思恭以定难军节度使,辖夏、银、绥、宥四州。晋爵夏国公,复赐姓李⑦。自此以后,党项王族拓跋氏皆以李为姓。后唐长兴三年被俘的党项大首领李八萨王当是拓跋氏后裔。李是赐姓;八萨王是党项王庭所给予的封号。这是以赐姓加封号来表示他的身份的。

---

① 《宋史》卷四百九十一,第40册,第14139页。
② 同上,第14143页。
③ 《魏书》卷一〇三,第6册,第2310页。
④ 《古今姓氏书辩证》卷二十一,第4册,第281页。
⑤ 《新五代史》卷六十八,第2册,中华书局标点精装本,第851页。
⑥ 《新唐书》卷二百二十一上,第20册,中华书局标点本,第6215页。
⑦ 同上,第6218页。

悉那，蕃名。《旧唐书·吐蕃传上》："中宗神龙元年（705）……赞普之祖母遣其大臣悉薰热来贡方物，为其孙请婚，中宗以所养雍王守礼女金城公主许嫁之。"①又："［开元］十八年（730）十月，名悉猎等至京师，上御宣政殿，列羽林仗以见之。悉猎颇晓书记，先曾迎金城公主至长安，当时朝廷皆称其才辩。"②以上的悉薰热与悉猎都是蕃名。悉猎，在其入朝的表文中写作"论名悉猎"。这里的"论"表明他为吐蕃王族，是尊称。至于悉薰热的"热"则意为郎，是美称。《资治通鉴·武宗会昌二年》："洛门川讨击使论恐热。"《考异》卷二十一引《补国史》曰："恐热姓末，名农力。吐蕃国法不呼本姓，但王族则曰论，官族则曰尚，其中字即蕃号也。热者例皆言之，如中华呼郎。"③

吐蕃的这种不呼本姓，只呼蕃号的情况，在其他羌族地区虽不尽然，但亦有相似之者。《新唐书·西域传下·苏毗》："苏毗，本西羌属，为吐蕃所并，号孙波，在诸部中最大……天宝（742—755）中，王没陵赞欲举国内附，为吐蕃所杀，子悉诺率首领奔陇右，节度使哥舒翰护送阙下，玄宗厚礼之。"④《宋史·党项传》："（至道）三年（997）二月，泥巾族大首领名悉俄……来贡马。名悉俄等旧皆内附，因李继迁之叛，徙居河北（甘肃黄河以北），今复来贡。"⑤这里的悉诺、悉俄都是蕃名，不是本姓。

又《新唐书·吐蕃传上》："吐蕃本西羌属，盖百有五十种，散处河、湟、江、岷间。"⑥据此则吐蕃与党项从种族上看来皆同属西羌。唐代吐蕃强盛，散处在陇山西南的党项及白兰诸羌皆为其所吞并，并常被驱使以攻略唐的西部边境。当时吐蕃统属下的各部落种族，其中有一部分原来就是属于党项羌的。后唐长兴三年（932）因战败而被俘的党项都统悉那，当亦属于羌族中人。

---

① 《旧唐书》卷一百九十九上，第16册，第5226页。
② 同上，第5231页。
③ 《资治通鉴》卷二百四十六，第4册，北京古籍出版社1956年精装本，第7970页。
④ 《新唐书》卷二百二十一上，第20册，第6257页。
⑤ 《宋史》卷四百九十一，第40册，第14142—14143页。
⑥ 《新唐书》卷二百一十六上，第19册，第6071页。

埋摩，蕃名。见"埋厮骨尾"。

乞氏，羌族姓。宋罗泌纂《路史·国名记·炎帝后羌姓国》："乞姓，羌也。今文、凤二境。白马氏者，居仇池，曰氏侯。今兴、武、成、阶四州地。盖岐、陇而南，汉川以北皆氐云。"①据此，可知在陇山西南的文州和陕西西部的凤州境内有乞姓的羌族。而在岐山、陇山以南，汉川以北则为氐族。我国西部的广大地区，原为氐、羌两族的居住地，氐族的近邻有乞姓的羌族，这是很自然的。又《宋史·党项传》："天禧四年（1020）十月，以淮安镇六族都军主乞埋为三班借职，充羌部巡检。"②这更可以证明，乞氏确为羌族中的一个族姓。后唐长兴三年因战败而被俘的党项侍御乞埋，当亦属于羌族人。惟天禧四年充羌部巡检的乞埋，与长兴三年被俘的党项侍御乞埋，虽同族同姓名，但不是同为一人，因时间相隔有八十八年之久，不可能有如此长寿的人。乞氏之显名于世者，到了明代仍有所闻。明凌迪知辑《万姓统谱·入声·五勿》："本朝乞贤，南京人，弘治中沁水知县。乞住，广西人，正德中吴川知县。"③此外，尚有误以鲜卑乞伏氏，改为乞氏者。明陈士元著《姓觿·入声·五物》："乞，夷姓。后魏乞伏氏之后。《千家姓》云：'金城族。'《北史》有燕将军乞特真。"④此直以乞氏为鲜卑乞伏氏所改。按：《魏书·官氏志》无乞伏氏改为乞氏的记载。乞伏氏自晋以来史不绝书，其显名于世者亦代有其人。《通志·氏族五·代北复姓》："宋端拱（988—989）登科有乞伏矩。"⑤可见乞伏氏至宋代尚有不改姓者。故以乞氏为鲜卑乞伏氏所改不可置信。至于《北史》中的乞特真，乞特是复姓，后燕慕容垂别部的一个族姓。不能与羌族的乞姓混为一谈。

嵬氏，羌族姓。汉王符撰《潜夫论·志氏姓》："嵬姓，饶、攘、剎。隗姓，赤

---

① 《路史》，嘉庆十二年（1807）春重校宋本镌富春堂藏板。
② 《宋史》卷四百九十一，第46册，第14148页。
③ 《万姓统谱》，明万历刻本。
④ 《姓觿》卷九，第3册，第289页。
⑤ 《通志》卷二十九，第1册，第474页。

狄。姮姓，白狄。此皆大吉之姓。"①宋罗泌纂《路史·前记三》："鬼魃氏后有嵬氏、饶氏、攘氏、刹氏。"②明杨慎撰《希姓录·十灰》亦列有"嵬氏"，但没有写明属于何地何族③。清张澍撰《西夏姓氏录》就写明"嵬氏"是西夏的一个姓氏④。西夏的前身是党项，如此则嵬氏当为党项的一个族姓无疑。由于"嵬"是吉祥语，故羌族人多用以为姓。《宋史·党项传》："咸平二年(999)九月，环州言，继迁所掠羌族嵬逋等徒帐来归。"⑤又《宋史·夏国传》："至道(995—997)初，夏州有部长嵬啰、嵬悉。"⑥"景祐元年(1034)，庆州柔远砦蕃部巡检嵬通。"⑦"宝元元年(1038)，进表使嵬崖妳。"这些都是以"嵬"为姓的。此外，尚有以"嵬"为名字的。宝元元年，建立大夏国，即皇帝位的李元昊"小字嵬理"⑧。这就可以看出"嵬"字在党项及大夏国人的姓名中使用的普遍。后唐长兴三年(932)被俘的党项侍御嵬悉逋当亦属于羌族人。

根据上面的考证，对于这段史文拟标点如次："明宗遣灵武康福、邠州药彦稠等出兵讨之。福等击退阿埋、韦悉、褒勒、强赖、埋厮骨尾及其大首领连香、李八萨王，都统悉那、埋摩，侍御乞埋、嵬悉逋等族。杀数千人，获其牛羊巨万计及其所劫外国宝玉等，悉以赐军士，由是党项之患稍息。"从这段历史记述的考证看来，党项是以羌族为主体而建立起来的多种族的游牧王国，而其王室则属于原鲜卑族的拓跋氏，这是值得注意的。

1975年春写于复旦廿四史标点组，1981年春修改

原载《复旦学报(社会科学版)》1985年第1期

---

① 《潜夫论》卷九，商务印书馆《丛书集成初编》本，第3册，第263—264页。
② 《路史》，嘉庆十二年(1807)春重校宋本镌富春堂藏板。
③ 《希姓录》卷一，商务印书馆《丛书集成初编》本，第5页。
④ 《西夏姓氏录》，雪堂丛刻上虞罗氏校刻本。
⑤ 《宋史》卷四百九十一，第46册，第14143页。
⑥ 同上，卷四百八十五，第13987页。
⑦⑧ 同上，第13992页。

《宋诗话考·后山诗话》《诗总》

郭绍虞

后山诗话

一卷,旧题陈师道撰,存。

师道(1053—1101),字履常,一字无己,号后山居士,彭城人。元祐中以苏轼、傅尧俞、孙觉荐授徐州教授,绍圣初历秘书省正字。《宋史》四百四十四卷文苑有传。

此书除全集本外,有《百川》本、《稗海》本、明刻《宋诗话五种》本、《津逮》本、《历代诗话》本、《萤雪轩》本及《说郛》本,各本以《适园丛书》中《后山全集》本较佳。

此书在宋时已多疑为依托之作。胡仔《渔隐丛话》虽称引之,但对"黄独无苗山雪盛""过时如发口,君侧有谗人""韦苏州书后欲题三百颗""评李白诗如黄帝张乐于洞庭之野"四条,皆见黄庭坚《豫章集》中,遂有后人误编入之疑。稍后,陆游《渭南文集》有《后山诗话跋》,谓"《谈丛》《诗话》皆可疑。《谈丛》尚恐少时所作,《诗话》决非也"。则比胡仔更进一步,但未举其可疑之点。其后方回《桐江集》卷三《读后山诗话跋》列举四事:一、改太祖日诗,谓其浅露萎弱,后山不为此等语,亦不喜此等语。二、山谷少孤,后山皇祐五年(1053)癸巳生,少山谷八岁,必不识其父,而书中乃有"今黄亚夫"之语。三、举山谷"买鱼穿柳聘衔蝉"诗,下云"虽滑稽而有味",此非后山语。四、其评吴僧《白塔院》诗,谓"到江吴地尽,隔岸越山多",为分堠界子语,然《后山集·钱塘寓居诗》有云:"声言随地改,吴越到江分。"遂断言"此《诗话》非后山所为"。在清代修《四库全书》时,撰《提要》者复举可疑之点二:一、"其中于苏轼、黄庭坚、秦观俱有不满之词,殊不类师道语"。二、"谓苏轼词如教坊雷大使舞,极天下之工而终非本色。按:蔡絛《铁围山丛谈》称雷万庆宣和中以善舞隶教坊,轼卒于建中靖国元年(1101)六月,师道亦卒于是年十一月,安能预知宣和中有雷大使借为譬况"。窃以为方回所举师道少山谷八岁必不识其父,与《提要》所举雷大使事,一为师道不及见,一为师道不能预知,此二证最坚强有力,铁案如山,不容翻矣。

但《后山集》二十卷,为其门人彭城魏衍所编,衍记:"《诗话》《谈丛》各自为集。"则师道有诗话之作,盖无可疑。胡仔《渔隐丛话》多称引之,则是书在北宋之季已较流传,亦无可疑。陆游跋中亦言:"意者后山尝有《诗话》而亡之,妄人窃其名为此书耳。"斯言近之。窃以为师道受苏、黄影响至深,而书中对苏、黄转多不满之词,此为最易引人生疑之点。然师道诗"人言我语胜黄语,扶竖夜燎齐朝光",稍有自负习气,或当时如魏泰、叶梦得之流即利用此弱点,以攻击苏、黄之语,托为《后山诗话》之辞,未可知也。然则此书殆为利用后山之名,以逞门户之私者之所为矣。考《渔隐丛话》前集五十一引《后山诗话》云:"晁无咎言,眉山公之词短于情,盖不更此境也。余谓不然,宋玉初不识巫山神女而能赋之,岂待更而知也!余他文未能及人,独于词自谓不减秦七、黄九也。"按:此则不见今本诗话中,自负之气亦如其人。考陆游《渭南文集》二十八卷《跋后山居士长短句》谓:"陈无己诗妙天下,以其余作辞,宜其工矣;顾乃不然,殆未易晓也。"此则时人公论,非如彼自许云尔也。总之,师道确有诗话,但未成书,其为人亦不免有自负气习,故易为人所依托。意者原稿未及刊行,他人得之复加增益,遂致事实牴牾,启人疑窦。考此时各家诗话均有定称,而唯此书则或称《陈无己诗话》,或作《后山居士诗话》,即名称亦多歧异,殆亦以非出师道手定之故。

又此书卷数《直斋书录解题》及《文献通考》均作二卷,方回所见亦二卷本,但《宋史·艺文志》子部小说类已作一卷。今《适园丛书》本亦作二卷，但内容与一卷本同，唯分合有异耳。

要之，此书既非师道手定之稿，又有后人窜乱之迹，故虽获流传而谬误特多。兹校以宋人所称引举其最突出之误以便读者。一、"望夫石"条"唯梦得云"，"梦得"上脱一"刘"字，应据胡仔《渔隐丛话》前集及吴曾《能改斋漫录》校补。又"黄叔度"亦应据胡、吴二家所引，改"度"为"达"。二、"武人出庆宫"条，应据《渔隐丛话》前集作"武才人出庆寿宫，色冠后庭"，意始明显。又"为作诗，号瑶台第一层"，"诗"应改作"词"。三、"荆公诗云"条，各本以此条与前条合，非。文中"而公文体数变，暮年诗益苦，故知言不可不慎也"数语意义欠明。《渔隐丛话》前集作"而公平生文体数变，暮年诗益工，用意益苦，故言不可不谨也"。应照改。四、"尚书郎张先"条，"世称诵之张三影"，义不明显，或改"之"作"云"，亦未安。宜从《渔隐丛话》作"世称诵之，号张三影"。五、"韩退之上尊号表"条"曾子贺赦表"句，《渔隐丛话》前集"子"下有"固"字。六、"世语云"条"曾子开、秦少游诗如词"句，脱字甚多，据《渔隐丛话》前集应为"曾子固短于韵语，黄鲁直短于散语，苏子瞻词如诗，秦少游诗如词"。又此条不应与后条相合。七、"眉山长公守徐"条"有鹤一焉"句，"一"当从《丛话》前集作"下"。八、"余登多景楼"条"白乌"均应从《丛话》作"白鸟"。九、"周盘龙"条"建节出师太原"，"师"应从《丛话》前集作"帅"。十、"王游"条"游"应从《丛话》前集作"疏"。即此十例，则今本之舛误可知。惟书中引王摩诘诗"九天宫殿开阊阖，万国衣冠拜冕旒"与诸本作"九天阊阖开宫殿"者不同，疑后山或见旧本如是。

昔人纠正此书之谬，除《提要》所论外，可参阅《渔隐丛话》前集三十六卷及后集二十六卷，《能改斋漫录》八卷，以及《艇斋诗话》《浮南遗老集》中《文辨》《诗话》各卷。又近人浦江清所撰《花蕊夫人宫词考证》虽未明纠是书之谬，但所得结论正与相反，亦可参阅。

师道原有诗话之作，而依托者又不无增损于其间，真赝杂糅，故论诗之语亦有自相矛盾之处。如所谓"宁拙毋巧，宁朴毋华，宁粗毋弱，宁僻毋俗，诗文皆然"。又云:"黄诗韩文,有意故有工,左杜则无工矣;然学者先黄、韩,不由黄、韩而先左杜,则失之拙易矣。"此自是江西派论诗宗旨。至如所谓"诗欲其好则不能好矣。王介甫以工,苏子瞻以新,黄鲁直以奇,而子美之诗奇常工易新陈莫不好也"。则似知江西诗之弊而有意矫之矣。其论鲁直诗亦病其"过于出奇,不如杜之遇物而奇",论扬子云之文亦病其"好奇而卒不能奇",均能指出江西诗受病之处。不特与江西诗论不同,即与后山诗劲峭孤拔之风亦不相合。凡此诸论是否悉出依托者所为,则不可知矣。要之,是书真赝相杂,瑕瑜互见,贵读者具眼识别之耳。王文诰《苏海识余》卷二论查注引《陈无己诗话》之谬,谓"不独疵累本集,即无己亦冤也"。读是书者不可不知。

此书虽仍是随笔体裁,但与以前诸家诗话有所不同。一、所论不限于诗,兼及古文四六,扩大文学批评之范围,为此后《诚斋诗话》诸书之所祖。二、即其言诗不偏于论事,而论辞又不限于摘句,则又为《沧浪诗话》《对床夜语》诸书之所自出,使诗话之作由说部而进入理论批评,则其关系至巨,正不必以依托病之矣。《宋史·艺文志》以此书列入子部小说类,未免失考。

此书亦有佚文为今本所未收者,如上文所引与晁无咎论词之语,见《渔隐丛话》所称引者,即为今本所无。又杨慎《升庵诗话》所引一则亦不见今传各本中,因附录于后以备增补。

鲍明远《行路难》壮丽豪放,若决江河,诗中不可比拟,大似贾谊《过秦论》。(《升庵诗话》卷一)

诗　　总

十卷,阮阅撰,佚;有重编本,易称《诗话总龟》,
仍题阮阅名,最后分前、后集,各五十卷。

阅,原名美成,字闳休,自号散翁,亦号松菊道人,舒城人。《方舆胜览》以"阅"为"闳",盖传写之讹。明代月窗道人刊本误为"阮一阅",而诸家著录如《万卷堂书目》《澹生堂书目》等亦多仍之,未及考也。伍涵芬《说诗乐趣》引用书目亦有是书，作明舒某撰，则其误更甚矣。阅，元丰中进士，知巢县，宣和中知郴州，建炎元年（1127）以中奉大夫知袁州。初至，讼牒繁，阅乃书"依本分"三字，印榜四城墙壁，郡民化之，乃榜西厅为"无讼"。喜吟咏，时号阮绝句。后致仕，居于宜春。所著有《总龟先生松菊集》五卷、《郴江百咏》二卷、《诗总》十卷、《巢令君阮户部词》一卷。其词，《四库》未收，各家亦罕见著录，惟《丽宋楼藏书志》中有之。

诗话之体既为论诗开一方便法门，于是作者日众。作者既多，则汇纂之作自不可少，而《唐宋名贤诗话》《古今诗话》一类之书遂相继以出。然此类书籍只可浏览，不便检索，于是阮阅《诗总》出焉。阮氏之书创为分门别类之法，则于采集诗话之外，虽益以小说笔记之作，材料加多而不觉其乱，故能适合读者需要而流行于时。其《自序》云："余昔与士大夫游，闻古今诗句，脍炙人口，多未见全本及谁氏所作也。宣和癸卯（1123）春，来官郴江，因取所藏诸家小史、别传、杂记、野录读之，遂尽见前所未见者。至癸卯秋，得一千四百余事，共二千四百余诗，分四十六门而类之……以便观阅，故名《诗总》。"盖在阮氏以前，如《古今诗话》一类之书，不注出处，不利检索，又不便读者学习，不能在相类题材中参互比观，以作獭祭之用。今阮编矫此数弊，自易流行一时。是编十卷，分四十六门，各以类聚，是为《诗总》第一次编写或刊行之面貌。惟阮氏《自序》又有"松窗竹几，时卷舒之，以销闲日，不愿行于时也"之语，故疑此本虽已结集完成，尚未刊行。考《苕溪渔隐丛话》前集序谓："绍兴丙辰（1136），余……闻舒城阮阅昔为郴江守，尝编《诗总》颇为详备。行役匆匆，不暇从知识间借观。后十三年，余居苕水，友生洪庆远从宗子彦章，获传此集。"文中亦未明言为刊本，故《诗总》初期，或为传抄之本。

是书之有刊本，当在绍兴年间，此时易名为《诗话总龟》。但此种刊本，疑先后有三种不同之本。至少有二种不同者：一本有绍兴辛酉阮阅自序，见《天禄琳琅书目》。按：辛酉为绍兴十一年（1141），阮阅时代已入南宋，如在此时重编付刻，则寿至八旬，或有可能。但不知此序与宣和癸卯之序是否相同。要之，此本绝非《天禄琳琅书目》著录之本，则可断言也。胡仔未见此本，亦可断言也。故此亦仅根据有此序，遂假定有此本耳。至此外二本，其一则去阮氏之序，即《渔隐丛话》所谓闽中刊本"易其旧序，去其姓名，略加以《苏黄门诗说》，更号曰'诗说总龟'以欺世盗名"者。《丛话》后集卷三十六复谓"今《总龟》不载此序，故录于此"。则知胡氏所谓"易其旧序"或"不载此序"者，当指不载阮阅具名之原序，并散翁之序而无之。否则散翁为阮阅之号，胡氏当必知之。所谓"易其旧序"云者，盖指欺世盗名者所为之序。此亦由《诗总》只有传抄本，故攘窃者易售其奸耳。因知胡氏所谓"去其姓名"者，非仅指序文而言，当由全书不载阮阅之名，而核其内容则大率相同，惟增益《苏黄门诗说》为稍异，故言之愤激若是。其又一为有散翁序之本。因再就散翁序而一辨析之。其序云："戊辰春，余宦游闽川，因得书市诸家诗话与夫小史僻书，补余书之所无者……编而类之，裒为一集，共二千四百余诗，分为四十九门。……一日，示之博物，亢声曰：'奇哉斯书，胡不用商践猷故事，以"总龟"目之乎？否则未见其称也。'余善其知言，遂以斯名冠于篇首。既而不欲秘藏，乃授诸好事者攻木以行，与天下共之。……绍兴辛巳长至日，散翁序。"则是书似又为阮氏重订之本。顾余仍不能无疑。一、阮氏事迹虽不彰著，但不久致仕，未闻复有宦游闽川之事。即使如其序中所言"补余之所无者"，则所谓"裒为一集"者，当是后集，顾又不称后集，何也？盖是时《渔隐丛话》之后集尚未出版，彼固无从模仿也。不称后集，则应以所补者并入原著各门之中，而序又言"共二千四百余诗"，与原序之数相等，抑又何也？则固自供所补不多，不得不伪造散翁之序以欺人矣。原著分四十六门，今序则称分四十九门，岂所补仅此三门，而此三门之所补者，仍在原序所称"二千四百余诗"之范围中耶？此亦事理之不可解者。盖此仍即闽中刊本之翻板，与阅原著固无多差异，故又不得不捏造宦游闽川之事以欺人也。二、《诗总》成书，在宣和癸卯，癸卯为北宋徽宗宣和五年（1123），下至绍兴辛巳，则为南宋高宗绍兴三十一年（1161），相距四十余载，必阅在四十岁时，即官郴江，而又获享高寿至八十余岁，始能重订此书。但事实又绝非如此。阅为元丰中进士，假定阅在元丰最后一年——八年(1085)即中进士,而当时又仅二十岁,则至宣和癸卯官郴江时,相距已三十七八年,此时阮已近六秩矣,安能至绍兴辛巳而复为此序?三、胡仔《渔隐丛话》前集成于绍兴戊辰,即绍兴十八年(1148),此时胡氏已见闽中刊本而斥其非,至散翁之序则作于绍兴三十一年,故知胡氏所见绝非此本。但散翁序称"戊辰春余宦游闽川",则正说明在既见《渔隐丛话》之后,故捏造此事以图掩饰,否则时间不应巧合如此。窃以为闽中所刻,先后有二本,一在绍兴戊辰以前,此为胡仔所见之本。此本无阮阅之序,并无阮阅之名,故胡氏斥之。一本在绍兴辛巳,则在《渔隐丛话》前集成书之后。此时书贾见胡氏之斥,于是改用散翁之号以作序,冀以掩盖前非,而不知欲盖弥彰,适形其心劳日拙也。然则此序虽非阮氏自作,而阮阅之名所以不致湮没者,不可谓非胡氏笔伐之力矣。是为《诗总》第二次与第三、四次之面貌。自是以后,遂用《诗话总龟》之名,不复称《诗总》矣。

胡氏所见之本与《诗总》原著变更不大;有散翁序之本,虽间有增益,分门亦较多,但均不言有后集。此后则有增补前集者,亦有续为后集者。盖阮氏之书虽亦间有辨证之语,但为数不多;又以所辑名公巨儒之著不可得而增损,故仅类而总之,则其事本非甚难,后人继踵亦易为力。况在《渔隐丛话》后集刊行之后,则模仿胡著以补辑后集,亦更难免矣。此《总龟》后集之所以多引苕溪渔隐之说,而引书目中亦有《三山老人语录》也。阮阅《诗总自序》已有"世间书固未尽于此,后有得之者当续焉"之语,则在此基础上以更求增广,固阮氏之所乐为者,胡仔在《渔隐丛话前集序》中论及《诗总》,谓"编此《诗总》乃宣和癸卯,是时元祐文章禁而勿用,故阮因以略之"。则在党禁既弛之后,加以增广,亦事势之所必然者。苕溪渔隐已开其先,而《宋史·艺文志》亦言有《元祐诗话》之著,则《总龟》后集之辑,亦适应当时需要而已。况其后著作日繁,"世间书固有未尽于此"者乎?故后集之辑,当在《渔隐丛话》后集成书之后。惟《渔隐丛话》既已流行,则《总龟》不免相形见绌,仅供初学作诗者獭祭之用,加以卷帙既繁,则书贾亦无利可图,故刻本较稀,且鲜精本。就今可推测考知者约有数种:其一,保存阮著十卷之旧,而仅补后集者。按,《也是园藏书目》诗文评类:"《诗话总龟》前集十卷,后集五十卷。"此传抄本当属此类。其二,增补原书而仍题阮阅撰,但变十卷之旧而为四十八卷。考《万卷堂书目》杂文类,"《诗话总龟》四十八卷,注云阮一阅"者当属此。此二种皆传抄本,后集编者不著其名,不知是传抄者去之,或编者不欲蒙欺世盗名之称而自去之。故后集编者难以考知。此亦不免矫枉过正,不掠人之美,亦不没己之劳,实事求是,固亦未尝不可具名也。至于刊本亦有二种:一为乾道五年(1169)刊本,有华阳逸老之序。一为绍定二年(1229)刊本,为褚斗南仁杰集录之本。二书均见方回《桐江集》卷七《诗话总龟考》。褚本前后续刻凡七十卷,改阮阅休旧序,但如"栗爆烧毡破,猫跳触鼎翻"等六联,犹袭用之,则褚本之序殆同前引散翁序也。方氏评此本云:"中间去取不当。"当由集录者之不学与草率从事之故。自方氏有此评,此七十卷本不复流传,亦未见藏书家著录,但《诗话总龟》成为明刻本之定型,则褚氏当亦与有功焉。是为《诗总》第五、六、七、八次增订之面貌。

明代刊本亦有二种:一为前集四十八卷,后集五十卷,即明宗室月窗道人刊本。又一种则前后集均五十卷,是为《天禄琳琅书目》著录之本。此二本皆自传抄本出,亦均有《百家诗话总龟》之称,可知传抄本至此时已有定型,故为《诗总》最后之刊本,亦即《诗总》第九次与第十次刊行之面貌。兹分别述之于后。

《天禄琳琅书目》著录之本,余未见。唯其既言"明板",又言"是书明宗室月窗道人曾有刊本,讹舛特甚,此本抄手极工"。疑此所谓抄手,当指刻本之抄手,非指是书为传抄本也。但此书自传抄本出,则无可疑。据是书提要,称"前集五十卷,分四十五门,后集五十卷,分六十门",并列举其目。今与月窗道人本核对,并无大差异,则知二书当同出一源,惟抄手精粗有别耳。又言"前有绍兴辛酉阅自序",按:辛酉为绍兴十一年(1141),不知此序与《渔隐丛话》所载宣和五年(1123)之序有无区别,又与绍兴辛巳署名散翁之序有无关系,惜不得此书一核对之。

月窗道人刊本,以商务印书馆影印行世,并编入《四部丛刊》中,故此本特显,流传最广。考其前集分门目录有寄赠上而无寄赠中下,据缪荃孙《艺风堂文漫存》卷五《诗话总龟跋》谓:"月窗道人刊本止九十八卷,前集中缺寄赠中下两卷……可知月窗道人所得之旧抄本乃不完全之本,故刊行时亦缺此二卷。"信如此言,则此本前集原亦五十卷,是亦可为与《天禄琳琅书目》著录之本同出一源之证。唯此书称阮阅为"阮一阅",疑失考。

是书有李易序及嘉靖甲辰(1544)张嘉秀序,与嘉靖乙巳(1545)程珖跋。李易序谓"阮子旧集颇杂,王条而约之,汇次有义,棼结可寻";程珖跋亦有"月窗殿下延珖校雠讹舛,芟别重冗"之语,则每卷中较传抄本有脱遗之处,当是程珖等芟剔所致。第不知有无以意窜改之处,恨不得《天禄琳琅书目》著录之本一细校之。是书不载阮阅序,不知是有意去之欤,抑原本缺载欤?据张嘉秀序称月窗为高皇六世孙,李易序称为淮伯王。考《明史·诸王世表》封淮王者为仁宗子之后,而刊印《总龟》在嘉靖二十三四年间,按:淮宪王厚焘于嘉靖十八年(1539)袭封,四十二年薨,时代相合,且称为伯王,则当指仁宗庶七子淮靖王瞻墺之嫡系,故月窗道人当为宪王厚焘之号。

据缪荃孙《诗话总龟跋》谓:"又得一明抄本,前五十卷,门类与月窗本同。后五十卷,多'御宴'一门,少'效法''节候''咏物'三门。月窗本缺者全行补足,惟引及《辍耕录》决是后人羼入。门类之颠倒,编次之互异,亦互有得失。"则是又有元、明人增补之迹,又别成一面貌矣。

原载《宋诗话考》,中华书局1979年版

记日本蓬左文库所藏《王荆文公诗李壁注》

王水照

南宋李壁笺注的《王荆文公诗》和施元之、顾禧、施宿合编的《注东坡先生诗》是公认的两部重要的宋代诗歌笺注本,前人所谓"李氏之注王诗,犹施氏之注苏诗"(清张宗松语,见《重刊王荆公诗笺注略例》),却遭到了同样的厄运:前者被南宋末刘辰翁所删节,后者被清人邵长蘅等人所删改,而其原本或沉晦难觅,或残缺不全,引起不少版本学者的扼腕叹息。1984年秋,我在日本名古屋市蓬左文库得见这部朝鲜古活字本《王荆文公诗李壁注》,即与通行本对勘,发现注文多出一倍左右,且附有"补注"和"庚寅增注",保存了宋刻李注本的原貌,对研究王安石诗歌及宋代文学和历史具有重要的参考价值。至于施、顾注苏诗,今存四部残本,在日本和我国台湾学者近年来努力的基础上,再加上我在日本搜集到的一些新资料,也可基本复原了。长期缺憾,得以弥补,忭喜何似!

一、李壁注本的评介

李壁(1157—1222),字季章,号雁湖,又号石林,谥文懿,眉州丹棱人(今四川丹棱)。《宋史》卷三百九十八有传。宁宗时官至参知政事,后又兼知枢密院事。开禧三年(1207)至嘉定二年(1209),他谪居抚州期间,"嗜公(王安石)之诗,遇与意会,往往随笔疏于其下,涉日既久,命史纂辑,固已絫然盈编"(魏了翁本书序),遂完成此书。

李壁是南宋著名史学家李焘的第六子。《宋史》本传说他"嗜学如饥渴，群经百氏搜抉靡遗，于典章制度尤综练"。与父焘、弟壐著名于世，蜀人比之"三苏"。生平著述甚丰，达八百余卷。他又沉浸王诗，用力颇勤。刘克庄《后村诗话·续集》卷四评云："雁湖注半山诗甚精确，其绝句有绝似半山者，已采入《诗选》矣（指《中兴绝句续选》）。"真德秀也说他的诗作，"知诗者谓不减文公"（《故资政殿学士李公神道碑》，《真西山文集》卷四十一）。这都可说明他对王安石诗歌艺术的认真研习和倾倒。

李壁的学力和所用的工力，使本书见称艺林，颇得好评。《四库全书总目提要》卷一百五十三评云："大致捃摭搜采，俱有根据，非穿凿附会者比。"张宗松《重刊王荆公诗笺注序》云：他以此书与通行《临川集》对勘，发现"篇目既多寡不同，题字亦增损互异，乃叹是书之善，不独援据该洽，可号王氏功臣也"。大致说来，本书有以下几个优点：一是注释详备。从典故、词语出处、所涉人物、作诗背景乃至诗句含意等五个方面详加笺注和探索。这点已为学界所共许，连专门替李注"勘误补正"的沈钦韩也叹其"赡博"。二是重视实物资料。李壁不仅网罗异本，详勘诗句文字的异同，而且重视当时尚存的墨本、石刻。尤为可贵的，他所见的墨本、石刻，常有序跋，为理解王诗提供了切实可靠的依据。如卷三《白鹤吟示觉海元公》诗，李壁亲于临川得此诗石刻本，有跋于后，谓诗中以白鹤、红鹤、长松，分喻觉海、行详、普觉三僧，而王士禛《池北偶谈》卷十四"王介甫诗"条，却以白鹤喻争新法者，红鹤喻吕惠卿之流，对照之下，其附会穿凿，至为显然。三是辑佚补遗。本书所收王诗比通行《临川先生文集》多出七十二首，这已为许多学者所指明，具体篇名见张宗松《重刊王荆公诗笺注略例》。其实，在注文中还有一些王安石亡佚的诗文。如卷三十九《初去临川》题下注引王安石《再宿金峰》诗，卷四十六《书陈祁兄弟屋壁》注引王安石《与陈君柬》文（此文蔡上翔《王荆公年谱考略》卷四误为张宗松"补注"所引，张实未作"补注"），皆为本集失收。李注常引王安石同时人或后人诗以注王诗，其中也不乏宋人佚诗。翁方纲《借抄宋本李雁湖注王荆文公诗足本，喜而有赋六首》之四"自注"已指出："雁湖注中附诗,厉樊榭《宋诗纪事》颇有失者。"

但由于王安石诗歌取资宏富,交游广泛,足迹又遍布半个中国,李壁漏注、误注之处亦复不少。不少学者对本书都有纠谬订补之作。称赞李注"甚精确"的刘克庄也指出其引用出处不当(见《后村诗话·前集》卷二)。以后重要者有清姚范《援鹑堂笔记》卷五十"王荆公诗集"条纠补约百条,沈钦韩《王荆公诗集李壁注勘误补正》四卷,大都允当;今人钱锺书先生《谈艺录》(增订本)纠补约四十条,精当尤超迈前人,都有助阅读李注。此外,在诗目编次上,李注本也有一些失误之处。如"北风吹人不可出"一诗,既见卷四古诗类《对棋与道源至草堂寺》,又见卷四十八绝句《对棋呈道原》;卷四十一《长干释普济坐化》与卷五十《哭慈照大师》实为一诗等。

总的说来,李壁注本尽管有些未尽如人意之处,但仍然是迄今最为详备、最有价值的王诗注本。

二、李壁注本的版本系统

李壁笺注王诗五十卷,《宋史》本传和《宋史·艺文志》皆失载,宋时刻本亦稀。今宋刻本已不可见,但从其他一些材料仍可探知宋本的历次刊行情况和它的内容特点。

南宋赵希弁《郡斋读书志·附志》、陈振孙《直斋书录解题》卷二十始著录本书。陈振孙云:

> 《注荆公集》五十卷,参政眉山李壁季章撰,谪居临川时所为也。助之者曾极景建,魏鹤山为作序。

魏了翁序作于嘉定七年(1214),谓是李壁门人李西美"必欲以是书板行"而请他作序的。这当是本书的最初刊本。

清严元照于嘉庆十五年(1810)所写《书宋版王荆文公诗注残卷后(庚午)》(《悔庵学文》卷八)中,说他曾得到宋刻残本,原为明宗室朱钟铉"晋府"所藏,其书"并有嘉定甲申中和节胡衍跋,知是抚州刻本。第一卷后有庚寅补(应作'增')注数页,卷内修版,版心亦有'庚寅换'三字"。嘉定甲申为十七年(1224)。庚寅为绍定三年(1230)。这说明在嘉定七年之后,又有嘉定十七年的胡衍跋本和绍定三年的庚寅增注本。以上三种是今天所知的本书宋刻本。

及至元大德五年(1301),此书经刘辰翁评点,又删略李注,由刘的门人王常予以刊行。书有宋詹大和所编《王荆文公年谱》,目录后有王常刊记。今北京图书馆藏有一部。刘辰翁之子刘将孙于大德五年作序云:

> 李笺比注家异者,间及诗意;不能尽脱窠臼者,尚袭常眩博。每句字附会,肤引常言常语,亦跋涉经史,先君子须溪先生于诗喜荆公,尝评点李注本,删其繁,以付门生儿子。

这里透露出一个重要事实,刘辰翁已将李注作了删节;其删节的原意似为便于"门生儿子"的诵读,非是公开版行,不料后世此删节本却广为流传,原本几成绝迹了。

随后,在大德十年(1306)又有毋逢辰序刊本。今存毋逢辰作于该年的序云:"方今诗道大昌,而建安两书坊竟缺是集(指李壁注本)。予偶由临川得善本,锓梓于考亭。"

以上两种是元本系统。以后明、清两代诸刻,皆出于此,特别是张宗松的"清绮斋本"和张元济的影印本最为流行。张宗松据华山马氏元刻本,删去刘氏评点,于乾隆六年(1741)重刊于世,即所谓"清绮斋本"(后又有补刻本),《四库》所收即此本。他的六世孙、现代版本学家张元济先生得季振宜旧本,于1922年以所谓"影印元大德本"问世。但张宗松因未见刘将孙序,他以为删去刘氏评点,即已恢复李注原貌,径以"宋李雁湖先生原本"标首,实际上已是删节本。季振宜旧本(今存台湾)实非元大德原本,与今存北京图书馆的元大德本行款格式不同(前者十一行,行二十一字;后者十行,行十九字,且间架宏宽,参看《中国版刻图录》图版三〇九、三一〇),故《中国版刻图录》的编者说:"近年张氏涉园印本,所据实明初刻本,即据此本(指北京图书馆所藏元大德本)重刊。"张元济先生却把季氏旧本(明初刻本)当作元大德本,并以"据元本重印"标首,一般图书目录亦以此著录,也是不确的。

　　宋刻和元刻两个系统有很大的不同。第一,宋刻本保存李注原貌,并有"补注""庚寅增注",元刻本对李注大加删节,且无"补注""庚寅增注"。严元照曾得三部残宋本(各为七卷),以其中十一卷与张宗松所刻马氏本对勘,结果是:"马所阙者,不特庚寅之补注与胡衍之跋也。书中注语大篇长段悉被删落。五十卷《哭张唐公》诗,马本失之。四十五卷《八公山》诗注引宋子京《抵(应作'诋')仙赋》、四十七《黄花》诗注引刘贡父《芍药谱序》、四十八《题玉光亭》诗引郑辂记尼真如事,皆录其全篇,累累千百言者,马本各存一二语耳。其他注语繁重删去一二百字者往往有之,计此十一卷以之补马阙者,无虑万余字,宋、元刻之相悬乃如此。"(《书宋版王荆文公诗注残卷后[庚午]》)可见刘辰翁删削之甚。鲍廷博知不足斋也藏有宋刻残本。据吴骞《拜经楼诗话》卷二云:"宋李雁湖笺注王半山诗集;海盐张氏所雕者,乃元刘辰翁节本,失雁湖本来面目。曾见知不足斋所藏宋刻本半部,笺注并全,每卷后又有庚寅补注,不知出自谁手?"此本后张燕昌亦曾寓目,知仅存十七卷,并云:"每卷有庚寅增注,又注中每有较近日刻本多出数条者。"(见翁方纲《跋李雁湖注王半山诗二首》其二,《复初斋文集》卷十八)后缪荃孙得见此本,详论它与元本之异,"方知宋、元刻之不同:凡解诗意者均在,引书注释者或留或不留,如整篇文字即均无有,并有元有而宋无者,是元本另一本,非从宋本删节矣"(《注王荆文公诗残宋本跋》,《艺风堂文漫存·乙丁稿》卷四)。从上窥见删节的大概是:删节的文字颇多;解释诗意的保留,殆即刘将孙序所谓"意与事确者";引书注释者或留或不留,"不留"即指所谓"句字附会"、"常言常语"者;尤于整篇引文大都删削。第二,宋刻本多有挤版挖补者,元刻本则版式整齐划一。傅增湘《藏园群书经眼录》卷十三著录宋刊残本十七卷云:"注语间其刓补挤写者,每卷后有庚寅增注及抽换之叶,即曾极景建所补也。"第三,宋刻本有魏了翁序(另有胡衍跋),元刻本则有刘将孙序、毋逢辰序、詹大和《年谱》(另有王常刊记)。

　　宋、元刻本的这种相异之处,为研究和弄清蓬左文库所藏的朝鲜古活字本的性质和特点,指明了可靠的途径。

三、蓬左文库所藏的朝鲜古活字本的性质和特点

日本所藏朝鲜古活字本也有两个版本系统:一有元刻本系统,今尊经阁文库等所藏,杨守敬所得者亦是(见《日本访书志》卷十四);二是宋、元两本的合编重刻,既保留宋本的原貌,又加入元本的内容。据我所知,只有蓬左文库藏有一部,似是人间孤本了。

此本系"骏河御让本",有"御本"图印。江户时代德川幕府第一代将军德川家康在骏府(今静冈市)设有藏书库,称为骏河文库。他于元和二年(1616)去世时,遗命将藏书分让给在尾张等地的三个儿子,尾张的德川义直得到一百七十部,建立了尾张文库。今蓬左文库就是尾张文库的后身。这些图书即称为"骏河御让本",属于蓬左文库的贵重书。

此书凡五十卷,目录上、中、下三卷。有刘辰翁评点,刘将孙、毋逢辰两序,又有詹大和《王荆文公年谱》,此为元刻本所有(仅无王常刊记);又有李泳全文、"补注"、"庚寅增注"、魏了翁序(仅无胡衍跋),此为宋刻本所有。故知此本是宋、元两本的合刊。今就李注、"补注"和"庚寅增注"的情况作一些说明。

李注。与元刻本相较,此本多出注文一倍左右。例如开卷两诗《元丰行示德逢》《后元丰行》,元本共有李注二十二条,此本却有五十条,多出二十八条。卷一《招约之职方并示正甫书记》,元本仅二十四条,此本六十六条,一首诗就被删去四十二条之多。这跟严元照以十一卷残宋本与元本对勘的印象是一致的。统观所删的注文,一类是有关词语的出处,有的确近乎"袭常眩博""常言常语",删不足惜;也有的是不宜删却的。即以开卷的两首诗为例,如"龟兆"引《周礼》语,"秀发"引《诗·生民》语,"龙骨"引苏轼《龙骨车》诗,"酒斗许"引杜诗、曹植诗,都不为无助;他如解释王安石"夜半载雨输亭皋,早禾秀发埋牛尻"句,引杜甫《雨》诗"敢辞茅苇漏,已喜黍豆高",写喜雨心情颇相类,率然削斫,颇嫌唐突。卷二《题晏使君

望云亭》"望云才喜雨一犁",原注引"《孟子》:'若大旱之望云霓。'锄之所及,膏润止数寸,故云才喜。又东坡词:'江上一犁春雨。'"同卷《四皓》诗,原注引李白、苏轼、苏辙咏四皓诗加以比较,颇有启发,亦被刊落,如此等等,不一而足。个别卷所删注文较少,但亦有重要内容被删者。如卷二十一《众人》诗,原注引曾子固《南轩记》,说明不以他人之毁誉为怀,以示王、曾见解一致,应属佳注,却被删去。有的注文因删节而造成疏漏,复遭后人诟病。如卷十六《次韵酬微之赠池纸并诗》"窃学又耻从师宜"句,李注引《卫恒传》,元刻本作"……而师宜官为最,每书,辄削而焚其柎。遂以书名。此言窃学,谓鹄也",句颇费解。姚范《援鹑堂笔记》卷五十指摘说:"当具梁鹄事,而注无之。"实则此书在"辄削而焚其柎"下,作"梁鹄乃益为版,饮之酒,候其醉而窃其柎,遂以书名"。叙述清楚、完整。姚范所摘之病乃刘辰翁删削不当所致。另一类是"大篇长段"。前述严元照曾举三例,第二例《黄花》诗注,除删刘贡父《芍药花谱序》外,还删去孔常甫叙维扬芍药长文,第一例宋祁《诋仙赋》确被删,但第三例《题玉光亭》引郑辂记尼真如事,马氏元刻本未删。此外,被删的"大篇长段"还不少。如卷三《闻望之解舟》诗,删去李壁对屈原自投汨罗事的辩正诗文各一首,就是著例。以上两类情况都跟清人所记残本的情况相符。

另外,有关诗意的阐发也有被删者,缪荃孙所言"凡解诗意者均在",并不全都如此。如卷一两首题画诗《纯甫出僧惠崇画要予作诗》和《题徐熙花》,前首"流莺探枝婉欲语,蜜蜂掇蕊随翅股"句下原注:"甚言其似也。"后首"借问此木何时果"句下原注:"言花态如生,不知其为画也。"《奉酬约之见招》"伐翳取遥岑"句下原注:"比少陵'开林出远山'语益工矣。"均被删,颇可惜。

顺便说明,沈钦韩因未见宋本,故其所补者,往往有此本李注原有的。如卷二《游土山示蔡天启秘校》"跛足仅相蹑"句,此本李注原引"《后汉·李南传》:马跛足是以不得速。注:跛,屈损也"被删。沈氏不知,为之补注云:"《玉篇》:'跛,马跌足也。'"但检《玉篇》卷七"足部",原文为:"跛,于阮切,生曲脚。"与李注同,无跌足之解,沈氏反致舛误。又如卷三《再用前韵寄蔡天启》"始见类欺魄",李注原引"《列子音义》曰:字书作'欺颗',大面丑也"被删。沈氏补注引《列子·仲尼篇》《集韵》，内容相同。同诗"谁珍坛山刻"，李注引欧阳修《集古录》，原有"坛山在县南十三里"八字被删，沈氏引《一统志》"坛山在正定府赞皇县北十里"补之。检《集古录跋尾》卷一"周穆王刻石"条，李注引文不误。卷五《酬王浚贤良松泉二诗》"苍官受命与舜同"，李注原引《庄子·德充符》，沈氏亦引此。卷十一《山田久欲拆》释"鸿蒙"，李注原指出"见《庄子》"，沈氏不过引出《庄子》原文而已。对沈氏的"勘误补正"，学术界历来多予推崇，以上的例证适足再次说明刘辰翁删节的不当。

补注。除卷十九、卷二十、卷三十七等外，全书各卷都有补注，但刊刻的格式十分紊乱。有的在卷末，有的在卷内；有的在诗末，也有在诗句之下或题下加补注的；有的用阴文"补注"两字标明，有的仅标出词条之目；更有前一首诗的补注，刻在后一首诗题下空白处的，等等。跟清人所见宋残本"多有挤版挖补者"完全一致，这为其他古籍所罕见，反证此朝鲜活字本非常忠实地保存了宋刻本的原式。李壁此书成书的方式是：由他"随笔疏于其下，涉日既久，命史纂辑"的，即他先在王安石诗集上随时加上注疏，后由书吏整理而成。姚范在《援鹑堂笔记》中屡次从内容上判断"盖书草创而未经修饰校订"、"以是知季章于此尚有未及修改"云云，似是符合实况的。如是，则补注的作者仍是李壁本人。这些补注或是书吏整理遗漏的，或是他后来修订的。从补注的内容上似也透露此中消息。如卷四《独归》释"陂农"，"补注"云："诸本皆作'疲农'，余于临川见公真迹，乃知是'陂'字。""余于临川见公真迹"之类的语句，在李注正文中指不胜屈，此条补注当出李壁之手。

庚寅增注。此本每卷之后皆有"庚寅增注"（除卷十九、卷二十、卷三十二、卷四十外）。庚寅为绍定三年（1230），而李壁死于嘉定十五年（1222），故知非李壁所为。翁方纲、傅增湘认为是曾极（景建），吴骞疑是"或其（李壁）门人如魏鹤山序中所谓李四（当作西）美之流为之，则未可知耳"（《拜经楼诗话》卷二）。李西美之说原系吴骞推测之词，暂置之论；曾极之说大概是根据陈振孙所谓"助之者曾极景建"一语。曾极与李壁确有交往，《后村诗话·续集》卷四即记有李壁《酬景建》诗。考李壁原注也有数处提到曾极为他提供材料，如卷三十二《次韵酬宋玘六首》题下注引"曾景建言，宋玘是……"，卷四十七《送陈景初》注引"曾极载其叔祖裘父所记云……",都是例证。这大概是陈振孙所说"助之"的一种表现。但"庚寅增注"却非曾极所作。"庚寅增注"中有引用曾极之语者,如卷四十三《重阳余婆冈市》"鲁叟"条,"增注"云,"鲁叟,字,后见曾景建言此人姓鲁名赵宗"云云,是为"增注"非曾极之作的明证,此其一;史载曾极因江湖诗案谪道州即卒。考诗案起于理宗宝庆二年(1226),在绍定三年(1230)前有四年之久,曾极当时谪道州"即"卒,因此他很可能死于绍定三年之前,此其二;又,缪荃孙《注王荆文公诗残宋本跋》云,"卷后补注有与庚寅补(当作'增')注犯复者",所言甚是。如卷二《寄蔡氏女子》释"横逗"条引张衡《思玄赋》、郭璞注,卷五《酬王浚贤良松泉二诗》释"白皂"条引韩愈与崔群书,卷六《桃源行》释"战尘"条引杜甫、吴融、张衡三诗,卷八《李氏沅江书堂》对"无以私智为公卿"句的评论等,都为两者犯复,则"增注"作者似未见过"补注",不可能是像曾极这样与李壁及本书关系甚密之人,此其三。

"庚寅增注"的内容大都为词语出处,也有补充李壁原注的,如卷一《元丰行示德逢》释"屋敖",原注云:"屋敖,恐谓屋之仓敖。汉有敖仓,乃是敖山为名,后人因以名仓屋尔。""庚寅增注"云:"《郦食其传》:据敖仓之粟。敖本地名,在荥阳,秦置仓贮,后人因通谓仓为敖。"又如卷二十二《赠上元宰梁之仪承议》"能诗如紫芝"句,原注仅"元紫芝也"四字,致使姚范质疑云:"按:元鲁山不闻有诗"(《援鹑堂笔记》卷五十),"庚寅增注"却补出元德秀曾作《于芳于》之歌等;还有评析诗义的,如卷一《己未耿天骘著作自乌江来……》"而我方渺然,长波一归艇"句,"庚寅增注"云:"公诗妙处如此等句,皆前人所未道,十字通义格。"又如卷六对《叹息行》一诗的有无讥讽,"增注"作了长篇考论等。此外,"庚寅增注"亦间有引同时人诗以注王诗者。如卷十八《钓者》诗注云:"亡友谭季壬之大父勉翁亦有诗:'渔翁何事亦从戎,变化神奇抵掌中。莫道直钩无所取,渭州一钓得三公。'"据陆游《青阳夫人墓志铭》(《渭南文集》卷三十三),谭望,字勉翁,此当为谭望佚诗;谭季壬,字德称,为蜀中名士,陆游文中说"予与季壬,实兄弟如也",可见交谊之深。谭季壬大约死于庆元元年(1195)以前,因该年陆游所作《正月十一日夜梦与亡友谭德称相遇于成都小东门外既觉慨然有作》(《剑南诗稿》卷三十一），已称他为"亡友"了。庆元元年离绍定庚寅已三十多年，"庚寅增注"的作者回忆三十多年前的老友，说明他当时年事颇高了。

总之，此朝鲜古活字本最为可贵之处，在于保存了被刘辰翁删节的李注一倍左右，保存了"补注"和"庚寅增注"，得见已佚宋本的原貌，提供了大量有用的研究资料。但此本亦恐非李注足本。如明王应麟《困学纪闻》卷十八曾举《明妃曲》《日出堂上饮》《君难托》三诗李注对王诗的批评，其第二例云，"《日出堂上饮》之诗，'为客当酌酒，何预主人谋'，则引郑氏《考槃》之误以寓其贬"，即不见此本。个别卷李注与元刻本全同，有的卷无"补注""庚寅增注"，说明此本似有残缺。但它是李壁注本中迄今最佳的版本，他本无夺其席，则又是无疑的。

此本字大悦目，楮墨精良，基本完好，个别地方有缺字，即第492页缺"得期修"三字，第494页缺"无"一字，第495页缺"白"一字，第519页缺"万"一字。第1133页注文引《传灯录》亦有缺字多处，查《景德传灯录》卷二十四，此段引文应为："漳州报劬院玄应定慧禅师……仍示一偈曰：'今年六十六，世寿有延促。无生火炽然，有为薪不续。出谷与归源，一时俱备足。'"又，卷十三末缺两页，卷三十三中亦缺两页，可据张元济先生影印本抄补。但卷十三末尾的"补注""庚寅增注"缺页，已无法补全。

[附记] 往岁读杨守敬《日本访书志》和《影印大德本张元济跋》，获知日本存有《王荆文公诗李壁注》朝鲜古活字本，杨守敬曾录寄该本之刘将孙、毋逢辰两序等以补张氏清绮斋本之缺，颇心向往之。1984年秋，我赴东京大学任教，承该校原主任教授伊藤漱平先生亲自专程陪我去名古屋市蓬左文库查访此书，始睹真貌，洵为珍本。当即办理复印事宜，并求得蓬左文库正式同意此书在中国出版。后又承京都大学研究生高津孝先生寄赠大作《关于蓬左文库本〈王荆文公诗笺注〉》（《东方学》第69辑，1985年1月刊行），本文之写作亦有所参考、吸取。1986年春末我回国后，将复印本整理后即交上海古籍出版社，亦蒙该社慨允影印出版。然几次征订，为数不多，延宕时日，至今五载，未能公诸同好，掷笔怃然。

原载《文献》1992年第2期

补　记(2010年7月15日)

《王荆文公诗李壁注》从1993年由上海古籍出版社影印问世以来，颇受国内学术界关注，已成为研究王安石诗歌的基本文献，对其成书过程、内容价值、笺注特点、版本源流诸方面，也出现了不少有分量的研究成果，加深了对此书的认识。我也继续留心于此，对相关问题作了调查和思考。今谨作补记，略述于下。

一、宋刊残本的追索

已知此书在宋代有过三次刊刻，今均已佚。据清人记载，尚存少许残本，其中尤以傅增湘、刘承幹等人曾寓目的宋刻十七卷残本，最为重要。我在当年(1986)到处查访，却茫然无踪。在研读汪东整理的《王荆文公诗笺注》(中华书局上海编辑所1958年版)时，发现其中有六卷的卷尾，刊有补注和增注，这引起我的注意。补注和增注是此书宋刊本特有的版式标志，汪东本是以清张宗松清绮斋本为底本的，而清绮斋本又是依据元刊大德本而翻刻的，汪东本又明云"宋刻残本今未见"(见该书《出版说明》)，因何有此六卷之补注和增注？而一般通行的清绮斋本是无此内容的。此或可成为寻访宋刻残本的一丝线索。我于1986年7月往访此书责任编辑胡道静先生，询问究竟。由于历时已久，胡先生也不能确切说明，推测是从傅增湘所刊《蜀贤丛书》中之宋刻残本迻录而来，因傅氏《藏园群书经眼录》卷十三著录此书，谓："此书宋椠孤本，今藏南浔刘氏嘉业堂，缪艺风(荃孙)曾假影摹，余即以之覆刻，为《蜀贤丛书》之一。"我即转而寻访《蜀贤丛书》，一时却无收获。

其实，汪东本所据之清绮斋本，乃是乾隆四十一年补刻本，而非初刻本。张宗松于乾隆六年(1741)刻印《王荆公诗笺注》，即清绮斋本，原缺魏了翁序；后族人张燕昌在乾隆四十年(1775)于鲍廷博知不足斋得观宋刊残本十七卷(卷一—三、十五—十八、二十三—二十九、四十五—四十七)"每卷尾有庚寅增注"，且有魏序，录以赠予张宗松之弟张载华，张载华即于次年(乾隆四十一年)嘱任张廷一补刻于清绮斋本。此一清绮斋补刻本，国内较为少见，日本京都大学图书馆藏有一部。此补刻本之可注意者,不仅存有魏序,而且有六卷之尾刊有"补注"或"增注"(卷二十七、二十八、三十五、四十六之卷尾,各有补注和庚寅增注;卷三十六、四十七之卷尾,仅有补注)。

汪东本这六卷"补注"或"增注",不仅与清绮斋乾隆四十一年补刻本内容完全相同,且连缺字、错字都一致,如汪东本卷三十五之补注,引李义山诗"斜倚绿窗□□□",汪东校云"义山诗未见有此句,无从肊补",清绮斋补刻本此处亦是三个墨丁(朝鲜活字本第一五九六页此处作"斜倚绿纱窗夜坐",不缺)。又如汪东本卷四十六之补注,引王安石《与陈君一柬》:"安石顿首,还弊庐,幸数对按。""对按"不词,清绮斋补刻本亦错作"按"。(朝鲜活字本第二〇三一页作"对接",是,均见出朝鲜活字本之优长处。)凡此皆可说明,汪东本此六卷之补注、增注均来源于清绮斋补刻本,他确实未曾见过"宋刻残本"。

1992年2月,台湾学者昌彼得于《故宫文物月刊》(九卷十一期)发表了《连城宝笈蚀无嫌——谈宋版李壁注王荆公诗》一文,首次披露"故宫博物院"于1991年10月获赠一部宋版李壁注王荆公诗残本十七卷、目录三卷,宋刻残本终于重现于学界。南京大学巩本栋教授于2007年访台时,目验此书,后撰写了《论〈王荆文公诗李壁注〉——从宋本到朝鲜活字本》一文(《宋集传播考论》,中华书局2008年版),对此书编撰、刊刻、流传等情况作了细致考辨,特别是用宋残本与朝鲜活字本进行对勘,发现前者有而后者无的情形颇为不少,推断朝鲜活字本中的宋刊部分当为另一宋刊本。巩本栋又提出"庚寅增注"的作者仍应为李壁,也值得重视。我原来依据李壁死于"庚寅"前八年,因而他不可能再作"庚寅增注",自是合乎逻辑的推论;但忽略了此注的产生过程,即先有李壁"随笔疏于其下",再"命史纂辑"的两道工序。"庚寅增注"虽不可能由李壁亲作,但不妨碍他的助手们根据他积累的遗稿资料,代其整理"纂辑",当然也不排除助手们自己劳作的羼入。如此,本注、补注、庚寅增注皆属李壁之著作权,全书署以"眉山李壁注"也可谓实至名归。庚寅增注中有3处引及"余使燕"时之事(卷二十九《将次相州》、卷四十四《斜径》、卷四十五《涿州》),正与李壁以贺金主生辰使出使北国事吻合，当为李壁手笔之确证。

二、"朝鲜活字本"诸问题

至于"朝鲜活字本"本身，尚待解决的问题仍然不少。一是它所据底本之来源。朝鲜活字本是由宋刻本和元刻本合编而成的，此合编之举，是中国元、明人所为抑或出于朝鲜朝士人之手？如是中土原刻，又是何时传入朝鲜的？此一问题，目前限于材料，尚未找到确切答案，只能待诸来日。二是它刊印的时间。经韩国学者研究，此书所用活字乃是"甲寅字"体，即1434年所铸造的铜活字字体系统。韩国是世界上最早发明金属活字的国家。据《朝鲜王朝实录》之《太宗实录》，其铜活字的历史始于太宗三年（1403，即明成祖永乐元年），称癸未字。而甲寅字于世宗十六年（1434，即明宣德九年）改铸，历时两个月而成二十余万个字。字体乃仿明永乐十八年内府所刻之《孝顺事实》，具有赵子昂笔意，俗称"卫夫人字"，以其精美被尊为"韩国万世之宝"，被誉为朝鲜铜活字之花。甲寅字以后被一再仿制。日本蓬左文库所藏之李壁注本是用哪一次"甲寅字"来印刷的呢？承韩国庆星大学金致雨教授见告，从板式、鱼尾和个别字体来判断，大概刊印于中宗初（1506）至宣祖六年（1573）或宣祖十二年（1580）之间。三是韩国现今庋藏本书情况。蓬左文库所藏本书，中缺4页能否补全？经查韩国各著名图书馆书目，以及我两次访韩的寻找，仅首尔大学奎章阁和延世大学图书馆藏有少许甲寅字本残卷，已不见完帙踪影。韩国另存有李壁注本，用"甲辰字"（1484）印刷，那是以刘辰翁删节本为底本的，属元刻本系统，与"甲寅字"本不同。

三、再说书名缘由

据《名古屋市蓬左文库汉籍分类目录》（昭和五十年版），本书著录为："王荆文公诗五十卷年谱一卷目录三卷，宋王安石撰　李壁笺注　刘辰翁评点，朝鲜古活字印板九行本，有御本印记，骏河御让本。"我请顾廷龙先生题签时，暂拟书名为"《王荆文公诗注》（据朝鲜古活字本影印）"，并附寄有关版本资料，请顾先生酌定。不久，他寄回题签，径作"《王荆文公诗李壁注》（据朝鲜活字本影印）"，

记日本蓬左文库所藏《王荆文公诗李壁注》

加了"李壁"二字,删去"古"字。此朝鲜本刊印于我国明代,称不得"古";突出注者姓名则为了强调此书的主要贡献之所在,也能与其他王诗注本在书名上区别开来,正如张元济影元本题作《王荆文公诗李雁湖笺注》,书名也是张氏自拟的。承蒙有的学者好意,代拟本书书名为《王荆文公诗雁湖李壁笺注须溪刘辰翁评点》,自与此书内容名实相符,严丝合缝,但此代拟之书名适合现在通行的元刊系统即各类刘辰翁评点本,反而不能达到命名的目的,不如顾先生拟定的"简明醒豁",也避免了同名化的含混:物固有名,一物一名,不得不殊。

此外,本书除我已指出的存在错字、缺页外,尚有错简多处,有的仅是前后颠倒,在影印时随手置换,有的却非单纯由装订错乱引起,不易改换,如卷二十三《将次洺州憩漳上》至《和栖霞寂照庵僧云渺平甫同作》诸诗,其页码顺次应为一〇八三、一〇八六、一〇八七、一〇八四、一〇八五、一〇八八,也顺便说明。

蛾术薪传

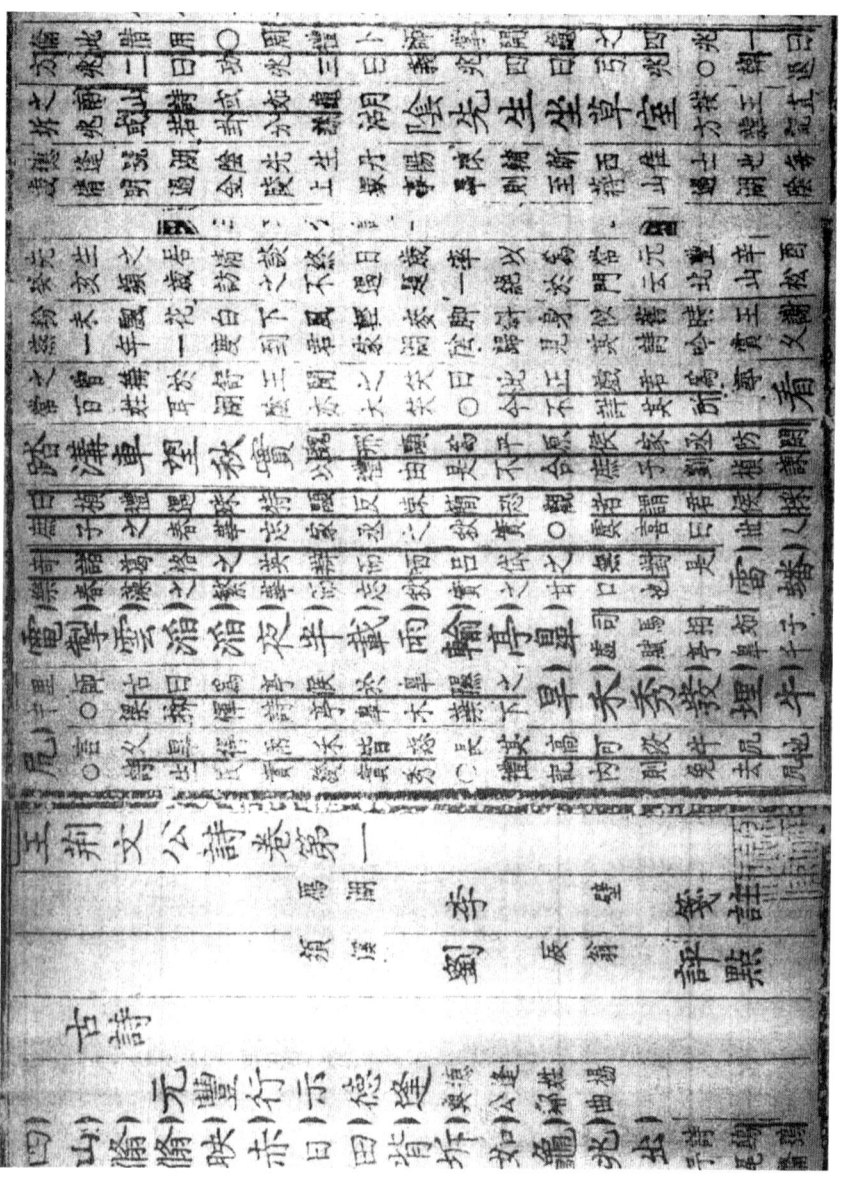

《王荆文公诗李壁注》书影(见第3页)

东坡尺牍的版本问题

朱 刚

一、题解和先行研究

尺牍,又叫手书、手启、手简、小简等,是作者亲笔所写的短小信件。

现在看来,此种尺牍颇能反映作者的真性情,而且包含时地背景、人际关系等方面的丰富信息,在研究其生平行事,特别是编排年谱时,甚具价值。但是,古人大抵不将它视为正式的"作品",所以一般并不收入别集。别集中收入的信件,叫作"书"或者"启(状)",对照之下,尺牍的文体同于"书",大抵用古文写作,但篇幅短小得多;"启(状)"的篇幅也比较短小,却用四六骈体,显得正式。

从苏轼的尺牍中,我们也不难了解尺牍与启(状)的区别,如《苏轼文集》[①]卷五十八《与杜道源二首》之二云:

> 某无人写得启状,即用手简,甚属简慢,想恕其不逮也。

同卷《与杜孟坚三首》之二云:

> 某乏人写大状,必不深罪。

同卷《与李亮工六首》之二云:

> 某乏人修状,手启为答,幸望宽恕。

[①] 孔凡礼编《苏轼文集》,中华书局1986年版。

这些都是因为没用启(状)而用了尺牍,故向对方致歉。由此可见,尺牍比启(状)显得随便简慢。但反过来,如果双方关系亲密,则用尺牍似乎更为合适,同书卷五十三《与鲜于子骏三首》之二云:

> 悉厚眷,不敢用启状,必不深讶。

所谓"不敢用启状",意思是老朋友之间如果用了正式的启状,便显得生分了。

与多数宋人别集一样,苏轼的别集(如宋本《东坡集》)起初也不收入尺牍,但一方面因为东坡名满天下,同时也因其书法优异,故其尺牍不但被大量保存下来,而且产生不少文本,有墨迹,有石刻,有专收尺牍的专集,也有后人所编的包含尺牍的东坡诗文集。所以,现在要清理他的尺牍,便与清理东坡集版本问题无法分离。这方面,日本学者村上哲见《苏东坡书简的流传与东坡集版本之系谱》①一文颇著先鞭,而且迄今为止最可推为力作。就笔者关心的部分来说,村上先生对《东坡外集》和《续集》所收尺牍之间的关系论述得最为精到。但不知何故,他对日本保存的《欧苏手简》一书反而不够重视。

正因为清理尺牍与清理版本的问题密不可分,故刘尚荣《明版苏轼文集选本考述》、《〈东坡外集〉杂考》②等一系列有关东坡集版本的论文,也都涉及尺牍的问题,颇足参考。孔凡礼编《苏轼文集》时,已将尺牍专门归并为一类,其《点校说明》中交代了版本依据,以及他对现存各种版本的看法。但遗憾的是,他对几种重要版本的认识,在笔者看来有些不够准确之处,虽然这基本上不影响《苏轼文集》的编排质量,但当孔先生编辑《苏轼年谱》③,为大量东坡尺牍系年时,消极影响便呈现出来。

本文重在清理有关东坡尺牍的版本,暂不涉及具体的系年问题。不过,笔者之所以要清理版本,乃是为系年做准备工作,所以,本文也不拟对相关版本一

---

① [日]村上哲见《苏东坡书简の伝来と东坡集诸本の系谱について》,《中国文学报》第27册,1977年4月;后收入著者《中国文人论》,汲古书院1991年版。
② 皆收入《苏轼著作版本论丛》,巴蜀书社1988年版。
③ 孔凡礼《苏轼年谱》,中华书局1998年版。

一做出介绍，而是选择了可能与系年问题发生关系的，或笔者以为值得特别提及的某些重要版本，加以考察。同时不妨指出，为东坡编辑年谱时，除了传记资料外，传统上是以编年诗为主要依据的，但若详细到孔先生《苏轼年谱》那样的程度，则尺牍便不可忽视。实际上，孔《谱》对现存东坡尺牍的使用密度，几乎不下于编年诗。然而，到目前为止，对苏轼各体作品的编年研究，恐怕是以尺牍最为迟缓落后。如果我们能更准确地认识有关东坡尺牍的各种版本，就能更合理地为尺牍系年，从而也能编订更精密的年谱。

二、东坡尺牍的专集

中国国家图书馆收藏的元刊本《东坡先生翰墨尺牍》残二卷，和清刊《纷欣阁丛书》本《东坡先生翰墨尺牍》八卷，是国内学者最为熟悉的东坡尺牍单行本。据村上论文，两者完全一致，依受书人为序编集。因元刊本的存在，我们可以推知其流传甚早。

长泽规矩也编《和刻本汉籍文集》，收入了三种日本流传的东坡尺牍：该丛书第四辑所收《东坡尺牍》4卷、第二十辑所收《欧苏手简》四卷中"东坡先生"二卷、同辑所收《五老集》二卷中"东坡先生苏公小简"[①]，皆依受书人为序编集。据长泽先生所撰"解题"，《东坡尺牍》为清人黄静所编，冈本行敏于明治十二年（1879）校定出版。《五老集》选录"东坡先生苏公""仲益尚书孙公""柳南先生卢公""秋崖先生方公""清旷先生赵公"五人的尺牍，数量都不大，原刊庆安三年（1650）。长泽先生解题，谓"仲益尚书"是孙觌，"秋崖先生"是方岳。检《宋人传记资料索引》，可知"柳南先生"是卢方春，唯"清旷先生"仍未详，大概与其他四位一样，也是宋人[②]。《四库全书总目》卷一百九十二《总集类存目二》，著录浙江

---

① ［日］长泽规矩也编《和刻本汉籍文集》，古典研究会刊，第四辑出版于1977年，第二十辑出版于1979年。
② 《四库全书总目》卷一百九十一《总集类存目一》，著录《永乐大典》本《启札锦绣》一卷，《提要》云："旧本题清旷赵先生编，不著其名，所录皆南宋人启札。"

范懋柱家天一阁藏本《群公小简》六卷,提要云:

> 不著编辑者名氏,前有成化乙未徐传序,称苏文忠、方秋崖、赵清旷、卢柳南、孙仲益五先生之所著,而第六卷乃为欧阳修作。其第一卷题五先生手简,自第二卷以下又题曰"六先生手简"。后有成化二十年(1484)周信跋,称出醉翁帖一帙赠徐,徐亦以此书报赠;又称捐俸命工,仍旧本重刊。则末一卷为信所增入,其改题六先生亦信所为也。盖明代朝觐述职之官,例以一书一帕赠京中亲故,其书皆潦草刊板,苟应故事,谓之书帕本,即此之类。其标题颠舛,固不足深诘矣。

据此可知,和刻本《五老集》出自明人"书帕本"。笔者寻检新版的《全宋文》,发现尚未采入此《五老集》所载作品,故特别提及。

至于《欧苏手简》,则为欧阳修、苏轼二人尺牍的合集,长泽先生从内阁文库借得正保二年(1645)初刻本影印,笔者所见尚有天明元年(1781)重刻本。此书有一篇署名"真止轩老人杜仁杰"的原序,抄录于下:

> 自科举利禄之学兴,则百艺俱废,此理之自然,无足怪者。夫文章翰墨,固士君子之余事,如将之用兵,苟无旗帜钲鼓,其何以骇观听哉?至于尺牍,艺之最末者也,古人虽三十字折简,亦必起草,岂无旨哉?今观新刊欧、苏手简数百篇,反覆读之,所谓但见性情,不见文字,盖无心于奇,而不能不为之奇也。近代杨诚斋、孙尚书启札,其铺张错综,非不缛挼,及溯流寻源,亦皆自二老理意中来。大抵意者文之帅,理者帅之佐,理意正则辞从之,牧之所谓如鱼随龙,如鸟随凤,如师众随汤武,腾天潜泉,横裂八表是也。予亦长怪乎壬辰北渡以来,后生晚进诗文往往皆有古意,何哉?以其无科举故也。学者乘此间隙,何艺不可进,又岂止简启而已。恐国朝绵蕝之后,汉、唐取人之法立,则不暇及此,幸笃志焉。真止轩老人杜仁杰序。

杜仁杰之名见于《归潜志》《中州集》《遗山集》等金、元之际的史料,但目前出版的《全辽金文》和《全元文》杜氏名下都未收此序。祝尚书先生曾据序中内容,推测该书编刊于杜氏入元以后①。但杜氏作序的时间未必就是此书编成的时间，也许它在宋、金对峙的时代就已流传于北方了。

以上这些单行本，皆以供人学作尺牍为出版目的，而依受书人为序编集，则反映了尺牍收集、整理过程中的初步、简单之方式。因为尺牍原不收入别集，最初编集东坡尺牍时，必是从许多受书人那里搜寻得来，呈现为一个一个帖子的形态（宋人文集中对此类帖子的题跋甚多），基本上不能设想按作者家中所留底稿编集的情形。受书人把东坡写给他的尺牍粘贴一处，就是最原始的资料了，所以尺牍依人物归并的形态是自然出现的。至于受书人的排列顺序，《欧苏手简》仅以"司马温公"为首而已，《翰墨尺牍》则把地位高、名气大的人物都排在前面，如卷一便以"司马温公——范蜀公——苏子容——刘贡父——曾子宣——刘仲冯——滕达道——李公择"为序。可见，此类本子流传虽古，却实为俗本。不过，笔者仔细考察《欧苏手简》，却发现它有特殊的价值，这一点下文将会详述。

以受书人为序来编集尺牍的方式，对于研究作者的人际交往是有利的，但对于尺牍的系年来说，却非常不利。可能早就有人考虑到这一点，故依写作顺序来编排尺牍的专集，似乎也出现甚早。元人赵汸《书东坡尺牍后》云：

> 宋礼部尚书赠太师东坡苏公，忠义贯日月，名声塞宇宙，盖千载一人也。妙龄登高科，思以文学经济，如贾太傅、陆宣公；中岁偃蹇不偶，始留心佛乘，交友禅伯，如白乐天、柳子厚；晚节播迁岭海，遂欲阴学长年，超然遐举，如安期生、梅子真。此公平生学术三变，见于手笔书疏者，具有本末也。……至正己丑秋，过倪氏黔川寓居，敬书此于其所观东坡尺牍后。②

这里对东坡"学术三变"的概括未必正确，但看来他所见的《东坡尺牍》大致是依写作时间编次的。《文渊阁书目》卷二著录有"东坡尺牍一部十二册，东坡尺牍

---

① 祝尚书《〈欧苏手简〉考》，《中国典籍与文化》2003年第3期，收入氏著《宋代文学探讨集》，大象出版社2007年版。
② 赵汸《书东坡尺牍后》，《东山存稿》卷五，《景印文渊阁四库全书》本。

一部五册",不知是否赵汸所见者。要之,东坡尺牍有依受书人为序编集者,也有依写作时间编次者,后者似乎更值得我们重视。

三、《外集》所收尺牍

明刊《重编东坡先生外集》八十六卷,现有《四库全书存目丛书》本较易见,据刘尚荣论文,编成于南宋。其中卷六十三至八十一为"小简",共计八百一十简,村上论文已指出,是依写作时地排列的。在笔者看来,这是研究东坡尺牍时最值得重视的一个版本。

宋代文献中已有引及《东坡外集》者,如《经进东坡文集事略》卷五十五《韩文公庙碑》题下注、《山谷内集诗注》卷十三《题石恪画尝醋翁》注、《九家集注杜诗》卷十一《杜鹃》注(《文章正宗》卷二十三、《诗林广记》卷二所引同)等。明杨士奇《东里续集》卷十八《苏东坡文》云:

> 右苏东坡六册,录于胡祭酒若思。盖所录者《东坡集》起二十四卷至四十卷,《后集》起八卷至十卷,《外集》起二十五卷至九十卷。奏疏、内外制及诗皆未得录也。①

考胡若思名俨,南昌人,洪武末以举人授华亭教谕,永乐初擢翰林检讨,与解缙等同直内阁,迁国子祭酒,洪熙元年(1425)加太子宾客致仕,家居二十年而卒,《明史》有传。可见,明初存在九十卷本《外集》,这说明《外集》确有流传渊源。

《外集》据东坡生平经历,依写作时地排列尺牍,标出二十一个阶段:京师、凤翔、除丧还朝、杭倅、密州、徐州、湖州、黄州、离黄州、赴登州、登州还朝、翰林、杭州、召还翰林、颍州、还朝、赴定州、南迁、惠州、儋耳、北归。这种编辑方式极具学术价值,应该成为研究尺牍系年问题时的重要依据。当然,《外集》所收并

---

① 杨士奇《苏东坡文》,《东里续集》卷十八,《景印文渊阁四库全书》本。叶盛《水东日记》卷二十所引同。

不是现存东坡尺牍的全部,而且考虑到依受书人为序编集才是尺牍的原始形态,则依写作时地编次显然是历代编者整理的结果,这种整理工作自不能避免失误。但是,来源较早,并且有可能出于宋人之手的这种整理本,一般情况下是值得尊重的,因为今天的研究者显然不可能完全地掌握编者曾经拥有的一切依据。笔者曾详细比对《外集》尺牍的编排顺序和孔凡礼《苏轼年谱》所引尺牍的系年情况,发现两者符合的甚多,其不符合之处,若考究其合理性,也有不少是《外集》显得更为合理的。孔《谱》中有许多问题,就是因为对《外集》尺牍部分所反映的时地信息不够重视而引起的①。

四、《续集》所收尺牍

明刊东坡七集之《续集》十二卷,其卷四至卷七为"书简",约八百首。《四库全书》所收清蔡士英刊《东坡全集》一百十五卷,其卷七十七至八十五为尺牍,文本上同于《续集》。村上先生曾将《续集》与《外集》所收尺牍仔细比对,其结论是:

> 《续集》卷四第一百六十五首《谢吕龙图》至卷七末尾《与径山长老维琳》,跟《外集》卷六十三至八十一的序列大抵重合。若仔细对照,则《续集》时而有所漏落,但其漏落的部分实际上大都可在《谢吕龙图》前的一百六十四首中找到。换句话说,如以《外集》的序列为基准来看《续集》,就是从中随处抽出一百数十首,置于前面,而自第一百六十五首以下的六百余首则保持了原来的序列。

经笔者覆核,村上所说完全正确。不过,其所谓抽出置前的部分(即自开始《与李方叔》至《谢吕龙图》前)含有不见于《外集》的内容,且并无时地标识,以受书

---

① 姑举一例,《苏轼文集》卷五十六《与周开祖四首》之三("久别思渴"),孔《谱》系熙宁七年(1074)东坡离杭州赴密州的途中,而《外集》则编排在"湖州"阶段。按,东坡原在杭州与周郊(字开祖)相熟,其离杭北上时,也确曾给周写信(即《与周开祖四首》之一),但这一首尺牍中说:"一路候问来耗……即遂面话。"与离别北上之情状不合,如系元丰二年(1079)东坡赴湖州任时,则从北方南下,即将与前来迎接的周氏见面,如此理解似更合理。《外集》置于"湖州"阶段,应是正确的。

人为序排列,其编辑方式与后面的部分不同,显然别有来源,今称为 A;《谢吕龙图》以下则有时地标识,大抵同于《外集》,只是把其中已见于 A 的作品除去而已,今称为 B。下面对这两个部分分别加以考察。

先看 B 的部分,与《外集》相比,标识的时地中漏落了"离黄州""召还翰林"等。若仔细校核,其卷四所标有:

《谢吕龙图三首》(京师)……《与杨济甫》(凤翔)……《答杨济甫二首》(除丧还朝)……《与大觉禅师琏公》(杭倅)

卷五所标有:

《答水陆通长老五首》(密州)……《与眉守黎希声三首》(徐州)……《与文与可三首》(徐州)……《答周开祖二首》(湖川)……《与乐推官》(黄州)……《与蔡景繁十四首》(黄州)……《答濠州陈章朝请二首》(黄州)

到此为止,同卷内"徐州"标了两次,"黄州"标了三次。对照《外集》,《与眉守黎希声》在卷六十四中,自此始标"徐州",而《与文与可》则为卷六十五之开头,是因换卷而复标"徐州";《外集》始标"黄州",为卷六十五之《与朱康叔》,但《续集》已将此题抽出至 A 的部分,故在下一题《与乐推官》始标"黄州",而《与蔡景繁》乃《外集》卷六十七之开头,《答濠州陈章朝请》乃卷六十九之开头,皆因换卷而复标"黄州"。至《续集》卷六、七所标,"惠州""北归"皆有两次,对照《外集》,重复原因同上。可见《续集》B 的部分确实根据《外集》而来,唯《外集》是因换卷而于卷首重复标识,《续集》则在同卷中重复标识,而处于卷首的作品反无标识,其编次不善,远逊《外集》。

至于《续集》A 的部分,乃是以受书人为序编集,与 B 的性质不同。但若仔细考察受书人的排列顺序,则可发现其与《欧苏手简》存在着十分明显的关系,试比较如下:

A 的开头部分为:李方叔——陈公密——徐仲车——吴秀才——彦正判官——毛泽民推官——陈辅之——司马温公——鲁直——陈传道。

《手简》卷三的开头部分为:司马温公——李方叔——程公密——徐仲

车——毛泽民推官——陈辅之——黄鲁直——陈传道。

A 的中间有这样一部分：朱康叔——胡深夫——朱行中——李之仪——冯祖仁——黄师是——广西宪曹司勋——晦夫——范梦得。

《手简》卷四有这样一部分：朱康叔——胡深夫——李之仪——曹司勋——晦夫——范梦得。

A 的结束部分为：陈怀立——孙叔静——刘贡父——曾子宣——李公择——姜唐佐秀才——傅维岩秘校——林天和长官——张朝请——汉卿。

《手简》卷四的开头部分为：程怀立——刘贡父——曾子宣——姜唐佐秀才——罗岩秘校——林天和——张朝请。

从以上这三部分来看，似乎《手简》是从 A 中选出，只是出于销售目的，将"司马温公"提到首位而已。确实，若仔细核对相同人物名下所收的尺牍，A 所录数量往往远多于《手简》，且《手简》所录者基本上以同样的先后顺序被包含在 A 中。唯"程怀立"名下，《手简》录了三首，而 A 的"陈怀立"名下只有第一首，但《手简》的后两首，A 置于"孙叔静"名下，《手简》看来是漏标了一个人名而已。所以，就以上这些重合部分来说，可以肯定《手简》是从 A 中选出的。

但是，除了这三个重合的部分外，两者毕竟还有不相同的部分，而且 A 总共才收录四十一个受书人，而《手简》多至八十三人，其范围远广于 A。

笔者寻思，这两种资料应当是残本与选本的关系。也就是说，两者有一共同之祖本，A 是其残本，而《手简》是其选本。A 虽是残本，但所存部分尤为全貌，故能包含《手简》的相关内容；《手简》有取有舍，却是从全本中选出，故大量内容逸出 A 之外。鉴于《手简》的文本成立于金、元之际，大约可以推论这里设想的祖本乃是宋本，但我们现在对于这个宋本只能做出如下一个判断：它的全貌肯定不同于《翰墨尺牍》。

《续集》的编者显然对 A 比较重视，故 A 与《外集》重复的部分，他优先录 A，而对《外集》的处理则较粗疏。这也可见，当时他亦认为 A 反映了更古老的面貌。

五、《永乐大典》本《苏东坡集·书简》

现存《永乐大典》卷一万一千三百六十八"简"字下,专录北宋人孔平仲、杨亿、程颐、苏轼的尺牍(《大典》称"书简"或"手简"),是一份非常珍贵的资料。其中绝大部分是东坡尺牍,据《大典》所称,是抄自《苏东坡集·书简》。这个《苏东坡集》的情况有待考证,现在仅就所录"书简"来看,是依受书人为序编集,内容基本上与上述《续集》A 的部分相同,但也有些微差异。

上文说过,《续集》A 的开头部分为:李方叔——陈公密——徐仲车——吴秀才——彦正判官——毛泽民推官。《大典》本《书简》则从"毛泽民推官"开始,此后所录与《续集》一致,而到最后,又录李方叔——程公密——徐仲车——友人。此所谓"友人",从尺牍内容看,相当于《续集》之"吴秀才",唯《续集》的"彦正判官"则不见于《大典》本。除了编排上的这点差异外,如以《续集》为标准来看,《大典》还有少量抄漏之处。但我们可以毫无疑问地判断,《大典》本《书简》与《续集》A 的部分,来源于同一种资料。上文通过与《欧苏手简》的对比,推测这一种资料的性质乃是残本,果然如此,则此残本为原本的一个局部,还是前后断裂的几个局部,仍费寻思。从《大典》本与《续集》A 在编排顺序上的差异,《大典》本的少量"抄漏",以及与《欧苏手简》重合的部分在《手简》中的不同位置来看,其为前后断裂的几个局部的可能性是更大的。那么,将这几个局部抄合时,不但会产生顺序上的小小差异乃至"抄漏",甚至也有可能发生类似错简的讹误,故我们使用这份资料时,应持非常谨慎的态度。

总之,《大典》本《书简》的存在,不仅可以进一步证明《续集》A 的部分反映了颇为古老的面貌,也为这份残存的资料提供了与 A 不尽相同的另一个抄本。

六、茅本所收尺牍

明茅维刊《苏文忠公全集》七十五卷,其卷五十至六十一为尺牍,总数近一千三百首,从收集上讲是最为完备的。明刊《苏长公二妙集》中《东坡先生尺牍》二十卷,据刘尚荣论文,即从茅本录出。孔凡礼编《苏轼文集》,以茅本为底本,校以传世的各种版本,写有校记。故这个文本的形态,目前以《苏轼文集》为最善。

但孔凡礼在《文集》卷首所写的《点校说明》,对东坡尺牍各种文本的认识不太正确。他说:

> 《续集》中之尺牍,一人多次出现,一次之中又不第先后。……(茅本)以人为纬,有多首尺牍者,则大体按写作时间排列。北京图书馆所藏元刻本《东坡先生翰墨尺牍》残卷,就属于此类本子……(《外集》)部分地收了东坡尺牍,其收入的部分,与底本的体例相同,排列也一样。当同出于一源。

茅本的情况确实如其所云,但元刻本《翰墨尺牍》却没有"大体按写作时间排列"的性质,而恰恰是被孔先生认为"不第先后"的《续集》,其大部分(即上文所云 B 的部分)却是继承了《外集》"按写作时间排列"的性质。孔先生没有看到《续集》与《外集》的关系,又误认《外集》的体例、排列与茅本相同,这使他过于倚重茅本而忽视《外集》,严重地影响到他在《苏轼年谱》中为东坡尺牍系年的质量。

茅本依受书人为序编集尺牍,而受书人的排列顺序与《翰墨尺牍》颇相关,如其开头部分(卷五十至五十一)为:"司马温公——韩魏公——王荆公——吕相公——张太保安道——范蜀公——范子功——范子丰——范纯夫——范元长——苏子容——刘贡父——曾子固——曾子宣——刘仲冯——滕达道——李公择……"相比于《翰墨尺牍》卷一,是在司马光后面添入几个地位相当的人物,范镇的后面添入他的儿子、侄孙、曾侄孙,曾布的前面添入他的哥哥,其余基本一致。可见茅本确实参考过类似《翰墨尺牍》那样的本子。但若仔细核对,如《翰墨尺牍》卷一《与范蜀公》(凡九帖),与茅本卷五十《答范蜀公十一首》,不但所收数量不同,具体各简的排列次序也全不一致。这是因为茅本在同一受书人名下又"大体按写作时间排列",而《翰墨尺牍》并不具备此种性质。

因为"大体按写作时间排列"的缘故,茅本的排列顺序与《外集》也不无关系。如卷五十九《与钱世雄一首》,题下标"以下俱黄州",此后排列《答君瑞殿直一首》《与景倩一首》《与赵仲修二首》《与何圣可一首》《与毛维瞻一首》，皆无时地标识，而对照《外集》，此数简皆属黄州阶段，且排列位置接近。又如卷六十《答王圣美一首》，题下标"以下杭州还朝"，此后排列《与王正夫三首》《答杨礼先三首》《与潮守王朝请涤二首》，皆无时地标识，而对照《外集》，皆属"召还翰林"阶段，且次序相接。同卷《与钱志仲三首》，题下标"以下俱北归"，此后排列《答王庄叔二首》《与宋汉杰二首》《答虔人王正彦一首》《答王幼安三首》《与寇君一首》，皆无时地标识，而对照《外集》，除了《答王庄叔二首》属"惠州"阶段外，其余都属"北归"阶段，且排列位置接近。可见，茅本编辑时显然参考了《外集》（茅维序中也提到《外集》），而且对茅本"以人为纬，有多首尺牍者，则大体按写作时间排列"的概括，还不太全面，因为它不光是在一人名下按时地排列尺牍，有时候也出现以时地为线索排列人物的片断。比如说，上述《与钱世雄一首》题下所标的"以下俱黄州"一语，不但针对写给钱世雄的尺牍而言，也针对排在后面的写给"君瑞殿直"等人的尺牍而言。弄清这一点，并非琐屑无聊之举，因为这意味着：当我们以茅本为底本来编集东坡尺牍时，不宜轻易调整其编排顺序，或者将它处搜集到的作品插入茅本同一受书人名下，那可能会淆乱茅本的系年顺序。还是以《与钱世雄一首》为例来说，可能因为茅维不知钱世雄就是钱济明，故茅本将此题单立，而另有写给钱济明的尺牍多首，孔凡礼先生编《苏轼文集》时，便将两题归并了。从"以人为纬"的原则看，这样的归并是合理的，但从茅本删去《与钱世雄一首》一题，却也使排在后面的几个作品失去了时地信息。所幸孔先生在相应的位置留下了校记，其处理方式堪称妥善。

笔者曾将茅本所标的时地与《外集》一一核对，可以认为基本一致。其相异之处，除了刊刻讹误外，还存在茅本有意改订的可能（不过，以改错的居多[1]）。

---

[1] 比如，《外集》第十七、十八《答宝月大师》二简，即茅本《与宝月大师五首》之一、二首。《外集》排在"除丧还朝"阶段内，即熙宁三、四年（1070、1071）间；而茅本则于第一首下标"以下俱杭倅"，意谓已在东坡出任杭州通判后。今观第一简中有"旦夕出京"之语，当是杭倅之命已下，而尚未离京之时（熙宁四年）。《外集》编次与茅本所标都不能算错，看来不是茅本刊刻讹误，而是编者有意改订的。但毕竟此时的东坡尚未离京，茅本作这样的改订至少并无必要。

茅本所收尺牍数量远过于《外集》，而对许多不见于外集的作品，也能标出时地。如《外集》第四十七简《答富道人》，为茅本《与富道人二首》之第二首，茅本第一首不见于《外集》，却能标出时地为"杭倅"；《外集》第一百三十一简《与陈季常》乃茅本《与陈季常十六首》之第三首，其第一、二首不见于《外集》，而第一首标"以下俱黄州"；《外集》第一百九十七简《与杨元素》乃是茅本《与杨元素十七首》之第二首，其第一首不见于《外集》，也能标出"以下俱黄州"；与李常之尺牍，《外集》共收五简，相当于茅本《与李公择十七首》的第十二、十、十一、十六、十七首，但茅本于第一首标"杭倅"，第二首标"离杭倅"，第四首标"赴密州"，第五首标"以下俱徐州"，第八首标"以下俱黄州"，这些都不见于《外集》；茅本卷六十一《与灵隐知和尚一首》也不见于《外集》，而标出"密州"。此类不知是茅本另有版本上的依据，还是主观判断的结果？像"离杭倅""赴密州"的标法，区分时地的方式比《外集》更显细密，看来是主观判断的结果。

从收集、整理作品的角度说，茅本综合了"以人为纬"与按时地为序的两种编辑方式，数量最为庞大，体例可称良善。但是，从系年的研究目标来说，"以人为纬"的编辑方式恰恰起到消极作用，因为它抹杀了同一时地阶段内致不同人物之尺牍的先后顺序。《外集》所提供的排列顺序，固然不可完全迷信，多少应有参考价值，这方面大大胜于茅本，值得重视。

七、结　　论

据上文的考察，作一简单的结论，就是：

1. 现存东坡尺牍的诸版本，有依受书人为序编集，与按写作时地编次的两种编辑方式。前者比较原始，在校定文本时值得重视；后者则有利于系年研究，在根据尺牍来编辑东坡年谱之时，值得充分利用。

2. 依受书人为序编集的本子中，元刊本《翰墨尺牍》与《纷欣阁丛书》本是一个系统，《欧苏手简》与《续集》A 的部分以及《永乐大典》本《苏东坡集·书简》同源,另为一个系统。两者都来源甚早,若参以现存碑帖、墨迹,可为一大部分东坡尺牍校定可靠的文本。

3. 按写作时地编次的本子,以《外集》所载尺牍最堪重视。《续集》B 的部分完全根据《外集》而来。

4. 茅维本(即《苏轼文集》所据底本)所载尺牍,综合了两种编辑方式,事实上也参考了《外集》和类似《翰墨尺牍》的本子,搜罗较为完备,但因两种编辑方式之间不可避免的矛盾,故在对尺牍作系年研究时,无法替代《外集》。

原载《中国典籍与文化论丛》第十二辑,凤凰出版社 2010 年版

关于卢琦《圭峰集》中与萨都剌等人相同作品的版权问题
——兼论《圭峰集》的版本

杨光辉

一、《圭峰集》"误收他人诗作说"的由来

关于《圭峰集》"误收他人诗作"问题,最早由明徐𤊹提出,其《徐氏笔精》卷四云:

> 泉州惠安卢圭(按:当作"立")斋,名琦,字希韩,登元至正进士,令永春,改宁德。所著有《圭斋(按:当作"峰")诗集》,岁久弗传。近惠安庄户部征甫收而梓之,误入雁门萨天锡诗六十余首。萨诗世有传本,校者一时未之考耳。亟当厘正,不然,恐后世以圭斋为齐丘之盗《化书》也。(《景印文渊阁四库全书》本)

清顾嗣立《元诗选》初集庚集《圭峰集小传》云:

> 琦字希韩,别号立斋。……世居圭峰之下,故所著曰《圭峰集》,元陈诚中所编。明万历初,邑人朱一龙、三山董应举序而刻之。今观其诗,大半见《萨天锡集》中,亦间有陈众仲(旅)、同宽甫(恕)诸作。兵燮之余,收拾采掇,不无传抄之误。天锡宦游闽海,遗稿流传,如《中秋玩月》一篇,自序历历可考,而后人漫不检点,使《圭峰》一集,真赝杂陈,可慨也。(清康熙间秀野草

堂刻本）

至清金侃《圭峰集跋》云：

> 向抄卢希韩诗数首，爱其温润流丽，以不得其全为恨。兹从故友处借得其选刻本披读之，大半为萨天锡作。五言如《度岭于崇安》云云……凡五十余首，皆出《雁门集》中，不知何故？（清佚名编金侃手抄《元六大家诗集》本）

而《四库全书·〈圭峰集〉提要》更云：

> 琦字希韩，号立斋，惠安人，圭峰其所居地。抄本或作《圭斋集》，传写误也。……徐𤊹《笔精》曰：《圭峰集》岁久弗传，近岁惠安庄户部征甫搜而梓之，误入萨天锡诗六十余首。此本为元陈诚中所编，明万历初邑人朱一龙、福州董应举序而刻之，在庄本之前。然已多窜入他作。如五言古诗《春日思远游》则在陈旅集中。又五言古诗中，《过岭至崇安》……《儒有萨氏子》等篇；七言律诗中，《高邮城楼晚望》等篇，共三十二首，皆在萨都拉集中。至于萨都拉《溪行中秋玩月》一篇，自序称"余乃萨氏子"云云，班班可考，此集乃改题曰"儒有萨氏子"，序末又删其"至元丁丑仲秋书"一句，尤为显然作伪。不得谓之误收，盖编辑之时，务盈卷帙，以夸搜采之富，故真赝溷淆如此也。琦官虽不高，而列名良吏，可不藉诗而传。即以诗论，其清词雅韵，亦不在陈旅、萨都拉下。编录移甲为乙，亦非无因矣。集又载赋三篇、记六篇、志铭二篇、祭文一篇、启三篇、杂著九篇，则确出琦作，非由假借。今删其诗之妄录者，并其文录之，以存琦之真焉。（《景印文渊阁四库全书》本）

清末著名藏书家丁丙《善本书室藏书志》卷三十四《圭峰卢先生集》二卷（万历己酉刊本）云：

> 集为陈诚中所编，明万历初邑人朱一龙、董应举序而刊之。此本亦万历己酉金陵所刊，有庄毓庆序，后列吴鉴撰墓志铭、陈忠作哀辞、林以顺撰本传、孙伯延作后语。所为诗情词婉约，蔼然循良之风。惜误编萨天锡、陈旅诗四十余首，转致真赝互列。（清光绪二十七年[1901]钱唐丁氏刻本）

关于卢琦《圭峰集》中与萨都剌等人相同作品的版权问题

上述徐氏诸人见《圭峰集》收有与萨都剌等人相同的作品,或云"误入雁门萨天锡诗六十余首。萨诗世有传本,校者一时未之考耳。亟当厘正,不然,恐后世以圭斋为齐丘之盗《化书》也";或云"今观其诗,大半见《萨天锡集》中,亦间有陈众仲、同宽甫诸作。兵燹之余,收拾采掇,不无传抄之误。天锡宦游闽海,遗稿流传,如《中秋玩月》一篇,自序历历可考,而后人漫不检点,使《圭峰》一集,真赝杂陈,可慨也";"大半为萨天锡作。五言如《度岭于崇安》云云……凡五十余首,皆出《雁门集》中";"五言古诗《春日思远游》则在陈旅集中","《过岭至崇安》等篇,共三十二首,皆在萨都拉集中。至于萨都拉《溪行中秋玩月》一篇,自序称'余乃萨氏子'云云,班班可考,此集乃改题曰'儒有萨氏子',序末又删其'至元丁丑仲秋书'一句,尤为显然作伪。不得谓之误收,盖编辑之时,务盈卷帙,以夸搜采之富,故真赝淆淆如此也。琦官虽不高,而列名良吏,可不借诗而传。即以诗论,其清词雅韵,亦不在陈旅、萨都拉下。编录移甲为乙,亦非无因矣"。

俞兆鹏主编《中国伪书大观》亦收录《圭峰集》[①],显然将《圭峰集》当作"伪书"来看。其实,两人集子中存在相同作品,既可能甲收乙作,亦可能乙收甲作,必须经过仔细论证,才能确定著作版权。上述诸人断言是《圭峰集》"误收萨诗",而不是"萨都剌集误收卢诗",其所谓的依据主要有以下几点:

(一)"萨诗世有传本",由于"校者一时未之考",误将萨诗收入《圭峰集》;

(二)"诗大半见《萨天锡集》中,亦间有陈众仲、同宽甫诸作",由于"兵燹之余,收拾采掇,不无传抄之误",致使误收;

(三)故意伪改《溪行中秋玩月》诗,收入《圭峰集》,"以夸搜采之富"。

但是,用上述证据断定著作版权,从而认定《圭峰集》系误收的说法并不可靠。

首先,尽管"萨诗世有传本",但是,《圭峰集》同样也"世有传本"。而且,现存主要的萨都剌集版本亦存在著作版权问题(详见下文"关于萨都剌集版本及

---

① 俞兆鹏主编《中国伪书大观》,江西教育出版社1998年版,第198—199页。

与卢琦相同作品问题"),所以不能以"萨诗世有传本"来论定相同作品的版权归属问题。

其次,所谓的"诗大半见《萨天锡集》中,亦间有陈众仲、同宽甫诸作"之说,问题不少。现存《圭峰集》见于萨集的,也有部分见于卢氏作品(见下文"关于《圭峰集》中与其他诗人相同作品的考证")。至于"间有陈众仲、同宽甫诸作",是指《圭峰集》收有所谓的陈旅五言诗《春日思远游》以及元代同恕七言律诗《愁》(现存《圭峰集》只有上述两诗与陈旅、同恕诗重合),其实此两诗陈、同两人现存的作品集俱未收入,顾嗣立的说法缺乏可信度(详见下文"关于《圭峰集》中与其他诗人相同作品的考证")。

再次,关于《溪行中秋玩月》诗,其实是卢琦作品①,因此,不能以此证明《圭峰集》"误收他人诗作",更不能说是故意伪改"以夸搜采之富"。

总之,历来关于《圭峰集》"误收他人诗作"的说法缺少科学性。如果结合对《圭峰集》及萨都剌、陈旅、同恕等人文集版本情况的考察,则更能说明问题。

二、关于《圭峰集》的版本

元孙伯延至正丙午(1366)《立斋卢先生文集后语》云:

> 公之徒莆阳陈诚中氏适至三山,与予学,同寓僧舍。诚中访求得公所为诗文而编次之,凡十三卷。将锓梓以久其传,且求诸名公为之序。(明万历庄毓庆刻本《圭峰集》"附录")

可见,"卢琦集"最早为其学生莆阳陈诚中刻于元末的十三卷本《立斋卢先生文集》,而明隆庆壬申(1572)朱一龙序《圭峰集》云:

> 卢公遗文,予未仕时,尝见抄本半集于先君子旧箧中。荐经倭乱,散逸无存,求之二十余年不获。一日,得于吾乡黄(《四库》本作"王")君玉流氏,

---

① 参见拙著《萨都剌生平及著作实证研究》,高等教育出版社2005年版,第11—14页。

乃元陈诚中所编,为《圭峰集》,与公之子昺所次,为《平阳集》,欲锓梓而未就者。当兵燹之余,家比为烬,不知藏于何名山大川,以得无毁;或者鬼神呵护,将使之竢后世君子,以广其传也欤?予不类,窃喜为之校阅叙录,遂令锓梓如左。(明万历庄毓庆刻本《圭峰集》"序")

可见,朱一龙于隆庆末年曾根据"元陈诚中所编《圭峰集》"与"琦之子昺所编《平阳集》"锓梓《圭峰集》,但是此本未见传本,是否真的刊刻发行,尚存疑问。而陈诚中所编《圭峰集》及卢昺所编《平阳集》则俱已佚失。

现存最早的《圭峰集》即万历三十七年(1609)庄毓庆等据隆庆朱一龙本重刻本,题为《圭斋卢先生集》(卷下题作《卢圭斋先生集》,按:"圭斋"应作"圭峰")。庄氏序《卢圭斋先生集》云:

先生旧有诗稿。去岁过里,网罗遗逸,始得故大参朱于田公所裒录,即元孙伯延、陈诚中所编《圭峰集》欲锓未就者也。间携之白门,友人董崇相、陈元凯辈赏其清绝,谓表彰先哲,责在后死,于是校雠诠次,登之琬琰。是编出,先生为不朽矣。

万历己酉(1609),董应举《卢丰峰集序》云:

惠安卢希韩先生《圭峰集》若干卷,庄征甫得之于于田朱大参家,而犹病其杂也,则使庄(指庄明镇)、吴(指吴天成)二山人损焉以授我,又令我损焉以传,盖存者堇十五六,而古风独全。

此本半叶九行,行十八字,四周双行,单黑鱼尾。收诗二百七十二题。有《北京图书馆古籍珍本丛刊》影印本,题作《圭峰先生集》。①

顾嗣立于《元诗选》初集庚集《圭峰集小传》中提到,"明万历初,邑人朱一龙、三山董应举序而刻之",并"兹特芟其重见他集者,采而录之"。可知,顾嗣立并没有看到朱一龙刻本,应是根据庄氏编刻本著录,因为董应举万历三十七年(1609)序刻本乃庄氏刻本。《元诗选》本收录计四十四题四十五首,删去顾嗣立

---

① 《圭峰先生集》,《北京图书馆古籍珍本丛刊》,第96册,书目文献出版社1998年版。

认为集中与其他诗人作品相同部分的诗歌。

万历刻本后被抄入《四库全书》。上引《四库全书总目提要》称"抄本或作《圭斋集》,传写误也。……此本为元陈诚中所编,明万历初邑人朱一龙、福州董应举序而刻之,在庄本之前"。又称"今删其诗之妄录者"。《提要》实际袭用顾嗣立《元诗选》《圭峰集小传》。从现存文渊阁《四库全书》本来看,《提要》所云与事实不尽符。如前所述,朱一龙、董应举序刻本实即庄氏刻本。现存《四库全书》本与庄氏万历刻本比较,只缺庄毓庆序,其他则与庄氏所刻万历本同,《四库全书》本应据庄氏万历刻本或者庄刻传抄本著录。原藏丁氏八千卷楼,现藏南京图书馆之《圭(斋)[峰]卢先生集》十四卷抄本①,现藏上海图书馆之《圭斋卢先生集》二卷本;原藏陆氏皕宋楼,现藏日本静嘉堂文库之《圭(斋)[峰]卢先生集》十三卷本,都系据庄氏万历刻本或庄刻传抄本转录,只是分卷不同。

此外,皕宋楼主人陆心源声称另藏据明洪武六年(1373)刻本传抄之《卢圭峰先生集》。此本现藏日本静嘉堂文库(为行文方便,下文称"传抄洪武本"②)。凡一册,半叶九行,行十八字,无栏格。卷端题"卢圭峰先生集",隔行下署"惠安卢琦撰""莆阳陈诚中编"。全书七卷,卷一收《咨王侍郎寄禊原鲁应奉》等诗四十四题四十五首,卷二至七为赋、记、志铭、祭文、启、青词、杂著、行实等。陆氏《皕宋楼藏书志》卷一〇四《卢圭峰先生集》云:

> 《圭峰集》七卷,元陈诚中编,从洪武刊本影写。孙(伯延)序后有"洪武癸丑五月七日重梓一行",其证也。《四库(全书)》著录本作二卷,乃馆臣所重编,并非原本,《(四库全书)提要》已言之矣。万历庄氏刊本,改"圭峰"为"圭斋",其名已误。文与此本同,亦分六卷;诗则增为七卷,较多二百余首。谢在杭(按:应作"徐燉")《笔精》云"内寅入萨天锡诗六十余首"。明人盖已知之,但不知萨诗之外,所增又何据耳。是本虽只四十余首,篇篇可诵。万

---

① 南京图书馆徐忆农女士提供馆藏卢琦集书影,谨表感谢。
② 南京图书馆另藏残抄本三卷。

历本除萨、陈诸作外，多不足观，其为后人妄窜无疑也。是书刊于洪武中，确有可证。庄序云"诚中所编，欲锓未就"。又改孙序七卷为十五（应为"三"）卷，作伪显然，尤可笑也。（《潜园总集》本）

陆氏不知《四库全书》本实系传抄万历庄氏刻本，《四库提要》所述亦与实际收录情况不符（见上文）。其"万历本除萨、陈诸作外，多不足观，其为后人妄窜无疑也"，乃重复前人说法，并不足取。而所云"《圭峰集》七卷，元陈诚中编，从洪武刊本影写。孙序后有'洪武癸丑五月七日重梓一行'，其证也"之说，存在较大问题。

万历本卷末附孙伯延《立斋卢先生文集后语》，文末无落款时间，《四库全书》本同，想必当时已佚失。所谓的"传抄洪武本"则将孙伯延该文置于卷首，落款题"至正丙午二月庚寅日"，隔两行又题"大明洪武癸丑五月七日重梓"云云。

按："至正丙午"即"至正二十六年（1366）"，查《中国史历日和中西历日对照表》，该年"二月"初一为"癸丑日"，十一为"癸亥日"，二十一为"癸酉日"；①所谓的"庚寅日"出现在"癸丑日"前二十二天、"癸酉日"后十七天，换言之，该年"二月"根本不可能有"庚寅日"。所以，所谓"孙伯延"的"至正丙午二月庚寅日"的落款日期是伪造者随意所加，根本不可靠。

其次，所谓的"洪武癸丑五月七日"是卢琦夫人"陈氏"之忌日（见万历庄氏刻本《圭峰先生集》卷下《恭人陈氏圹志》），两者岂有如此巧合之理，当是作伪者借用此日期而已。

所以，两个所谓的日期都存在问题，而历代各家书目亦没有所谓的"洪武刻本"的著录，朱一龙明确表示《圭峰集》"欲锓梓而未就"。所以，所谓的"洪武刻本"并不存在，而是传抄者故意加上去的。因此，所谓"传抄洪武本"才是故意"作伪"之书，此本《和林子苍玄妙寺值雨》之"玄"字避讳，"丘"字不讳，当系康熙间所抄。所收诗歌四十四题四十五首，全抄自《元诗选》，所收文则从万历庄氏

---

① 方诗铭、方小芬编著《中国史历日和中西历日对照表》，上海辞书出版社1987年版，第580页。

本影抄,理由如下:

(一) 顾嗣立《元诗选》明确言录自万历刻本,"兹特芟其重见他集者,采而录之"。如果从洪武本传抄,岂有不说及洪武本之理? 换言之,顾嗣立《元诗选》不可能从所谓的"传抄洪武本"抄录。

(二) 所谓的"传抄洪武本"与《元诗选》本所收诗歌相同,现对两本所收诗歌题目进行比较,只有两首略有差异:

《元诗选》本诗题	"传抄洪武本"诗题	校　记
春江晚渡图	春江晓图	万历本、《四库全书》本同,"传抄洪武本"少"渡"字
至正己亥六月游壶山宿真净岩访忠门西江陈公江亭	至正六月游壶山宿真净岩访忠门西江陈公江亭	万历本、《四库全书》本同,"传抄洪武本"少"己亥"两字

两相比较,自然是"传抄洪武本"据《元诗选》本抄录时漏抄了字,而不会是相反的情况,亦即不可能是后者传抄前者。

(三) 所谓的"传抄洪武本"文章部分与万历庄氏本行格、内容相同。如万历庄氏本《永春平贼记》文,目录有,正文未抄,《四库全书》本与"传抄洪武本"俱没有抄目录,《四库全书》本正文已加上题目,"传抄洪武本"因系影抄,所以正文与万历庄氏本完全相同,没有加抄;又如《答吴县尹启》第四行"于今已逾"作小字双行,《四库全书》本已不作小字双行,"传抄洪武本"则依样当小字双行抄录。

(四) 万历庄氏刻本《喻寇文》有"煨芋剥粟",《四库全书》本作"煨芋剥枣","传抄洪武本"同庄氏刻本,可知"传抄洪武本"应是据庄氏刻本传抄,而不是根据《四库全书》本。

可见,所谓的"传抄洪武本"乃是有意作伪之本,实际上此本乃据《元诗选》及万历庄氏刻本传抄。① 现据各家著录,将《圭峰集》版本情况列表如下:

---

① 南京图书馆藏《卢圭峰先生集》三卷本与此本所收诗同。

书　　名	版　　本	备　　注
《圭峰卢先生集》十三卷	元末陈诚中刻本	已佚。
《平阳集》	元卢昺未刻稿本	已佚。
《圭峰集》[二卷]	明隆庆壬申（1572）朱一龙编本	据陈诚中刻《圭峰集》及卢昺编《平阳集》未刻稿本重编，已佚。
《圭（斋）[峰]卢先生集》二卷	明万历三十七年（1609）庄毓庆等刻本	据朱一龙编本刊刻，藏国家图书馆。
《圭（斋）[峰]卢先生集》十三卷附录一卷	清抄本	据万历庄氏刻本传抄，藏日本静嘉堂文库。
《圭（斋）[峰]卢先生集》十四卷	清抄本	据万历庄氏刻本传抄，丁丙跋，南京图书馆藏。
《圭（斋）[峰]卢先生集》二卷	清抄本	据万历庄氏刻本传抄，上海图书馆藏。
《卢圭峰先生集》七卷	清抄本	据《元诗选》本、万历刻本传抄，日本静嘉堂文库藏。日本京都大学人文科学研究所有影印本。
《卢圭峰先生集》七卷残存三卷（志铭后即卷四至七缺）	清抄本	据《元诗选》本、万历刻本传抄，南京图书馆藏。
《圭峰集》一卷	清康熙间秀野草堂刻《元诗选》本	据万历庄氏刻本选刻，复旦大学图书馆等藏。
《圭峰集》二卷	《四库全书》本	据万历刻本抄录。

所以，所谓"传抄洪武本"为有意"作伪"之书，万历刻本《圭峰集》乃现存最早最全本，其版本来源有二：（一）元末陈诚中所编《圭峰卢先生集》，（二）卢琦之子卢昺所编《平阳集》。

因此，不能以所谓的"传抄洪武本"所收的四十四题四十五首诗歌来判定卢琦诗作真伪，更不能以此否定现存万历刻本《圭峰集》所收其他诗歌的著作版权问题。同样，在对萨都剌等人作品版本进行逐一论证之前，不能武断论定《圭峰集》与他人相同的作品一定不是卢琦的作品，如与卢琦相同作品最多的萨都剌诗集本身就存在不少版权问题，并且亦收有卢琦作品。

三、关于萨都剌集版本及与卢琦相同作品问题

现存萨都剌集主要由四大系统组成,即明成化间张习刻八卷本《雁门集》、明弘治间李举刻五卷本《萨天锡诗集》、清嘉庆间萨龙光家刻十四卷本《雁门集》与相传刻于日本永和年间的《新芳萨天锡杂诗妙选稿全集》。四大系统俱存在误收他人诗作即版权归属的问题,简述如下:

(一) 明成化二十年(1484)张习刻八卷本《雁门集》

此本毛晋汲古阁曾藏,现藏北京国家图书馆,有清初钱曾述古堂传抄本(藏台北"中央"图书馆)。卷末佚去明成化张习跋。此本为现存《雁门集》最早版本,属孤本。但是,此本除残损严重外,尚误入不少他人作品。如全书第一首《车簌簌行》及卷五《次韵送虞虞伯生入蜀代祀》即系马祖常作,卷一《岁云暮矣》三首系张翥作,卷五《春游》诗系虞集作,卷六《寄句曲外史》系成廷珪作等。① 可见,现存萨都剌集最早的《雁门集》即存在著作版权问题。

(二) 明弘治十六年(1503)李举刻五卷本《萨天锡诗集》

此本明成化二十一年赵兰据沈文进藏抄本刊刻,已佚,后由李举重刻于明弘治十六年,为现存《萨天锡诗集》系统最早版本。此本同样存在误收他人作品现象。如卷一《山中怀友六首》《和吴赞府斋中十咏》等俱系黄溍作,卷一《和学士伯生虞先生寄韵》系李孝光作,卷四《飞鸣宿食雁》诗系释行端作。② 可见,五卷本《萨天锡诗集》亦存在著作版权问题。

(三) 清嘉庆十二年(1807)萨龙光刻十四卷本《雁门集》

此本系萨都剌集家刻系统,根据清康熙庚申(十九年,1680)萨希亮半野轩刻六卷本《雁门集》重刻,为萨都剌集通行本。萨希亮刻六卷本《雁门集》存

---

① 参见拙著《萨都剌生平及著作实证研究》,第113—123页。
② 同上,第110—127页。

在作伪嫌疑:第一,由于相传明天顺间萨琦刻六卷本《雁门集》今未见,明、清两代公私书目亦未著录,而所录萨琦跋明显不合理,故天顺本本身即可疑。①第二,此本所收诗作不出张习《雁门集》与李举刻《萨天锡诗集》范围,应为根据两者集合本重刻,从版刻风格看,此本应据毛晋汲古阁本重刻。汲古阁本据李举刻《萨天锡诗集》本翻刻成《雁门集》三卷,并据张习《雁门集》本补刻"集外诗"一卷,同时亦将两者误收他人的诗作收录。所以此本亦有著作版权问题。

萨龙光对六卷本《雁门集》进行编年、笺注、校勘,辑录各种版本序跋题识、诸家唱和评论,辑成十四卷通行本。十四卷本《雁门集》不仅没有剔除误收的他人诗作,还从别处收入他人作品作为补遗。因而,此本诗作的版权问题更多,需经仔细甄别才能确定诗作的作者归属。

(四)关于日本刻本《新芳萨天锡杂诗妙选稿全集》一卷《后跋文疏》一卷本

萨都剌集相传在南北朝永和年间(1375—1378,明代洪武八年至十一年)即东传日本,有《新芳萨天锡杂诗妙选稿全集》(简称《萨天锡逸诗》)。版本有:1.日本南北朝刻本,即所谓的永和本;2.日本庆长七年(1602)刻本;3.日本明历三年(1657)京铺粕子刻本;4.日本元禄七年(1694)大阪油屋与兵卫刻本;5.日本明治三十八年(1905)民友社铅印本。

岛田翰《刻永和本萨天锡逸诗序》云系"永和丙辰刻本",丙辰即明洪武九年。川濑一马认为岛田氏所称"永和丙辰岁九月吉日刊行"系"伪妄"。②笔者以为,所谓南北朝刻本,实为庆长刻本。③

《新芳萨天锡杂诗妙选稿全集》所收以七言咏物诗为主,咏物诗与《四库全书》本谢宗可《咏物诗》五十六首作品相同,与《诗渊》本何孟舒《咏物诗》四十首作品相

---

① 参见拙著《萨都剌生平及著作实证研究》,第73页。
② 《玉山版の研究》卷上,日本古书籍商协会,昭和四十五年(1970)版,第470页。
③ 参见拙作《和刻本萨都剌集版本考》,《民族文学研究》2006年第3期。

同,尚有《笔筒饮》等作者在两人以上①,故此本诗作版权归属问题亦待考订。

(五) 关于与萨都剌相同作品问题

卢琦《圭峰集》卷上收《草萍驿和萨天锡》诗云:

> 林外轻风帽影斜,客衣近染紫山霞。等闲点检春多少,墙角蔷薇几树花。

诗系和萨都剌《和经历杨子承晓发山馆》诗(收入弘治本《萨天锡诗集》卷三,《元诗体要》卷一四八亦收,题作《晓发山馆》),萨诗云:

> 梦回山馆月西斜,曙色千峰动紫霞。杜宇一声山竹裂,鹧鸪飞上野棠花。

萨都剌另有《过草萍书景》诗(成化本《雁门集》卷八,弘治本《萨天锡诗集》卷三题作《题京口高资包氏壁》)。从卢琦唱和萨都剌诗的行为可知,卢氏对萨诗甚为推重,两人可能有诗歌唱和,亦有互相传抄诗作的可能,这可能亦是《圭峰集》与萨都剌集相同作品多达七十六首(不是徐𤊹所说的六十余首、金侃的五十余首或丁丙的四十余首)之故。后人刊刻集子时彼此收录对方诗歌,只能算是重合误会,很难说是故意"作伪"。如《溪行中秋玩月》诗是卢琦作,不是编刻者故意作伪后收入卢琦集。《圭峰集》卷二收《梅山行》(弘治本《萨天锡诗集》卷五题作《梅仙山行》)亦为卢琦作品②,而非萨都剌作品。至于相同的其他七十四首诗歌,部分可以确证为萨都剌作,如《次繁昌邑宰梅双溪韵》等③,部分目前尚难确定其归属。

综上所述,萨都剌集四大版本系统俱存在作品版权问题,人们没有因此认为是萨都剌集"收录他人诗作"。事实上,从萨都剌集情况看,其所收诗歌的真实性亦需仔细考证。所以,对于《圭峰集》与萨都剌集存在相同作品的问题,不能凭主观臆断地认为是前者"收录他人之作",相反,需要具体、小心地求证,才能确定真正的著作版权问题。由于问题较为复杂,将另文考证。

---

① 参见拙著《萨都剌生平及著作实证研究》,第137页。
② 同上,第125—127页。
③ 同上,第132页。

四、关于《圭峰集》中与其他诗人相同作品的考证

明万历刻本《圭峰集》除收录与萨都剌、陈旅、同恕诸人相同作品外,尚有刘氏所作《寄衣》诗,现分别予以论述。

(一) 关于《春日思远游》

《圭峰集》卷上收录,诗云:

> 春日思远游,远游欲何止。角哀见楚王,伯桃树中死。出门逢路人,天下无二子。春草一尺长,春日一万里。上有无情云,下有无情水。

此诗又收入明宋公传《元诗体要》卷一,题"陈旅"作,诗云:

> 春日思远游,远游欲何止。角哀见楚王,伯桃树中死。出门逢路人,天下无二子。春山一万重,春江一万里。上有无心云,下有无情水。

两诗末两联略有不同,《元诗选》初集戊集《安雅堂集》亦收,系据《元诗体要》抄录。

按,陈旅现存《安雅堂集》,其主要版本及收藏情况如下:

书 名	版 本	收 藏
《陈众仲文集》十三卷	元至正刻明修本(卷八至十三配清抄本),清黄丕烈等跋	国家图书馆
《陈众仲文集》十三卷	元至正刻明修本(存卷一至七)	上海图书馆
《安雅堂集》十三卷	明祁氏澹生堂抄本	国家图书馆
《安雅堂文集》五卷	清康熙三十年金侃抄本,清金侃跋	国家图书馆
《安雅堂集》十三卷	《四库全书》本	国家图书馆等
《安雅堂集》十三卷	清抄本	南京图书馆、中山图书馆
《安雅堂集》十三卷	清玉海楼抄本,孙衣言跋	温州市图书馆
《陈众仲文集》十三卷	清抄本	上海图书馆
《安雅堂文集》十三卷	清抄本,清王振声校并跋	上海图书馆
《陈众仲文集》十三卷	清抄本(存七卷),清赵宗建校、徐康跋	常熟文管会

上述《安雅堂集》,国家图书馆藏《陈众仲文集》元至正刻明修本(已有中华再造善本影印本)、《四库全书》本、上海图书馆藏抄本等众多版本都未收《春日思远游》,此诗是否陈旅作本身存在问题,《圭峰集》收入此诗,卢琦所做的可能性更大。

(二) 所谓同恕的《愁》诗

《圭峰集》卷上收录此诗云:

> 来何容易去何迟,半在心头半在眉。门掩落花春去后,梦回残月酒醒时。浓如万斛连天雾,乱似千寻惹地丝。除却五侯歌舞地,寻常何处不相随。

明宋公传《元诗体要》卷九亦收《愁》诗,题"同恕"作,诗云:

> 来时容易去何迟,半在胸中半在眉。门掩落花春去后,窗涵残月酒醒时。浓如野外连天草,乱似空中惹地丝。除却五侯歌管地,人间何处不相随。

比较两诗,略有不同,但应该系同一首诗。按,同恕现存《榘庵集》,其版本及收藏情况如下:

书　名	版　本	收　藏
《榘庵集》三十卷	元至正间观音保、潘惟梓刻本	已佚
《榘庵集》十五卷	《四库全书》本	据《永乐大典》辑录
《榘庵集》十五卷	清乾隆翰林院抄本	国家图书馆藏
《榘庵集》十五卷附录一卷	清守经堂抄本	四川省图书馆

上述《愁》诗《榘庵集》诸版本俱未收。今人李梦生校勘本《榘庵集》[①]亦未收此诗。

顾嗣立《元诗选》癸集癸之丙则收录《愁》诗,题"同恕"作[②],系据《元诗体要》

[①] 李梦生校勘《榘庵集》,山西古籍出版社2003年版。
[②] 按:此诗目录作"同恕",是。正文误作"周恕"。

抄录。清厉鹗《宋诗纪事》卷十五则据《新昌县志》收录此诗,题作《咏愁》,云系"宋代庆历间新昌人石象之"作。① 据金程宇先生考证,此诗最早为唐代诗人韩琮所作,诗云:

> 来何容易去何迟,半结衷肠半在眉。门掩落花人别后,窗含残月酒醒时。浓于万顷连天草,长却千寻绕地丝。除却五侯歌舞外,世间何处不相期。②

诗与卢琦《圭峰集》及《元诗体要》所收略有不同,但应为同一首诗。可见,《愁》诗历代都有传抄误收情况,其作者问题颇为复杂。

总之,《春日思远游》《愁》两诗并没有收入陈旅、同恕两人集子,顾嗣立所云"亦间有陈众仲、同宽甫诸作"是根据《元诗体要》所做的误判,《四库全书提要》沿袭顾说,只是不再提及"同宽甫"。《圭峰集》所收《春日思远游》《愁》两诗之真实作者尚需仔细考证。从上文来看,《春日思远游》卢琦作较为合理,《愁》应是唐代韩琮作品,收入卢琦集,当为传抄致误。

(三) 关于《寄衣》诗

《圭峰集》卷上收《寄衣》诗云:

> 牵牛织女隔银河,一度秋来一度过。岁岁寄君身上服,丝丝是妾手中梭。剪刀未下肠先断,针线才拈泪更多。长短只依前日样,不知肥瘦近如何?

按,此诗元末明初陶宗仪《辍耕录》卷二十九末载"寄衣诗"云:

> 洞庭刘氏有夫叶正甫,久客都门,因寄衣,侑以诗云:情同牛女隔天河,又喜秋来得一过。岁岁寄郎身上服,丝丝是妾手中梭。剪声自觉和肠断,线脚那能抵泪多?长短只依先去样,不知肥瘦近如何?(《四部丛刊》本)

清潘永因《宋稗类钞》卷十七亦载:

> 洞庭刘氏夫叶正甫久客都门,因寄衣,侑以诗云:情同牛女隔天河,又

---

① (清)厉鹗《宋诗纪事》,上海古籍出版社1983年版,第393—394页。
② 参见金程宇《韩国本〈十抄诗〉中的唐人佚诗辑考》(《沈阳师范学院学报》2005年第5期)、《韩琮单题诗考辨》(手稿)及查屏球《夹注名贤十抄诗》(上海古籍出版社2005年版)。

喜秋来得一过。岁岁寄郎身上服，丝丝是妾手中梭。剪声自觉和肠断，线脚那能抵泪多？长短只依先去样，不知肥瘦近如何？（《四库全书》本）

《四库全书》本《御选元诗》卷六十"叶正甫妻镏氏"《寄衣》诗云：

不随织女渡银河，每到秋来几度歌。岁岁为君身上服，丝丝是妾手中梭。剪刀未动心先碎，针线才缝泪已多。长短只依元式样，不知肥瘦近如何？

各家记载略有不同，但属同一诗无疑。刘氏此诗自己所作抑或抄录卢琦诗后寄给其夫，尚待考证，也就是说，此诗作者待考。

综上所述，《圭峰集》"误收他人诗作说"难以成立。《圭峰集》中与萨都剌等人相同作品的版权归属问题比较复杂，需要逐首仔细分析求证，才能确定著作版权归属问题。而所谓的"传抄洪武本《圭峰集》"则是"有意作伪之书"，不能以此论定卢琦集中其他诗作的版权归属问题。

原载《复旦学报（社会科学版）》2010年第1期

《四库》本《大全集》所据底本考

钱振民

高启的诗歌作品自明景泰初年由徐庸编集为《高太史大全集》十八卷刊刻行世,后经多次重刊,成为流传最广、影响最大的文本。《四库全书》也收入了高启的十八卷诗作,名为《大全集》。文渊阁《四库全书》影印本现已为不讲究版本者所习用,《四库全书总目》的学术贡献也自应总体上予以高度评价,而其诸多问题学者早已多有辨证。"《四库》所收,浩如烟海,自多未见之书。而纂修诸公,绌于时日,往往读未终篇,拈得一义,便率尔操觚,因以立论。岂惟未尝穿穴全书,抑或不顾上下文理,纰缪之处,难可胜言。"[1]"今言《四库》者,尽归功文达。然文达名博览,而于经史之学实疏,集部尤非当家……惟集部颇漏略乖错,多滋异议。"[2]

《四库全书》收入的高启《大全集》所用底本的情况如何[3]?其《提要》曰:"景泰初,徐庸掇拾遗佚,合为一编,题曰《大全集》,刘昌为之序,即此本也。"果真如此吗?笔者通过对存世各版本《高太史大全集》初步进行梳理考辨,以为《四库》本《大全集》所用底本是清康熙年间许氏竹素园刊刻的《高季迪先生大全集》,而

---

[1] 余嘉锡《四库提要辨证·序录》,云南人民出版社2004年版。
[2] 《越缦堂读书记·史部·目录类》,上海书店出版社2000年版。
[3] 本文所述所引《四库全书》资料,均据影印文渊阁本。《四库全书总目》所收《大全集提要》文字相同。

非《提要》所言景泰本。

一

《四库全书·集部六·别集类五》收有高启诗集《大全集》,其集前《提要》曰:"《大全集》十八卷,明高启撰……所著有《吹台集》《江馆集》《凤台集》《娄江吟稿》《姑苏杂咏》,凡二千余首。自选定为《缶鸣集》十二卷,凡九百余首。启没无子,其侄立于永乐元年(1403)镂板行之。至景泰初,徐庸掇拾遗佚,合为一编,题曰《大全集》,刘昌为之序,即此本也。"

这段文字包含了关于《大全集》版本方面的两种信息:一、《大全集》为十八卷,有景泰初年初刊本;二、《四库全书》中的《大全集》所用底本就是景泰本。

《高青邱诗研究》的著者在讨论《大全集》《四库》本的版本问题时,据此得出的结论便是:"则《四库全书》即据明景泰刊本重刻者。"①

先于《四库全书》而成编的《四库全书荟要》亦收录了《大全集》,其《总目》著录的所用底本也说是徐庸刊本:"今依前江苏巡抚臣萨载所上周厚堉家藏明徐庸刊本缮录,据启侄立本恭校。"②经比对,其所据底本并非景泰初徐庸刊本,所收高启诗作篇目、序次等特征全同于《四库全书》所收的《大全集》。二丛书所据以缮录者虽然来源不同,而实为同一底本③。

明景泰本《高太史大全集》现存世一部,收藏于国家图书馆。另有景泰刻成化五年(1469)刘以则割补重修本,亦保留着景泰本原貌。习见的《四部丛刊》影印本,其注明所据底本为江南图书馆藏明景泰刊本,而实为明正、嘉间刊本。对此,傅增湘于1938年即指出:"此青丘《大全集》为明嘉靖刻本,涵芬楼印入《四部丛刊》者,即属此刻,而题为景泰本,误也。景泰所刻为黑口,半叶十一行,行二十

---

① 蔡茂雄《高青邱诗研究》第四章,文津出版社1987年版。
② 世界书局1988年影印《四库全书荟要》。
③ 《四库全书总目》著录的《大全集》为"副都御史黄登贤家藏本"。

字,此则白口,十行,行二十字,行格迥异,然亦从景泰本出,第讹夺实多耳。"①陈杏珍于1986年又撰有叙录《高启、谢肃、王璲的三种初刻本》②,细加辨证。

《四库》本与景泰本有如下四方面明显不同:

一、所收诗多寡不同,景泰本"共收诗一千七百六十九首"③,而笔者通检《四库》本,收各题诗一千五百八十八题一千七百八十二首。

二、《四库》本与景泰本各卷所收诗的篇目序次多有不同,有的卷则完全不同。此处仅以第九卷为例,请看下表。

序次	《四库》本	景泰本
1	姑苏台	姑苏台
2	百花洲	初入京寓天界西阁对辛夷花怀徐七记室
3	香水溪	题高彦敬云山图
4	太湖石	百花洲
5	洞庭山	答余新郑
6	圣姑庙	送林谟秀才东归谒松江守
7	蔡经宅	玄武门观虎圈
8	石崇墓	美人摘阮图歌
9	初入京寓天界寺西阁对辛夷花怀徐七记室	香水溪
10	答余新郑	赠丘老师
11	送林谟秀才东归谒松江守	送许先生归越
12	题高彦敬云山图	蔡经宅
13	美人摘阮图歌	独游山中忆周记室砥
14	赠丘老师	送证上人住持道场

---

① 傅增湘《藏园群书题记》卷十七《题吴佩伯校高太史大全集》,上海古籍出版社1986年版。
② 《文献》1986年第2期。
③ 傅增湘《藏园群书题记》卷十七《成化本高太史大全集跋》。

续表

序次	《四库》本	景泰本
15	玄武门观虎圈	赠墨翁沈蒙泉
16	送许先生归越	圣姑庙
17	送证上人住持道场	送王孝廉至京省其父待制后归金华
18	送王孝廉至京省其父待制后归金华	淮南张架阁家旧有楼在仪鋈江上经兵燹已废与予会吴中乞追赋之
19	穆陵行	石崇墓
20	独游山中忆周记室砥	题米元晖云山图
21	赠墨翁沈蒙泉	穆陵行
22	淮南张架阁家旧有楼在仪鋈江上经兵燹已废与予会吴中乞追赋之	题朱氏梅雪轩
23	题朱元晖云山图	和衍上人观梅
24	题朱氏梅雪轩	天闲青骢赤骠二马歌
25	和衍上人观梅	题李德新中宗射鹿图
26	题李德新中宗射鹿图	题赵希远宋杭京万松金阙图
27	题赵希远宋杭京万松金阙图	芥舟诗
28	芥舟诗	题周逊学天香深处卷
29	题周逊学天香深处卷	同谢国史游钟山逢铁冠先生
30	象	洞庭山
31	题茅叟夏山过雨图	喜家人至京
32	偃松行	题茅叟夏山过雨图
33	白马涧	象
34	赠治冠梁生乞作高子羔旧样	太湖石
35	赋得乌衣巷送赵丞子将	北山观猿
36	宿蔡村夜起	会宿成均汲玉兔泉煮茗诸君联句不就因戏呈宋学士
37	天闲青骢赤骠二马歌	谢友人惠兜罗被歌

续表

序次	《四库》本	景泰本
38	同谢国史游钟山逢铁冠先生	偃松行
39	喜家人至京	白马涧
40	北山观猿	赠治冠梁生乞作高子羔旧样
41	客舍雨中听江卿吹箫	赋得乌衣巷送赵丞
42	谢友人惠兜罗被歌	宿蔡村夜起
43	会宿成均汲玉兔泉煮茗诸君联句不就因戏呈宋学士	客舍雨中听江卿吹箫
44		午日有怀彦正幼文

从上表可以看出，两种版本的第九卷里，只有第一首诗的序次相同，其余四十二首的序次完全不同。景泰本于卷末多收《午日有怀彦正幼文》一诗，而《四库》本将此诗收在第十卷卷中。

三、卷首所收序文不同。景泰本卷首收有四篇序文，依次为署"景泰元年(1450)庚午冬十二月望日赐进士出身吴刘昌序"的《高太史大全集叙》、署"洪武二年(1369)秋七月长山病叟胡翰序"的《缶鸣集序》、署"洪武庚戌(三年,1370)三月翰林侍讲制金华王祎序"的《缶鸣集序》、署"洪武三年十二月既望史官吴郡谢徽序"的《缶鸣集序》。《四库》本卷前仅有署"景泰元年庚午冬十二月望日赐进士出身吴刘昌序"的一篇序文，且"叙"字为"序"字，题目简作《大全集序》。序文后收有署"洪武乙卯(八年,1375)二月陇西李志光书"的《高太史本传》一文。

四、文字方面的差异。两种版本在文字方面存在着明显差异。如刘昌之序，标题的文字差异已如上所述，序中的文字也有差异，景泰本所收该序的第一句为"故嘉议大夫户部侍郎前翰林国史院编修官授诸王经青丘先生《高启文集》二十四卷，旧一千若干篇，今二千若干篇，儒士徐庸字用理之所广也"，在《四库》本中，此句"《高启文集》二十四卷"则为"《高启文集》一十八卷"。再如景泰本卷十四《读道旁旧冢碣》一诗，诗题下另行有小序："上题曰'宋黄澹翁先生之墓'。"

《四库》本所收此诗没有诗题与小序的区别,诗题直接为《读道旁旧冢碣上题曰宋黄澹翁先生之墓》。又如景泰本卷十五第一首诗《送人出镇》,中有"雁门擒勇旧功成"一句,《四库》本为"雁门擒虏旧功成"。

二

通过以上考辨,《四库》本《大全集》所用底本显然不是明景泰本。那么它是根据《大全集》的哪种版本呢?在清乾隆年间编纂《四库全书》之前的明、清两朝,《大全集》多次被刊印,现可考者除上述两种外,现存世主要有如下数种:

一、明嘉靖刻本,集名《高太史大全集》,十八卷。半叶十行,行二十字,白口,四周单边。每卷卷端署:"吴郡高启季迪著　南州徐庸用理编。"《四部丛刊》据以影印者即此本,见前面所引傅氏语。

二、明刻本,集名《高太史大全集》,十八卷。该本所收诗文篇目、序次以及版式、行款、字体等方面与上述嘉靖本差异甚微,当是嘉靖本的覆刻本。

三、明刻蓝印刘景韶校本,集名《高太史大全集》,十八卷。半叶十行,行二十字,白口,四周单边。每卷卷端署"吴郡高启季迪著　南州徐庸用理编　崇阳刘景韶校次。"刘景韶(1517—1576),字子成,号白川,湖北崇阳人。明嘉靖甲辰年(1544)进士。与李攀龙等切劘为诗,有声。嘉靖时为浙江按察使、都察院右佥都御史,提督军务。抗倭明将[1]。据王世贞所撰墓志铭,刘氏于嘉靖最后一年(1576)去世,因而此刻本的问世不可能晚于嘉靖时期,或即其官江南时所刻。该本所收诗文篇目、序次、文字等方面与上述嘉靖本大同小异,当是其翻刻本。

四、明万历《四名家集》本,集名《重刻高太史大全集》,十八卷。半叶十行,

---

[1] 据王世贞《弇州山人续稿》卷九十四《中宪大夫都察院右佥都御史白川刘公墓志铭》《湖广通志》等。

行二十字,白口,四周单边。每卷卷端题:"吴郡高启季迪著　高安陈邦瞻德远订　新都汪汝淳孟朴校。"明万历年间汪汝淳重刻明初高、杨、张、徐四家诗集,卷首有陈邦瞻、谢肇淛《四名家集》二序,均署"万历己酉"。其《重刻高太史大全集》篇目、序次、版式、行款与嘉靖本无大差异。

五、清康熙间许氏竹素园刻本,每卷卷端题"高季迪先生大全集卷×",不著著者姓名,共十八卷。半叶十行,行二十字,白口,左右双边。单黑鱼尾,尾下镌"大全集卷×"。集首刘昌《大全集序》、李志光《高太史本传》,次为《高季迪先生大全集总目》,《总目》后附竹素园主人题记。题记曰:"青丘高先生所著诗甚夥……明景泰间徐用理先生汇而刻之,共得乐府近体诗一千七百七十余首,名曰《大全集》……今板已漫灭,颇多舛讹,披览之下,不无遗憾。乙亥春,购得兹本,因而重加校雠。其间序次,悉遵原板;间有阙文一二,亦姑仍之,而未敢遽改。"

按:竹素园主人即许廷镕,长洲(今苏州)人,康熙举人。"乙亥",当即康熙三十四年。

六、清雍正六年(1728)桐乡金氏文瑞楼刻《青邱高季迪先生诗集》十八卷、《遗诗》一卷、《扣弦集》一卷。半叶十一行,行十二字,白口,左右双边,单黑鱼尾,尾下镌"青邱诗集""青邱遗诗""青邱扣弦集"。此本为金檀所辑注,其《青邱高季迪先生诗集》正文之诗歌,除了每种体裁后的补遗作品外,篇目、序次与许氏竹素园本大同小异,因疑其所据底本当即许氏竹素园刻本,容他日另行撰文辨证,兹不赘述。

如上所述,可以看出:

一、第二、三两种明刻本版式、行款同于嘉靖本,篇目序次小有差异,可视为嘉靖本的翻刻本。嘉靖本与景泰本在所收诗歌篇目、序次方面大同小异(参见傅氏题跋)。

二、清雍正六年桐乡金氏文瑞楼刻本《青邱高季迪先生诗集》正文诗歌,除了每种体裁后的补遗作品外,篇目、序次与康熙间许氏竹素园本大同小异。

如此,《四库》本与景泰本之异同已在本文第一部分中辨明,下面自当考察

《四库》本与竹素园本之异同。

一、笔者通检两本,所收诗歌作品之篇目多寡,差异很小。竹素园本收一千五百八十六题一千七百八十首,《四库》本收一千五百八十八题一千七百八十二首,仅两首之差。

二、两本各卷所收诗歌的数量、序次差异很小。仍以第九卷为例,请看下表:

序　次	《四库》本	竹素园本
1	姑苏台	姑苏台
2	百花洲	百花洲
3	香水溪	香水溪
4	太湖石	太湖石
5	洞庭山	洞庭山
6	圣姑庙	圣姑庙
7	蔡经宅	蔡经宅
8	石崇墓	石崇墓
9	初入京寓天界寺西阁对辛夷花怀徐七记室	初入京寓天界寺西阁对辛夷花怀徐七记室
10	答余新郑	答余新郑
11	送林谟秀才东归谒松江守	送林谟秀才东归谒松江守
12	题高彦敬云山图	题高彦敬云山图
13	美人摘阮图歌	美人摘阮图歌
14	赠丘老师	赠丘老师
15	玄武门观虎圈	玄武门观虎圈
16	送许先生归越	送许先生归越
17	送证上人住持道场	送证上人住持道场
18	送王孝廉至京省其父待制后归金华	送王孝廉至京省其父待制后归金华
19	穆陵行	穆陵行

续表

序次	《四库》本	竹素园本
20	独游山中忆周记室砥	独游山中忆周记室砥
21	赠墨翁沈蒙泉	赠墨翁沈蒙泉
22	淮南张架阁家旧有楼在仪銮江上经兵燹已废与予会吴中乞追赋之	淮南张架阁家旧有楼在仪銮江上经兵燹已废与予会吴中乞追赋之
23	题朱元晖云山图	题朱元晖云山图
24	题朱氏梅雪轩	题朱氏梅雪轩
25	和衍上人观梅	和衍上人观梅
26	题李德新中宗射鹿图	题李德新中宗射鹿图
27	题赵希远宋杭京万松金阙图	题赵希远宋杭京万松金阙图
28	芥舟诗	芥舟诗
29	题周逊学天香深处卷	题周逊学天香深处卷
30	象	象
31	题茅叟夏山过雨图	题茅叟夏山过雨图
32	偃松行	偃松行
33	白马涧	白马涧
34	赠治冠梁生乞作高子羔旧样	赠治冠梁生乞作高子羔旧样
35	赋得乌衣巷送赵丞子将	赋得乌衣巷送赵丞
36	宿蔡村夜起	宿蔡村夜起
37	天闲青骢赤骠二马歌	天闲青骢赤骠二马歌
38	同谢国史游钟山逢铁冠先生	同谢国史游钟山逢铁冠先生
39	喜家人至京	喜家人至京
40	北山观猿	北山观猿
41	客舍雨中听江卿吹箫	客舍雨中听江卿吹箫
42	谢友人惠兜罗被歌	谢友人惠兜罗被歌
43	会宿成均汲玉兔泉煮茗诸君联句不就因戏呈宋学士	会宿成均汲玉兔泉煮茗诸君联句不就因戏呈宋学士

上表清楚表明，两种版本所收诗歌篇目、序次相同，仅第三十五首的篇目略有差异，即《四库》本多出"子将"二字。

三、卷首所收序、传相同。竹素园本卷首收刘昌《大全集序》、李志光《高太史本传》两文，四库本卷首亦仅收此两文。明刊诸本刘昌序之篇名为《高太史大全集叙》，《四库》本与竹素园本则篇名同为《大全集序》。

四、文字方面差异很小。两种版本在文字方面几无差异，甚至讹误之处亦相同。试举两例。

（一）改动明刊本文字之处相同。如上面所述改刘昌序文篇名《高太史大全集叙》为《大全集序》。再如该序文第一句，明刊本作"故嘉议大夫户部侍郎前翰林国史院编修官授诸王经青丘先生《高启文集》二十四卷，旧一千若干篇，今二千若干篇，儒士徐庸字用理之所广也"，此句中"《高启文集》二十四卷"，竹素园本、《四库》本则同为"《高启文集》一十八卷"。

（二）上表所列第九卷第二十三首篇名为《题朱元晖云山图》，该诗首四句为："海岳老仙非画工，自有丘壑藏胸中。大儿挥洒亦莫比，妙趣政足传家风。"金檀注曰："《宋诗序》：米元章晚以研山易北固园亭名海岳庵，因号海岳外史。"① 很显然，该诗题咏的是米元章之子米友仁（字元晖）的《云山图》，"朱"为"米"之讹。竹素园本、《四库》本同讹"米"为"朱"。

翻检吴慰祖校订《四库采进书目》②，中有《都察院副都御史黄交出书目》，其下著录有："高季迪集十八卷，六本。"

这条资料也证明了《四库》本《大全集》所据底本不是明景泰本，而是清康熙间许氏竹素园刻本。理由如下：

其一，这里所说的"都察院副都御史黄"无疑即是《四库全书总目》所言的"副都御史黄登贤"③。

---

① 《高青丘集》卷九，上海古籍出版社1985年版。
② 《四库采进书目》，商务印书馆1960年版。
③ 《四库全书总目》著录的《大全集》为"副都御史黄登贤家藏本"。

其二，高启《大全集》在黄登贤所交书目中只有如上所述一种。

其三，《四库全书》之前，高启诗集的书名中出现"高季迪"字样的只有清康熙间许氏竹素园刻本《高季迪先生大全集》和清雍正六年(1728)桐乡金氏文瑞楼刻本《青邱高季迪先生诗集》。后者有大量补遗之作，在篇目上与《四库》本《大全集》差异很大。因而《都察院副都御史黄交出书目》中著录的"高季迪集十八卷"只能是许氏竹素园刻本，也即《四库》本《大全集》所据以缮录的底本。

通过以上初步考述，不难得出如下结论：

一、《四库》本《大全集》各卷所收高启诗歌作品之序次，与景泰本多有差异；篇目多寡、文字异同等方面亦有差异。《提要》言《四库》本《大全集》所据以缮录的底本为景泰本，若非馆臣们"率尔操觚"所致，必是为了方便缮录，而以劣充优、糊弄交差。

二、《四库》本《大全集》所用底本为清康熙年间许氏竹素园刊刻的《高季迪先生大全集》。

原载《复旦古籍所学报》第 1 期，复旦大学出版社 2012 年版

明铜活字本《唐五十家诗集》考索

徐 鹏

中国是世界上最早发明雕板印刷的国家,根据文献记载,早在7世纪初,就已有雕板印本书出现①。同时,中国也是活字印书的最早发明者,早在北宋初年的庆历(1041—1048)年间,就已经有用胶泥活字印刷书籍的记载②,它比欧洲最早用活字印刷《圣经》的谷腾堡提早了四百年。可惜这种用泥活字印刷的书籍没有被保存下来。

到了元代初年,东平人王桢又发明了木活字,并且还设计制造了排字用的转轮字盘架。他在旌德任上时,曾用自己制造的木活字,花一个月时间印刷过一百部有六万多字的当地的县志——《旌德县志》。可惜这部县志也没有流传下来。但从《农书》后面附载的《造活字印书法》一文中,我们还可以看到当时王桢造木活字印书的情况。同时从这篇文章中,我们知道当时除用木活字印刷外,还有用烧熟瓦字和铸锡字这两种活字印刷的方法。可见在宋、元时代,我国不但已经发明了用活字板印刷书籍,而且对制造活字所用的材料,也已进行了多方面的探索。

---

① 关于雕版印刷的发明,中外学者有各种不同说法,这里采用张秀民在《中国印刷术的发明及其影响》一书中的说法。人民出版社1958年版,第27—69页。

② 据沈括《梦溪笔谈》卷十八"技艺"记载,庆历中有布衣毕昇发明用胶泥刻字的活板印书。毕昇死后,他创制的这套胶泥活字为沈括的侄子辈所收藏。

到明代，活字印刷术进一步受到社会的重视，除江浙一带的无锡、常州、苏州、南京、杭州等地外，福建的福州、建瓯、建阳以及四川、云南等地区也都用活字来印刷书籍。在制造活字的材料方面，除使用木、铅、锡以外，还使用了大量的铜，从而使铜活字印刷的书籍在明代活字版书籍中占了极为重要的地位①。

此《唐五十家诗集》，为铜活字印本，因无印行者姓氏及印书牌记等有关材料，故历来各藏书家多以"明活字本"著录，而不详其印行年代，甚至竟有认其为宋时印本者。如邓邦述在其《寒瘦山房鬻存善本书目》卷二《曹子建集》条下说："京师书友谭笃生得唐人小集多种示余，云是宋活字本，其字体与此极相仿佛。沅叔亦得多种，竟定为宋刻。"而叶德辉在其《郋园读书志》卷七《韦苏州集》下则径定该本为"北宋胶泥活字印本"②。《中国版刻图录》则根据其字体纸墨，疑其为弘治、正德年间苏州地区印本。

此《唐五十家诗集》版式一律，线黑口，单鱼尾，鱼尾下为集名、卷、页，左右双边。每半叶九行，行十七字。版式宽疏，清朗悦目。所收均为初、盛、中唐人诗集，无晚唐人作品。作品收诗、赋两部分，先赋后诗，诗歌全部按五古、七古、五律、五排、七律、五绝、六绝、七绝等诗体排列。全书虽无印行序跋及印行牌记，但可肯定是一部出自一手的大型唐人诗集丛书③。对此书印行年代，根据其本身所具特点，有几点值得我们注意。

---

① 据张秀民所见明崇祯本《梦林玄解》宋孙奭叙，中有"镌金刷楮，敬公四海"等语，以为此处所云"镌金"以镌刻铜活字的可能性较大。此叙作于宋仁宗景祐三年（1036），则较毕昇发明胶泥活字又早五六年。但因无有力旁证，故未作肯定。见《中国印刷术的发明及其影响》，第85—86页。

② 《郋园读书志》云："《韦苏州集》十卷，北宋胶泥活字印本。此北宋胶泥印本《韦苏州集》，字画横竖波磔皆有齿痕，盖有胶泥锻字，不如梨枣受刀之快利也。宋沈括（下录《梦溪笔谈》文）……今以此书验之，一一与沈书相合。书半叶九行，行十七字，四周墨阑，版中直线细如发丝。"上海图书馆藏有署名"培基"者于1915年以叶氏所云此"北宋胶泥活字印本"对校之《韦苏州集》，其所云行款、版式、收录首数、排列次序及出校异文等与此集所收《韦苏州集》完全相同，因知此本实为明铜活字本。

③ 叶德辉在《书林余话》中说："近日沪市又出明活字印本唐人小集五十家，余见数家，字画缺蚀不齐整，与华氏会通馆活字印本《容斋随笔》《锦绣万花谷》相似。藏者故昂其值，争为宋本。以余所知，将及百家，不止五十也。"今从国内各图书馆现存藏本核之，未见有超出此五十家之外者。且现存者恰为五十家之数，叶氏所言无切实论据，似不确。

一、明人刻书版式,弘治以前喜用大黑口,双鱼尾或三鱼尾,四周双边。正德以后,此一风气逐渐有所改变,大都喜用白口、单鱼尾、左右双边的格式。此《唐五十家诗集》版式与正德以后流行格式较为接近。而在当时印行的活字本中,其字体、行款等版式与此集最为近似的是《小字录》和《曹子建集》。

活字本《小字录》每半叶九行,行十七字,白口,单鱼尾,左右双边。黄丕烈得此书初印本,于重付装潢时检出覆背纸弘治十五年(1502)都穆(吴郡人)撰《阴何诗》跋文一叶,云里人孙凤用活字版印之。由此可证此《小字录》当为弘治十五年以后印本。明铜活字本《曹子建集》每半叶九行,行十七字,白口,单鱼尾,左右双边。《中国版刻图录》据正德五年(1510)舒贞刻《陈思王集》田澜序,疑此书为长洲徐氏印本。舒贞过长洲时,尚能得此书百余部,则其印行年代当上距正德五年不远。据此可知在弘治末年(1505)、正德初年(1506)间,此种字体、版式已在活字版书籍中有所出现。

二、从编排形式看,弘治以前刊印的唐人诗文集,其诗歌分类大都以诗、杂诗、杂著(诗)等标目,如成化刊本《唐丞相曲江张先生文集》、弘治刊本《陈伯玉文集》、正德重刊弘治本《欧阳行周文集》等。间亦有以诗体分类者,如成化刊本《唐甫里先生文集》分为五言古诗(附七言古诗)、五言八句诗、五言绝句诗、七言八句诗、七言绝句诗、杂体诗数类,其所用名称与排列次序亦与正德年间为多数唐人诗集所采用的以五言古诗、七言古诗、五言律诗、五言排律、七言律诗、五言绝句、六言绝句、七言绝句为排列次序和标目的有所不同。

三、明人刊刻唐人诗文集,成化前刊本现所见者数量不多,弘治以后,数量稍多[①],但大都为另本单行,尚未见有大量刊刻汇辑为丛书者。正德以后,不但

[①] 成化前明人刊刻唐人诗文集,现所知有刊刻年代者,如洪武刊本《集千家注批点杜工部诗集文集》《朱文公校昌黎先生文集》(又有正统刊本),宣德刊本《唐陆宣公集》(又有天顺刊本),正统刊本《虞邵庵分类杜诗注》《增广注释音辩唐柳先生集》,天顺刊本《读杜诗愚得》,成化刊本《张子寿文集》《李文》《唐甫里先生文集》等,前后一百二十年中,数量甚为寥寥;而弘治一朝,短短十余年中,现所知者即有《陈伯玉文集》《韦苏州集》等十余种。由于时隔五六百年,现所存者当然不可能符合当时实际刊行情况,但由此可以得到一个大略概念。

单刻本大为增加,且有汇刻为丛书者,如正德八年(1513)鲍松辑本《李杜全集》、正德十四年吴门陆氏刊本《唐五家诗》等。仅刘成德一人,于正德十年至十三年前后这一段时间内,就曾刊刻过杜审言、宋之问、沈佺期、李颀、李嘉祐、皇甫冉、皇甫曾、韩君平、郎士元、耿湋、王建、张籍,以及《白氏讽谏》等十多家唐人诗集。可见刊刻唐人诗集已为时人所重视。嘉靖以后,汇刻唐人诗集的风气大为盛行,如嘉靖十九年(1540)朱警辑刻《唐百家诗》,三十一年张逊业辑刻《唐十二家诗》,三十三年黄贯曾辑刻《唐诗二十六家》。此外,又有蒋孝辑刻《广十二家唐诗》、无名氏辑刻《唐人小集》等。值得注意的是,以上各家所刊丛书(包括刘成德所刻各唐人集)除《唐百家诗》收录晚唐人诗集外,其余各家所收均为中唐以前诗人作品,而将晚唐诗人排斥在外①。此种现象之出现,似与当时文坛风气有直接关系。明成化以前,文坛占统治地位的是由统治阶级上层人物领导的内容以歌功颂德为主、形式雍容典丽的所谓"台阁体"的作品。弘治年间,则李梦阳、何景明等为代表的"前七子"起来反对这种文风,提出了"文必秦、汉,诗必盛唐"的复古口号。他们积极鼓吹,相互号召,形成了一个创作流派,并在社会上引起广泛影响,其时已经到了正德年间②。

根据上述情况,结合此《唐五十家诗集》的版式、编排次序、汇刻丛书的时代风气等各方面综合加以考察,这部大型丛书的产生年代似不应早于弘治以前,而可能印行于稍后的正德年间。而从明代铜活字印刷的整个发展情况来看,当时最发达的地区是现在江苏南部的无锡、苏州、常州、南京一带,从此书采用的字体、版式等各种特征来看,它产生于上列这一带地区是完全可能的。

---

① 《广十二家唐诗》中收录《李义山诗集》六卷,但此集又名《中唐十二家诗集》,可能当时辑刻者是把李商隐作为中唐诗人看待的。

② "前七子"中的何景明以及王廷相、康海等人至弘治十五年(1502)才考取进士,徐祯卿考取进士的时间更晚,已到了弘治末年(十八年),《明史·徐祯卿传》说他:"既登第,与李梦阳、何景明游,悔其少作,改而趋汉魏、盛唐。"由此证明他加入"七子"行列的时间已在弘治末年以后。又王廷相曾在正德十三年(1518)为刘成德校刊《唐沈佺期诗集》《唐二皇甫诗集》,并为之作序。正德十五年熊相刻本《岑嘉州集》用的是边贡("前七子"之一)藏本,后面有边贡所写的跋语。亦可证明正德年间是"七子"在社会上比较活跃的时期。

对明代铜活字本的评价，历代藏书家对之毁誉不一。非之者以为活字版书"易行而速售"，而又校对不善，因之遗文脱字，"缪误不可枚举"，甚至"前后错杂，至不可名读"。黄丕烈则认为："古书自宋、元板刻而外，其最可信者莫如铜板活字，盖所据皆旧本，刻亦在先也。"①杨绍和亦以为："明刊各书，以铜活字本为最善。"②叶德辉则认为："活字摆印，固不能如刻印之多，而流传至今四五百年，虫鼠之伤残，兵灾之销毁，愈久而愈稀。此藏书家所以比之如宋椠名抄，争相宝尚，固不仅以其源出天水旧椠，可以奴视元、明诸刻也。"③他们所着眼的最主要一点，是这些铜活字本不仅流传至今四五百年，愈久而愈稀，而且所据皆旧本，源出天水旧椠。

关于此铜活字本唐人诗集与宋本之间的关系，丁丙在《善本书室藏书志》中曾有所论述。他在《李峤集》下指出，此本"前赋后诗，与嘉靖间徐献忠所刊唐诗百家次第一式，当从宋本出"。在《张说之集》下也说："此本八卷，前有赋五篇，后分体诗共三百首，与文集前编诗四卷首数无大出入，当从宋时单刊诗本重刻。"由于此《唐五十家诗集》全部经过编印者重新分类编排，除《骆宾王集》《杜审言集》《孟浩然集》《王摩诘集》《储光羲集》《岑嘉州集》《韦苏州集》等少数几家保留原书部分序传外，均无其他刻书序跋等材料可资稽考，从而对探索其版本源流带来了一定的困难。即使如此，我们还是可以从以下各个方面找到一些有关的线索。

一、收录首数。如《常建集》，《天禄琳琅》有宋临安本《常建诗集》二卷，收诗五十七首，杨绍和海源阁亦藏宋刊《常建诗集》，上卷收诗三十七首，下卷收诗二十首，与此本同。汲古阁本分为三卷，惟多出《吴故宫》七绝一首，则系从《万首唐人绝句》中辑入者，《全唐诗》本与此同。此活字本无《吴故宫》一首，除在进行分体时以《张公子行》（为五七杂言）分入下卷之七古外，其上卷收五古三十六首

---

① 《士礼居藏书题跋记》卷四"开元天宝遗事"条。
② 《楹书隅录》卷五"栾城集"条。
③ 《书林清话》卷八"明锡山华氏活字板"条。

（如将《张公子行》分入五古，则上卷为三十七首），下卷收七古三首、五律七首、七绝十一首，共五十七首，与宋本全合。以活字本与《全唐诗》本相校，其异文又多与宋本合，由此可见此活字本与宋本的联系。又如《杜审言集》，此活字本前有乾道庚寅（六年，1170）杨万里序，云："今户曹赵君彦清旁搜远撼，得其诗四十三首。"晁公武《郡斋读书志》亦言其"集有诗四十余篇"。杨绍和海源阁曾藏宋本《杜审言诗集》一卷，共收诗四十三首。此活字本所收正合此四十三首之数。又如《卢照邻集》，《善本书室藏书志》云："宋刻有二卷本，载赋、诗及《五悲》，惟无乐府九章与骚、序、对问、书、赞、碑十七篇。"此活字本收录情况亦与丁氏所言合。

二、文字内容。如《韦苏州集》卷一《冰赋》中有"观其劣足以凄一室"一句，明以后各本及《全唐文》"劣"均作"力"。卢文弨《群书拾补》卷九云："宋本卷首载此篇，《赋汇》卷三十有之，可据抄入。惟'观其力足以凄一室'，宋本'力'作'劣'，当从之。'劣'，仅也，不当作'力'。"此活字本作"劣"，与宋本同。又《淮上喜会梁川故人》诗"何因北归去"句，他本"北"作"不"；《效何水部二首》"夕漏起遥怨"句，他本"怨"作"恨"。宋本作"北"、作"怨"，亦与此活字本同。又如《顾况集》中《弃妇词》有"古人虽弃妇"一句，明刻本"虽"作"有"，南宋书肆本亦作"虽"，与此活字本同。

三、避讳及脱文。如《岑嘉州集》中《至大梁却寄匡城主人》诗，"匡"字避宋讳缺末笔。又《常建集》之《春词二首》中"素手自提筐"句，"筐"字亦缺末笔（宋临安本亦缺末笔）。又如《韦苏州集》中《简恒灿》《寄恒灿》《偶入西斋院示释子恒灿》以及《示从子河南尉班》诗"拙直余恒守"中之诸"恒"字，亦均避讳缺末笔。又如《刘随州集》中有《送河南元判官赴河南当苗税充百家俸钱》一诗，《四部丛刊》所收正德十二年（1517）刊本（《丛刊》编者认为此本系从宋绍兴本出）"河南"下有双行小字"御名"两字，乃避宋高宗赵构嫌名，不书"勾"字。此活字本删去"御名"两小字（此《唐五十家诗集》除《唐玄宗皇帝集》《孟浩然集》《包佶集》等尚保存极少量双行注文外，一律删去注文），诗题遂不可通，但这正好显示了它与宋本之间的某种联系。

此《唐五十家诗集》凡遇脱文,均以空格代替,除陈子昂、孟浩然等十余家集无空缺外,其余各家自空一字至五十余字不等,共空缺四百余字之多。以其空缺之字与他本相校,亦可约略窥见各本之间的相互关系。如以《常建集》与宋本《常建诗集》及《全唐诗》本相校,其《张天师草堂》诗中"遂登仙子谷,因醉田生樽"两句(据《全唐诗》本),此活字本与宋本"仙""谷""醉"三字均为空格。又如《韩君平集》,其《送中兄典邵州》诗中"双笔遥挥王左君"句(据《全唐诗》本),此活字本与席刻《唐诗百名家全集》本"王"字均为空格;《送王侍御赴江西兼寄李袁州》诗中"礼门前直事仙郎"句,此本与席刻本"仙"字亦同为空格;而《雍丘窦明府》一诗中所缺之九字,则三本所缺之字数均同。又如《顾况集》,其《送李泌诗》缺末句五字,明刻本《顾华阳集》及《全唐诗》本亦均缺此五字。由此可见,此活字本中所缺各字,似均有旧本作为依据,而尚无明代后期刻书者任意添改原文的陋习。

四、附录他人酬赠之作。古人编集,往往将他人有关酬赠作品同时编入,如《王右丞集》之附入卢象、王缙、崔兴宗、裴迪等人作品,《韦江州集》之附入顾况、杨凌、丘丹、刘太真等人之作品等。此《唐五十家诗集》亦间有附录他人酬赠者,如《张九龄集》有《张丞相与余有孝廉校理之旧又代余为荆州故有此赠襄阳刺史宋鼎》一诗,据诗题及《唐诗纪事》卷二十二,此诗实为宋鼎赠九龄之作,故此下即紧接九龄《酬宋使君作》诗一首①。又如《韦苏州集》有《奉同郎中使君郡斋雨中宴集》一诗,实为顾况之作,嘉靖华云刊本《韦江州集》题上有"附录"两字,下具"州民朝议郎行饶州司士参军员外置同正员顾况"二十字,连同诗文均为低一格刻印。又《皇甫冉集》有《奉寄皇甫补阙》六言一首,据诗题及《全唐诗》卷二四二,此诗实为张继赠冉之作;此集七绝下有《酬张继》一首,前有序云:"懿孙余之

---

① 以宋鼎诗误为九龄诗,明成化九年(1473)韶州刊本《唐丞相曲江张先生文集》已有此误,当不自此活字本始。

旧好,祗役武昌,以六言诗见怀。余以七言裁答,盖拙于事者繁而费。"由此可以推见继诗原附于冉答诗之后,改编时将两诗按体例分列两处,遂误为冉诗。此类由于删削未尽而所留之痕迹,正足以证明其所据确有旧本。

但有一点必须指出的是,此《唐五十家诗集》所据虽多宋、元旧本,但由于其底本来源不一,因此其中也可能有不少根据的是明人所重编的本子。最明显的如《戴叔伦集》,其集中《画蝉》《题天柱山图》《赠徐山人》《寄司空曙》《兰溪棹歌》《苏溪亭》等诸诗,据《元诗选》《列朝诗集》《盛明百家诗》《明诗综》等书,认为是元末明初朱鹤年及明初刘崧、汪广洋等人的作品。因此在肯定此《唐五十家诗集》的资料价值时,还应根据不同情况进行具体分析。

如上所述,由于此《唐五十家诗集》印行时代较早,又多据宋、元旧本,因此具有较高的资料价值,有很多值得我们参考的地方。如以《陈子昂集》与弘治本《陈伯玉文集》相校,此本较弘治本多出《魏氏园林人赋一物得秋亭萱草》一首;以《卢照邻集》与明张氏刊本《幽忧子集》相校,此本较张刊本多出《酬杨比部员外暮宿琴堂朝跻书阁率尔见赠之作》一首;以《皇甫曾集》与明正、嘉间刊本《皇甫曾诗集》相校,此本较明刊本多出《送韩司直》《送权曙》《同杜相公对山僧》《送王司直》等数首(此数首《全唐诗》亦未收)。以此《唐五十家诗集》与号称搜罗完备的《全唐诗》相校,亦多有超出其搜罗范围以外者,如《杨炯集》《王摩诘集》《储光羲集》《韦苏州集》等。即使两者所收首数相等,其内容往往亦不一致,如《严武集》,此本收诗六首,《全唐诗》亦收诗六首,但此本有《杜员外兄垂示诗因作此寄上》一首为《全唐诗》所无,而《全唐诗》中《题巴州光福寺楠木》一首则为此本所未收。由于唐诗在流传过程中的情况比较复杂,往往同一首诗的著作权为多人所占有(如上举《皇甫曾集》中《送王司直》一诗又有收入皇甫冉及戴叔伦集者,又有作刘长卿诗者),因此在利用这部分材料时尚需作进一步的具体分析。

至于个别字句的校补,则可供参考者更多。如明正、嘉间刊本《皇甫冉诗集》之《彭祖井》诗,中有句云:"清□不共春池□。"张元济先生曾以活字本(非此铜活字本)、黄贯曾本、徐献忠本、袁翼覆宋本、席氏唐百家本与之相校,云:"黄本、徐本、袁本'清'下有'虚'字。活字本'池'下有'竟'字;席本'竟'作'競'。"而此本即作"清虚不共春池竟",两字均不缺。又如《李嘉祐集》,以之与席刻本《台阁集》(翻宋建炎本)相校,席本有《常州韦郎中见饯》一诗,此本"郎中"下有"泛舟"两字(《全唐诗》同),而诗中有"送客泛舟稀"之句,则题中似原当有"泛舟"两字。又《送冷朝阳及》(目录作《送冷朝阳及第归》)诗,此本作《送冷朝阳及第归江宁》;《送越州》(目录作《送辛法曹之任》)诗,此本作《送越州辛法曹之任》,均可据以校补席刻本之不足。又如《韩君平集》,以之与席刻《韩君平诗集》相校,其《赠别崔司直赴江东兼简常州独孤使君》一诗,席刻本空缺"简"字;其《送客水路归陕》一诗,席刻本脱"归"字,亦均可据以校补。

当然,此《唐五十家诗集》也存在着一般活字本所共同具有的缺点,特别由于校对不精,出现了很多明显的讹字。在集名、卷第、页码等编排方面,也存在着不少技术上的错误。但正如前面所说的那样,由于它们所根据的底本有不少是出于宋、元旧椠,而某些旧本在今天已不可复见,因此,它本身所具有的资料价值就特别值得我们加以重视。

原载《名家论学》,复旦大学出版社 1988 年版

关于《水浒》的郭勋本与袁无涯本

章培恒

在《水浒》版本史上,郭勋刊本具有特别重要的地位。由于沈德符《野获编》把天都外臣序本说成是据郭勋本翻刻的,容与堂本又基本同于天都外臣序本,以后的百回本除据百二十回本伪造者(详见下文)外,情况也大致相似,故研究者多认郭勋本为现存各百回本《水浒》的祖本。而百二十回本及七十回本的出现又在百回本之后,简本《水浒》则根据百回本删节后又添加征田虎、王庆故事而成。换言之,郭勋本也可被认为现存各种《水浒》版本的祖本。由此,有的研究者又进一步提出:在郭勋本以前根本就没有《水浒》其书,此书原是郭勋门客所创作。这种说法虽未为多数研究者所赞同,但同时也说明了对郭勋本的面貌有进一步加以探讨的必要。

一

较具体地谈到郭勋本特点的,是袁无涯刊百二十回本《忠义水浒全传》卷首的《发凡》中的一段文字。由于袁无涯本原是一个真伪杂糅的本子,多数研究者对它持怀疑态度,这段话不仅没有受到应有的重视,甚至连其真实含义也未得到阐发。今引原文如后:

> 古本有罗氏致语,相传《灯花婆婆》等事,既不可复见;乃后人有因"四大寇"之拘而酌损之者,有嫌一百二十回之繁而淘汰之者,皆失。郭武定本

> 即旧本移置阎婆事甚善,其于寇中去王、田而加辽国,犹是小家照应之法,不知大手笔者正不尔尔;如本内王进开章而不复收缴。此所以异于诸小说,而为小说之圣也欤!

这是一段很奇怪、也很重要的文字。自"古本"至"皆失"为第一截,"酌损之"与"淘汰之"的"之"皆为代词,因其接于"古本"云云之后,所代者自为"古本"——《水浒》的古本。从"有嫌一百二十回之繁而淘汰之者"一语,可知此截文字的作者是认为《水浒》古本有一百廿回的,也即认为它原有征辽、征方腊、征田虎和王庆的故事。至于"因四大寇之拘而酌损之者",则当是指删去征辽故事。"四大寇"之名见于《水浒》七十二回,为宋江、王庆、田虎、方腊。以一百廿回本来说,从第一回至八十二回,是以"大寇"宋江为首领的梁山英雄从兴起至受招安的故事,从九十一回至最后,分别写"大寇"田虎、王庆、方腊从兴起至灭亡的故事,都跟"四大寇"扣得很紧。无论怎么"拘"于"四大寇",也无法删去。唯八十三回以下写宋江率军征辽的部分,则辽既非"大寇"之一,宋江当时又已非"大寇"的身份;若硬要拘执于"四大寇",则此段当属可删之列。所以,此截文字的意思是说:《水浒》古本原有一百二十回,但后来被删去了征辽的故事,也有人在其他方面对它作了淘汰,这都是错误的。

至于第二截文字,"五四"以后的研究者大多把它与第一截文字联系起来,从而将"于寇中去王、田而加辽国",理解为删去了古本中原有的征田虎、王庆的故事而加上了征辽的故事。——在这里需要说明的是:古本既有一百二十回,自有征辽故事,郭本何以又要"加辽国"呢?这是因为在郭本之前,已有人"因'四大寇'之拘"而删去了征辽,所以有待于郭本去"加"——实际上只不过是恢复了古本中原有的东西。然而,从拥护百二十回本的角度来看,虽然恢复了辽,却去掉了征田虎、王庆,当然还是很不够的,所以郭本的这种做法被斥为"犹是小家照应之法",而袁无涯提供给读者的,则是一百二十回本。

如不仔细去想,这样的理解也很说得通。然而,仔细一想,就觉得这种理解存在两个致命的缺陷:第一,"去王、田而加辽国"既被称为"小家照应之法",那么,它是跟什么照应,又怎样照应? 如上所述,在《水浒》的七十二回,宋徽宗的御屏风上已出现了御笔亲书的"四大寇"姓名:"山东宋江,淮西王庆,河北田虎,江南方腊。"柴进看后,曾这样想道:"国家被我们扰害,因此时常记心,写在这里。"如果《水浒》古本确有征田虎、王庆故事,那么,在七十二回的"四大寇"姓名中出现田、王,其后又写宋江征田、王,这原来是前后"照应"的写法,而今把后面征田、王的故事删去,使读者对田、王的情况和结局一无所知,也即使前面的情节在后面根本失掉了"照应",这怎能算是"小家照应之法"? 第二,所谓"本内王进开章而不复收缴",是指《水浒》在一开始就写了王进受高俅迫害而前去投奔老种经略相公的事,但是,王进到底投到了老种经略相公手下没有①? 而更重要的是,他的结局究竟如何? 这一切在书中毫无交代。此处把这种写法作为"大手笔",而将"于寇中去王、田而加辽国"作为"小家照应之法",并很明确地把此二者对立起来。但这二者之间哪有什么对立? 作品在七十二回中告诉读者:王庆和田虎正是当时"扰害"国家、被宋徽宗"时常记心"的两位"大寇",但后来却对他们的事迹和结局毫无交代,这跟开始时写王进要去投奔老种经略相公,而后来则对王进投奔老种相公的事迹与结局毫无交代,不是如出一辙吗? 何以前者就是"小家照应之法",而后者就是与之对立的"大手笔"呢?

在这里还要补充一点:"五四"以后的研究者在对"于寇中去王、田而加辽国"作上述理解时,从未解释过它与"王进开章而不复收缴"为什么恰好是相反的写法? 而这一点如果解释不清楚,也就不能认为上述的理解是正确的。

那么,"于寇中去王、田而加辽国"到底应怎样理解呢? 郭勋本《水浒》只有一百回而并无征田虎、王庆的故事,这一点是现在的研究者所公认的;在百回本《水浒》的七十二回中本就有"四大寇"的姓名,并非后人所加,这在目前研究者中也并无争论。这种情况至少使一部分读者感到不满足;既然七十二回中已提到

---

① 《水浒》第三回中史进向鲁达打听王进时,鲁达也只说:"洒家听得说,他在延安府老种经略相公处勾当。"这仍是传闻之词。

田、王,为什么后面对田、王一点都不作交代呢? 简本之"插增"田虎、王庆,其故也即在此。为了解决这个问题,其实也非"插增"田虎、王庆不可。一个更简便的方法,是在七十二回的"大寇"名单中去掉王、田的姓名而加上辽国。郭勋本所采取的就是这种办法。七十二回既已向读者说明:辽国是"扰害"国家的"大寇",就使下文的征辽有了伏线;而更重要的是:既从根本上抹去了王、田姓名,读者自也不会因后面的不出王、田而感到不满了。然而,《发凡》中此截文字的作者是很欣赏"王进开章而不复收缴"的,七十二回出王、田而不复收缴,正是与此相类似的写法,在他看来都属于"大手笔"之列,所以他对郭本的这种为了前后情节的照应而破坏原书"大手笔"的做法很不满意,斥之为"小家照应之法",并明确提出"王进开章而不复收缴"这种写法作为它的对立面,以证明"大手笔者正不尔尔"。

同时,倘将"去王、田而加辽国"解释为去掉征田虎、王庆的故事而加上征辽,还存在两个小问题。其一,"移置阎婆事"和"去王、田而加辽国"当是同类型的改动,因为只有这样,将二者加以比较并抑扬(前者"甚善"而后者"犹是小家照应之法")才有意义。但"移置阎婆事"是很小的改动(说见后),去掉征田虎、王庆的故事而加上征辽却是大删大增,以之相比,显然有点不伦不类。其二,就《水浒》中宋江"征寇"的顺序来说,是先征田虎,后征王庆,《发凡》为什么要把次序颠倒过来,说成"去王、田"? 但如将"去王、田而加辽国"理解为在"大寇"名单中去掉王、田的姓名而加上辽国,这两个问题也就不存在了。因为改动名单与"移置阎婆事"同样是很小的改动,而在那张名单中,本来是王庆在前面而田虎在后。所以,从这截文字本身来看,就只能作我上述的这种理解,这也就意味着现存百回本的那种样子(特别是其关于田、虎的处理)是最好的;但其上一截文字却力图使读者相信百二十回本是《水浒》的古本,如果只在七十二回中出田、王姓名而其后没有征田、王的故事,是不对的,所谓"有嫌一百二十回之繁而淘汰之者,皆失"。因此,其前后两截文字是相互矛盾的。

在这样短的一段文字中,其前后两截严重矛盾,很难想象它们竟出于同一个作者之手。其唯一可能的解释是:这段文字是两个人写的,至少其中一截是从别处抄来的,而抄袭的人对那截文字的意义理解错了,并在这种错误理解的基础上又写了另一截。

那么,怎么会出现如此的情况呢?这就使我们不得不对这部袁无涯刊《忠义水浒全传》作一总的考察。

二

袁无涯刊的这部《水浒》,据其卷首所载杨定见《小引》,它是"卓吾先生所批定"。卓吾即李贽,是明代杰出的思想家,也是晚明文学新思潮的杰出代表,对《水浒》《西厢》等小说、戏曲作了很高评价。倘若此书的评语确出自李贽,那自然是研究李贽和晚明思潮的珍贵资料。但这种说法的可靠性,却常受到怀疑。早在明代天启年间,陈继儒就在其所辑《国朝名公诗选》的李贽小传中说:"李贽……所著有《藏书》《说书》《焚书》等集,刻板于长洲黄氏,人争购之,吴下纸价几贵。以故坊间诸家文集,多假卓吾先生选集之名,下至传奇小说,无不称为卓吾批阅也。惟《坡仙集》及《水浒传叙》属先生手笔;至于《水浒传》中细评,亦属后人所托者耳。"按:当时以李卓吾的批评为号召的《水浒传》共有两部,一部就是此书,另一部是容与堂刊百回本《忠义水浒传》,陈继儒在这里虽只笼统地说"《水浒传》中细评",没有指明是哪一部,但他既没有明确地把其中的一部排除在外,我们也就只能理解为他将两部书的评语都视为后人伪托。至于五四运动以后的研究者,我们可举胡适氏作为代表。他在《百二十回本忠义水浒传序》中说:"试看冈岛璞翻刻本(指翻容与堂本)所保存的李贽批语与百二十回本的批语,差不多没有一个字相同的。如第二回,两本各有十几条眉批,但只有一条相同。两本同是所谓李贽批点本,尚有这样的大不同,故我们可以断定两本同是假托于李贽的。"后来的研究者虽有少数人认为此本的批语确出于李贽,但多数人仍然不相信。

陈继儒说它伪托,并未举出任何理由。胡适氏虽举出了理由,却不能使人信服。因为"两本同是所谓李贽批点本,尚有这样的大不同",也可能是由于一本真的出于李贽,另一本则出于伪托,并不能就此"断定"这两本"同是假托"。然而,从另一方面考虑,如要把百二十回本中的批语看作是全部或大部分出于李贽,确也有几个问题必须解决:第一,陈继儒虽未举出任何证据来证明其为伪托,但此书出版时,他已是文坛上很有地位的人了,又生活在此书出版地——苏州——的邻近地区;我们如无有力证据,就不应对他的这种说法轻易加以否定。第二,百二十回本中的征田虎、王庆故事的批语显然不出于李贽,他所作《忠义水浒传序》中的如下一段文字充分透露出其中的消息:"施、罗二公身在元,心在宋。虽生元日,实愤宋事。是故愤二帝之北狩,则称大破辽以泄其愤;愤南渡之苟安,则称灭方腊以泄其愤。敢问泄愤者谁乎?则前日啸聚水浒之强人也,欲不谓之忠义不可也。是故施、罗二公传水浒而复以忠义名其传焉。"依他看来,《水浒》是一部舒泄愤懑之作,作者之用以舒其愤懑的,就是征辽、破方腊二段;而因为为之泄愤的宋江等原是啸聚水浒的,所以他们又写了宋江等人啸聚水浒的历史并赞之为忠义。很明显,这段文字是阐发《水浒》的主旨及其在《水浒》全书中的体现的,但却根本不谈这一主旨与征田虎、王庆的关系。这只有两种可能:一种,李贽看到的《水浒》根本没有这两段;另一种,他认为这两段与上述主旨没有关系,是全书的游离部分,或在体现全书的主旨方面只是无聊的同义反复,因而不屑一提。若是前者,固然证明了征田虎、王庆部分的批语不可能是李贽所写;若是后者,则李贽在为这两部分所写的批语中必然会流露出相应的观点,但现在所看到的这两部分批语却显然与这种鄙夷的态度相反,因而同样不可能出于李贽之手。由此可见,百二十回本《忠义水浒全传》对李贽并不忠实,至少有二十回的所谓李贽批语是伪造的;既然如此,又怎能保证其他一百回的批语就一定是出于李贽的呢?第三,从上引胡适氏的话中也可看出,百二十回本的李贽批语与容与堂刊百回本的所谓李贽批语,有些条是相同的,虽然数量很少。容与堂本的所谓李贽批语乃是明末无锡人叶昼所假托,这已为绝大多数研究者所承认。而且,一般认为容与堂本的刊行在百二十回本《忠义水浒全传》之前,因而,两本之所以有些评语相同自是百二十回本抄袭容与堂本的结果。倘若百二十回本中除田虎、王庆以外的一百回批语确出于李贽,李贽又怎么可能去抄袭他死后才刊行的容与堂本中那些冒充的李贽批语呢？

现在，我试着来回答上面的三个问题。

第一，不但陈继儒曾说过《水浒》的李贽评语出于伪托，基本上与他同时的钱希言在《戏瑕》里也说过类似的话。但他却举出了一条证据：袁中郎在以前曾向他称赞过李贽的《藏书》《焚书》《初潭集》《批点北西厢》，却没有提到别的，可见袁中郎所看到过的李贽著作也只这四部，其他都是伪托。这证据实在很薄弱。因为一则袁中郎不可能看到过李贽的全部著作，再则袁中郎没有必要将其所知道的李贽著作全部说给钱希言听。比如吧，在张问达弹劾李贽的奏疏中，就举出来过一部李贽的《卓吾大德》，这部书与《藏书》《焚书》都被作为李贽"敢倡乱道"的罪证，以致同遭禁毁（《明实录》万历三十年[1602]），它显然并非李贽身后所出现的伪作，但却不在袁中郎向钱希言提及的四部之内。至于李贽批点的《水浒传》，袁中郎虽未提及过，他的弟弟袁小修却是提到过的。其所著《游居柿录》卷九有如下记载：

> 袁无涯来，以新刻卓吾批点《水浒传》（按：即百二十回本《忠义水浒全传》。——引者）见遗。予病中草草视之。记万历壬辰夏中，李龙湖（即李贽。——引者）方居武昌朱邸。予往访之，正命僧常志抄写此书，逐条批点。……今偶见此书，诸处与昔无大异，稍有增加耳。

由此可知，李卓吾不但确曾对《水浒传》作过批点，而且袁小修在当时就看到过李贽批点的《水浒》；因此当他将这部《忠义水浒全传》与他记忆中的李贽批点《水浒》相对照时，就得出了"诸处与昔无大异，稍有增加耳"的结论。因为袁小修在这里谈论的是李贽批点的《水浒传》，所以，所谓"诸处与昔无大异"，自当首先就批点而言，绝不会光指《水浒》本文。还应指出的是：袁小修写这段文字，绝非为这部《忠义水浒全传》捧场，因他接下去又说："但《水浒》崇之则海盗……有名教之思者，何必务为新奇以惊愚而蠹俗乎？"这也就是对《忠义水浒全传》中的批点的批判（那些批点都是"崇"《水浒》的，因而也就是赞扬"海盗"和"惊愚而蠹俗"的）。基于他对《水浒》的这种态度，当然不愿给此书做广告，从而更不会捏造事实，硬把伪托的李贽批点说成真的，以推广其销路。

与陈继儒等人相比较,袁小修跟李贽的关系可算是相当密切的。他的出于亲见亲闻的记载,当然要比陈继儒等人的没有提出任何证据的断言更为可信。

第二,如前所述,李贽批点的《水浒》只是一百回;因此,《忠义水浒全传》中叙述田虎、王庆故事的二十回的所谓李贽批语自当出于伪托,袁小修说的"稍有增加耳",应即指此二十回批语而言。但是,这并不意味着其他一百回批语也出于伪造。

首先,此书是由杨定见把稿子交给袁无涯,再由无涯在苏州刊刻的。卷首杨定见《小引》说:

> 吾之事卓吾先生也,貌之承而心之委,无非卓吾先生者;非先生之言弗言,非先生之阅弗阅。或曰狂,或曰癖,吾忘吾也,知有卓吾先生而已矣。先生殁而名益尊、道益广、书益播传。……自吾游吴,访陈无异使君,而得袁无涯氏。揖未竟,辄首问先生,私淑之诚,溢于眉宇,其胸中殆如有卓吾者。嗣是数过从语,语辄及卓老,求卓老遗言甚力,求卓老所批阅之遗书又甚力。无涯氏岂狂耶癖耶!吾探吾行笥,而卓吾先生所批定《忠义水浒传》及《杨升庵集》二书与俱,即以付之。

据杨定见自述,他是李卓吾的忠实信徒。这是确实的。不但在李贽《焚书》中有写给杨定见的信和赠他的诗,而且,在万历二十八年(1600)李贽居麻城时,麻城地方官怂恿流氓"逐游僧,毁淫寺",企图以这样的名义给李贽一个严重的打击,幸而杨定见得到了消息,立即向李贽通风报信,李贽事先避开了,这才没有被流氓抓住和折辱,仅仅拆毁了他所住的芝佛院。至于李贽的批点《水浒》与杨定见也有关系。袁小修《游居柿录》在记述李贽批点《水浒》一事时曾说:

> ……(李贽)命僧常志抄写此书(指《水浒传》。——引者),逐字批点。常志者乃赵濑阳门下一书吏,后出家,礼无念为师。龙湖悦其善书,以为侍者,常称其有志,数加赞叹鼓舞之,使抄《水浒传》。每见龙湖称说《水浒》诸人为豪杰,且以鲁智深为真修行,而笑不吃狗肉诸长老为迂腐,一一作实法会。初尚惝恍不觉。久之,与其侪伍有小忿,遂欲放火烧屋。龙湖闻之,大骇,微数之,即叹曰:"李老子不如五台山智真长老远矣。智真长老能容鲁智深,老子

独不能容我乎?"时时欲学智深行径。龙湖性褊多嗔,见其如此,恨甚,乃令人往麻城招杨凤里(即杨定见。——引者),至左辖处乞一邮符,押送之归湖上。

这段记事一则进一步显示出李贽与杨定见的亲密程度:他批书时是在武昌,但一碰上麻烦事,就派人从麻城把杨定见找来帮忙,足见二人平时交往之密及李贽对杨定见的信赖之深,再则也显示出了在李贽批点《水浒》时,杨定见曾对他有过相当的帮助。也正因此,杨定见在《小引》中所说的他那种对李贽的感情,并非虚造;他有李贽批点的《水浒传》并将它携之于行笥,也是事理之常。换言之,杨定见既完全有可能得到李贽批的百回本《水浒》,而从袁小修"诸处与昔无大异"的评语来看,袁无涯在得到杨定见藏本后所刊行的《忠义水浒全传》,除了"稍有增加"的部分——也即征田、王二段——外,也确与原先的李贽评本没有大的差别,所以,我们不能因为《忠义水浒全传》中有二十回批语出于假托,就断言其他的一百回也系伪造。

第三,《忠义水浒全传》中的有些批语与容与堂百回本的批语相同,很难说是《忠义水浒全传》抄袭容与堂本。因为,说容与堂本早于《忠义水浒传》实在并无充分根据。胡适在《百二十回本〈忠义水浒传〉序》中说:"李贽死在万历三十年(1602),此书之刻,当在崇祯初期,去明亡不很远了。"用一"当"字,就意味着本是推测之词(从原书实在也看不出它刊刻于何年);但在以后相当长一段时期内,研究者都跟着胡适氏把此本的刊刻年代定在崇祯年间或启、祯间。至于容与堂本,卷首载有李贽序,末署"温陵卓吾李贽撰",另行书"庚戌仲夏日虎林孙朴书于三生石畔"。"庚戌"当指万历三十八年,故一般以为容与堂本即刊于该年。由此,在研究者中也就形成了容与堂本早于袁无涯刊百二十回本的印象。然而,孙朴的书写李贽序文是否为供容与堂刊印《水浒》之用?若并非为容与堂所写,而是容与堂在要刊印《水浒》时,在某处发现了孙朴书写的李贽序文,即用以刊于卷首,那么,书的刊行就完全可能比孙朴书写李贽序文的庚戌年迟得多。即使孙朴确是专为容与堂刊印《水浒》而写的,但在孙朴写好后,容与堂由于某种原因而推迟刊刻的可能性也不能排斥。所以,孙楷第氏《日本东京所见小说书目》云:"此本据李卓吾序后所题,似即万历三十八年(1610)刊本。"着一"似"

字，以表明此说并无坚确的证据，确为审慎的学者作风。严格地说，容与堂刊本李贽序文后的这一行字，只能证明此本的刊刻不能早于万历庚戌，却不能证明其一定刻于此年。至于袁无涯刊百二十回本，前引袁小修《游居柿录》所述袁无涯"以新刻卓吾批点《水浒传》见遗"，据小修在该书中自述，乃万历四十二年间事，故袁无涯本的刊刻绝不可能迟至启、祯间。又，此本的书名中原有"新镌"二字（《引首》即题作《新镌李氏藏本忠义水浒全传引首》），"新刻"即"新镌"之意；古人引书不甚谨严，故"新刻卓吾批点《水浒传》"可能系约举其书名《新镌李氏藏本忠义水浒全传》。当然，将此语解释为"新近刊刻的卓吾批点《水浒传》"也无不可。若照后一种理解，此本的刊刻当在万历四十二年或四十一年；若照前一种理解，则此书甚至有可能刊刻在万历四十二年前的好多年。要之，我们现在所能知道的只是容与堂本刊刻年代的上限和袁无涯本的下限，而袁无涯本的较确切的上限和容与堂本的下限都无从考知，万历三十八年又只比万历四十二年早四年，在这样的情况下，实在很难断言容与堂本一定早于袁无涯本。

另一方面，说袁无涯本早于容与堂本，似乎也还不无旁证。

其一，有一种大涤余人序的百回本《忠义水浒传》，马蹄疾氏《水浒书录》定为"万历间刻本"，"略早于天都外臣、李贽序刻本"。按：马氏谓其早于天都外臣序本和李贽序刻本（指容与堂本）的依据，是此本的回目中有两处与天都外臣序本和容与堂本不同；但马氏却未能提出任何证据来证明大涤余人序本的回目早于天都外臣序本和容与堂本的回目，因而他的结论不能使人信服。实际上大涤余人序本即出自袁无涯刊本，是将袁无涯刊本中的征田虎、王庆的二十回删除后所形成的一种百回本。关于此点，何心氏《水浒研究》有很具说服力的论证。原来，大涤余人序本在删掉征田虎、王庆的二十回时，由于疏忽，却保留了一段宋江征王庆凯旋回京的描写，在这段描写中还保留了只见于百二十回本而为百回本所无的两个人物——陈瓘、罗戬[1]。同时，除了征田虎、王庆外，凡是袁无涯

---

[1] 何心《水浒研究》，上海古籍出版社1985年版，第50页。

刊本不同于天都外臣序本及容与堂本之处，大涤余人序本却都与袁无涯刊本相同①。所以何心氏把它叫作"伪百回本"；它的祖本实即袁无涯刊本。马蹄疾氏说它早于万历十七年（1589）刻的天都外臣序本，当系偶尔失检。但是，为什么要制造出这样的一部伪百回本呢？显然，制造这个本子的人已经知道符合（或接近）《水浒》原貌的乃是百回本而非百二十回本，但却找不到百回本来翻刻，所以就只好用百二十回本来造假了。关于此一伪百回本的刊刻年代，孙楷第氏《中国通俗小说书目》谓其似刻于"昌、历之际"，虽不知何据，但另有一种百回本的《钟伯敬先生批评水浒传》，当刻于万历时期至天启六年（1626）之间②。若伪百回本刻于所谓钟伯敬评本之后，则可用来作为翻刻底本的百回本不仅有容与堂本，又有钟评本，当不致特地去找一部百二十回本来造假。所以，此本纵非刻于"昌、历之际"，也不至迟于天启六年。但万历末期至天启六年的这一段时期，距容与堂本和袁无涯本的刊刻都很相近，如上所述，容与堂本的刊刻纵或早于袁无涯本，也至多早四年，所以，伪百回本的制造者在当时竟然找不到容与堂本而只好用袁无涯本来造假，实在是很难设想的事；除非容与堂本刊刻在后，袁无涯本刊刻在先，而伪百回本刊刻于容与堂本之前，才会迫使其制造者由于找不到百回本而只好用袁无涯本来救急。大概在容与堂本刊刻之前，当时已经很难找到百回本了③。

① 何心《水浒研究》，第49页。
② 此本卷首钟惺序有"世无李逵、吴用，令哈赤猎獗辽东"之语。"哈赤"指努尔哈赤，即后金太祖，于万历四十四年至天启六年在位。可知此序写于努尔哈赤已经即位、尚未去世之时。
③ 孙楷第氏《日本东京所见小说书目》说容与堂刊百回本《水浒》有许多"评者以个人意见所加之拟删符号，对于拟删字句，皆上下乙之。旁勒勾乙，充满篇幅"，而且有拟删符号之处，简本类皆削去不录。这是一个重要的发现。但孙氏以为拟删符号系容与堂本评者所加，则恐不确。从评语来看，这位评者有一定的文学欣赏能力，不可能认为这些内容都应删去。而且当时的《水浒》简本并不难找，如认为这些地方均应删去，何不找个简本来翻刻，却特地去找个繁本，又不惮其烦地加上许多拟删符号。所以，容与堂本的底本当是以前某个书坊刻简本时用过的本子，凡有拟删符号之处，是那个书坊提示刻字工人或抄手的，要他们将此等处删去。容与堂刻工不察，将这些符号一起刻上了。这正是简本出于繁本的物证。然而，容与堂本在刻百回繁本时，只能以这种别的书坊用过的本子作为底本，也正意味着百回本在当时已很难找。

其二，许自昌《樗斋漫录》卷六云：

> ……顷闽有李卓吾名赞者，从事竺乾之教，一切绮语，扫而空之，将谓作《水浒传》者必堕地狱，当犁舌之报，屏斥不观久矣，乃愤世疾时，亦好此书，章为之批，句为之点，如须溪、沧溪何欤？岂其悖本教而逞机心，故后掇奇祸欤？李有门人，携至吴中。吴士人袁无涯、冯梦龙等酷嗜李氏之学，奉为蓍蔡，见而爱之，相与核对再三，删削讹谬，附以余所示《杂志》《遗事》，精书妙刻，费凡不赀，开卷琅然，心目沁爽，即此刻也。

从最后一句话，可知此段文字原是许自昌在袁无涯本《水浒》刻成后写于该书上的，因而所谓"章为之批，句为之点"，也就是指这一种李卓吾评本《水浒》而言。值得注意的是，从"将谓……乃……"这样的句式来看，他在看到这个评本时，对于李卓吾的竟然"亦好此书，章为之批，句为之点"深感意外。换言之，他在这之前，并不知道李卓吾批过《水浒》，还当卓吾对此书是"屏斥不观"的。由于许自昌对《水浒》曾有相当研究，倘容与堂本刊行于袁本之前，他似乎不至于毫无所知，因而也就不至于一直误认李贽对此书"屏斥不观"（容与堂本的李贽批点虽出于伪托，但卷首的序文却是真的，在那篇序中清楚地表示了李贽对《水浒》的高度评价），直至看到杨定见带来的评本后才大吃一惊。

由以上两点来看，袁无涯本刊行在先的可能性实较容与堂本刊行在先的可能性更大，所以，两本中的有些评语相同，也就很可能是容与堂本抄袭袁无涯本的结果。

三

由上所述，可知此书原为李贽批点的百回本，但在袁无涯刊行时，加了二十回正文及批点，对原有的李贽评语恐也难免有所增损。至于卷首的那篇《发凡》，并未署名。因为此书原系李贽批点，他在卷首写过一篇"发凡"性质的文字原是情理之常，但袁无涯等人在其中加上一些私货，更在所难免。所以，在本文

关于《水浒》的郭勋本与袁无涯本

第一节引用过的《发凡》中那一段文字，其后一截当为李贽所原有，上一截则当为袁无涯等人所加。

在这里需要补充的是：写上一截文字的人显然对后一截文字存在误解。如上所述，上截文字中的"后人有因'四大寇'之拘而酌损之者"，是指删掉征辽故事。但根据目前所掌握的材料，在《水浒》版本史上征辽故事从未被删掉过。那么，上截文字的作者何以要造出这种谣言来呢？显然，他也把下截文字中的"去王、田而加辽国"理解成了删去征王、田故事而加上辽国。他是竭力要使读者相信《水浒》古本为一百二十回的，也即要把袁无涯刊的这部百二十回本说成最早、最好的本子；但若征辽为郭武定本所加，这部百二十回本就不能算是古本了。也正因此，他在上截文字中来了这一句，意即征辽也是古本有的，只是后来有的本子把它删去了，所以郭本的"加辽国"，不过是把以前被删的部分恢复，并非加入其原来所没有的东西，从而百二十回本仍是货真价实的古本。

那么，这后截文字是否也有可能系袁无涯等人从别处抄来，而非出自李贽之手呢？我想并不可能。理由如下：

在《发凡》此截文字中，提到了郭勋本的两个特点："移置阎婆事"和在七十二回的"大寇"名单中删去王、田而加上辽国。关于"移置阎婆事"，只要将百二十回本与其前的天都外臣序本比较一下即可知道，在天都外臣序本中，宋江娶阎婆惜是在刘唐将晁盖的书信送给宋江之后。在百二十回本中则将此事移在刘唐下书之前。晁盖给宋江的信是宋江私通梁山的铁证，像宋江这样吃公门饭的人，照理会将此信立即烧掉。但在天都外臣序本中，宋江却将信一直保存着，在娶阎婆惜后又过了一些时候，才被阎婆惜发现而酿成大祸；这有点不大合理。在百二十回本中，宋江在收到信的当夜，还来不及烧，就被阎婆惜发现而出事；这当然比较合理。但如不将娶阎婆惜的事提前，阎婆惜就不可能当夜即发现此信，所以《发凡》有"移置阎婆事，甚善"的话。若以《发凡》为依据，百二十回本对此事的处理，自是承袭了郭勋本。但也有人认为：此种移置其实是制造百二十回本的人们的功绩，他们在《发凡》中以之归于郭勋本乃是假托。我想，实际情况并非如此。因为，制造百二十回本的人是想尽量把这个本子说成优于百回本——包括郭勋本——的古本的，倘若这种移置真是他们的创造，他们正可将此作为这一"古本"优于其他一切本子的证据，何必将功劳送给郭勋本呢？所以，此段文字中述及的郭勋本的这个特点，应是可以相信的。换言之，写此段文字的人当见过郭勋本，并将郭本的这个特点引入了百二十回本或其底本。

然而，与刊刻百二十回本的袁无涯、冯梦龙等同年代的人是已不及见郭勋本了的。举几个例子。一、许自昌《樗斋漫录》引钱功甫的话说："至我朝惟郭武定家刻《水浒传》称精，未易得也。"而无论许自昌或钱功甫都没有说自己看到过郭勋本。二、沈德符说："今新安所刻《水浒传》善本，即其家（指郭勋家。——引者）所传，前有汪太函序，托名天都外臣者。"（《野获编》卷五）他把新安刻本《水浒传》当作了郭勋本的翻刻本。由于他知道此本有天都外臣序，这种"新安所刻《水浒传》善本"大概是他确曾看到过的；但天都外臣序本并不具有郭勋本的上述两个特点，沈德符将它视为郭勋本的翻刻本正说明他没有看到过郭勋本。三、钱希言说：

> 今坊间（《水浒》）刻本，是郭武定删后书矣。郭故跗注大僚，其于词家风马，故奇文悉被铲剃，真施氏之罪人也。而世眼迷离，漫云搜求武定善本，殊可绝倒。（《戏瑕》卷一《水浒传》）

他虽然把郭勋本海骂了一通，但却也提供了一个事实：他那个时代的人已看不到郭勋本，而只能把"搜求武定善本"作为一种努力目标了。而他之对郭勋本除了海骂以外，说不出它具体坏在哪里，就是因为他自己也没有看到过郭勋本[①]。上引诸人，大抵与袁无涯、冯梦龙等同时，在当时都还算对小说很有发言权的人；他们尚且如此，其他可想而知。

[①] 在《戏瑕》的上引文字之后，钱希言接着又说："胡元瑞云：'二十年前所见《水浒》传本，尚极足寻味；今为闽中坊贾刊落，遂几不堪覆瓿。更数十年，无原本印证，此书将永废矣。'然则元瑞犹及见之。征余所闻，罪似不在闽贾。"所谓"征余所闻，罪似不在闽贾"，意即闽中书坊刊本与郭勋本并无大的不同，其罪实在郭勋。他竟不知郭勋本与闽中所刻简本的区别，足见其并未看到过郭勋本。

因此，百二十回本之具有郭本的这个特点，显然并非他们所引入，而是其底本所原有。此一底本既出于李贽，则将郭本这一特点引入自也是李贽所做的事。而《发凡》此截文字与引入郭本这一特点原是密切相关的，从而此截文字也必为李贽所写。

我们既知道了郭本的这两个特点，以此衡量天都外臣序本等各种版本的《水浒》，就可知它们全都不是出于郭武定本，而是以一种比郭本更早的本子为祖本。——为什么不说它们以一种出于郭本而又有所改动的本子为祖本呢？因为这些本子中处理宋江娶阎婆惜的时间全都没有郭武定本合理，如果它们的祖本出于郭武定本，绝不会把郭本中已经合理的事情改成不合理。

就某种意义来说，倒是袁无涯本还比那些本子接近郭本一些，因它至少保留了郭本的一个创造性的特点。此外，该本的《发凡》还说："旧本去诗词之烦芜，一虑事绪之断，一虑眼路之迷，颇直截清明。第有得此以形容人态、顿挫文情者，又未可尽除。兹复为增定：或窜原本而进所有，或逆古意而去所无。"不少研究者都把"郭武定本即旧本移置阎婆事"中的"即旧本"理解为对郭本的说明，从而认为《发凡》所云"旧本"即指郭本。倘若这种理解正确，而"旧本去诗词之烦芜"一段并非袁无涯等窜入，那么，百二十回本的诗词少于天都外臣序本等百回本，也在一定程度上保留了郭本的特色。

原载《复旦学报（社会科学版）》1991年第3期

关于《三国演义》的黄正甫本

章培恒

黄正甫刊《三国演义》,在《三国演义》明刊本中是一个并无多大地位的版本。但近来却被宣传为"是目前国内所能见到的《三国演义》的最早刻本",其"刊刻时间早于明嘉靖壬午(嘉靖元年,1522)本《三国志通俗演义》约二十年以上"。①并因为此本"不标作者姓名"②,由此又被论者作为《三国志通俗演义》不出于罗贯中的过硬证据③。此种观点集中体现在中国人民大学出版社出版、张志和氏整理的黄正甫本《三国演义》的《出版说明》及《前言》中,而此书印数似乎不少,影响也就较大。因此,不得不稍加辨证。

一

把黄正甫本作为《三国演义》的现存最早刻本,是张志和氏的创见。现据其为中国人民大学出版社整理出版的黄正甫本《三国演义》所写《前言》,概括其论据如下:一、黄正甫本(以下简称"黄本")的有些内容,可以证明此本就是嘉靖壬午本所谓"旧本"——"旧有的版本",因而其刊刻必在嘉靖壬午以前;二、黄本卷

---

① 《出版说明》,张志和氏整理黄正甫本《三国演义》(中国人民大学出版社 2000 年版)。
②③ 张志和氏《前言》,同上书。

首的序、目录和封面虽然"是天启间刻",但"自'君臣姓氏附录'以下(包括正文。——引者)字体同目录以及'叙'不一致",所以,"正文则是旧版";三、黄本中的有些说明性的字句,在嘉靖壬午本中"都没有了",这也可见"嘉靖本显然后出";四、在黄本中未收尹直《名相赞》中关于诸葛亮的赞(嘉靖壬午本有),可知其刊刻必在弘治十七年(1504)以前(因《名相赞》有该年尹直自序,"大约即刻于此年")①,但却收有周静轩的不少诗,张氏认为其时周静轩当尚未"冠带荣身",而据他的"考证",那当在弘治十三年(1500)前后②,这也就是黄本刊刻的下限和上限。

在这里存在着一连串概念的混乱,不能不加以厘清。

二

首先,黄正甫本是否为嘉靖壬午本以前的"旧本"?

张志和氏从黄本内容上找出来的两个被作为"旧本"的证据是:一、"在黄正甫刊本卷十三《庞德抬榇战关公》和《关云长水淹七军》两节中,曾写到庞德有一部将名叫伍伯,随庞德出战及溺水而死的事。但这个伍伯在嘉靖本(指嘉靖壬午本,下同。——引者)中并无此人,而是以骁将五百人代替了伍伯";张氏认为,黄本的这种写法是正确的,嘉靖壬午本的"叙述却文理不通","由此亦可以证明,嘉靖本不是罗贯中的原作,也不会是最早的刻本。可以想见,如果此书为罗氏原作,那么,其叙事不论巧拙如何,总不至于产生这样的矛盾现象。今有黄正甫刊本的存在,以及该本所叙有关伍伯故事的合情合理,足以证明在嘉靖本刊刻之前,《三国演义》早已有刊本行世,黄正甫刊本即(原文如此。——引者)是其中之一"。③二、"嘉靖本卷十二《张永年反难杨修》一节中,叙及张松诈称《孟德新书》乃是抄袭之作,正文中有曹操'遂令扯碎其书烧之'一语。此句下有注云:'柴世宗时方刊板。旧本书作"板",差矣。今《孙武子》止有魏武帝注。'"

---

① ② ③　张志和氏《前言》,张志和氏整理黄正甫本《三国演义》。

而黄本卷十《张松反难杨修》一节中的有关文字则为"修曰：'丞相所作《心书》，适间松略观一遍，便能暗记，称言此书乃战国无名氏所作，蜀中小儿亦能诵之。修未信，松朗诵之，如瓶泻水。此世之罕有。'操令破板焚之"。张氏因此认为："由此'操令破板焚之'一语可证，嘉靖本这条小字注所说'旧本书作"板"'的'旧本'就是指的该书（指黄正甫本。——引者）这样的'旧有的板本'。"①

先说第一点。现存的《三国演义》版本中，有两个刻于嘉靖年间，一个就是张氏称为"嘉靖本"的嘉靖元年壬午（1522）所刻的《三国志通俗演义》，另一个是嘉靖二十七年叶逢春刻的《新刊通俗演义三国志史传》。②前者的影印本现已习见，后者现也已有了关西大学出版部所出的井上泰山教授整理本（并附原书的影印本）。叶逢春本叙此一故事也作"伍伯"，情节并不少于黄正甫本，而文字则较黄本为胜。如在抬榇出征前庞德与伍伯的对话，黄本作：

> 骁将伍伯问曰："将军载榇何意？"德曰："汝随我多年，知我心腹。此行与关羽决死战，我若杀关羽，吾自取其尸首置于榇中，回献魏王。我若被关羽所杀，汝可取吾尸置于榇中而回，汝勿负吾也。"③

叶逢春本则作：

> 手下骁将伍伯问曰："将军载榇何意？"德曰："汝与吾相随许多年，彼（'彼'下疑脱'此'字。——引者）各知其心腹。今吾以大事付汝，汝休负吾。今与关羽决一死战，我若杀关羽，可作急取其尸，吾自取其首。置于榇中，回献魏王。我若被关公所杀，汝亦取吾尸置于榇中而回。"④

古时军功，以首级为重；所以庞德若被关羽所杀（此处所说的"杀"皆指身首分离而言），其首级必成为关羽或其部将的战利品，伍伯所能抢回的也只是其尸身而已。但若庞德杀了关公，为什么必须由他自己去把关羽的尸身抢回来而且

---

① 张志和氏《前言》，张志和氏整理黄正甫本《三国演义》。
② 此本各卷题名不尽相同，这是其第一卷的题名。
③ 张志和氏整理黄正甫本《三国演义》。
④ 《三国志通俗演义史传》下卷（日本关西大学出版部）。

由他自己置于椟中呢？在战场上时机是瞬息即变的，他既杀了关羽，不立即指挥追杀，却去抢关羽尸身而且将它放于椟中，有什么必要呢？两相对比，显然叶逢春本关于此点的交代（庞德取其首级而伍伯取其尸身）是合理的，黄本则是不合理的；因为黄本乃是删节本（说见后），这种不合理当是由删节所造成。

至于第二点，叶本的相关文字如下：

> 操曰："……松有何能？"曰："且休言倒海翻江之辩，嘲风咏月之才，适来丞相之所撰《孟德新书》，略观一遍，便能暗记。扬言曰：'此春秋无名氏所作之书，蜀中小儿皆能诵之。'修未信，其人暗诵，如瓶泻水。如此博闻强记，世之罕有。"曹曰："莫非古人与吾暗合否？"遂令破板烧之。①

不但杨修的回答更其全面，曹操的"莫非古人与吾暗合否"一句更是点睛之笔。曹操为了抹杀张松的才华，宁可说自己的书与"古人""暗合"，也不愿承认张松能过目成诵；但自己的书既与古人暗合，那就没有什么价值了，所以"破板烧之"。若如黄本所写（黄本无曹操此句），那么，张松能过目成诵，曹操为什么要把自己的著作"破板焚之"呢？黄本的这种不合理情况，当也是删节所造成。

所以，张志和氏用以证明黄本为"旧本"的两个例子，也都见于叶本。二本的优劣姑且不论，但既然可以由黄本的这两点来证明其为早于嘉靖壬午本的"旧有的板本"，那当然也可由此来证明叶本为早于嘉靖壬午本的"旧有的板本"了。然而，说刻于嘉靖二十七年（1548）的叶本，是比刻于嘉靖元年的壬午本还要早的"旧有的板本"，那不免是逻辑混乱的谬说。比较准确的说法，是在叶本中保存了壬午本中已经失去了的"旧本"的某些面貌；但这绝不意味着叶本是早于壬午本的一种本子。对于黄正甫本，当然也只能这样说。张志和氏要以此来证明黄本是早于嘉靖壬午本的"旧有的板本"乃是概念的混乱。

张氏所举的第四个证据也属于这种性质。他以黄本不收尹直《名相赞》中

---

① 《三国志通俗演义史传》上卷。

关于诸葛亮的赞而收有不少所谓周静轩的诗为理由,判定黄本刊刻的上限为弘治十三年(1500)以前,下限为弘治十七年(1504)。尽管在这种考证中存在不少错误,但已不必与之计较,只要指出一点就够了:叶本也无尹直的赞,也有"周静轩"的诗;如果张氏用来判定黄本刊刻上、下限的这两个理由可以成立,那么,我们也可以根据同样的理由判定叶本刊刻于弘治十三年前后至弘治十七年之间。但叶本明明刻于嘉靖二十七年(1548)。因为该本卷首有"嘉靖二十七年岁次戊申春正月下浣之吉钟陵元峰子书"的《三国志传加像序》,其中说:"而罗贯中氏……作为传记,书林叶静轩子又……加以图像,又得乃中郎翁叶苍溪者聪明巧思,镌而刻之……"①其第一卷卷首并有"东原罗本贯中编次　书林苍溪叶逢春采像"的题署,其为刻于嘉靖二十七年无疑。张氏的此种证据能否成立,也就不必词费了。

三

那么,黄本到底刊于何时?

该本卷首有博古生的《三国志叙》,所署写作年月为"癸亥春正月"。孙楷第先生《中国通俗小说书目》以此本为天启间刊本,盖以"癸亥"为天启三年癸亥(1623)。对孙楷第先生的这一判断历来无异议,至张志和氏才提出不同看法。如上所引,他认为这篇《三国志叙》以及封面、目录是天启间刻的,但目录后的"镌全豫(张氏原注:应为'像',此为原书刻错的字)演义三国志群臣姓氏附录"和正文的字体不同,并由此得出了"正文则是旧板"的结论。

现在请看字体不同的具体情况。张志和氏说:《三国志叙》的"字为手写体","目录字为仿宋体","群臣姓氏附录"及正文则"为较粗糙的简体字"。这就是张氏用来证明黄本的序、目录和正文等并非同板的理由。按:明代后期坊刻

---

① 《三国志通俗演义史传》上卷。

小说、戏曲的序言,往往为行书之类的"手写体",此已是研究古代小说、戏曲者的常识;而以序言所署年月为确定坊刻小说、戏曲刊刻年月的依据,也已是古代小说、戏曲研究者的通例(当然,也可能有一二年的误差,例如,写序在上一年而刊刻则在下一年)。用序言为"手写体"而正文为非手写体为理由而否定序与正文为同时所刻,这却是张氏的独创。但既要自创新例,那就必须拿出充分的证据来,也即对明代现存的序文为"手写体"而正文非"手写体"的坊刻小说、戏曲的刊刻年代一一加以考证,以证实这样的刻本中有相当数量的本子的刊刻年代均早于序文所署年月数十年乃至一百年以上。只有这样,才能推翻现在用以测定此类书籍刊刻年代的通例而得出张氏那样的结论;否则就难免使人深感诧异。

至于目录的字刻得端正一些,以后部分的文字刻得草率一些,这在福建一带的坊刻小说中也是常见的事。因为,目录刻得端正,容易给人——至少是不认真翻看的读者——造成刻工道地的印象,以吸引其购买,以后的字刻得草率,则可节省成本。所以,"目录字为仿宋体",乃是缺乏常识之谈。只要查查《辞海》就可以知道:"仿宋体,一种印刷活字字体。1916年前后由钱塘丁辅之、丁善之等集宋代刻本字样仿刻而成。"①而黄本乃是木刻本,并非活字排印本。其谓正文等"为较粗糙的简体字",也不确;只不过有少数字使用了当时的俗写简体而已。

然则张氏所举出来的黄本中那些在嘉靖壬午本中"都没有了"的说明性的字句,可否证明"嘉靖本显然后出",因而黄本在它之前呢?也不。

被张氏用作证据的这类字句,共三条。今逐一论之。

(一)张氏说:在黄本"卷之七下有'七卷、八卷首尾共两年事'数字,这样的字句的出现,也只能是最初的写定者据史籍敷演故事时才能留意的。而在嘉靖

---

① 《辞海》,上海辞书出版社1999年版。

本中,这样的字句都没有了"①。这是张氏所谓"嘉靖本显然后出"的证据之一。

这种说明,固然有可能是"最初的写定者"在编写时所加,但如有另一人把《三国演义》的每一卷都仔细读一读,也可以知道每卷所写之事始于何年,止于何年,所以它也可能是某一位出版者(或抄录者)所加。不过,明代后期的刊刻小说的书坊——尤其是福建的书坊——大概不会愿意下这类过细而无利可图的工夫,因而此类说明有可能出现较早,也就不能排斥"旧本"原有而被嘉靖壬午本所删的可能性。然而,既有这样的说明,就应每卷都有,不应只出现在第7卷,也不应两卷合在一起来说明。——"七卷、八卷"所述恰巧事情较少、年份较短,合在一起计算还较容易;但如有叙述年份长、事情多的卷帙(如第一、二卷共十二年,十七、十八卷共二十六年),两卷合在一起计算,岂不太麻烦?因此黄本说明的这种状况,显然已不是原貌。

其实,附有此类说明的本子,现在所能见到的以叶逢春本为最早。该本十卷(现存本缺三、十两卷),每卷下皆有说明:第一卷为"起汉灵帝中平元年甲子岁,止汉献帝兴平二年乙亥岁,首尾共一十二年事实";第二卷为"起汉献帝兴平二年乙亥岁,止汉献帝建安五年庚辰岁,首尾六年事实";第四卷为"起汉献帝建安十二年丁亥,至汉献帝建安十三年戊子,首尾共二年事实";第五卷为"起汉献帝建安十三年戊子,尽汉献帝建安十六年辛卯,首尾共四年事实";第六卷为"起汉献帝建安十七年壬辰岁,尽汉献帝建安二十四年己亥岁,首尾共八年事实";第七卷为"起汉献帝建安二十四年己亥,至蜀章武二年,魏黄初三年壬寅,首尾事实凡四年";卷八为"起蜀章武二年、魏黄初三年、吴黄武元年壬寅,至蜀建兴六年、魏太和二年、吴黄武七年戊申,首尾共七年事实";卷九为"起蜀建兴六年、魏太和二年、吴黄武七年戊申,至蜀延熙十六年、魏嘉平五年、吴建兴二年癸酉,首尾共二十六年事实"。如前所述,叶本较多地保存了嘉靖壬午本以前的"旧本"的面貌;同时,正如该书的整理者井上泰山教授所指出的,叶本是一个很草

---

① 张志和氏《前言》,张志和氏整理黄正甫本《三国演义》。

率的坊刻本;①此种详细而做起来很麻烦的说明（尤其是第七卷以下需同时用两个以至三个年号来计算），倘非"旧本"原有，只以图利为目的的书坊是不会去做的。换言之，叶本的这种说明乃是（或接近）"旧本"的原貌；因而只在第七卷下有这样一句简单的说明的黄本则已与"旧本"原貌相距很远了。它与没有此种说明的嘉靖壬午本在这点上的区别，只能证明黄本不属于嘉靖壬午本系统，却绝不能证明其刻得比嘉靖壬午本早。

在这里还牵涉到一个分卷问题。叶本十卷，黄本二十卷；叶本的每一卷在黄本中都成了两卷。那么，原来到底是十卷抑二十卷呢？"旧本"倘原是二十卷，自应每卷下有这样的说明（因若以每两卷为一个统计单位，则该单位故事所历的年数必较以一卷为一个单位者增加，统计起来只有麻烦；而且，不是每卷都有说明而要隔一卷才有一个，那就使读者不能知道每一卷故事所历的年数及其迄于何年或始于何年，例如，倘以说明置于第一卷，就不知第一卷止于何年和第二卷始于何年，那必然会引起读者的不满，认为这是一个偷工减料的、草率的本子），后来翻刻，也没有必要将其合并为每二卷才有一个。所以，原来当是十卷，在将它分为二十卷时，如仍用每卷有一说明的形式，则对每卷故事的起讫需要重新统计，颇为麻烦，为了贪图方便，就把原来每卷下的说明改为二卷合用，以省掉重新统计的工作。

接着而来的一个问题是：把十卷分为二十卷，是否始于黄本？倘若是的，那么，第七卷下的说明"七卷、八卷首尾共两年事"自也是出于主持黄本编刊者的手笔，或出于他的授意，那么，他为什么只在第七卷下加这样的说明，而其他的各卷都不加呢？倘说他在加了一次说明后就不耐烦了，所以其他各卷都没有；但加说明自应从第一卷起，为什么唯一的一个说明却出现在第七卷？所以，导致这种状况的唯一可能是：黄本所依据的本子原是每二卷有一说明的，主持黄本编刊者认为此种说明没有必要，就把它们删去了，只是由于删除时的疏忽，把

---

① 参见［日］井上泰山氏《解说》，《三国志通俗演义史传》下卷。

第七卷下的说明保留了下来，刻出来就成了现在的样子。由此言之，黄本的底本实是一个已把"旧本"的十卷分割成了二十卷的本子，而且颇为草率。因为：第一，它不对每卷故事的起讫时间和所历年数重加统计，而采取了把"旧本"的每卷有一说明改成每两卷出一说明的只图省力而不恤降低质量的方式；第二，从叶本可知，"旧本"每卷下的说明是先注明该卷故事的起讫时间，而且颇为详细，包括年号和干支，然后再注其所历年数，但在黄本的底本中，却把起讫时间这一项都删去了。——关于此点，也许有人会说：黄本第七卷下的说明虽然没有起讫时间，但何以证明其并非黄本所删而是它的底本的原来样子呢？这将在论述下一个问题时一并解决。

（二）张氏说：黄本"镌全豫（'像'字之讹）演义三国志群臣姓氏附录（在嘉靖本为'三国志宗僚'）""中所列的人物，与嘉靖本及其他本所列基本一致。但此本'附录中有两句话却为嘉靖本及其他本所无，一是在'附录'之前有'起汉灵帝戊申岁（建宁元年，168）至晋世宗庚子岁（太康元年，280）止，首尾总计一百一十三年事实'"。①又说：嘉靖壬午本卷首蒋大器序说，"若东原罗贯中以平阳陈寿传，考诸国史，自汉灵帝中平元年（184），终于晋太康元年（280）之事，留心损益，目之曰《三国志通俗演义》"，"但我们看嘉靖本所叙史事，实起自汉灵帝建宁元年终于晋太康元年"，黄本卷首"附录""下有'起汉灵帝戊申岁至晋世宗庚子岁止……'一行文字。……这与该书所叙史事年代起止是一致的"。②所以，张氏不但因此而认为有此行文字的黄本为"旧本"和"嘉靖本显然后出"③，并还进而作了如下结论："这也证明蒋大器的序实在是一文不值的。"④

不过，如上所引，叶本第一卷的说明是："起汉灵帝中平元年（184）甲子岁，止汉献帝兴平二年（195）乙亥岁"，所述起始之年恰恰与蒋序吻合；而且，叶本的这一说明当出于"旧本"，也已如上述。当然，正文第一节《祭天地桃园结义》的开头确是"后汉桓帝崩，灵帝即位，时年十二岁。……建宁二年四月十五日，帝

---

①②③④　张志和氏《前言》，张志和氏整理黄正甫本《三国演义》。

关于《三国演义》的黄正甫本

会群臣于温德殿中……"①然则"旧本"在说明中何以不说"起汉灵帝建宁元年戊申岁"呢?当是因为建宁元年只是汉灵帝即位之年,而非三国史事肇始之岁。如从正式的历史纪年来说,"三国"自应从东汉灭亡、曹丕代汉的黄初元年(220)算起;但魏、蜀、吴之间的如火如荼的斗争却是远在这之前就开始的,到黄初元年,这些最精彩的故事都已结束了。倘竟从黄初元年写起,《三国演义》的吸引力至少要失去十之七八。因而"旧本"把三国故事的正式开始定为中平元年(189)——据该书所写,在这一年中,随着黄巾军的"举事",蜀、魏、吴三国的创始人刘备、曹操、孙权相继登场,这之后三个集团的势力逐渐扩大,乃至形成三国鼎立的形势。既然《三国演义》所述说的是三国故事,那么,把书中刘备、曹操、孙权开始登场的中平元年作为它的开始,当然比把建宁元年——那年刘备还在"贩履织席为业"②——作为其开始要合理得多。所以,书中所简单交代的灵帝即位至黄巾"举事"的过程不过是三国故事的引子。否则,《祭天地桃园结义》一开头就是"后汉桓帝崩,灵帝即位……",只要是识字的人,谁都看得懂那是在说灵帝即位那一年的事,为什么"旧本"卷一的说明和蒋大器的序偏偏不说其始于灵帝建宁元年(168)而要说它起于中平元年呢?顺便提一下,蒋大器所看到的本子可能还是每卷下说明起讫年代的,故其所述与"旧本"相合。

因此,黄本"附录"下的"起汉灵帝戊申岁……"的"一行文字",实与"旧本"抵触。而如果黄本的底本中,其卷一说明原有"起汉灵帝中平元年甲子岁……"的话,黄本的编刊者自能明白三国故事是从甲子年刘、曹、孙相继登场开始的,而不致硬说其起于"汉灵帝戊申岁"了。

(三)被张氏作为黄本出于嘉靖壬午本以前的另一证据,是"附录"的"魏姓氏'别传'后,有'已上皆有本传,惟本堂全像演义,搜补事实,一一载之。故增附录耳'。由此亦可想见此书在最初写定时,据当时的三国故事参以史籍,踵事增

---

① 《三国志通俗演义史传》上卷。
② 《祭天地桃园结义》,《三国志通俗演义史传》卷一。

华,整理成书的情形"①。按:黄本的"镌全像演义三国志君臣姓氏附录",所载均为人名。此处的"本堂全像演义,搜补事实,一一载之,故增附录耳"之语,显然是指黄本(或其底本)"搜补"了原先的《三国演义》所不载的"事实",并把它们"一一载"于书中,以致书中人物增多,所以在卷首的"镌全像演义三国志群臣姓氏"中增加了"附录",以记载这些"搜补"进去的"事实"中的人名。张氏也是这样理解的,故有"踵事增华"等语。不过,这几句话却恰恰暴露了黄本(或其底本)的编刊者根本不了解《三国演义》卷首这个"三国志君臣姓氏"的意旨,因而这几句话绝非"旧本"原有。

类似这样的君臣姓名,在《三国演义》的很多版本中都有。例如,嘉靖壬午本卷首有《三国志宗僚》,所载人名按蜀、魏、吴三个系统依次排列(黄本也按这一系统排列);而每个系统中的名称次序又不尽相同。蜀的排列次序是帝、后及其儿子,然后"列传""别传""附传"。吴与蜀相似,唯在帝、后之后有"宗室",所载不仅为各帝之子,蜀的"列传"则为吴所无。魏与蜀的区别,首在传的名称:蜀的"列传",魏改称"本传"之后、"列传"之前。叶本在全书总目录后,有一个"三国君臣姓氏附录":其细目为"魏国帝纪　后妃纪　臣纪　皇族纪　别传　蜀国帝纪　后妃纪　臣纪　皇族纪　别传附传　吴国帝纪　后妃纪　臣纪　皇族纪　附传"。但无具体人名。估计这只是一个目录,具体人名当在第十卷(正文的最后一卷)之后。今其第十卷已佚,此一部分当也随之亡佚。黄本所用名目也是"帝纪""后妃纪""臣纪"之类的名目,与叶本当为同一系统,但已作过增改。

在这里首先应弄清楚的是这一名单的性质。嘉靖壬午本的"三国志宗僚",似应理解为史籍《三国志》中的"宗僚"姓名;叶本的"三国君臣姓氏"则既可理解为《三国志》中的,也可理解为《三国演义》中的;黄本的"镌全豫('像'字之讹)演义三国志君臣姓附录"(类似这样的名称并非始于黄本,但为节省篇幅,本文于

---

① 张志和氏《前言》,张志和氏整理黄正甫本《三国演义》。

关于《三国演义》的黄正甫本

此不涉及)则显然是指《三国演义》中的君臣姓氏了。

先看嘉靖壬午本。它的这份名单中,囊括了《三国志》中的较重要人物,尤其是有正式传记的人物,而且有好些是只见《三国志》而在《三国演义》中根本不出现的,如魏的阮籍、嵇康,吴的滕后(孙皓妻)等;至其"附传"一目,则专收其传记或事迹在《三国志》中仅仅附见于别人传记中的人物(偶有例外,见后),更显然是以《三国志》为标准的。由此言之,这份名单乃是《三国志》中人名的名单。但是,也有极个别人物是《三国志》中没有而仅见于《演义》的,例如蜀的"附传"中的周仓。这可以有两种解释:一、此类人名为后人窜入;二、《三国志宗僚》中偶尔也收入《三国志》所没有的、《演义》中的重要人物。但即使采取后一种解释,这份名单也主要是《三国志》人物的名单。

再看叶本。虽然其"三国君臣姓氏附录"的具体名单亡佚了,但因一则除少数地方有异外,叶本与壬午本基本相同,这份名单当也如此,再则黄本与叶本名单当出于同一系统,黄本名单也与壬午本基本相同,所以,叶本名单与壬午本名单纵有出入,当也极微。在这里需要注意的是:一、叶本"君臣姓氏"的排列,先魏后蜀,这显然出于《三国志》。二、叶本的这份"姓氏"中,于"帝纪"之后,即为"后妃纪""臣纪"等,这当然是不通的,不符合修史体例,但因叶本出于"旧本",所以这可能是较为原始的面貌,而壬午本把"纪"字全都取消,并把臣子降为"传",则是出于后来的修改。三、叶本魏、蜀皆有"别传",而壬午本中魏的"别传"却成了"列传"。就壬午本来看,蜀的别传为刘焉、刘璋,即蜀地的原来的统治者,也即并非刘备的臣子;壬午本将他们编入"别传",而与收刘备、刘禅臣子的"列传"区别,这自然是合理的;但魏的部分那些与刘焉、刘璋身份相当的人如"吕布、袁术"等为什么不列入"别传"而入于"列传"呢,何况叶本魏也有"别传"。所以壬午本的魏的"列传"当为"别传"之误。而"别传"既误为"列传",所以就把原来收曹氏臣子的"列传"(壬午本蜀的部分的"列传"是收刘备、刘禅的臣子的,魏的部分自应是相同的体例),改为"本传"了。

总之,无论从出于"旧本"的叶本根据《三国志》来排列这份名单的魏、蜀、吴

蛾术薪传

次序,抑或从壬午本名单所列人物的上述情况来看,都可证明《三国志宗僚》或《三国君臣姓氏》主要不是《三国演义》的人物表。所以,把这份名单称为《镌全像演义三国志君臣姓氏附录》——《演义三国志》的人物名单,则显然是后人对这份名单的性质的误解,当然不会是"旧本"的原话。尤其是黄本独有的所谓"惟本堂全像演义,搜补事实,一一载之,故增附录耳"诸语,不但如上所述进一步坐实了这是《三国演义》的人物表,而且这话是出现在魏的"别传"之后、"附传"(黄本魏国无"附传",但在这几句后所列人名仅较壬午本的魏国附传少了一个缪袭,多了一个莫名其妙的枚生,当然还增加了不少错字;所以,这几句话后的名单,基本上就是壬午本的"附传"名单;且黄本于蜀、吴皆有"附传",为方便计,本文把这些人都称为魏国"附传"中的人物)之前的,所以这至少意味着魏国"附传"中的这些人物都是见于其所"搜补"并"一一载"于《演义》中的"事实"而为《演义》的最初本子所没有的。但遗憾的是:在这一魏国"附传"里的人物,有许多(除上举的嵇康、阮籍外,还有应璩、刘桢等)是黄本《三国演义》正文所没有的,当然也看不到有关的"事实",可见"搜补事实,一一载之"云云,实是谎言。但他既然对嵇康、阮籍等一大批人的事实根本没有"搜辑"过,也没有将它们记入《演义》,何以敢于如此当众撒谎呢?这当是因其误认这份名单为《三国演义》人物表(如上所述,这份名单当是"旧本"已有),以为既然榜上有名,书中就一定有其"事实",反正一般读者也不会知道这些"事实"是谁搜集来的,不妨贪天之功以为己有。那么何以要如此自吹自擂呢?这就牵涉当时书坊之间为招徕顾客而进行的激烈竞争,具体情况可参看金文京教授《三国志演义の世界》[①]的关于《三国志演义》出版战争的论述。

然而,张志和氏却把这种远离事实的广告作为黄本早于嘉靖壬午本的有力证据之一,这真是从何说起。

---

① [韩]金文京《三国志演义の世界》,日本东方书店 1993 年版。

关于《三国演义》的黄正甫本

四

综上所述,张氏用来证明黄本早于嘉靖壬午本的证据无一条能够成立,而对于黄本的序写于天启间这一点他也并无异议,说黄本的版本乃是旧版又没有任何可以成立的证据。所以,我们仍只能承认黄本是天启刊本。在这样晚出的刊本中没有提及罗贯中,又怎么用作罗贯中不是《三国演义》作者或写定者的依据?

现在,简单地谈一谈黄本的情况。

在这方面,我其实没有多少可谈的,因为日本中川谕氏《〈三国志演义〉版本の研究》已经作了比较具体的介绍了①。我在这里只简单地提出几点,以作为本文的结束。

第一,正如《水浒》《西游》均有繁本、简本之别,《三国演义》也有。据我所接触到的来看,在叶本中已有极小的简略。这种简化的工作在以后的不少闽刻本中逐步扩大,黄本也就是这种简本中的一个。本文第二节所引黄本关于伍伯和张松的叙述,就较叶本有所删略,而且是颇为关键之处。

这里再引一段为例:

……慈曰:"府君修书,某当急往。"慈腰带弓箭,飞出城壕,贼兵十数骑来战。被慈刺死数贼,余皆退走。管亥知是求救,领众围住。慈倚枪,拈弓搭箭,射死数人。贼众方退。(黄本卷二《刘玄德北海解围》,据中国人民大学出版社出版的张志和整理本)

……慈曰:"府君修书,某当急往。"融喜,作书付慈收了。惯甲上马,腰带两弓,手执铁枪,饱食严行(按:嘉靖壬午本"行"作"装")。城门开处,一

---

① [日]中川谕《〈三国演义〉版本の研究》,日本汲古书院1998年版。参见其中《序论》第三节、《本论》第一章第二节、第四章第一节、第五章第三节、第四节的相应部分。

骑飞出。近濠,贼将十数骑来战,被慈搠三人下马,余皆退走。慈杀开群贼,透围而出。管亥知有人出城,料是求救,令数百人赶来,八在围定。慈倚枪,拈弓搭箭,八面皆射之。射死十余人,皆应弦落马。贼皆退回。(叶逢春本卷一《刘玄德北海解图》)

把这两段加以比较,不但繁、简之别迥然,而且黄本之简显然是对原来的繁本任意删简所致。举例言之:第一,太史慈并非飞行绝迹的剑仙,怎能如黄本所谓的"飞出城壕"?而叶本的"一骑飞出"则是《三国演义》的常见语句,犹言一骑马如飞而出。第二,就黄本看,太史慈在"飞出城壕""刺死数贼"以后,仅仅是使"余皆退走",他自己还不曾有所动作,在这种情况下,接下来将发生什么变故是很难预料的(例如,可能由太史慈在这一城门外与对方周旋以吸引其注意,然后城中的大部队从另一城门出击;或者,先由太史慈一人出来冲击,等一会大部队再从此一城门跟踵而出;等等),那么,管亥怎能"知是求救"?所以,必须如叶逢春本所写,太史慈已"透围而出",管亥这才"料是求救"。但其时太史慈既已冲出包围,自然先要有人"赶来",才能进而"八面围定",从而引出太史慈的"倚枪""搭箭",最终迫使"贼众"退去。换言之,叶逢春本较黄本多出的那些文字原是不可缺少的,而黄本则是把这些不可或缺的文字也胡乱删去了。所以,中川谕氏把它列为简本,是很正确的。

第二,这种简本除了减省文字以外,还增加内容;这主要集中在关索故事的窜入上(繁本也有窜入关索故事的)。而且,不同的版本所窜入的关索故事又有不同。金文京教授《三国志演义の世界》把闽刻本之增入关索故事的分为"福建本花关索系"和"福建本关索系"两大类。前一系中的关索是在关羽在荆州时就出现的,以后参与刘备的取西川的战争,立功甚多,最后在云南病死。后一系中的关索则是在诸葛亮南征时开始出场的。不过,无论嘉靖壬午本或叶本都无关索故事,因此,这两个系统中的关索故事都是在叶本之后加入的。黄本的正文属关索系,目录则为"花关索系"。张志和氏说黄本目录卷十二的"张飞关索取阆中",正文却是"瓦口关张飞战张郃",就因"张飞关索取阆中"是"花关索系"

的,"瓦口关张飞战张郃"虽为花关索故事增入前的原目,但在"关索系"诸本中,这一原目又恢复了。由于黄本在诸葛亮南征时也有关索出现,所以其正文属于"关索系",此处目录却是"花关索系"。

第三,关于静轩诗的增入。从目前的情况看,增入静轩诗最早的是叶本,而且叶本引静轩诗从不称周静轩。以关西大学出版部的影印本来说,从第一卷到第五卷(第四卷已佚)的《七星坛诸葛祭风》为止,引静轩诗十余处,但均不出其姓,直至同卷的《曹操夜走华容道》,始有"周静轩先生读史诗曰……"。而这以后引静轩诗,又不著其姓了,至第六卷《甘宁百骑劫曹营》才又见"静轩周先生"之诗,而其后出现的大量静轩诗又把姓去掉了。这是一种很不可解的现象。因为叶本引诗之点明作者的,一般均有姓及名(或字号),只有一处出现过东坡(卷二《论英雄青梅煮酒会》);不过苏东坡名气太大,不出其姓,读者也能理解;而对这位无藉藉之名的静轩,又为什么大量征引其诗而迟迟不出其姓呢?尤其值得注意的是:该本元峰子序曾提到"加以图像"的"书林叶静轩子",而该本的全书目录之后,即有"静轩先生叹曰"一诗。一般读者就很自然会想到:这位"静轩先生"就是书林叶静轩吧。越往下读,静轩的诗越多,这种印象自然会越深。因此,叶本之引静轩诗而不著其姓,很可能就是想冒周诗为叶诗,而第五卷及其后的偶一出现"周静轩先生"或"静轩周先生"一类字样,则当是一时疏忽,未将"周"字删去;否则就很难解释何以在第五卷《曹操夜走华容道》之前一直不著静轩之姓?——若是为了节省刻工而删去其姓,何以其他引诗的作者的姓又都不删?倘说静轩诗引得太多了,不必都保留其姓,那也应将其姓保留在最初出现之处,而不当迟至第五卷才标明其姓。假如进一步推究,那么,叶本静轩诗的来源不外两个:一是源于叶本的底本,一是叶本所增入。但如是叶本所增入,自不会再加"周"字,尽管那只是在极个别的场合;所以,这当是叶本底本所原有,只是底本中原有"周"字,被叶本删去了;又因"校书如扫落叶",要把"静轩"之作为"周静轩"或"静轩周先生"的全都校出来而删除干净,委实不易,以致仍然留下了痕迹。再以叶本校黄本,则可发现黄本所收静轩诗除略有增加外,其余基本同于黄本。倘静轩诗为叶本所增入,则黄本静轩诗自当直接或间接出于叶本;倘静轩诗为叶本底本所有,但如上所述,删去周静轩的"周"字则当始于叶本;而黄本引静轩诗也均无"周"字,故仍当直接或间接出于叶本。而在这方面有两点必须注意:第一,黄本将叶本中保留静轩之姓的两处文字(见上)里的"周"字也去掉了(叶本的《曹操败走华容道》中的"周静轩先生"诗,在黄本中成了"静轩诗",并被移于《周公瑾赤壁鏖兵》回;叶本《甘宁百骑劫曹营》中的"静轩周先生"诗,在黄本的同回中也成了"静轩"之诗)。第二,叶本中的有些并非静轩的诗,在黄本中却成了静轩诗。例如,张志和氏曾说壬午本把黄本中八首周静轩的诗改成了别人的诗。由于叶本已残,其中有五首诗是属于叶本的已佚部分的,无从比对;但另三首现存于叶本(即《迁銮舆曹操秉政》中的"血流芒砀白蛇亡……",《庞统智进连环计》中的"赤壁鏖兵用火攻……",《玉泉山关公显圣》中的"当年父子镇荆襄……"),分别作"后贤"诗、"古诗""史官"诗,都不是静轩诗。由于如上所述,黄本的静轩诗是直接或间接出于叶本的,则其在这方面与叶本的不同,显然是黄本(或其底本)任意改动叶本的结果。

  由以上三点来看,也可进一步证明黄本是一个后出的、草率而不负责任的本子;尽管这也许是源于其底本的,但此类本子之不能作为"现存明代最早的插图古本"来吹嘘,不能由于其不署罗贯中之名而否定罗贯中的著作权,应是不言而喻的吧。

原载《上海师范大学学报(社会科学版)》2001 年第 5 期

《平妖传》版本初探

陆树仑

《平妖传》是一部有影响的古典小说,1956年曾加标点排印,以后又多次印刷。然而对其版本的原委,尚缺少确切的考述。目前中外研究者是这样认为的:

《平妖传》,原名《三遂平妖传》,二十回,罗贯中编。现存的钱塘王慎修校梓的四卷二十回本,即为通常所称的"武林旧刻",是罗贯中原本的重刻本。冯梦龙根据此本增补成四十回。现存泰昌元年(1620)张无咎序的《天许斋批点北宋三遂平妖传》(以下简称"天许斋本"),是冯梦龙增补的原刻本。崇祯年间的《墨憨斋批点北宋三遂平妖传》(以下简称"嘉会堂本"),是天许斋本的重刻原本;清代坊间通行本皆从嘉会堂本翻刻。

近来,在章培恒同志处读到日本天理图书馆影印的二十回王慎修校梓本,又蒙日本矶部彰先生以天许斋本的显微胶卷见示,详检之下,觉得有关《平妖传》版本的结论,颇有可商榷之处。今将个人一孔之见,陈述于下,向诸位研究者请教。

一

按,晁瑮《晁氏宝文堂书目》所收录的书目,列有《三遂平妖传》两种:一为分上、下卷的两卷本,一为不分卷的南京刻本。这说明明嘉靖年间,《平妖传》便有两种版本在流传。不过,今天尚未发现其传本,故无从知道这两种本子的具体情况。

又据张无咎《平妖传序》记载,万历年间,《平妖传》又有一种二十回武林刻本。有关研究者认为,北京大学图书馆和日本天理图书馆所藏的钱塘王慎修校梓的二十回《平妖传》(北京大学图书馆所藏的那一部原为马廉先生旧藏)便是张无咎《平妖传序》中提到的那个"武林旧刻本"。按:北京大学图书馆和日本天理图书馆所藏的钱塘王慎修校梓的二十回本《平妖传》,首有武胜童昌祚的《引》。童昌祚的《引》称"重刻《平妖传》",并指出"慎修王君奈何掇拾唾余,更为木灾,而分贯中氏讥也","慎修愿卑,扬罗氏之波,而涉其末流也哉"。可以证实,王慎修曾刊刻过罗贯中的《平妖传》。不过,问题在于北京大学图书馆和日本天理图书馆所藏的这两部同一版式的,题作王慎修校梓的二十回本《平妖传》,是否王慎修原刻。在阅读日本天理图书馆所藏的二十回本《平妖传》的影印本过程中,发现种种迹象可资说明这个本子并非王慎修原刻本,那原刻本的说法是错误的。

第一,正文的字体和刀法,卷二第十七叶以前(包括卷一全部)与卷二第十八叶以后(包括卷三、卷四全部),迥然不同(北京大学图书馆所藏的那一样也是如此),非常明显,是出自不同的写手和刻工。这种情况说明什么问题呢?日本横山弘先生在影印《平妖传》的《解题》里,根据版式的风格而认为卷二第十八叶以后为明刻本,第十七叶以前,是清代"复刻补版"。认为卷一及卷二的前十七叶是清代"复刻补版",那是不错的。至于卷二第十八叶以后为明刻本的说法,却值得考虑。因全书用纸,均为带黄的毛边纸,不见补配的痕迹,故可以断定,全书系一次印刷。同时,补版部分的插图,与其他各卷的插图,同出于一个刻工之手。卷一的第一幅插图和卷三的第一幅插图,都刻有"金陵刘希贤刻"字样;卷四的第三幅插图,也刻有"刘希贤刻"字样。而这些插图嵌在正文中,左右半叶合为一幅,不是插叶,不可能是后装订进去的。既是如此,就不排除有这样一种可能:卷二第十八叶以后部分,也不是明刻,与清代的补配部分,同出于一个时代,插图均出自刘希贤之手,而文字的写手和刻工却非一人,然第二十回版面漫漶又似非新版。因此我认为，如横山弘先生的说法可以成立，这部现存的二十回本《平妖传》，也只宜说，一部分为明刻清印，一部分为清代复刻补配。如卷二第十八叶以后，也是清刻，这个二十回本，便是一种清代复刻补配本。无论属于哪一种情况，称现存的二十回本《平妖传》是明代王慎修原刻本，那是不确切的。出于行文的方便，下文均称此刻本为复刻补配。

第二，这部二十回本《平妖传》，共分四卷。卷一之下，署"东原罗贯中编次，钱塘王慎修校梓"。卷二、卷三的题署与卷一相同。而卷四之下的题署则为"东原罗贯中编次，金陵世德堂校梓"，不同了。出现这种不同题署的现象，不外乎这三种可能：一、这部二十回本《平妖传》，由王慎修校梓的前三卷和世德堂校梓的第四卷补配而成；二、王慎修校梓三卷之后，便把版子转让给世德堂，世德堂对第四卷的版子，进行挖补，改"钱塘王慎修校梓"为"世德堂校梓"；三、前三卷据王慎修校梓本复刻，第四卷据世德堂校梓本复刻。鉴于各卷插图出自一人之手，第四卷正文字体、刀法与第三卷和第二卷一部分的字体、刀法一致，又不见第四卷的题署有挖补的痕迹，故可以说，第一、第二两种可能无法成立，第三种可能，即前三卷和第四卷是依据不同的本子复刻的可能，目前尚无理由可以否定。

第三：书的扉页右上方题有"冯犹龙先生增定"字样。有的研究者认为，书是明王慎修刻的，题有"冯犹龙先生增定"字样的扉页，"系后来所加"。王慎修刻《平妖传》，中外研究者一致认为在万历二十年(1592)左右。此时冯梦龙还没有增补《平妖传》，扉页非王慎修刻本所固有，那是不成问题的。然而，这张扉页是在什么情况下增加进去的？是书坊见冯梦龙增补《平妖传》，名重一时，乃刻此扉页，装订进王慎修刻本，以招徕读者，还是复刻王慎修刻本时增刻了这张扉页呢？从这张扉页上的字体和刻工刀法与书中第二卷十七叶以前部分的字体和刀法相同这一点来看，可以断定，这张扉页是清代复刻补配时加上去的。至于之所以要加上这样一张扉页，日本泷泽马琴(1767—1843)在《三遂平妖传国字评》中推测说，冯梦龙增补的《平妖传》，在读者中间影响大，所以书坊复刻《平妖传》时,加上了这张扉页,以招徕读者。书坊出于牟利,弄虚作假,那是常有的。不过,目前尚无材料可资说明,二十回本《平妖传》的扉页刻上"冯犹龙先生增定"字样,也是属于这种性质。情况既是如此,那么,有无另一种可能:复刻补配《平妖传》时,所根据的王慎修本和世德堂本,因残缺不能成立,于是又用冯梦龙增补本补配。"冯梦龙先生增定"字样,不是作伪,而是反映了实际情况。我认为这种可能性很大。现考述于下。

首先,现存的二十回本《平妖传》,每回的字数多少,悬殊甚大。最多的十五叶半,五千余字,最少的只有三叶,一千零几十字。这种情况说明复刻补配时所依据的祖本非止一种,在文字有繁、简之分。实际情况也确是这样。如第九回《左瘸师买饼诱住迁,任吴张怒赶左瘸师》,一一写去,描绘得有声有色,相当细致。而第十六回《王则领众贝州造反,永儿率兵掳掠郡邑》,写胡永儿掳掠郡邑,只有"胡永儿领妖兵掳掠郡邑乡村"一句带过,与回目很不相称。繁、简如此悬殊,说明这两种文字非一人手笔,复刻补配的祖本里有繁、简两种本子。从繁、简两种文字的风格上看,简本似属于罗贯中旧刻系统,繁本乃为冯梦龙增补本系统。

其次,用二十回本与天许斋本对核,其间的情况相当复杂。天许斋本第一回至第十五回,纯属冯梦龙新增。(二十回本第一回至第七回,相当于天许斋本第十六回至第二十五回,冯梦龙增补了两回;二十回本第八回至第十二回,相当于天许斋本第二十六回至第三十回,不见增补;二十回本第十三、十四两回,相当于天许斋本第三十一、三十二两回,增补了个别情节;二十回本第十五回至第二十回,相当于天许斋本第三十三回至第四十回,增补了三回;详见附表)。冯梦龙增补的内容,各回的情况不一,有的回丰富了一些情节,有的回仅作了些文字上的更动,有的回多,有的回少,不见有什么规则。更值得注意的是第八回至第十二回,每回的起讫,两种本子完全一致,内容情节也全部相同,文字上的差异也不大。如第九回与天许斋本第二十七回之间,除回目和回前诗互异外,正文中只有八十多字不一样;又如第十一回与天许斋本第二十九回比较,只有两首诗和七十余字的增删。这与其他各回的情况不同,很可能就是冯梦龙增补的文字,只是用来复刻补配时作了一些整理和字句上的改动。

其三,《平妖传》二十回本和天许斋本与《水浒传》容与堂本和杨定见本对勘,在情节文字上颇有一些相应之处。今列举数例于下,以作说明。

一、二十回本第七回《八角井卜吉遇圣姑姑》,有关圣姑姑形状的描写,与《水浒传》第五十三回《戴宗智取公孙胜》里描写公孙胜母亲的文字,极其相似。

《平妖传》二十回本:苍形古貌,鹤发童颜。眼昏似秋月笼烟,眉白如晓霜映日。销衣玉带,依稀紫府元君;凤髻龙簪,仿佛西池王母。正大仙容描不就,威严形象画难成。

天许斋本与此仅有一字之差,即"销衣玉带"为"锈衣玉带"。

《水浒传》容与堂本:苍然古貌,鹤发酡颜。眼昏似秋月笼烟,眉白如晓霜映日。青裙素服,依稀紫府元君;布袄荆钗,仿佛骊山老姥。形如天上翔云鹤,貌似山中傲雪松。

杨定见本与此全同。

二、二十回本第八回《野林中张鸾救卜吉》里有关卜吉蒙冤被刺配,公差受贿,于野林中图谋杀害,被张鸾搭救一段文字,与《水浒传》第八回《鲁智深大闹野猪林》里关于公差受命杀害林冲,鲁智深搭救的描写,在情节安排上和文句运用上,均极其相近。

《平妖传》二十回本:(董超、薛霸)正走之间,只听得背后有人叫声:"董牌!"董超交薛霸押着卜吉先行。那个人看着董超道:"我是知州相公心腹人。适间断配他出来,这厮在州衙前放刁。如今奉知州相公台旨,交你二人怎的做个道理,就僻静处结果了他,回来重重赏你。"……

……

董超道:"……今日忒起得早了些,要歇一歇。只怕卜吉逃走了时,生药铺里没买处你。等我们缚一缚,便是睡也心稳。"卜吉道:"上下要缚便缚,我决不走。"董超将条长索把卜吉缚在树梢上,提起索头去那边大树枝梢上倒吊起来,手里斜着水火棍道:"卜吉,我们奉知州相公台首,交害你,却不干我们事。明年今月今日今时是你死忌。"……只见林子外面一个人喝道:"防送公人不要下手,我在此听得多时了。"

天许斋本在文字上略有出入。

《水浒传》容与堂本:那人道:"我是高太尉府心腹人陆虞候便是。……你二位也知林冲和太尉是对头。今奉着太尉钧旨,教将这十两金子送与二位,望你两个领诺。不必远去,只就前面僻静去处,把林冲结果了。……"

……

董超、薛霸道:"俺两个正要睡一睡,这里又无关锁,只怕你走了,我们放心不下,以此睡不稳。"林冲答道:"小人是个好汉,官司既已吃了,一世也不走。"董超道:"那里信得你说,要我们心稳,须得缚一缚。"林冲道:"上下要缚便缚,小人敢道怎地。"薛霸腰里解下索子来,把林冲连手带脚和枷紧紧的绑在树上,两个跳将起来,转过身来,拿起水火棍,看着林冲说道:"不是俺要结果你。自是前日来时,有那陆虞候传着高太尉钧旨,教我两个到这里结果你,……休得要怨我兄弟两个。……你须精息着:明年今日是你周年……"

……只见松树背后雷鸣也似一声,那条铁禅杖飞将来把这水火棍一隔,丢去九霄云外。跳出一个胖大和尚来,喝道:"洒家在林子里听你多时。"

杨定见本与此仅有数字不同。

三、二十回本第十一回《弹子和尚摄善王钱》里那篇咏开封府包待制的赞,与《水浒传》第二十七回《母夜叉孟州道卖人肉》里那篇咏东平府尹陈文昭的赞,虽有词句上的出入,但因袭关系极其明显。

《平妖传》二十回本:平生正直,禀性贤明。常怀忠孝之心,每存仁慈之念。户口增,田野辟,黎民颂德满街衢;词讼减,盗贼潜,父老讴歌喧市中。攀辕截镫,名标青史播千年;勒石镌碑,声振黄堂传万古。果然是慷慨文章欺李、杜,贤良方正胜龚、黄。

天许斋本与此全同。

《水浒传》容与堂本：平生正直，禀性贤明。幼年向雪案攻书，长成向金銮对策。常怀忠孝之心，每行仁慈之念。户口增，钱粮办，黎民称德满街衢；词讼减，盗贼休，父老赞歌喧市井。攀辕截镫，名标青史播千年；勒石镌碑，声振黄堂传万古。慷慨文章欺李、杜，贤良方政胜龚、黄。

　　《水浒传》杨定见本：平生正直，禀性贤明。幼曾雪案攻书，长向金銮对策。户口增，钱粮办，黎民称德满街衢；词讼减，盗贼休，父老赞歌喧市井。慷慨文章欺李、杜，贤良德政胜龚、黄。

四、二十回本第十七回《文彦博领兵下贝州》里描写宋仁宗早朝的赞，与《水浒传》第一回《张天师祈禳瘟疫》里百官贺宋仁宗临朝的赞，可说是全同。

　　《平妖传》二十回本：祥云迷凤阁，瑞气罩龙楼。含烟御柳拂旌旗，带露宫花迎剑戟。天香影里，玉簪朱履聚丹墀；仙乐声中，绣袄锦衣扶御驾。珍珠帘卷，黄金殿上现金舉；凤羽扇开，白玉阶前停宝辇。隐隐净鞭三下响，层层文武两班齐。

天许斋本和《水浒传》杨定见本与此全同，只是《水浒传》容与堂本有两字出入，即"朱履"为"珠履"，"凤羽"为"凤尾"。

　　仅此四条，便足以说明现存二十回本《平妖传》与《水浒传》之间存在着一种因袭关系。《水浒传》成书的时间早于《平妖传》，不存在《水浒传》因袭《平妖传》的问题。这些相应的情节文字只能是《平妖传》因袭《水浒传》的。既然如此，那么，这些相应的情节文字是罗贯中编写《平妖传》时从《水浒传》中移植来的呢？还是后人在《水浒传》影响下，增补进《平妖传》呢？鉴于《平妖传》因袭《水浒传》的文字，有同于容与堂本而异于杨定见本，有同于杨定见本而异于容与堂本的情况，可以断定《平妖传》与《水浒传》相应的文字，不是出自罗贯中之手，而是后人根据容与堂本和杨定见本增补的，对于从那个本子，还有过选择。其增补的时间自然在容与堂和杨定见本行世之后。容与堂本和杨定见本刊行于万历四十年（1612）前后。这样，从容与堂本和杨定见本因袭一些情节文字增补进《平妖传》的时间，在万历后期，与冯梦龙增补《平妖传》的时间接近。所以不妨做出这样的推断：现存二十回本《平妖传》中存在的与《水浒传》相应的情节文字，乃出自冯梦龙之手，是冯梦龙增补本《平妖传》中的一部分。

其四，现存二十回本《平妖传》里有明代流传的异闻。如第十一回"杜七圣法术剁孩儿"，便流传于明嘉、隆年间。这则续头幻术的异闻，有不同记载。一见于南唐尉迟偓的《中朝故事》，一见冯梦龙的《古今谭概·灵迹部》，名《幻戏》。现分别摘录于下。

《中朝故事》：咸通中，有幻术者不知其姓名，于坊曲为戏。挈一小儿，年十岁已来。有刀截下头，卧于地上，以颈安置之，遂乞钱云："活此儿子。"众竞与之。乃叱一声，其儿便走起。明日又如此，聚人千万，钱多后，叱儿不起。其人乃谢诸看人云："某乍到京国，未获参拜，所有高手在此，致此小术不行，且望纵之，某当拜为师父。"言讫，叱其小儿不起。俄有巡吏执之，言汝杀人，须赴公府。其人曰："千万人中，某一难逃窜。然某更有异术，请且观之，就法亦不晚。"乃于一函内取瓜子，以刀划开臂上，乃曰："某不欲杀人，愿高手放斯小儿起，实为幸矣。"复叱之不兴。其人嗟叹曰："小人杀人也。"以刀削其甜瓜，落喝一声，小儿乃起如故。众中有一僧头欻然堕地。乃收拾戏具，并小儿入布囊中，结于背上。一面吐气一道，如匹练上冲空中，忽引手攀缘而上，丈余而没，遂失所在。其僧竟身首异处矣。

《古今谭概·灵迹部》：嘉、隆间，有幻戏者，将小儿断头作法讫，呼之即起。有游僧过，见而哂之。俄而儿呼不起，如是再三。其人即四方礼拜，恳求高手放儿重生，便当踵门求教。数四不应，儿已僵矣。其人乃撮土为坎，种葫芦子其中，少顷生蔓，结小葫芦。又仍前礼拜哀鸣，终不应。其人长呼曰："不免动手也。"将刀斫下葫芦。众中有僧头欻然落地，其小儿便起如常。其人即吹烟一道，冉冉乘之以升，良久遂没，而僧竟不复活矣。

从续头幻术故事的承袭上讲，这里存在着两种可能：一是罗贯中根据《中朝故事》写进《平妖传》，另一是冯梦龙根据传闻增补进《平妖传》，并收入《古今谭概》。究竟属于哪一种可能，可以就以下三个方面的情况进行分析判断。

一、冯梦龙编纂《古今谭概》，按惯例，所辑录的故事，凡冯梦龙知道另有异文时，总要加以说明。例如，《专愚部》"蠢父"条，说的是苏州徐检庵见妾临蓐欲产，则令忍勿生，以待吉时，结果母子俱毙，冯梦龙便于注中指出："'猗园'谓巨室子妇，误。"《苦海》"同东集"条，谓刘从事替吴僧法海诗集作序，有小杜、老杜语。冯梦龙也于注中指出："一说东坡题佛印像，亦有大杜、小杜语。疑即此误。"又如《灵迹部》"外国道人"条，冯梦龙于评注中指出："前段与《广记》阳羡书生寄鹅笼中事同。"像这样的例子，还可以列举出不少。这说明冯梦龙对于所辑录的故事，做过广泛的比勘核对的工作，凡别处有相异或相同的记载，总在评注中予以说明。而于这则《幻戏》，冯梦龙却未加任何说明。可以推知，冯梦龙在纂辑《古今谭概》时，只知有传闻，尚未发现《中朝故事》里也有与《幻戏》相类似的故事。同时也没有在别处看到这类故事的记载。假如杜七圣幻术刴孩儿的故事，是《平妖传》原著就有的，那么，冯梦龙增补过《平妖传》，不可不知道，也不会不在《古今谭概》里加以注明，指出这则故事不是始于嘉、隆年间，而早在几百年前就为人所乐道和写进小说。因此，我认为杜七圣幻术刴孩儿，不是罗贯中根据《中朝故事》写进《平妖传》，而是冯梦龙根据传闻增补进去的。

二、《平妖传》里关于杜七圣幻术刴孩儿的故事，其梗概，与《古今谭概》里的《幻戏》相同，与《中朝故事》的记载，却有不少出入。例如，杜七圣种葫芦子于土坎，与《古今谭概》的《幻戏》相同，而《中朝故事》则为种瓜子于臂上；《平妖传》《幻戏》皆称葫芦子埋入土坎中，少顷生蔓，结了小葫芦，而《中朝故事》却无生蔓结瓜的描写，不知以后削的甜瓜从何而来；杜七圣刀刴的是小葫芦，《幻戏》里也是如此，而《中朝故事》里刀削的乃是甜瓜；施幻术者叱儿不起时，《中朝故事》里有巡吏执之，言其杀人，须赴公府的情节，而《平妖传》与《幻戏》同，俱无这种文字。可见，《平妖传》里关于杜七圣幻术刴孩儿的故事，是以《古今谭概》所收的《幻戏》为依据，略加敷演而成，不是以《中朝故事》里有关续头幻术的记载为蓝本。《幻戏》明言这则故事发生在明嘉靖、隆庆间（按：谢肇淛《五杂俎》卷六，也收有这则故事，内容与《幻戏》全同，亦谓"传闻嘉、隆间有幻戏者……"），上距罗贯中编写《平妖传》已有二百年左右，不可能是罗贯中据此传闻写进《平妖传》。所以这则流传在嘉靖、隆庆年间的异闻，见于《平妖传》，无疑是嘉、隆以后的人增补进去的。而增补过《平妖传》的人，目前知道只有冯梦龙。王慎修虽校梓《平妖传》，但未发现他也曾作过增补的记载。故这个增补者，只能是冯梦龙了。

三、有关杜七圣幻术剁孩儿的描写，相当细腻，并且二十回本与天许斋本之间，在文字上也没有多大差异，说明两种版本有关杜七圣幻术剁孩儿的描写，同出于一人之手。结合上述两点的论断，认为这是属于冯梦龙增补的文字，不能说没有根据。

在这里还应指出，传世的二十回本《平妖传》，是冯梦龙增定，早就为人们所承认。据郑振铎先生所藏小说中，有一种《平妖传》四卷二十回旧抄本，其编著者便是题作："元罗贯中撰，明冯梦龙补。"这位抄藏者，对《平妖传》是否有过研究，不得而知，但有一点可以肯定，此人相信这部四卷二十回本《平妖传》为冯梦龙所补。又光绪二十二年(1894)上海书局将二十回本《平妖传》石印，也是题冯梦龙补。这说明二十回本《平妖传》一直被看作冯梦龙补的作品在流传。

综合以上考述，我的结论是：现在流存的二十回本《平妖传》，不是王慎修重刻罗贯中原本的"武林旧刻本"，而是一种复刻补配本。其所根据的祖本，有繁有简，非止一种，其中也有冯梦龙增补的文字。扉页右上方题"冯犹龙先生增定"，不是书坊作伪，以招徕读者，而是在说明复刻补配的一些真实情况。

二

冯梦龙增补的《平妖传》，现存的版本比较多，情况甚是复杂。其中有一种《天许斋批点北宋三遂平妖传》，中外研究者均认为，此即冯梦龙增补的初刻本。今见到此版本的显微胶卷，其封面书题《天许斋批点北宋三遂平妖传》，首有陇西张誉无咎序，末署"泰昌元年(1620)长至前一日"，次为《天许斋批点北宋三遂平妖传引首》，下署"宋东原罗贯中编，明陇西张无咎校"，《引首》后为"目录"，亦题《天许斋批点北宋三遂平妖传》。全书四十回,分六册装订:第一册为第一回至第七回,图七叶十四幅;第二册为第八回至第十一回,图四叶八幅;第三册为第十二回至第十七回,图六叶十二幅;第四册为第十八回至第二十五回,图八叶十六幅;第五册为第二十六回至第三十二回,图七叶十四幅;第六册为第三十三回至第四十回,图八叶十六幅。有研究者说,图仅存七叶,那是不对的。正文,半叶九行,行二十一字;栏外眉端,间有短评和释音。图文刻得尚算精致,有明末风格。是明末刻本,那是没有问题的。不过,稍加分析,则发现此刻本并非冯梦龙增补的原刻本。

首先来看看署名陇西张无咎的序。这篇序可称"奇文",常识性的谬误很多。今摘取几段于下,以作分析。

……王缑山先生每称《三遂平妖传》,堪与《水浒》颉颃。余昔见武林旧刻本,只二十回,首如暗中闻炮,突如其来;尾如饿时嚼蜡,全无滋味。且张鸾、弹子和尚、胡永儿及任、吴、张等,后来全无施设,而圣姑姑竟不知何物,突然而来,杳然而灭,终非全书,兼疑非罗公真笔。及观兹刻,回数倍前,始终结构,备人鬼之态,兼真幻之长,缑山先生所称,或在斯乎?……闻此书传自京都一勋臣家抄本,即未必果罗公笔,亦当出自高手,非近日作《续三国》《浪史》《野史》等鸥鸣鸦叫,获罪名教者比,永可列小说名家。故贾人乞余叙也,而余许之。

序的作者,在这里认为二十回的"武林旧刻本","终非全书"。这不符合该书的实际情况。据其复刻补配本,仅是书中人物如圣姑姑、弹子和尚等的来龙去脉,缺少交代,但起自《胡员外典当得仙画,张院君焚画产永儿》,终于《贝州城碎剐众妖人,文招讨平妖转东京》,故事结构则是完整的,怎能说是"终非全书"呢?看来这位作者并未真的见过二十回的"武林旧刻本"。这是一。其二,在这位作者的心目中,《平妖传》原本应是四十回,不承认原书只有二十回,四十回是后人增补的这种事实。其三,认为王缑山称赞的《平妖传》,不是二十回的"武林旧刻本",而是四十回本。王缑山,即太仓王锡爵之子王衡,写有杂剧多种,在当时颇有点名声。据《疑年录》记载，王衡死于万历三十五年（1607）。此时四十回本《平妖传》还未产生，他生前又怎么可能读到四十回本《平妖传》呢？其四，称《续三国》《野史》为"近日"之作。按：《续三国》，现存万历十四年（1586）刻本，与泰昌元年（1620）相距三十多年；《野史》，即《绣榻野史》，作者吕天成。据吕天成挚友王骥德记载，《野史》乃"其少年游戏之笔"。吕天成生于万历八年，死于万历末，其写作《野史》的时间，当在万历中期，相距泰昌元年也有一二十年。可是序的作者，竟称这两部小说是"近日"之作。足见此人并不真的了解这两部小说的创作时间。其五，既怀疑二十回的"武林旧刻本""非罗公真笔"，又认为四十回的抄本，"未必果罗公笔"，可是《引首》之下，又题署"宋东原罗贯中编"，自相矛盾。其六，张无咎明明是《平妖传》的校订者，付梓的主持人，而序中则说，张无咎为此书作序，出于贾人的乞请，校梓者竟成了与书的刊行无直接关系的第三者。有此六点，足以说明这篇序不可能是冯梦龙增补《平妖传》的原序。度其种种谬误，乃书坊作伪，妄改张无咎原序而成。我们也知道，天许斋这家书坊，是惯于作伪的。它曾刊刻过冯梦龙的《喻世明言》，其刊刻的时间明明在"三言"传世之后，可是在《识语》里却说，"本斋购得古今名人演义一百二十种，先以三之一为初刻"云。并把书名《古今小说喻世明言》篡改成《古今小说》，以欺骗世人。在刊刻《平妖传》时，弄虚作假，不是不可以理解的。

其次，《引首》下方，题"宋东原罗贯中编"。这说明增补者、校订者和刊刻者都认为罗贯中是宋人。罗贯中是何朝代的人？是宋，是元，还是明？暂且不论。不过，冯梦龙却不认为罗贯中是宋人。他编纂的《古今小说》，其序里便明明称罗贯中是元人："暨施、罗两公，鼓吹胡元，而《三国志》《水浒》《平妖》诸传，遂成巨观。"如果天许斋刊刻《平妖传》，的确出自冯梦龙手授，为什么又于《引首》下称罗贯中是宋人呢？很明显，天许斋刊刻《平妖传》不可能是根据冯梦龙增补的原稿。既然天许斋不是根据冯梦龙增补原稿刊刻，那么，天许斋刊刻的《平妖传》，不是冯梦龙增补的原刻本，也就不言而喻了。

其三，认为天许斋本是冯梦龙增补的原刻本，主要依据是天许斋本和嘉会堂本的两篇张无咎的序。嘉会堂本的序称："书已传于泰昌改元之年，子犹宦游，板毁于火。"而天许斋本的序所署的年月，又为"泰昌元年长至前一日"。研究者认为，二者在时间上是一致的，于是便做出天许斋本是原刻本的结论。诚然，"书已传于泰昌改元之年"，可以理解为：《平妖传》已在泰昌元年（1620）流传了。但是，既谓在泰昌元年《平妖传》已经流传了，那么，付梓的时间，当在泰昌元年之前。而天许斋本的序，其所署的年月即使可信，也只能说天许斋本是泰昌元年十一月付刻的，书的流传最早也要在天启初年。故二者在时间上并不吻合，除非把流传理解为付梓。可是"流传"与"付梓"毕竟是两个不同的概念，不宜混为一谈。这是一。其二，"书已传于泰昌改元之年……"，也可以作另一种理解："于"在句中表示动作之所归趋，是"到""及于"的意思。故这句话也可理解为："《平妖传》已流传到泰昌改元之年，因冯梦龙宦游在外，书板被火烧毁。也就是说，《平妖传》刊刻在泰昌元年以前，板子是在泰昌元年被烧毁。"据冯梦龙《吴邑令万公去思碑》记载，万谷春在万历四十七年（1619）任吴县令时，冯梦龙已不在苏州，直至天启二年（1622），因言罪上，回到故里，始与万谷春订交。又据冯梦龙《麟经指月凡例》和梅之焕《麟经指月序》记载，泰昌元年，冯梦龙在麻城，与同社诸兄弟详定他的《麟经指月》，并在梅之焕、耿克励诸人的怂恿下，将《麟经指月》付梓。天启元年，可能入熊廷弼幕府，随军在山海关。泰昌元年，冯梦龙宦游在外的事实，不仅可作《平妖传》流传至泰昌元年，因冯梦龙宦游，书板被毁一解的佐证，而且还可以说明冯梦龙不可能在泰昌元年增补《平妖传》，并手授天许斋刊刻。

根据以上三方面的考述，我的结论是：冯梦龙增补《平妖传》在泰昌元年以前，天许斋批点的《北宋三遂平妖传》，不是冯梦龙手授，卷首张无咎的序，曾经过知识贫乏、不熟悉小说情况者的妄改。天许斋本是天许斋擅自翻刻的本子。

天许斋本不是冯梦补增补的初刻本，我们还可以从此刻本自身和与其他一些刻本的比勘中得到进一步说明。

天许斋本，图、文刻得还算精致，但也有不少刻错字的地方。如圣姑姑原是四川安德州雁门山中的老狐，而安德有时却刻成德安，雁门刻成剑门。这种错误,还可以用写手偶尔疏忽将字写错来解释。但也有的错字,却错得奇特。如胡永儿父亲,名浩,字大洪,这在正文里明写着的。可是总回目、分回目和插图的标目,皆作"胡洪"。这就不是用写手和画工一时疏忽所能解释的。目前虽无材料可资说明这种错误是在何种情况下造成的。但有一点则可以肯定,初刻本不会出现这种错误。看来多半是在翻刻过程中产生的。这是一。其二,第十七回末尾,写蛋子和尚、张鸾和左黜三人将乘船离开博平县他往,天许斋本是这样设问的:"正是:法当灵处重重幻,话若新时句句奇。毕竟这船是那里来的,且听下回分解。"联系上下文,"这船是那里来的"这句设问,甚是不通。关于船的来处,上文已有明文交代:"蛋子和尚道:'告求'净水一碗。"小厮取水到来,蛋子和尚接得在手,口中念咒,"言水向下一喷,只见阶前一片水响,变成江湖,波涛汹汹,印月如银。左黜向腰间解下椰瓢撇下,变成一叶扁舟"。无必要再作设问,待下回回答。而下回一开始又是写蛋子和尚、张鸾和左黜三人乘船去会圣姑姑,也没有再交代船的来处。根据上下文,这句设问,应该是蛋子和尚、张鸾和左黜三人乘船何往。按,清讲德斋本便是这样的:"这番有分教:左道成群,叙出生死公案;冤家相遇,翻成贫富波澜。未知去向若何,且听下回分解。"又清道光十年(1830)刻本,也是这样的:"……不知三人乘舟往何处去,且听下回分解。"这就对了。而天许斋却设问"这船是那里来的",便与上下文失去衔接,意思上不通了。像类似这样的地方,书中还不止一处。这样前后不对榫的文字,不可能出自增补者冯梦龙之手。这不仅可以证实天许斋本不是增补的初刻本,而且还能说明天许斋翻刻时,对其祖本还作过愚妄的改动。

关于与其他刻本比勘,这里是指与二十回本(即王慎修的复刻补配本)、清讲德斋本之比勘。与这两种本子比勘对核之下,在文字上除天许斋本与讲德斋本相同,二十回本独异(这种情况是大量的)外,还存在着这样三种不同情况:

第一种情况,同叙一件事,三种本子的文字各不相同。例如第二十五回(即二十回本第七回)胡永儿自跳入井,知州委官一员,押着卜吉及带领水手去打捞尸首。一水手下去后,便死在筜内,其他水手皆不肯下去,要委官回复知州。有关委官回复知州的叙写,各本就各不相同。

  天许斋本:委官上了轿,一直到州门前下了轿,径到厅上,把上件事对那知州说了一遍,知州也没做道理处。

  二十回本:委官上了轿,径到厅上,把上件事对那知州说了一遍,知州也没做道理处。

  讲德斋本:委官上了轿,说了一遍,知州也没有做道理处。

第二种情况,同叙写一件事,文字上,二十回本与天许斋本相同,讲德斋本独异。例如,第二十四回(即二十回本第六回)写胡永儿跳井,便是这样。

  天许斋本、二十回本:……客人大踏步走到后厅。永儿见他赶得紧,厅后有一眼八角井,走到井边,看着井里,便跳下去了。

  讲德斋本:……客人即踏步走到后厅。永儿见他赶得紧,厅后不好躲闪,一直走到井边,看着井里,便跳下去了。

第三种情况,同叙写一件事,文字上,二十回本与讲德斋本相同,天许斋本独异。例如,第二十五回(即二十回本第七回),卜吉入井后,在圣姑姑前见到胡永儿,举刀要杀,被胡永儿喝住。胡永儿所讲的话,便是这样。

  二十回本、讲德斋本:看你这个剪子一路上载我之面……

  天许斋本:看你这个汉子一路上载我之面……

这三种情况说明,天许斋本和讲德斋本都不可能是冯梦龙根据武林旧刻增补的初刻本,同时,也不存在讲德斋本翻刻天许斋本的可能,这两种本子应该是根据同一祖本翻刻的,在翻刻过程中各自作了一些文字上的改动。

这个天许斋本和讲德斋本所根据的祖本,是个什么性质的本子? 我认为它还不是冯梦龙增补的原刻本。因为天许斋本和讲德斋本,虽有许多不同的地方,但有一些错字却是共同的。如上文已举出的,天许斋本将"安德""雁门"错成"德安""剑门",将"胡浩"错成"胡洪"。而讲德斋本也是这样错的。"胡浩"错成"胡洪",也是见于总回目、分回目和插图的标目。又如第十五回,胡媚儿听了纣王妲己故事的平话后叹道:"古人云:'人生不得逞胸臆,虽年百岁犹为妖。'"这"妖"字,名作

"夭",而天许斋本和讲德斋本都错成"妖"。构成这种同样错误的现象,有两种可能:一为讲德斋本是根据天许斋本翻刻,沿袭了其错误。而这两个本子又存在着种种不同的地方,上文已经指出,这二者之间不存在翻刻的关系。因此,只有另一种可能了,即这两个本所根据的祖本就存在了这种错误,这两个本子的错误同是沿袭祖本的。上文也已提及,像这种性质的错误,初刻本是不会有的。所以,天许斋本和讲德斋本所根据的祖本,不是冯梦龙增补的初刻本,而是张无咎重订旧序的复刻本。

这里所说的张无咎重订旧序的复刻本,不是指现存的嘉会堂本。嘉会堂本,现见藏于日本内阁文库,未见,无从详述,但根据孙楷第先生的介绍和日本太田辰夫先生《平妖传》的《解说》中的有关记载,以及矶部彰先生的函告,我认为它是一种比天许斋更晚的翻刻本。此本封里扉页正中书题"新平妖传",右上方有"墨憨斋手授"五字,首有张无咎序,不记年月。《引首》叶题"天许斋批点北宋三遂平妖传",下署编补人姓名:"宋东原罗贯中编,明东吴龙子犹补。""目录"叶题"墨憨斋批点北宋三遂平妖传"。图十叶二十幅。正文半叶九行,行二十一字。栏外眉端有短评。值得注意的是封里扉页左边的三行书坊《识语》。这则《识语》很能说明这个本子的真相。

> 旧刻罗贯中《三遂平妖传》二十卷,原起不明,非全书也。墨憨斋主人曾于长安复购得数回,残缺难读,乃手自编纂,共四十卷,首尾成文,始称完璧。题曰《新平妖传》,以别于旧。本坊绣梓,为世共珍。金阊嘉会堂梓行。

根据这则《识语》,罗贯中的二十回旧刻,不是"全书",二十回之外,尚有数回流存于"京城",为冯梦龙购得。冯梦龙是在二十回旧刻和购得的"残缺难读"的数回基础上,编纂成四十回《新平妖传》的。而且这部《新平妖传》是嘉会堂首次"绣梓"的。这无疑是嘉会堂主人的捏造,而且捏造得很不高明。以此《识语》与卷首张无咎序对照,便会发现其间的矛盾。张无咎在序里明白地说到《平妖传》回数倍前,是冯梦龙所增补,初刻的板子业已烧毁,他这篇序是为复刻《平妖传》写的,与《识语》的提法,完全相冲突。这种互相矛盾的说法,不是正好说明嘉会堂本不是张无咎重订旧序的原刻本吗?根据《引首》叶和"目录"叶的不同的题署,乃可以这样说,这个本子是根据张无咎重订旧序本翻刻的,在翻刻过程中并摘取了天许斋本的《引首》置于"目录"之前,是个搭配的本子。

不过,卷首所保留的那篇张无咎的序,倒是很有价值的。通行本也有这篇序,但有借字和脱句。日本太田辰夫先生在《平妖传》的《解说》里,曾据内阁文库藏的《墨憨斋批点北宋三遂平妖传》,摘录了全文,今转录于此。

> 小说家以真为正,以幻为奇。然语有之:"画鬼易,画人难。"《西游》幻极矣,所以不逮《水浒》者,人鬼之分也。鬼而不人,第可资齿牙,不可动肝肺。《三国志》人矣,描写亦工,所不足者幻耳。然势不得幻,非才不能幻,其季、孟之间乎?尝辟诸传奇:《水浒》,《西厢》也;《三国志》,《琵琶记》也;《西游》,则近日《牡丹亭》之类矣。他如《玉娇丽》《金瓶梅》,另辟幽蹊,曲中奏雅。然一方之言,一家之政,可谓奇书,无当巨览,其《水浒》之亚乎?他如《七国》《两汉》《两唐》《(两)宋》,如弋阳劣戏,一味锣鼓了事,效《三国志》而卑者也;《西洋记》,如王巷金家神说谎乞布施,效《西游》而愚者也。至于《续三国志》《封神演义》等,如病人呓语,一味胡谈。《浪史》《野史》等,如老淫吐招,见之欲呕,又出诸杂刻之下矣。王缑山先生每称罗贯中《三遂平妖传》,堪与《水浒》颉颃。余昔见武林旧刻本,止二十回。开卷即胡员外逢画,突如其来;圣姑姑不知何物;而张鸾、弹子和尚、胡永儿及任、吴、张等,后来全无施设,方诸《水浒》,未免强弩之末。兹刻回数倍前,盖吾友龙子犹所补也。始终结构,有原有委,备人鬼之态,兼真幻之长。余尤爱其以伪天书之诬兆真天书之乱。妖由人兴,此等语大有关系。即质诸罗公,亦云青出于蓝矣。使缑山获睹之,其叹尝又当何如耶!书已传于泰昌改元之年,子犹宦游,板毁于火,余重订旧序而刻之。子犹著作满人间,小说其一斑,而兹刻又特其小说中之一斑云。楚黄张无咎述。

这篇序和天许斋本的序,虽同署名"张无咎"题,但内容却有很大的不同。这篇序,对《平妖传》的评述,概念明确,关于冯梦龙宦游、著作的介绍也符合冯梦龙的实际情况,没有天许斋本那篇序的种种谬误,说明其作者张无咎是个对戏曲、小说有过研究,对冯梦龙情况熟悉的文人。他自称是冯梦龙的朋友,乃是可信的。同时,这篇序也可以反证天许斋本那篇谬误很多的序,不是出自张无咎之手。

从这篇序,我们还可以知道冯梦龙增补《平妖传》的初刻本,也是张无咎写的序。在初刻本的板子被烧毁后,张无咎又曾订旧序,进行复刻。这个复刻的原本,目前尚未见传本。那篇初刻本的序,也未见流传下来。不过,张无咎重订的序,则由嘉会堂本保存下来。

根据以上考述,天许斋本和嘉会堂本都是以张无咎复刻本为祖本翻刻的。所不同的,只是天许斋翻刻时,出于作伪,曾妄改张无咎的重订的序,以充当《平妖传》初刻本的序,同时还抹掉冯梦龙的名字,冠以"天许斋批点"字样,并增加了一篇《引首》,对正文也作了一些改动。而嘉会堂翻刻时,保留了重刻的原序,但为了招徕读者,更名《新平妖传》,声称是冯梦龙"手授",并附上《识语》,加以说明,以冒充冯梦龙增补的初刻本。同时又摘录了天许斋本的《引首》,改"明陇西张无咎校"为"明东吴龙子犹补",在"目录"叶上题上"墨憨斋批点"字样,结果与序、《识语》的提法,互相矛盾,不能自圆其说。中外研究者认为天许斋本是冯梦龙增补的初刻本,嘉会堂本是张无咎重刻的原本,都是不确切的。

三

冯梦龙增补的四十回《平妖传》,在清代翻刻的情况,目前尚无材料可供全面考述。一些传世的版本,又有几种见藏于国外,一时无法获见,故在这里只能作简要的介绍。

讲德斋本。

这个本子在上文已经提到,这里再作些补充。此本封里扉页书题"平妖传",右上方有"绣像原本"字样,左下方是"讲德斋藏板"四字,眉额题"嘉庆壬申年春镌"。嘉庆壬申,是嘉庆十七年(1812),故翻刻的时间是比较晚的。卷首有楚黄张无咎的序,与嘉会堂本序比较,内有脱文和错字。次为图,计十叶二十幅。据图上的标目,是以下各回部分内容的写意:第一、二、四、六、九、十一、十三、十四、十五、十七、十九、二十、二十五、二十八等回,各一幅,第二十九、三十二、四十等回,各两幅,再次为"目录"叶,题"批评北宋三遂平妖传"。回目分八卷,每卷回目多少不等。卷一为第一回至第四回,卷二为第五回至第九回,卷三为第十回至第十二回,卷四为第十三回至第十七回,卷五为第十八回至第二十三回,卷六为第二十四回至第二十九回,卷七为第三十回至第三十四回,卷八为第三十五回至第四十回。正文,半叶十二行,行二十四字。图、文刻得并不精细,时有错字。如末回的一幅图,其标目,竟把"潞公奏凯"错刻成"尹公奏凯"。其正文里脱文和妄改的地方甚多。这在上文已有涉及,今仅与天许斋本比较,再摘举几例如下:

第十四回末:

 天许斋本:因这番,有分教,胡媚儿轮回海中重投一遍胞胎,鸳鸯牒上再结一宗眷属。要知端的,且听下回分解。

 讲德斋本:毕竟如何,且听下回分解。

第二十回末:

 天许斋本:直教匹夫瞋目天开眼,草寇凭城地画沟。毕竟客人解到州里怎样决断,且听下回分解。

 讲德斋本:直教匹夫瞋足,壮士颓心。毕竟后来如何,且听下回分解。

又第一回,袁公盗得如意册,回到云梦山白云洞,对猿猴所说的一番话,两种本子也不相同。

 天许斋本:袁公道:"我今日得了天书,做个传法教主,得道之日,你们一个个都做真仙。便教把洞中两边峭壁,与我削平,我有用处。"众畜听说传法与他,那个不踊跃向前。

 讲德斋本:袁公道:"我今得这本册儿,做个传法教主,得我之日,你们一个个都好了。你们可把洞中两边峭壁,与我削平,我有用处。"众猿听了一齐踊跃向前。

由于张无咎重刻原本不传,讲德斋本与天许斋本之间的差异,很难断定是怎样造成的。不过,推测起来,亦不外乎这几种可能:一是讲德斋本忠于原刻,天许斋本作过增改;另一是天许斋本忠于原刻,讲德斋本有过删增。看来,这两种可能都存在,甚或是兼而有之。如属于第一种可能,可以进一步说明天许斋在翻刻时,作过增改;如属于第二种可能,则讲德斋翻刻时,有所删改,并有脱文现象。

另有一种书业堂本,现藏于日本国会图书馆。据太田辰夫先生介绍,系嘉庆壬申(五年,1800)春镌,半叶十二行,行二十四字,版式和内容与讲德斋本完全相同。因此判断说,虽然封面上一刻书业堂藏板,一刻讲德斋藏板,但从版本系统上讲,实属于同一板子。

映旭斋本

未见。据孙楷第先生《中国通俗小说书目》介绍,题"映旭斋批点"。正文,半叶十行,行二十一字。

敬叶堂本

未见。据孙楷第先生《中国通俗小说书目》介绍,是为十八卷,题"映雪斋增订"。正文,半叶十四行,行二十八字。

按:柳存仁先生《伦敦所见中国小说书目提要》,英国博物馆尚藏有一种敬书堂本。这个本子的扉页正中,题"绣像平妖全传",分两行书刻,于"全传"二字下,又有双行小字:"敬书堂藏板。"右上方刻有"冯梦龙先生增定"字样。眉端有"新镌"二字。首有楚黄张无咎序,"目录"叶题"映旭斋增订北宋三遂平妖传"。全书分十八卷。每卷几回,多少不等。卷一至卷九,每卷为二回,卷十为第十九回至第二十一回,卷十一为第二十二回至第二十三回,卷十二为第二十四回至第二十六回,卷十三为第二十七回至第二十九回,卷十四为第三十回至第三十一回,卷十五为第三十二回至第三十三回,卷十六为第三十四回至第三十五回,卷十七为第三十六回至第三十八回,卷十八为第三十九回至第四十回。图十叶,每半叶一幅,共二十幅。又据太田辰夫先生介绍,日本京都大学人文科研究所,也藏有这个版本。其正文半叶十四行,行二十八字。据其版式,这个敬书堂的《映旭斋增订北宋三遂平妖传》,与孙楷第先生所录之敬叶堂的映雪斋增订本属于同一系，也许就是一幅板子，仅是承印书坊不同而已。

玉兰堂本

未见。据柳存仁先生《伦敦所见中国小说书目提要》介绍，英国博物馆藏有残本。全书十卷，缺第一、二两卷。卷三为第九回至第十一回，卷四为第十二回至第十四回，卷五为第十五回至第十八回，卷六为第十九回至第二十三回，卷七为第二十四回至第二十八回，卷八为第二十九回至第三十二回，卷九为第三十三回至第三十六回，卷十为第三十七回至第四十回。版心上方刻有《平妖传》书名，下方刻有"玉兰堂本"字样。又英国皇家亚洲学会藏另一残本。亦为十卷，卷一残。书题"玉兰堂新刻平妖全传"。卷三首又题作"新刻北宋三遂平妖传"。此刻本与英国博物馆所藏的刻本比较，虽同为玉兰堂板，但卷三上，一作《平妖全传》，一作《平妖传》，可见，这两个本子同一个系统，却不是一幅板子。

道光十年刻本

此刻本已在1956年由原古典文学出版社标点排印，次年，香港百新图书文具公司又加以翻印。据其《出版说明》，这个本子比较接近原本面目。今将其排印本与天许斋本、讲德斋本对核，其遗脱文字的地方，妄改得不通的地方，时有发现。今略举几例，以资说明。

第三十二回回末，"有分教"之下，天许斋本、讲德斋本都有这样几句话：

> 直待朝廷起兵发马，剪除妖孽，克服州郡。正是：贪污酷吏当刑戮，假手妖人早灭亡。

而排印本却没有。按：二十回本也有这几句话。

第二十七回，卖面的吴三郎打烧火的，张屠见了，上去劝说，天许斋本和讲德斋本均作：

> 张屠却认得是卖素面的吴三郎。张屠道："三郎息怒，看我面，饶恕他罢！"吴三郎住了手，道："……"

而排印却遗脱了十七字，成了：

> 张屠却认得是卖素面的吴三郎，住了手，道："……"

这一遗脱,住手的竟成了张屠,与原文的意思全不相同了,并且也讲不通。按:二十回本与天许斋本、讲德斋本同。

第一回,灯花婆婆现身一节,天许斋本、讲德斋本和排印本,在文字上各有出入。天许斋本是:

> 养娘道:"夫人,且喜好个大灯花!"夫人道:"我有甚喜事?且与我剔去则个……"养娘向前将两指拈起灯杖,打一剔,剔下红焰焰的灯花蕊儿,落在桌上。就灯背后起阵冷风,吹得那灯花左旋右转,如一粒火珠相似。

讲德斋本是:

> 养娘道:"夫人,且喜好个大灯花!"夫人道:"我有其喜事?且与我剔去则个……"养娘向前将两指拈起灯杖,打一剔,剔下红焰,俄的灯花蕊儿落在桌上。就灯背后起阵冷风,吹得那灯花左旋右转,如一粒火珠相似。

排印本是:

> 养娘道:"夫人,喜好个大灯花!"夫人道:"我有甚喜事?且与我剔去则个……"养娘向前将两指拈起灯杖,打一剔,剔下红焰,俄的灯光明了,落在桌上。就灯背后起阵冷风,吹得那灯花左旋右转,如一粒火珠相似。

三种本子对照,天许斋本和讲德斋本,文字虽不同,但意思都还讲得通,排印本就费解了。剔的是灯花,而落在桌上的,似乎是灯光,而下文又是灯花在左旋右转。这种语义上的混乱,显然是把"灯花蕊儿"妄改成"灯光明了"的关系。

第三十回,卖果子的李二,向温殿直告发弹子和尚,有一段关于温殿直如何安排李二做眼的描写。这段文字,排印本虽与讲德斋本相同,而与天许斋本则相去甚远。先来看排印本。

> 温殿直道:"你且这里坐下,待我叫人去买些酒来与你吃。"不多时,买将酒来,教李二吃了。温殿直即同做公的来,教李二做眼。带一行人离了温殿直家,竟来客店左侧一个茶坊的铺里坐了,叫做公的外头去看那和尚。当日未有黄昏时候,只见那和尚吃得醉醺醺地,踉踉跄跄撞将来。李二慌忙入茶坊里,见温殿直道:"……"

这段文字的内容,甚是混乱。其一,据上文,温殿直是在使臣房的厅上安排李二吃酒的,并不在温殿直家里,而这里却说温殿直"带一行人离了温殿直家"。其二,温殿直教李二吃酒,自己并没有离开,而这里却说"温殿直即同做公的来";至于"温殿直即同做公的来"这句话,语义也不明白。其三,明明叫作公的去外面看那和尚,而回来告诉和尚已吃醉回来的却是李二。核对天许斋本,这段文字原是这样的:

> 温殿直道:"你且在这里坐下,待我教人去买些酒来与你吃。"不多时,买将酒来,教李二吃了。温殿直叫过做公的来,教李二做眼。带一行人离了使臣房,取路来客店左侧一个开茶坊的铺里坐了,教李二走来走去,看那和尚。当日未有黄昏的时候,只见那和尚吃得醉醺醺地,踉踉跄跄撞将来。李二慌忙入茶坊里,见温殿直道:"……"

这就对了。原来不是"温殿直即同做公的来",而是"温殿直叫过做公的来";不是"离了温殿直家",而是"离了使臣房";不是"叫做公的外面去看那和尚",而是"教李二走来走去,看那和尚"。这真可说是无知妄改。像这改得文句不通,意义费解的地方,书中还可以找出许多。至于个别字句的改动,那就更多了,每回都有。如第二十四回,字句改动的地方就有四十余处,达一百多字。这无疑是翻刻过程中任意改动所造成的。可见,这个道光十年(1830)刻的本子比起天许斋本、讲德斋本来,与原本的距离更远,并不是一个好本子。

一些中外研究者认为,清代《平妖传》刻本均属嘉会堂本系统。实际情况并非如此。上文已经指出,嘉会堂本并非张无咎重刻原本,其《引首》是翻刻张无咎重刻原本时从天许斋本摘录来的。张无咎重刻原本,原无《引首》,清代各刻本没有《引首》,不是翻刻嘉会堂本时有意删去,而是表明这些刻本是以张无咎重刻原本为祖本的。至于清代各刻本之间是否存在翻刻现象,目前尚无材料可资判断。

四

《平妖传》版本流传演变情况,根据以上考述,列表于此,以示说明。

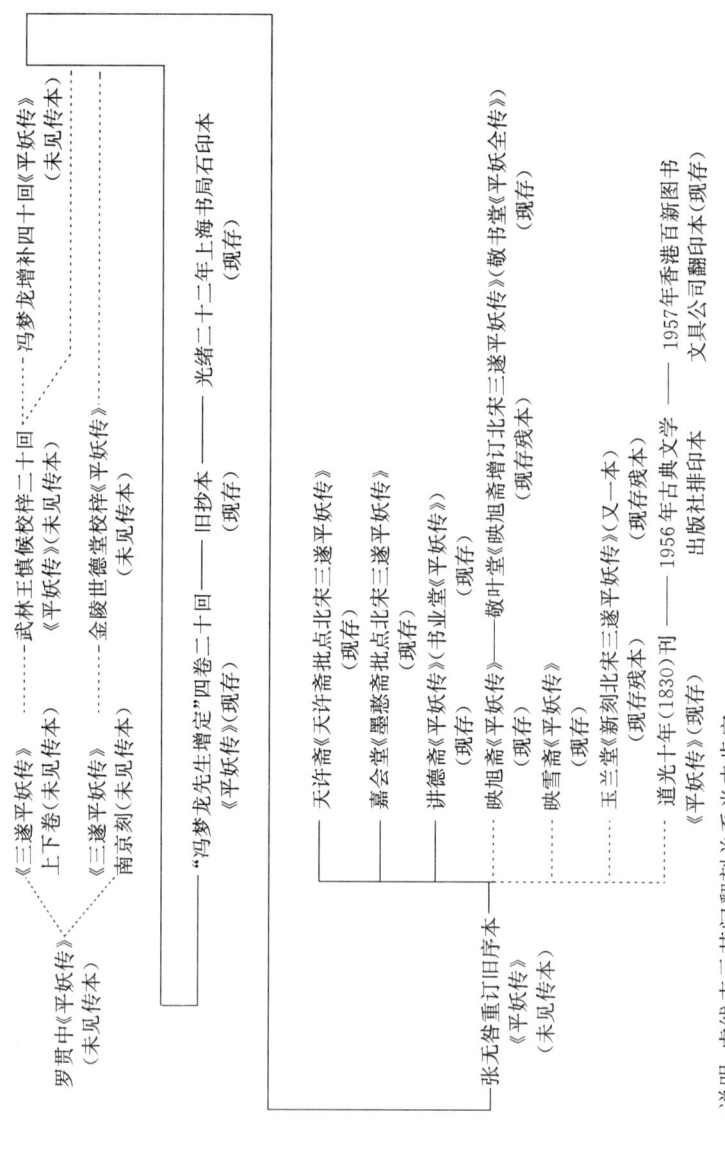

说明：虚线表示其间翻刻关系尚未肯定。

由于学识浅薄,阅览不周,又因某些版本一时无法获见,故论断中尚有推理成分,有的需待进一步考证,或予以充实,或予以更正。题名《初探》,旨在祈请方家指正,以求再探。

附:二十回本与天许斋本回目对照表

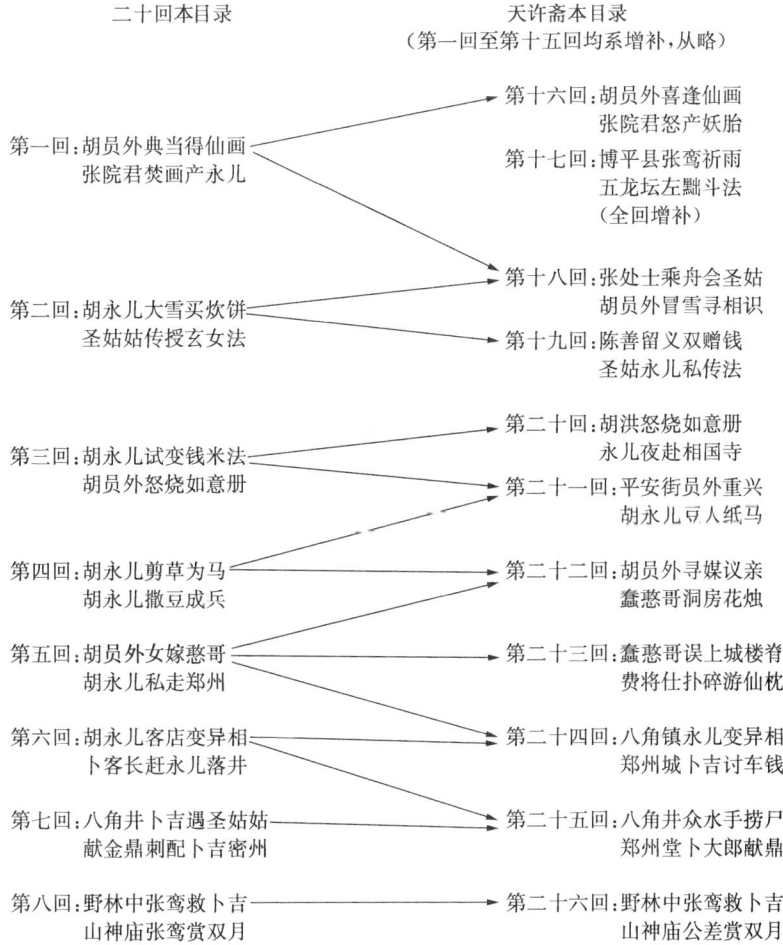

二十回本目录	天许斋本目录 (第一回至第十五回均系增补,从略)
第一回:胡员外典当得仙画 　　　　张院君焚画产永儿	第十六回:胡员外喜逢仙画 　　　　　张院君怒产妖胎
	第十七回:博平县张鸾祈雨 　　　　　五龙坛左黜斗法 　　　　　(全回增补)
第二回:胡永儿大雪买炊饼 　　　　圣姑姑传授玄女法	第十八回:张处士乘舟会圣姑 　　　　　胡员外冒雪寻相识
	第十九回:陈善留义双赠钱 　　　　　圣姑永儿私传法
第三回:胡永儿试变钱米法 　　　　胡员外怒烧如意册	第二十回:胡洪怒烧如意册 　　　　　永儿夜赴相国寺
	第二十一回:平安街员外重兴 　　　　　　胡永儿豆人纸马
第四回:胡永儿剪草为马 　　　　胡永儿撒豆成兵	第二十二回:胡员外寻媒议亲 　　　　　　蠢憨哥洞房花烛
第五回:胡员外女嫁憨哥 　　　　胡永儿私走郑州	第二十三回:蠢憨哥误上城楼脊 　　　　　　费将仕扑碎游仙枕
第六回:胡永儿客店变异相 　　　　卜客长赶永儿落井	第二十四回:八角镇永儿变异相 　　　　　　郑州城卜吉讨车钱
第七回:八角井卜吉遇圣姑姑 　　　　献金鼎刺配卜吉密州	第二十五回:八角井众水手捞尸 　　　　　　郑州堂卜大郎献鼎
第八回:野林中张鸾救卜吉 　　　　山神庙张鸾赏双月	第二十六回:野林中张鸾救卜吉 　　　　　　山神庙公差赏双月

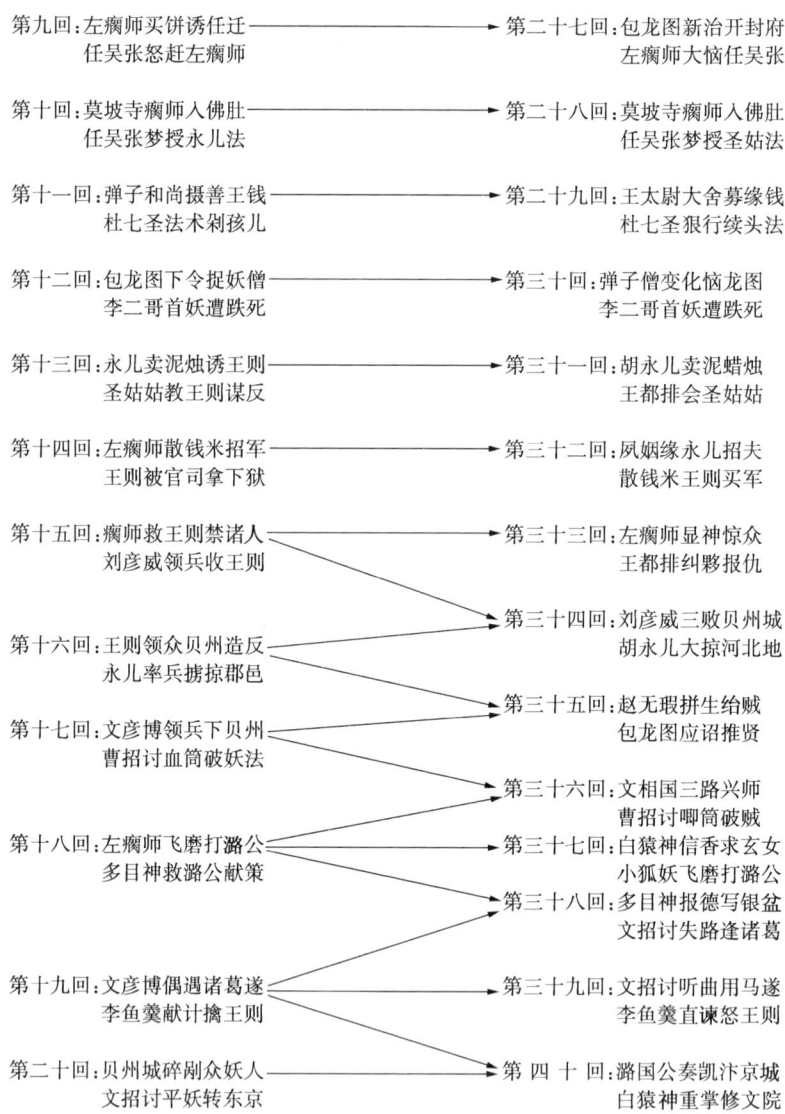

1982年10月完稿

原载《中国古典文学丛考》第一辑,复旦大学出版社1985年版

《南词叙录》非徐渭作

骆玉明　董如龙

《南词叙录》是现存最早和最重要的关于南戏的文献性和概论性著作，一向受到戏曲史研究者的高度重视。关于它的作者，言及此书的所有论著均明确认为是明代著名文学家徐渭。然而，仔细考索各种有关材料，却可以发现《南词叙录》并非徐渭所作。弄清这个问题，对于了解此书本身以及对于中国古代戏曲的深入研究，都有重要意义。

人们认定《南词叙录》出于徐渭之手，唯一的根据是在传世清代抄本上有明确的署名。《南词叙录》现存的抄本实际有两种。一种原为钱塘丁氏所藏，现归南京图书馆（下文简称"南图本"），在封面上题有"南词叙录　徐天池著"一行字；另一种原为平江黄氏所藏，现归上海图书馆（下文简称"上图本"），在首页题有"徐文长南词叙录"字样。上图本迄今未见有人明确称引过。南图本则经《读曲丛刊》《曲苑》《重订曲苑》《增补曲苑》《中国古典戏曲论著集成》诸丛书辗转印行，遂成为通行之书。而徐渭作《南词叙录》之说，也就成为众所周知的常识。此外，清末的姚燮在其《今乐考证》中大量引用了《南词叙录》的文字，均径称"徐渭曰"云云。姚氏的生活年代已经很迟（生卒年为1805—1864），他认为徐渭是《南词叙录》的作者，大抵也是因为他所见的抄本或为今存二种之一，或为与这二种相似的另一抄本[①]，而很难

[①]　《今乐考证》文字与上图本相近。

说有什么其他根据。

那么,传世的这两种抄本的署名,是否可靠呢?回答是否定的。

首先,徐渭本人现存的诗文中,没有一处提到过它,也没有任何痕迹可以证明他写过这本书。其次,在与徐渭有过直接交往的人所留下的各种文字资料中,也同样找不到可靠的根据。还有,我们所翻检过的明代各种书目及戏曲论著中,也没有人提及《南词叙录》。举例而言,晚明戏曲学者沈宠绥在其《度曲须知》一书的卷首,开列了一个共十七人的"词学先贤姓氏",并说明这些人的著作"有关声学"(按:即戏曲之学),他在自己的《弦索辨讹》和《度曲须知》二书中"稽采良多"。这个名单中有徐渭。但沈氏只是在《弦索辨讹》一书中引用了徐渭关于《西厢记》的某些意见,却没有一处提到《南词叙录》或引用其中文字。以沈宠绥这样一个生活年代距徐渭不算太远的戏曲专家,在有意识注意到徐渭关于戏曲的意见情况下,也不知道他作过《南词叙录》,那么至少可以说,在明代,这种说法还鲜为人知。而我们在对本书作一番深入的考察后,发现了一系列无法解释的现象。

第一个问题,就是《南词叙录》开头以作者身份写的小序所反映的情况,与徐渭的生平完全不合。我们先将南图本小序全文抄录如下:

> 北杂剧有《点鬼簿》,院本有《乐府杂录》,曲选有《太平乐府》,记载详矣。惟南戏无人选集,亦无表其名目者,予尝惜之。客闽多病,呐呐无可与语,遂录诸戏文名,附以鄙见。岂曰成书,聊以消永日、忘歊蒸而已。嘉靖己未夏六月望,天池道人志。①

按照序文,作者是在嘉靖己未年(即嘉靖三十八年,1559)夏天客居闽中时,多病而无聊,才写成了此书。徐渭确实两次到过福建,但都不是这一年。在《徐文长三集》中有一篇《春祭先墓文》,文章说:

> 渭于去年春,以书记从督府驻师于鄞,前年,授经陈平湖县中,再前年,

---
① 原抄本"己"误作"已"。

往延平滞内兄官署,盖不亲祀者三年。……渭去年娶于杭之某姓,遽归之不得,卜三月十八日往赘之,谨以祀食之余附告。

核以《徐文长逸稿》所附徐渭自著《畸谱》,三十八岁(嘉靖三十七年,1558)条记载:"孟春之三日,幕再招。"这以后,徐渭正式加入了东南抗倭军务总督胡宗宪的幕府。

在徐渭代胡宗宪作的《初进白牝鹿表》和《初进白鹿赐宝钞采缎谢表》中,均明确提及胡宗宪当时活动于宁波一带。徐渭代草二表,当然是在总督府中。而胡宗宪进献白鹿,正是嘉靖三十七年春。既确定文中所说"去年"为嘉靖三十七年,可知文中所述祭先墓事为三十八年。又上文末云:"去年娶于杭之某姓,遽归之不得,卜三月十八日往赘之。"这是说准备在当年的三月十八日入赘杭州新聘定的妻子家。《畸谱》三十九岁(嘉靖三十八年)条记载:"夏,入赘杭之王,劣甚。始被诟而误,秋,绝之。"两者完全吻合。据《春祭先墓文》和《畸谱》,可知徐渭在嘉靖三十八年的行踪是:春天在山阴祭先墓,并已决定三月十八日往杭州入赘王家(按:此时总督府已移驻杭州)。这个日期大约并无更变(旧历四月即为夏之始,《畸谱》盖笼统言之)。自夏至秋,他都在杭州,同时参与幕府事务。后因王氏"劣甚",乃离婚脱出。也就是说,在嘉靖三十八年夏天,徐渭根本不可能去福建。去福建的确实时间,是嘉靖三十五年,即上文所说:"再前年,往延平滞内兄官署。"这一点徐仑同志在《徐文长》一书中已经辩明。但他解释说:徐渭是在嘉靖三十五年夏在福建写成了《南词叙录》,序中的"己未"系传写之误。而另外的研究者(如台湾出版的《徐渭研究》)则认为序是后来追写的。这两种解释根本不能成立。首先,就前者而言,嘉靖三十五年的干支"丙辰"不可能误写成"己未";就后者而言,序中明说作此书"聊以消永日、忘歊蒸",所署的具体日期又恰好是"夏六月望",两者如此吻合,说是追写,难以取信。而更重要的事实是,徐渭嘉靖三十五年在福建根本没有住到夏天。他出发去闽,是嘉靖三十四年冬。其归途中所作《二月十三日自顺昌返越,复过延平,宿剑潭》一诗中有"经年犹在客中行"一句,证明他的旅行是跨年的。至于具体的出发日期,则可以大致推断为是当年闰十一月。因为嘉靖三十四年(1555)冬在绍兴附近发生了抵御倭乱的凫山之战。徐渭为参加凫山之战立有大功的会稽典史吴成器作有《凫山凯歌》九首,可知十一月中旬战事结束时他尚在绍兴①。

关键在于徐渭自闽返越的时间。前已提及的《二月十三日自顺昌返越,复过延平,宿剑潭》,已把归越的日期说得清清楚楚。另外,他还有一首《自闽归,夜发桐庐,直溯大江,遥望海门,乍偃新月,水天一色,兴致旷然》诗,说明他未回山阴,而直接到了杭州(按:诗题中"大江"指钱塘江,"海门"指钱江入海口)。从"乍偃新月"一句看,徐渭到达杭州的时间约为三月初五前后。从顺昌到杭州,途中用去二十多天的时间,也完全是合情合理的。

徐渭是否可能在闽中居住了整整一年,到嘉靖三十六年春才返越呢?不可能。《丙辰八月十七日,与肖甫侍师季长沙公阅凫山战地,遂登岗背观潮》一诗,证明他在嘉靖三十五年(即丙辰年)已回到浙江。

综上所述,徐渭第一次入闽的行踪,是可以调查清楚的。他在嘉靖三十五夏早已离开了闽中。这样,《南词叙录》的序就无法作任何解释了。序中明明说,作此书"聊以消永日、忘歊蒸",二月十三日以前,怎么会有这样的酷热天气呢?无论说序是追作,还是说"己未"为误文,都无法遮掩这一矛盾。

进一步说,序文不但在时间上说不通,就连其中"客闽多病,咄咄无可语"二句也是说不通的。徐渭客闽时所作及后来追记客闽情况的诗文,现存约有二十篇,没有一字提到他生过病。他离开浙江,最早的可能为嘉靖三十四年闰十一月初,返回的时间,则在次年三月五日前后。在此短短的日子里,往返于千里长途,在福建时还兴致勃勃地游览了武夷山,怎么可能是"多病"的呢?再说徐渭生性豪放,最喜交游。他客闽时所作诗有《顺昌诸友约陪武夷,俱不赴,道中追忆》一首,证明他在顺昌并不孤独。他另有《送余君》诗,序云:"予素慕武夷之胜,因内兄潘君丞顺昌之属驿,藉其仆马往游焉,遂得友余君于顺昌,一倾盖而

---

① 徐渭《凫山之捷》记载了战争结束的时间。

《南词叙录》非徐渭作

语移日,嗣是数与宴谈。及别,复饯于东岳之云飞阁而始去。"这明明是说他在顺昌与这位余姓朋友十分投机,常在一起宴谈。如果《南词叙录》出于徐渭之手,怎么又在序中说客闽时"咄咄无可与语"呢?说到底,这篇序所述闽中生活的情况,竟无一句与徐渭的实际状况相合!

徐渭第二次入闽,据《畸谱》,为嘉靖四十一年(1562),系随胡宗宪视察抗倭军情。出发时已是秋天。诗《将与嘉则入闽,方许二君饯别,分以五韵》中有"池馆入秋清,苍烟淡暮城"之句,《泛舟九曲怀王君仲房》中有"别我瀫水上,临歧发浩歌。秋色几千里,随之渡江波"之句,均可证明(按:沈嘉则即沈明臣,王仲房即王寅,均为徐渭在总督府时的同僚好友。九曲为武夷山名胜)。嘉靖四十一年的干支"壬戌"既不可能错成"己未",入闽时间又是秋天,并且此行声势浩大,同行又有徐渭最亲近的友人沈明臣,这与《南词叙录》序文之不合,是无须多说了。

徐渭一生的活动,在其《畸谱》记载较详,所存诗文也较多,我们对他的作品一一考核过,可以相信他除了上述两次外,没有别的入闽之行。

既然《南词叙录》这篇以作者身份写的序文与徐渭的生平绝对不合,则此书是否徐渭作,自然而然就成了问题。那么,有无可能从《南词叙录》的正文中找出些根据,来支持徐渭作的说法呢?事实是没有。相反,却可以发现有种种迹象证明此书非徐渭作。最明显的是,整部《南词叙录》如果去掉开头的小序和篇末所录的南戏剧名,总共不超过五千字,而竟有七处地方反复提及吴中情况或使用吴中方言,这实际已经暗示了作者的身份。为了便于说明,我们把七条文字罗列于下:

一、夫南曲本市里之谈,即如今吴下《山歌》、北方《山坡羊》,何处求取宫调?

二、今昆山以笛、管、笙、琵按节而唱南曲者,字虽不应,颇相谐和,殊为可听,亦吴俗敏妙之事。

三、惟昆山腔止行于吴中,流丽悠远,出乎三腔之上,听之最足荡人,妓女尤妙此,如宋之嘌唱,即旧声而加以泛艳者也。隋、唐正雅乐,诏取吴人充弟子习之,则知吴之善讴,其来久矣。

四、《香囊》如教坊雷大使舞,终非本色。……至于效颦《香囊》而作者,一味孜孜汲汲,无一句非前场语,无一处无故事,无复毛发宋、元之旧。三吴俗子,以为文雅,翕然以教其奴婢,遂至盛行。南戏之厄,莫甚于今!

五、凡唱,最忌乡音。吴人不辨清、亲、侵三韵;松江支、朱、知;金陵街、该、生、僧;扬州百、卜;常州卓、作、中、宗;皆先正之而后唱可也。

六、傻角:痴人也,吴谓"呆子"。

七、恁的:犹言"如此"也,吴人曰"更个"。

这里有几点需要说明:其一,《南词叙录》凡具体言及当时某个地方上戏曲的情况,无论褒贬,都只说到吴中,没有涉及其他地方的;其二,从以上七条可以看出,作者在写作本书时,对吴中的一切都非常熟悉。他忽谈民歌,忽谈戏曲,忽用方言,在他的心中,吴中是一个活生生的存在。

明人所说的"吴中",通常是指苏州,有时也可指以苏州为中心的苏南地区。那么,是否徐渭曾在吴中生活过很久,因而对吴中很熟悉甚至很有感情呢?事实并非如此。倘以《南词叙录》序所署的嘉靖三十八年(1559)为限,前此徐渭可以证实的江苏之行,只有在嘉靖二十五年去太仓的一次。徐渭本来入赘于妻子潘家。那一年他二十六岁,妻子病亡,他的处境颇显尴尬,因而可能为了谋生而去太仓。《畸谱》本年的记载如下:

> 二十六岁。妇潘死,十月八日寅也。丧毕,赴太仓州,失遇而返。

《畸谱》分年纪事很清楚,没有把跨两年的事纪在一年之下的例子。也就是说,徐渭去太仓的时间,最长不超过十月底至十二月底的两个月。另外,徐渭后期的《书沈征君画后》一文中,曾说到"予少客吴中"。这理应就是指太仓之行,因太仓习惯上也可以称为"吴中"。即使退后几步说,假定徐渭去太仓,并没有当年返回,甚至还到过苏州,他返回山阴的时间,也不会超过嘉靖二十七年。《畸谱》这一年已明确记载:"自潘迁一枝堂,师事长沙公。"这以后到嘉靖三十八年,他没有再去吴中,是可以肯定的。至于嘉靖三十八年以后,徐渭也只是在多

《南词叙录》非徐渭作

次北上时经过吴中,从不曾长期居留。甚至,在徐渭现存的两千多首诗、七百多篇文章中,写到吴中情况的,不过寥寥数篇,而且都是四十二岁以后的作品。在嘉靖三十八年之前,徐渭与之交往密切的朋友中,也没有一个是吴中人。总而言之,徐渭与吴中的文化环境,没有什么密切的关系。

这样,就产生了一系列的问题。首先是:既然徐渭客居吴中的时间与《南词叙录》的写作相隔有十多年,他怎么会开口就是"今吴中"如何如何呢? 其次是《南词叙录》对越中文化的冷漠态度。徐渭是一个家乡观念很重的人,其诗文中矜夸"吾越""吾乡"的现象,比比皆是。越中又是南戏的主要流行地区,四大声腔中的余姚腔、海盐腔均起于此。且昆山腔兴起之前,海盐腔曾是诸腔之首①;昆山腔本身,又吸收了海盐腔的许多优点。而在《南词叙录》中,只有一处简单地提到越中戏曲的情况,即叙述四大声腔时,说道:"称余姚腔者,出于会稽,常、润、池、太、扬、徐用之;称海盐腔者,嘉、湖、温、台用之。"这显然属于必不可少的交代。换句话说,《南词叙录》没有一处是有意识、专门谈越中戏曲情况的。这与书中反复提及吴中,恰成为鲜明的对照。而且,就在叙及余姚、海盐二腔之后,说到了昆山腔(文字见前列第三条),是那样热情颂扬,不惜笔墨,并由此说到吴人的特长。尽管我们可以解释说,昆山腔确实优于其他三腔,但作者偏袒吴地文化和吴人的态度,仍然是不可否认的。徐渭又有什么理由这样做呢?

尤其不可理解的是前面列出的第五、六、七三条。众所周知,无意中表现出来的方言习惯,是判断作者的籍贯或长期居住地的可靠根据。第五条论说演唱戏曲最忌乡音,这里首先提及的理应是作者的家乡方言,但书中首先说到的却是"吴人不辨清、亲、侵三韵",然后是松江、金陵、扬州、常州,而一句不提越中方言! 尤其可怪的是,所谓"不辨清、亲、侵三韵",非但吴中方言,越中方言同样如此②。作为山阴人的徐渭,为什么不说"越人不辨清、亲、侵三韵",偏偏说"吴人"

---

① 参见何良俊《四友斋丛说》。
② 明代江浙方言的问题,曾向游汝杰同志请教,此谢。

呢？六、七两条对两个戏曲中常用的俗语加以解释以后，又用吴中方言来说明（全书用方言作解释的仅此二例），这又是为什么？难道徐渭熟悉吴中方言更甚于越中方言？

因此，我们完全有理由说，作者所处的文化环境是吴中，他日常使用的语言是吴中方言；他要么是吴中人，要么是长时期生活在吴中的。这一点，在《南词叙录》中还可以找到其他证明。

> 本朝北曲，推周宪王、谷子敬、刘东生。近有王检讨、康状元，余如史痴翁、陈大声辈，皆可观。惟南曲绝少名家。枝山先生颇留意于此，其《新机锦》亦冠绝一时，流丽处不如则诚，而森整过之，殆劲敌也。

> 最喜用事当家，最忌用事重沓及不著题。枝山《燕》曲云："苏小道：伊不管流年，把春色衔将去了，却飞入昭阳姓赵。"两事相联，殊不觉其重复，此岂寻常所及？末"赵"字，非灵丹在握，未易镕液。予窃爱而效之，《宫词》云："罗浮少个人儿赵。"恨不及也。

我们可以看出，作者与祝允明有比较密切的关系。徐渭在列数当代戏曲名家时，对其他人都是用普通的称呼，唯独称祝允明为"枝山先生"。古人通常只是对与自己有直接关系的长者或特别表示尊敬的长辈，才称为"先生"，而文中在称呼上如此明显的区别，更不会是偶然现象。再说，作者对祝氏的作品，誉之为"冠绝一时""此岂寻常所及""非灵丹在握，未易镕液"，带有明显的夸张和个人感情色彩，也说明了同样的问题。徐渭文集中提及祝允明的共有五处，都是评论祝氏的书法，未及于其他。他对祝氏的书法也给予好评，但语气是比较隔远、冷静的，绝没有上文那种崇仰和热情的态度。所用的称呼，是祝京兆、祝枝山、祝希哲，没有称"先生"的。还有，徐渭的散曲以及《四声猿》的曲辞，风格以高华俊爽、泼辣豪放、通俗流畅见长，与祝允明散曲的精巧娟丽不同。而且，其语言艺术，远在祝允明之上，甚至可以说整个明代罕有其匹。他何以会对祝氏的那一支《燕》（《越调·祝英台·咏莺燕蜂蝶》四首之一，全篇载明陈所闻《北宫词纪》）钦佩得五体投地，竭力模仿还自叹不如？"罗浮少个人儿赵"一句，不见

《南词叙录》非徐渭作

于徐渭文集自不待言,而且,确实也不怎么高明。难道以才气著称于世的徐渭,会去竭力模仿别人?另外,在徐渭最亲密朋友中,山阴陈鹤(海樵)是一位著名的散曲作家,他与徐渭有着较远的亲戚关系,而年长于徐渭,对徐渭的一生都有很大影响。而《南词叙录》一句没有提到他,相反却对与徐渭毫无关系的祝允明赞叹不已,这又可以证明《南词叙录》的作者熟悉吴中文化和人士,而不熟悉越中文化和人士。

《南词叙录》非徐渭作,还有一个有力的旁证,就是徐渭的门生王骥德在《曲律》中,始终没有提及此书。在《曲律》中,王氏对乃师极表崇敬。如论及《四声猿》,谓之"高华俊爽,秾丽奇伟,无所不有,称词人极则,追躅元人","故是天地间一种奇绝文字"。言及"今日词人之冠",则于南词首称"吾师山阴徐天池先生",置于汤显祖之上。甚至对徐渭的俳谐小曲也称赞不已,感叹"今未见其人也"。他们师生二人的接触,有一度(约为万历初年)是十分密切的。据《曲律》,王氏与徐氏居所"仅隔一垣",徐渭作《四声猿》时,每了一剧,都要将王氏"呼过斋头,朗歌一过,津津意得"。而且,其中《女状元》一剧,还是王骥德出的题目①。王骥德的年龄,至少比徐渭小三十岁,他师从徐渭,是徐渭晚年时候。②也就是说,如果《南词叙录》出于徐渭,那时早已完成了。那么,为什么王骥德在《曲律》这一部戏曲理论专著中,丝毫不提及《南词叙录》呢?

会不会徐渭没有向王骥德说起过《南词叙录》,因而王氏不知道此书的存在?这一假设无法成立。在徐渭晚年的门生中,王骥德是最热心于戏曲、对此了解最深的一人。《曲律》中也明明说,徐渭是把王氏赏为戏曲之"知音"的。除了前面提到的《四声猿》创作时的情况外,徐渭评注《西厢记》,曾亲自向王骥德作过传授③;徐渭修改梅鼎祚的《昆仑奴》,后来也是王骥德加以刊行的④。如果

---

① 《曲律·杂论第三十九》。
② 参见骆玉明《〈四声猿〉写作年代考》,《中国古典文学丛考》第二辑,复旦大学出版社 1987 年版。
③ 王骥德《校注古本西厢记序》。
④ 明万历山阴刘氏刊本《昆仑奴》王骥德跋。

徐渭写过这样一本专门的戏曲著作，不可能不向王骥德提起。更明显的，是《曲律》中有如下一节文字："先生好谈词曲，每右本色，于《西厢》《琵琶》皆有口授心解。"这说明徐渭亲自向王骥德传授过《琵琶记》。而《南词叙录》中讨论得最多的一个戏，也正是《琵琶记》，并且有不少颇为出色的见解。如果《南词叙录》出于徐渭，他在向王骥德传授《琵琶记》时，理所当然要提到这本书。

是不是王骥德虽然知道《南词叙录》，但偏偏在写作《曲律》时疏忽了，忘记提及呢？这个假设同样无法成立。《曲律》是一部十分严谨而有系统的理论著作，主要内容又是关于南戏的①。《南词叙录》所讨论到的问题，在《曲律》中大部分都更为详尽地讨论到了。对不少问题的看法，两者也相近。而且，《曲律》涉及范围甚广，评述了明代各家的戏曲作品和戏曲理论，大量引用了沈璟、祝允明、何良俊、王世贞、汤显祖等人对戏曲的看法。既然王氏在本书中对徐渭表现出极度崇敬的态度，怎么可能疏忽了《南词叙录》这样一部在性质上与《曲律》相近的专著？而且，也有一个材料可以直接证明王骥德根本不知道《南词叙录》的存在。《曲律》中有如下一节文字：

> 今南戏繁多，不可胜计。旧有集诸戏名目为曲者。今之新编，多旧已做过，以其本不传，遂人不及见；更稍稽岁月，益灭没不可考矣。余欲于暇中，仿《辍耕》《正音》二书例，尽籍记今之戏曲，且甄别美恶，次第甲乙，以传示将来。

按：《南词叙录》的作者，正是因为"惟南戏无人选集，亦无表其名目者"，深为惋惜，恐其湮没，才写作了此书。书后也保存了不少南戏剧目。王骥德所设想的工作，在性质上与《南词叙录》是一致的。他如果见过，或哪怕只是听说过徐渭作有此书，在这里就绝不会一句不提。否则，就变成有意埋没先师的劳绩了。这当然是绝不可能的。

通过以上的论证，我们认为，《南词叙录》之非徐渭作，是可以确定的了。由

---

① 《曲律·总论南北曲第二》小注："北曲，《中原音韵》论最详备。此后多论南曲。"

《南词叙录》非徐渭作

此而来的问题是:传世抄本《南词叙录》明署徐渭之名,是何缘故?

一种可能是作者有意伪托。但这必然是在万历中期,徐渭经袁中郎大力鼓吹而声名大噪之后。而徐渭在嘉靖三十八年(1559)已入胡宗宪幕府,是其一生中最易搞清的事实,因此不会产生小序所署年份的错误。而且伪托者似乎也无必要把此书的写作地点假造为闽中。再从正文来看,作者根本无意掩盖自己的真实身份。如果伪托徐渭作,理应写入一些与徐渭生平有关的内容,如提到越中的情况,提及徐渭的一些朋友(其中有些人是很著名的)。而事实上本书根本没有一句话与徐渭的生平、交游相关,反而大谈吴中的情况,使用吴中方言。

另一种可能是判断错误。我们可以这样假定:本书的作者号"天池",他在嘉靖三十八年或更早(这个问题下面将要涉及)写成《南词叙录》。从习惯上说,此书既然从未付梓,作者在小序上署了"天池道人"之号后,无须再署姓名。若干年后,此书流传出来,但人们已经无法知道这位"天池道人"究竟是谁。而同样号"天池"的徐渭的名声越来越大,他又是戏曲的名家,这时把《南词叙录》的署名"天池道人"误以为就是徐渭,也是顺理成章的。熟悉古文献的人都知道,同名相误的情况并不罕见。前面说过,现存的两种清抄本上,署名情况是不同的,这大约就是因为署名系抄写者所加的缘故。至于上述的判断错误究竟是明代就发生了,还是在清代才出现,已经无法确定。

既然《南词叙录》非徐渭作,有无可能找出它的真正作者来呢?这当然很困难。不过,我们不妨在此作一点尝试。根据《南词叙录》,他应当具备如下条件:号天池;是吴中人,或长期生活在吴中的人;懂得戏曲,对南戏尤有兴趣;与祝允明有某种关系。这使我们自然而然想到了陆采。他是苏州人,也号天池,是著名南戏作家之一,今尚存有《明珠记》《怀香记》《南西厢》三种,他是都穆的女婿,而都穆是祝允明最亲近的朋友。

陆采死于嘉靖十六年(1537)①,这和南图本《南词叙录》所署的年份无法相

---

① 陆粲《陆子余集·天池山人陆子玄墓志铭》。

合。但上图本所署的年份却是"嘉靖乙未"即嘉靖十四年。"乙""己"形近易误,二者必有一错。如以"乙未"为是,则徐渭作的可能根本不存在了,是年他才十五岁。也许南图本的抄录者看到这个问题,认为"乙",系"己"之误,径行"改正"了吧。这当然只是猜想。这里只说明一点,即上图本并非南图本的过录本,而是有其自身的来源。换言之,上图本至少与南图本具有同等的版本价值。

二本文字上有三十六字不同(同字累写者不计),差异很明显。现选择数条说明如下:

一、"永嘉高经历明避乱四明之栎社,惜伯喈之被谤,乃作《琵琶记》以雪之。"南图本缺"社惜伯喈"四字。

二、"晚而时文、叫吼,尽入宫调,益为可厌。"南图本"晚"下衍"宋"字。按:此显然是因为前一句谈到北宋徽宗朝周邦彦、柳永等改变词调,抄录者妄加一字,使"晚而时文"变成"晚宋,而时文"云云。

三、"夫南曲本市里之谈……何处求取宫调?必欲宫调,则当取宋之《绝妙词选》逐一按出宫商,乃是高见。彼既不能,盍亦姑乎于浅近。"末句中"乎"字南图本作"安"。按:作"安"似通顺而不合文义,原当作"乎"字。

四、"元人学唐诗,亦浅近婉媚,去词不甚远;去词不甚远,故曲子绝妙。"南图本"去词不甚远"一句不重复。按:二者皆可通,但重复有强调之意。在原本重复的情况下,抄录可者能嫌其辞赘而省一句;在原本不重复的情况下,抄录者不太可能增此一句。

另一个明显区别,是上图本凡遇"高皇帝""国朝"等明人应示敬之处,均空两格,而南图本在"国朝"前不空。如果前者是后者的过录本,不应出现这种情况。总的看来,上图本比较接近原始面貌,错误和缺漏也较少。《中国古典戏曲论著集成》用南图本而不用上图本,又谓《南词叙录》,因实际上只有一种本子,无可比勘",实系疏忽。

二本序文中的干支,当亦以上图本之"乙未"为是。正文中说:"惟昆山腔止行于吴中。"按:魏良辅的《南词引正》,有曹大章嘉靖丁未年(二十六年,1547)

《南词叙录》非徐渭作

序,已经说道:"其炼句之工,琢字之切,用腔之巧,盛于明时。"照曹大章的说法,至少在嘉靖二十六年以前,昆山腔已十分盛行。而《南词叙录》倘若作于嘉靖三十八年,即十二年以后,还说"昆山腔止行于吴中",就不免矛盾了;而按照上图本所署的年代,《南词叙录》早于《南词引正》十二年,则由二书所见昆山腔的发展过程就更为合情合理。

令人感兴趣的是陆采在嘉靖乙未年的闽中之行。这次旅行,他的《天池山人小稿·甲午稿》中《述志四首送阳湖王子金闽藩事》一诗和其兄陆粲为他写的墓志铭都曾提及。陆采的《览胜纪谈》自序则有较详细的记载:

> 甲午春正,游义兴,讨二洞之奇。遂渡大江,沿淮泗,由鲁门陟泰山,登封禅坛,望日出东海而还。沿途闻见,托之楮生,重以金陵之行,不复省录。**比游武夷,客三山,旅建安,皆暑且病。长日无聊,追忆旧事,并新得于闽、浙者又百余条,厘为十卷**,俾小史书之,以代口述。清斋佳客,未必不逾于俎醢之杂陈也。二岳之胜不书,以别有述志。**嘉靖乙未重阳日,吴郡天池山人陆采子玄甫书。**

这里不妨按上图本将《南词叙录》序的一节抄录在此,与上文作一比较:

> 客闽多病,咻咻无可与语,遂录诸戏文名,附以鄙见。岂曰成书,聊以消永日、忘歊蒸而已。嘉靖乙未夏六月望,天池道人志。

同样是说乙未年的夏天在闽中,天气酷热,身体多病,长日无聊,作书以消遣。不同的地方,前者的署名是"天池山人",后者是"天池道人"。但不应看作严重的问题,因为陆采原本是崇信道教、热衷于求仙之术的。

说到底,要最后证明《南词叙录》出于何人之手,书中所引那一句散曲"罗浮少个人儿趓"是最直接的根据。那一支完整的曲子不知道是否尚有可能找到。就陆采而言,至少我们知道他喜欢作散曲。陆粲所作墓志铭中,就说到他"居闲弄笔游戏,为近体乐府"。陈所闻《北宫词纪》列所"纪内词人姓氏",其中有"陆天池"之名。但现存万历刻本中却没有他的作品。另外有一些迹象可以注意。如陆采与祝允明有较多来往,他的《冶城客谈》中记有一则胡铨身后异事,并注明系闻之于祝氏。而祝氏《猥谈》说:"余见旧牒,其时有赵闳夫榜禁,颇述名目,如《赵贞女蔡二郎》等,亦不甚多。"《南词叙录》著录了不少宋、元旧戏的名目,也许与陆采从祝允明处看到或听说过"旧牒"所列戏名有关。又《南词叙录》云:"有人酷信北曲,至以伎女南歌为犯禁。"而都穆的《都公谈纂》,明确记载了他在北方亲自见到有人禁止演唱南曲的事实。也许陆采正是针对此事有感而发。当然,这些都不能算最有力的根据,附记于此,意在供研究者作进一步的探讨。

原载《复旦学报(社会科学版)》1987 年第 6 期

关于明诗话整理的若干问题

陈广宏　侯荣川

作为一代诗学文献的丛编集成,明诗话的汇辑、整理至少要迟于清诗话。我们知道,其实在明代中期就已发展出专门集刊独立成书之诗话著作以存原貌的"诗话丛书"形式,如杨成于成化间所编《诗话》,是十种宋人诗话的汇辑(若推及诗法著作的汇编,则时代更早);其后如清何文焕《历代诗话》,民国丁福保《历代诗话续编》《清诗话》等,是此类"诗话丛书"中收辑种类较多、具有一定代表性、编纂态度尚属严谨的有影响之作[①],至今仍为研究者所利用。当然,日本明治时期近藤元粹汇纂的《萤雪轩丛书》,收录历代诗话五十九种,亦在中国学界产生一定的影响[②]。然客观地说,这样的丛书毕竟只是一种选辑。相比之下,现代学者郭绍虞先生在宋诗话与清诗话整理与研究方面的成就,才真正称得上于断代诗学文献的全面搜辑、整理有开创之功。在宋诗话方面,因时代较早,亡佚严重,本身数量亦相对有限,所存则颇有前人编纂的基础,据郭先生《宋诗话考》,现尚流传者有四十二种;部分流传,或本无其书而由他人纂辑成之者四十六种;有其名而无其书,或知其目而佚其文,又或有佚文而未及辑者五十一种;再加上其中附及的数种,总数约在一百四十种。基于这种情况,主要着力开展

---

① 明崇祯间嵇留山樵编《古今诗话》亦为规模庞大的诗话丛书,计收唐、宋至明诗话七十九种,然体例不精,颇有卷帙不全、随意摘录者。

② 所收以宋诗话居多,如郭绍虞、罗根泽等先生在辑考宋诗话时皆曾利用过此著。

的是辑佚方面的工作，郭先生《宋诗话辑佚》因此辑出三十六种宋人诗话著作共一千四百五十余条(罗根泽先生《两宋诗话辑校叙录》亦辑出已佚诗话二十一种①)，其搜辑之富，考核之精，为学界树立了典范，况又有现代"文学批评"观念的自觉；后来的学者也不断有纠补其错讹遗漏者，令该项工作更趋完备②。吴文治先生主编《宋诗话全编》，通过辑录别集、随笔、类书、史书等史料，增广编列五百六十二家，其中收录原已成书的诗话一百七十余种，然就辑录已佚诗话部分，则基本依据郭著。在清诗话方面，郭先生不仅在20世纪60年代为丁福保《清诗话》所作"前言"中，于丁氏所录四十三种著述，从学术的角度撰写了提要，试图弥补其版本选择等方面的疏失；且于80年代初出版《清诗话续编》，增录重要或流传绝少者三十四种，在"平生搜集清人诗话不遗余力"的基础上，做出了清诗话总数"约有三四百种"的估计。③这一估计在吴宏一先生1973年于台湾大学完成的博士学位论文《清代诗学研究》中可以得到印证，其附录《清代诗话知见录》所录为三百四十六种。90年代中期以来，对于清诗话或清代诗学文献的辑录不断有新的推进，如蔡镇楚《清代诗话考略》(载《石竹山房诗话论稿》)(1995)、张寅彭《清代诗学书目辑考》(1995)、蒋寅《清代诗学著作简目》(1995)，著录该领域著作皆在七百种以上；而至吴宏一《清代诗话知见录》(2002)、《清代诗话考述》(2007)，张寅彭《新订清人诗学书目》(2003)、蒋寅《清诗话考》(2007)等，所录又增至近千种至千数百种不等。当然，这当中还是有各人对诗话标准、范围的不同理解，然鉴于清代诗学文献的数量巨大、情况复杂，先在目录学上予以考察、厘清，尤有必要。据悉，由张寅彭教授主编的《清诗话三编》将由上海古

---

① 有关郭、罗两位先生几乎同时开展同样的工作及体例内容的异同，可参见郭绍虞《宋代残佚的诗话》，《文学杂志》1937年第2期。

② 参见陈尚君《〈宋诗话辑佚〉匡补》，蒋寅、张伯伟主编《中国诗学》第4辑，南京大学出版社1995年版；李裕民《〈宋诗话辑佚〉补遗》，《文献》2001年第2期；岳珍《宋诗话辑补》，《天中学刊》2003年第2期；马强才《〈宋诗话辑佚〉拾遗初编》，《古籍整理研究学刊》2008年第2期；等等。另，邓国军《宋诗话考论》(四川大学2003年博士学位论文)以及钟振振有关《宋诗话辑佚》若干诗话校议的系列论文等，亦皆有所订正。

③ 《清诗话续编序》，《清诗话续编》第1册，上海古籍出版社1983年版，第1页。

籍出版社出版,在前贤二编之外,收录清人诗话著作一百二十余种。

与宋诗话、清诗话相比,现存明诗话著作的数量居中,然从其对宋人诗话有较大发展来看,复杂的局面已然呈现;而前人汇辑、整理明诗话的基础又较为薄弱,如孙小力教授已指出:"只有何文焕《历代诗话》选录四种,丁福保《历代诗话续编》选录九种,王云五《丛书集成初编》选录十一种,加上解放后出版的整理本,总共不过二十几种,远远不能反映明代诗话的全貌。"[①]因此,在这种情形下,先后有周维德、吴文治先生纂辑《全明诗话》《明诗话全编》并出版,实为有明一代诗话的汇纂、整理提供了一个很高的标杆。两部全编著作的编纂体例不同,周著以书立目,专收独立成书的诗话著作,出版时计九十一种,原稿实有一百二十三种;吴著则以人立目,在收录独立成书的诗话著作外,尚辑录诗文别集、随笔、史书、类书等诸书中论诗之语,题作"某某诗话",计七百二十二家,其中独立成书的诗话,据其《前言》所述,有一百二十余种,而我们统计得出一百十八种,那是因为其中有的诗话在吴著中被作为两种看待,如田艺蘅《诗谈初编》《诗谈二编》,为方便比较,我们仅视作一种。经初步比对,吴、周两著同收的独立成书之诗话有七十五种,其中黄子肃《诗法》、赵与虤《娱书堂诗话》当属未考明作者情况而误收。吴著独有的,计四十三种,其中较为重要的有曹安《澜言长语》、王嗣奭《杜臆》、俞宪《山樵暇语》、叶廷秀《续诗谭》、胡应麟《艺林学山》、黄省曾《名家诗法》、王昌会《诗话类编》等。但也有误收者,如《风骚要式》《诗要格律》,宋人书目已经著录;又如张次仲《澜堂夕话》,论诗仅数条,可视为文话。周著独有者十六种,其中较为重要的如王榞《诗法指南》、冒愈昌《诗学杂言》、朱奠培《松石轩诗评》、田艺蘅《阳关三叠

[①] 孙小力《半生辛苦一部书——评周维德先生〈全明诗话〉》,蒋寅、张伯伟主编《中国诗学》第九辑,人民文学出版社 2004 年版。值得注意的还有台湾广文书局影印发行的《古今诗话丛编》《古今诗话续编》,多珍本、善本,前者收录明诗话十一种,后者计十五种,吴文治先生主编的《明诗话全编》即采用了其中十二种。

图谱》、汪彪《全相万家诗法》等,有不少珍稀版本。①当然,这两种体例皆可在前代的诗话编纂中找到依据,然依我们一孔之见,在目前的基础与条件下,似应以先集中精力汇集、整理独立成书的明人诗话著作为急务。在这方面,无论如周著,在郭先生的直接影响下,以一人之力,积十数年之功,专力于单独成书的明诗话搜辑、汇纂,还是如吴著,集众人之力,得以有较广的搜求渠道与来源,其实皆主要受当时检索、搜辑资料总体环境与条件不便的局限,而仍未能辑全。②

当今我们获取与使用资料的条件已远非昔日可比,如《四库》系列以及笔记、方志、目录等专题大型丛书的影印或整理出版,电子数据库的开发以及多种检索手段日益发挥作用,国际学术交流的愈加频密,这些都为穷尽性搜辑、整理某一专题或一代文献提供了便捷、开放的门径。而或许更为重要的是,随着人们对近现代以来学术史的回顾与反省,有关史料之于学问的重要性,尤其是新材料、新方法的发现与拓展对于推进学术发展的重要性,这样的观念已重新获得确立。就有关诗学文献而言,多年来学界在不同程度上皆已将关注的视野扩展至域外汉籍的整理与研究。面对这样的形势,一方面我们固然应该不断开辟学术的新疆界,就获取的新材料治新学问,但在另一方面,是否也应该在这样一种新视野下,对已经整理的某一专题或一代文献本身,包括其排比、考订、编纂的方法进行重新检视,看看在新的历史条件下,有无可能于原先在各种条件限制下取得的重大成果再有所推进。正是抱着这样的想法,我们尝试对已有明诗话汇纂、整理的情况作一粗浅的检讨,特别是对在整理、研究单独成书的明诗话上具有代表性成就的《全明诗话》作重点考察,将遇到的一些问题提出来,希望能引起同好的关注,大家群策群力,共同将这一事业引向深入。

---

① 又可参见上引孙小力《半生辛苦一部书——评周维德先生〈全明诗话〉》中有关该著所收不见于《明诗话全编》的统计与评述。

② 详参以下具体分析、论述。另可参见孙小力《〈明诗话全编〉遗漏书目提要》,蒋寅、张伯伟主编《中国诗学》第六辑,南京大学出版社1999年版。

关于明诗话整理的若干问题

一

单独成书的明人诗话究竟有多少种？这恐怕是力图穷尽性地汇纂、整理一代诗学文献首先要碰到的问题，也可以说是最为重要的一个问题。这方面的目录整理研究其实一直为研究者所关注。较早时期台湾学者宋隆发在《书目季刊》第16卷第3、第4期上发表的《中国历代诗话总目汇编》，收录明诗话九十种①；蔡镇楚《石竹山房诗话论稿》中《明代诗话考略》收录一百七十部；台湾学者连文萍在吴宏一教授的指导下，于1998年完成博士学位论文《明代诗话考述》，对明诗话作了全面而深细的考察，包括对上述宋、蔡两种目录有所辨正，获得的结论是现存者一百四十四种、已佚者一百三十七种、由后人纂辑者三十七种。《明诗话全编》与《全明诗话》收录的情况已如前述，朱易安《明代的诗学文献》著录的是一百三十六种②，孙小力《明代诗学书目汇考》为一百六十三种③，而刘德重、张寅彭《诗话概说》增订版附录"历代诗话书目"，著录明代诗话一百七十七种。④

这里面涉及的关键有二：一是如何把握搜辑的范围，二是如何明确对诗话标准的认识。两者之间又有着密切的关联。就前者来说，研究者一般皆从明、清以来各公、私藏书目、相关方志著录以及各种丛书的调查、搜辑出发，然这是相当浩繁的工程，内中情形又相当复杂，尤其是方志著录，要想穷尽，殊为不易。我们一方面还是要就上述调查、搜辑范围对已有的明诗话或诗学文献编目重新作细致的校核，看有无遗漏或误收，尤其是鉴于诗话特殊的性质，应在明代以来各种藏书目多有新创部类的情形下，特别注意在"文史"或"诗文评"类之外的"子部""史部"之"子杂""杂家""史杂"等相应类目及"类书"或"类编"中搜剔，而

---

① 连文萍《明代诗话考述》记宋隆发书目所收明诗话为一百零五种，或据其标准统计。见台湾东吴大学中国文学研究所博士学位论文，1998年，第15页。
② 朱易安《明代的诗学文献》，《南京师范大学文学院学报》2003年第1期。
③ 孙小力《明代诗学书目汇考》，《中国诗学》第九辑，人民文学出版社2004年版。
④ 刘德重、张寅彭《诗话概说》，安徽教育出版社2009年版，第335—340页。

在"文史"或"诗文评"类中,则须注意诗话与文话著作往往在"诗评""诗法"与"文评""文式"等类中互有错出。诸如此类的问题,学者们在研究实践中其实多少已有关注,且经过这么多年持续的探查、积累,可拓展的空间或已不大。所以,更进一步的工作,恐怕还要将独立成书的范围拓展至那些单独成卷的明诗话,而由于单独成卷的诗话著述除非经后人纂辑,一般并不在书目中显示,有些著作的性质亦须验证其具体内容而定,这就需要开展实际翻检所存明代文献的普查。

这样的工作量自然十分浩大,我们目前只是有针对性地做了一些试验,其中同样要特别注意子部乃至史部文献。如徐𤊹《笔精》,《四库全书》收于子部,然其八卷中,卷二诗原、诗话、诗订、诗砭,卷三诗评一(魏、唐)、诗评二(宋)、诗评三(元)、卷四诗评四(明),卷五诗评五(方外、宫闱、妓女、外夷、诗搜遗),卷六诗话、词品、文订、字正解、事物解,主要部分均属诗话。①至于徐𤊹《榕阴新检》,《续修四库全书》收于史部,其中亦有《诗话》一卷。收入《续修四库全书》子部者,如陈全之《蓬窗日录·诗谈》二卷,李春熙《道听录》四卷,方弘静《千一录·诗释》四卷,郎瑛《七修类稿·诗文类》十一卷、《续稿·诗文类》一卷,王同轨《耳谈类增·诗芹》一卷。收入《四库存目丛书》子部者,如陈师《禅寄笔谈·诗谈》一卷等。又如刘仲达《刘氏鸿书》卷七十一"诗话"、卷七十二"士诗"、卷七十三"女诗",朱国祯《涌幢小品》卷二十二除数条外均为诗话。此外,就集部而言,在人们普遍注重的"诗文评""总集"类外,要特别注意别集类文献。一些作者会将诗话附录于卷尾或置于其中的某些卷次,如陈霆《渚山堂诗话》三卷,《千顷堂书目》《四库全书总目》等有著录,然现今各图书馆均无此书收藏,属于已经亡佚的诗话。但我们在正德刊十九卷本《水南稿》中,却发现其卷十八、十九即是诗话;在杨春先《诗话随抄八卷附集一卷》中又有十七则"水南诗话",基本上可恢复

---

① 按:此处目录用明崇祯五年(1632)邵捷春、黄居中刻本,中国国家图书馆藏。《四库全书》本《笔精》在分卷及内容上均与此不同,可参看。

《渚山堂诗话》的原貌。又如《胡维霖集·墨池浪语》收《诗谱》一卷、《诗评》二卷,骆问礼《续羊枣集》卷二除后面数条论文外均是诗话。根据初步所做的上述检核、搜剔工作,目前已可在前人的基础上增补四十余种,则所得明诗话增至二百余种,然我们深知,这样的搜辑仍未完备。

鉴于当今搜辑海外所藏汉籍的条件相对成熟,尽力搜讨存于海外的明诗话孤本、善本,是进一步扩充该领域文本的一大资源。不少学者其实已陆续在开展此方面的工作,如王水照先生所编《历代文话》,收曾鼎《文式》一种之日本内阁文库藏旧抄本,张健《珍本明诗话五种》收日本内阁文库藏雷燮《南谷诗话》、谢肇淛《小草斋诗话》等;又如题朱之蕃评《诗法要标》三卷,今藏韩国,赵钟业教授已录入《韩国诗话丛编》第十二卷,蔡镇楚教授《中国诗话珍本丛书》据之影印。此外还有今藏日本内阁文库的吴默编《翰林诗法》、藏韩国中央图书馆及延世大学的郑瑄《昨非庵诗话》等,国内均无藏本。不过,真要开展全面的搜辑,仅普查一项,工程已巨,故尚任重而道远。

在另一方面,有关佚目的搜辑,也要利用现在已有的条件,尽可能予以补充并检核。连文萍博士在佚目的搜辑方面做了辛苦而繁难的工作,翻检了大量明清公私书目及方志,获得一百三十余种已佚或疑佚的明代诗话。但其中也存在一些问题,如"诗林辩体"条云:"不著卷数,作者不详,疑佚。是书见《晁氏宝文堂书目》上卷'诗词类'著录,仅存书名。"①实际上此书又见录于《国史经籍志》卷五、《千顷堂书目》卷三一、《百川书志》卷十九、万斯同《明史》(清抄本)卷一三七等,其作者为潘援(《千顷堂书目》误为"潘授"),雍正《浙江通志》卷一八二有传。而且此书实未亡佚,检《中国古籍善本书目》,著录此书有明刻本十六卷,藏安徽省图书馆,存八卷(又查得首都图书馆藏此书正德七年[1512]刻本,存七卷)。另外,一些目录或方志虽经查检,然尚有遗漏。如(光绪)《江西通志》卷一百十二所著录王经《唐诗评》、晏若川《佚老亭诗话》等,连目已收入,而同卷杨廉《风

---

① 连文萍《明代诗话考述》,第362页。

雅源流》、廖道稷《诗话》八卷、周鼐《古乐府后语》等则未收入。在其他书志文献中，我们又补充了能断定为明代诗话的佚目三十余种。

有关"诗话"标准，研究者已有比较多的探讨、界定，虽有不同意见，但我们认为，基本上还是能达成共识的。鉴于南宋以来，尤其是有明一代"诗话"的性质、定义皆有了很大的发展，回到狭义的"诗话"已没有多大意义。人们常常引述的南宋初许顗在《彦周诗话》小序所说的"诗话者，辨句法，备古今，记盛德，录异事，正讹误也"①，是当时理解的诗话内涵，虽可以看作对欧阳修等"集以资闲谈"的具体化落实，却亦意味着为诗话范畴的进一步拓展预备了空间。由蔡絛的《西清诗话》与《诗评》当为两书②，或许仍反映出北宋宣和间人对"诗话"的特定认识，然从另一面来看，司马光《续诗话》三十一则中有二十余则为当朝及唐代诗人品第，当然合乎"辨句法，备古今"之例，却多少也预示了其后的诗话由"记事"向"论评"发展的必然趋向。随着人们将"诗话"的源头不断上溯，也就意味着其外延的不断扩大。我们从当在北宋后期成书、宋代最早的汇辑诗话《唐宋名贤诗话》中，可以看到引唐人笔记如《唐摭言》《本事诗》等十余种③，据此可知其并不局限于欧阳修以来创立"诗话"名目者。如果说，这仅仅是小说家"记事"一类的上溯、扩展，那么，南宋初任舟辑《古今类总诗话》，前三卷曰诗体、诗论、诗评，应该已体现出诗话格局的变化，郭先生以为"开《诗人玉屑》之先声者"。④与《诗话总龟》《苕溪渔隐丛话》相比较，《诗人玉屑》明显由"稗官野史之类"的记事为主向论诗、品评为主转变，其构架又受到严羽诗论很大的影响，卷一列"诗辨""诗法"，卷二列"诗评""诗体"，卷十一列"考证"等，当取自严羽五篇诗论的题名，并将其所论悉数收入而重加编次，可见严羽诗论在所有被"博观约取"

---

① 何文焕《历代诗话》，中华书局1981年版，第378页。
② 可参见张伯伟编校《稀见本宋人诗话四种》"前言"的相关考察，江苏古籍出版社2002年版，第13页。
③ 可参见张伯伟编校《稀见本宋人诗话四种》所刊朝鲜版《唐宋分门名贤诗话》二十卷及在郭绍虞先生基础上考出的每条材料的出处，第234—399页。
④ 郭绍虞《宋诗话考》下卷"古今类总诗话"条，中华书局1979年版，第199页。

的诗话、评论中的地位与分量,尤其是前两卷显然具有总纲性质,亦可见严羽诗论方式产生的背景;而至明中期严羽诗论被正式冠以"诗话"之名刊行,至少反映了明人有所发展的"诗话"观念原有所本。从郑樵《通志·艺文略》于"文类"中的"文史"外又专门析出"诗评",计收四十四部与论诗相关的著作,主要是唐人诗格、诗式、诗例、诗句图之类,也有九种宋人诗话,则可看到在"诗评"的大类下,唐人诗格、诗式一类的著作与宋人诗话之间似乎已具有某种关联。后来胡应麟将李嗣真《诗品》、王昌龄《诗格》、皎然《诗式》《诗评》等二十种唐人诗格、诗式著作视作"唐人诗话,入宋可见者",并谓"近人见宋世诗评最盛,以为唐无诗话者,非也"①,显然亦非无稽之谈。如此,自明初以来,承元人好习诗法、诗格之风气,诗法汇编著作往往与诗话汇编著作并兴甚或相混,亦好理解;而如赵琦美《脉望馆书目》所立"诗话"目收录《诗学权舆》《名家诗法》《诗法》等,董其昌《玄赏斋书目》所立"诗话"目收录《冰川诗式》等,皆是明人有所拓展的诗话观念之体现。至于明宗室朱奠培于正统间撰《松石轩诗评》,开始令明初以来承袭北宋诗话"集以资闲谈"(如瞿佑《归田诗话》),或承袭元人风习纂辑诗法、诗格著作的格局有所改变,也是因为他将诗评的典范上溯至钟嵘《诗品》,如其于成化十年(1474)撰《诗评后叙》所言:"诗之有评也,钟嵘三品之前,盖未之闻焉。后之评诗,可嗣其美者,张芸叟而已。"②而如上举《脉望馆书目》《玄赏斋书目》等所立"诗话"目,皆收录《松石轩诗评》。这种对于钟嵘《诗品》的标举,以及越来越多的明人对严羽诗论的推许③,在后来又构成复古派日益强调论诗理论性与体系

---

① 《诗薮》"杂编"卷二《遗佚中·载籍》,上海古籍出版社1979年版,第272页。
② 周维德《全明诗话》第1册,齐鲁书社2005年版,第473页。
③ 如李东阳《怀麓堂诗话》云:"诗法多出宋,而宋人于诗无所得……惟严沧浪所论,超离尘俗,真若有所自得,反复譬说,未尝有失。"都穆《南濠诗话》云:"严沧浪谓:'论诗如论禅,禅道惟在妙悟,诗道亦在妙悟。学者须从最上乘,具正法眼,悟第一义。'此最为的论。"王世贞《艺苑卮言》卷二云:"吾览钟记室《诗品》,折衷情文,裁量事代,可谓允矣,词亦奕奕发之。"又,《艺苑卮言序》云:"手宋人陈编,辄自引寐。独严氏一书,差不悖旨。"胡应麟《诗薮·外编四》云:"宋以来评诗不下数十家,皆哗呓语耳。铲除荆棘,独探上乘者一人,严仪卿氏。"显示出钟、严诗论在明代所受到的推崇。尤应注意的是,这一推崇,常常是与批评宋人诗话一并提出,故其不再是简单的对前代诗话价值的品第,而是体现了明人借由树立诗话经典范式来实现文体变革的意识。

化的一种谱系,如屠本畯编《诗言五至》十卷,即收钟嵘《诗品》、严羽《沧浪诗话》、徐祯卿《谈艺录》、皇甫汸《解颐新语》、王世贞《艺苑卮言》五种;王世懋为胡应麟作《诗测序》,亦谓"自钟嵘《诗品》以来,谭艺者亡虑数百十家,前则严沧浪、徐迪功二录,近则余兄《艺苑卮言》最称笃论",而若论"集诸家之长,穷众体之变",还数胡应麟此著。①因此,近代以来,学者往往将诗话的概念实际拓展至目录学"诗文评"类目中的论诗部分②,应该说还是可以找到明、清以来诗话观念发展的脉络并作为依据的,核之《四库全书》"诗文评"小序概括的五种体例:溯源流、评工拙、置品第、溯师承、备陈法律,旁采故实,体兼说部,于诗话而言,似皆有迹可循。所须谨慎的,倒是属于经部的《诗经》学论著,以及集部"楚辞"类、"总集"类等诗学著作,因为这些类目部次已久,自成传统,各有相当可观的数量,牵一发而动全身,除非历代目录相沿冠以诗话之名或列入诗文评者,否则还是另作独立研究为宜。之所以仍要探讨对诗话标准的理解,是因为它实际构成在明、清以来各公、私藏书目,相关方志著录及各种丛书等范围内检核、搜剔明诗话的操作原则。

二

在文献整理过程中,首要的一个环节是版本选择。为使该文献的原貌得以呈现,要尽量使用刊刻时代较早的足本、精校精刊本,以及今人花费很大心血的高品质整理本,这作为常识人们都了解。只是在大型文献的编纂中,这样的要求不易做到,更何况迫于当时搜求资料的困难条件,如《全明诗话》的汇纂、整理,比较多的还是依据各种汇编的杂纂类丛书,以及类编中"诗文评"类的丛书

---

① 王世懋《王奉常集》卷八,《四库存目丛书》集部第133册,齐鲁书社1997年版,第295页。
② 如民国四年(1915)李详为丁福保作《历代诗话续编序》,首述诗话源流,以钟嵘《诗品》判流别为正始:"自宋以还,此体大备。譬之变风变雅,稍乖本始,其于知人论世则一也。《四库》总论所标五例,虽不能外,优者为之,辄自殊出。其他直如屠沽市侩计簿中语,犹有一节可取者,以其略著本事,可以考见当时风会得失,亦有不可废者。"《历代诗话续编》卷首,中华书局1983年版,第1页。

等所收明诗话着手进行的。其便利之处,在于可利用《中国丛书综录》集中查检,且因丛书编纂在清中叶后始盛,本子相对易得;然由于丛书规模一般都比较大,编刊质量颇有参差,用途亦各不相同,存在的问题不少。试举数例:

《兰庄诗话》一卷。《全明诗话·提要》:"闵文振撰。文振,字道充,浮梁(今江西景德镇)人。生平未详。有弘治九年(1496)序刊本、明抄本、《说郛》本。"按:周著仅收四则,系据《说郛》本。而中国国家图书馆所藏明抄本,计四十六则,前有小序。当以明抄本为底本。①

《诗文浪谈》一卷。《全明诗话·提要》:"林希恩撰。希恩,字懋勋,号龙江,莆中(今福建莆田)人。生平未详。有《说郛》本、《古今图书集成》本。"按:此处撰者当即林兆恩,以下再辨。周著据《说郛续》本所收计十三则(其中第一则,《林子全集》作两则),而《四库存目丛书》子部第91册《林子全集》(崇祯刻本)所收《诗文浪谈》,计二十七则。则显然前者不宜作底本。②

游潜《梦蕉诗话》一卷。《全明诗话·提要》著录:"有《梦蕉三种》本、《学海类编》本。"按:《梦蕉三种》为游氏《梦蕉存稿》《梦蕉诗话》《博物志补》之合刊,有嘉靖戊申(1548)丰城游氏家刻万历及清康熙间递修本,台北故宫博物院图书馆等藏,其中《梦蕉诗话》为两卷,《千顷堂书目》"文史类"亦著录为两卷。而《学海类编》本所收为一卷,知周著实据《学海类编》本。《四库存目丛书》集部第416册所收《梦蕉三种》,即明刻清康熙递修本,将其中《梦蕉诗话》与周著所据《学海类编》本比勘,后者仅收上卷六十五则,而前者两卷合计有一百四十三则。当以《梦蕉三种》本为底本。

田艺蘅《香宇诗谈》一卷。《全明诗话·提要》著录:"有《说郛》本。"按:该著

---

① 乾隆《福建通志》卷三十二"名宦"有闵氏小传,曰"嘉靖十二年,宁德训导";又,曾燠《江西诗征》卷五十九其小传载:"嘉靖间贡于乡,教授严州。有《诗话》《文话》等书五十余种。"(嘉庆九年[1804]刻本)知主要生活于嘉靖前后,其《兰庄诗话》中亦有正德、嘉靖之纪事,而周著所记弘治九年序刊本未见相关目录著录,疑误。

② 孙小力《明代诗学书目汇考》该诗话条下记其有四十则,所举有《诗法统宗》本、《说郛续》本,当再检核《诗法统宗》本。

明清各公、私藏书目皆未见著录，周著所据《说郛续》本，实摘自田氏《留青日札》之《诗谈》，计三十四则。然据《澹生堂书目》"诗评"类著录，为"《日札诗谈》二卷"，当即其《留青日札》卷五、卷六之《诗谈初编》《诗谈二编》。《留青日札》三十九卷，有隆庆六年(1572)钱塘田氏刻本(台北故宫博物院图书馆等藏)，《四库存目丛书》子部第105册所收系浙江省图书馆藏万历三十七年(1609)徐懋升重刻本。又，上海古籍出版社1992年出版的"明清笔记丛书"《留青日札》，亦系以谢国桢家藏万历己酉(1609)重刻本为底本，与万历甲申(1584)刻本对校并整理、标点，其中《诗谈初编》计六十三则，《诗谈二编》计七十八则。虽说如四库馆臣指出，此两卷与其他几种著述"皆以所著别行之书编入，以足卷帙"①，孙小力《明代诗学书目汇考》注意到"《留青日札》卷首总目于《诗谈初编》之下，有小字注曰'自为十卷'，疑其《诗谈》原为十卷"。然毕竟较《说郛续》本所摘录者为全备，次序亦不同，不如全收此两卷，题作《日札诗谈》。

相比较之下，《明诗话全编》因为要从作者个人相关著述中辑录其诗话，所本便不至于局限在通行诗话丛编本。如《游潜诗话》，即据《梦蕉三种》本录其《梦蕉诗话》两卷，又从《梦蕉存稿》中辑出二则；《田艺蘅诗话》，据上海古籍出版社影印瓜蒂庵藏《留青日札》收卷五《诗谈初编》、卷六《诗谈二编》，另从他卷辑录二十二则。不过，若该作者未见有其他著述留存，则很可能仍取通行诗话丛编本。如《闵文振诗话》，还是据《说郛》本，仅四则。

又，即便是利用如《历代诗话》《历代诗话续编》这样在诗话丛书中算是比较好的著作，如郭绍虞先生指出的，也还是有版本问题②，须慎重择用。此外，尚有更为复杂的情况。试看如下两例：

杨慎《升庵诗话》十四卷。《全明诗话·提要》仅著录《历代诗话续编》本，知

---

① 《四库全书总目》卷一二八《杂家类存目五》"留青日札"条，中华书局1965年版，第1101页。
② 郭绍虞先生在《清诗话》"前言"中，论及丁福保自编《历代诗话续编》《清诗话》："但由于他在很大程度上存在牟利性质而急于成书，故其自编二种诗话所据版本往往不加选择，校勘亦多疏漏……"上海古籍出版社1983年版，第3页。

用此本。据丁福保《重编升庵诗话弁言》:"《升庵诗话》,自明以来无善本。有刻入升庵文集者,凡八卷(自五十四卷至六十一卷);有刻入升庵外集者,凡十二卷(自六十七卷至七十八卷);有刻入《丹铅总录》者,凡四卷(自十八卷至二十一卷);《函海》又载其十二卷及补遗三卷。此详彼略,此有彼无,前后异次,卷帙异数。"有鉴于此,"爰搜集各本,详加校订,讹者正之,复者删之,缺者补之。至其伪撰之句,则原之以存其真,据其题中第一字之笔画数,改编一十四卷,自谓较各本为善矣"。经过丁氏的重新编订,终于归并成一个完足之本,他也因此颇为自信:"割裂古人书,世所诟病,若《升庵诗话》之散如盘沙,不割裂无以得善本……"①然缺陷亦很明显,丁氏以条目首字笔画次序重新排列,彻底打乱了杨氏原有次序,诸本原貌既不得保存,于杨氏诗学文献之编例及诗学思想之沿革变化过程亦不复显现。又,《历代诗话续编》本既已据《函海》编录杨慎《诗话补遗》三卷,而《全明诗话》于丁氏此重编《升庵诗话》外,另再收入《诗话补遗》,实为重复。

俞弁《逸老堂诗话》两卷。《全明诗话》提要亦仅著录《历代诗话续编》本,知用此本。《明诗话全编》同。然此书有乾隆四十二年(1777)卢文弨抄本,中国国家图书馆藏,末附黄丕烈、卢文弨、缪朝荃、赵诒琛、丁福保诸人跋,述传抄经过,至丁福保跋,撰者始得确考,应即丁氏所据之本。然未知何故,此抄本末条记"近吴中有乡宦,于国赋每后期不纳,致里催,岁受其累。太学吴拱云岫作《冤苦吟》以告,云……乡宦得诗大惭,不日完纳。其诗亦备尽催情苦,故全录以为士大夫劝",丁氏却并未录入,因而有缺。

《全明诗话》的编者其实已经非常注意孤本、善本的搜求,然在当时的条件下,其辛苦和无奈,正如孙小力教授在所撰书评中描述的,非如今日所能想象。故即使找到比丛书本更好的本子,或许仍会有不同程度的局限。如:

朱奠培《松石轩诗评》一卷。《全明诗话·提要》著录:"有成化甲午刻本,首

---

① 丁福保《历代诗话续编》中册,上海古籍出版社1983年版,第634—635页。

有观诗录序和叙,俱残缺,末有后序。"该著为明前期诗话中比较重要的一种,众多书目皆有著录,亦屡被此后诗话著作所称引,然诸丛书多未收,周著据成化本录入,实为其重要的贡献。据连文萍博士所述,周先生当年靠手抄录其全帙①,尤为不易。惜其所据之本,卷首《观诗录序》和《叙》俱残缺。此本一藏北京大学图书馆,一藏天一阁。后张健《珍本明诗话五种》据北大藏本整理出版,两文均不缺,知周著所据当是天一阁藏本。

姜南《蓉塘诗话》二十卷。《澹生堂藏书目》"诗话"类、《玄赏斋书目》"诗话"类、《千顷堂书目》"文史"类等著录该书皆为二十卷,故《全明诗话》提要亦照录,并著录"有嘉靖洪楩刻本",然实际所据,是其亦予著录的明抄本六卷、《说郛》本一卷:"今据明抄本,附以《说郛》本,成七卷。"洪楩刻本,系嘉靖二十六年(1547)刻本,国图等藏,为二十卷本。该著另有嘉靖二十二年(1543)张国镇刻本,天一阁藏,收入《续修四库全书》集部第1695、1696册;又有旧抄本二十卷,复旦大学图书馆藏。两本比勘,其中差异较大,除卷十、十六、十七相同外,其他各卷抄本较嘉靖本多出一百一十条,当属不同的版本系统,显示即便是足本,情况亦比较复杂。据其二十卷本各卷列目,实为诸种杂著之汇编②,如傅增湘《蓉塘诗话跋》已指出:"此书虽名诗话……实说部也。卷为一书,凡二十种。""各编中诗话居十之四,述事论人者十之四,考古者十之二……"③即便如此,恐亦当录其二十卷全帙。

其次一个环节便是校勘。众所周知,古籍在刊刻、传抄中,常常会出现讹误、脱衍及擅改等问题,这就需要我们尽可能广收异本,加以比勘校正,或能得到较为接近书籍原貌甚或作者原意的文本。这样,校记就显得非常重要。周维德先生纂辑《全明诗话》,在当时查询、搜求资料诸多条件皆不便利的情况下,不

---

① 连文萍《明代诗话考述》,第56页。
② 其实,《说郛续》本除收专门摘录的《蓉塘诗话》一卷外,亦收姜南《抱璞简记》一卷、《投瓮随笔》一卷、《洗砚新录》一卷、《大宾辱语》一卷、《丑庄日记》一卷、《辍筑记》一卷,皆其二十卷本中之内容。
③ 傅增湘《藏园群书题记》卷二○"集部十",上海古籍出版社1989年版,第1007页。

仅觅得不少善本、孤本,且做了数十万字的集校校记,结果与被删去的三十二种明诗话一样出于出版条件的限制,而未能入编,实在是太大的憾事。如今我们的资料条件与出版条件虽仍有不尽如人意处,然与之前的时代相比,应该可以不再受这样的局限,理应做得更好些。以下两例可说明校勘的重要性:

李东阳《麓堂诗话》一卷,《全明诗话》用《历代诗话续编》本。而丁福保所据,乃鲍廷博《知不足斋丛书》本,已属不错的本子。当然,该诗话今天已有李庆立教授的整理研究力作《怀麓堂诗话校释》(人民文学出版社 2009 年版)。以周、李两本相较,其中不止有字句的差异,尤其是某些条目反映出诗话在清代所遭篡改的情形。如周本:"本朝定都北方,乃为一统之盛,历百有余年之久。"①此条李本作:"本朝定都北方,乃六代、五季所不能有;而又移风易俗,为一统之盛,历百有余年之久。"又校记云:"知不足本作乃□□□□所不能有,而又用□□□为一统之盛。"②马云骎《李东阳〈麓堂诗话〉考论》指出:"《四库》本前阙四字作'六代五季',后'用□□□'竟改为'移风易俗',而诗话本与岳麓本则全删两句,以首尾径接。实则前四字固不能臆必,后三字当为'夏变夷'无疑。"③

谢肇淛《小草斋诗话》五卷,《全明诗话》于内篇、外篇三卷用读耕斋刻本,杂篇两卷则据清抄本补入。按:此书又有清刻本、明刻本及日本抄本等,张健《珍本明诗话五种》即据明刊及日本抄本五卷本。将两书比勘,除周本较张本多卷首林炜序外,字句不同者复有十四条,互有优劣。如周本"元何正初荐"条,张本作"何世",检《全浙诗话》有"何正"条(卷二十五),则周本是。又如,周本"余季孟安阳人"条,张本作"金李孟"。按,李贤《明一统志》卷二十八李志方传:"李志方,初名益,安阳人,金宣宗时补为户部令史。"据此,则当为"金李益"。

像诗话这样的文献,一些有声望的作者在创作、编纂过程中,往往会随作随刊,多次刊布的文本有增删,有重复,有异文,而在流传过程中,同时代或后人的

---

① 周维德《全明诗话》,第 484 页。
② 李庆立《怀麓堂诗话校释》,人民文学出版社 2009 年版,第 116 页。
③ 马云骎《李东阳〈麓堂诗话〉考论》,《北京大学学报(哲学社会科学版)》2005 年第 6 期。

纂辑,也往往会有删并、改易乃至增衍,在这种情形下,除了选用一个合适的善本为底本外,尚须搜集有代表性的异本相校,目的除一般保证录文准确、完足外,最好还能体现作者诗学思想发展、变化的脉络,体现原作与流传诸文本的异同及关系。这样的要求,对于大型文献的整理来说,当然也不易做到,但至少应该校出那些重要的异文,而同一作者有较大篇幅内容重复的前后之作,亦尽量能通过校记的形式,反映于一个文本上,避免重收。

如王世贞《艺苑卮言》八卷,《全明诗话》著录《谈艺珠丛》本、《历代诗话续编》本。然而王世贞从嘉靖三十六年(1557)开始着手写作《艺苑卮言》,次年成六卷,于嘉靖四十四年初刊,隆庆六年(1572)增补两卷,万历五年(1577)世经堂《弇州四部稿》本已至十二卷,万历十七年武林樵云书舍新安程荣刊《新刻增补艺苑卮言》则为十六卷,显示出动态的发展过程,当然,另有各种抄本等,情况相当复杂,各本文字及编排次序差异较大。如能将这一变化借由版本的校勘显示出来,对于研究王世贞诗学思想的发展无疑具有重要的价值。如果这一整理工作做得充分,那么,如后人从中摘录刊行的王氏《全唐诗说》《国朝诗评》之类,或亦未必再重复收录,在提要或校记中加以说明即可。

又如胡应麟《诗薮》,其生前已自刊,又有程百二万历刻本、张养正万历三十七年刻本、江湛然万历四十六年刻本、黄衍相万历刻本、崇祯间吴国琦刻本及朝鲜刻本、高丽铜活字本、日本贞享三年(1686)刻本等十余种。1958年,中华书局据日本贞享本为底本,校以广雅书局本;1979年,上海古籍出版社又在此本基础上,用上海图书馆藏万历十八年胡氏少室山房原刊本残卷、朝鲜旧刊本校补,已是较为完备而成熟的文本(以下简称"上古本")。由文字及条目的异同看,《全明诗话》所用或即上古本。不过,上古本所用底本和校本,基本上属于程百二本系统,最为重要的江湛然本系统未参校(广雅本虽属江本系统,然其缺外编卷五、卷六及续编两卷,并非完本);该著既参校了上海图书馆藏万历十八年原刊本残卷(现上图已不可得),却亦未见用以校正的痕迹,诸本异同及关系未能通过校勘充分显示出来。如上古本外编卷四"正声于初唐不取四杰"条下为"正声不取四杰""严羽卿之《诗品》""沈云卿《龙池篇》""花卿盖歌伎之姓""杜《诸将》诗""沈云卿有《答魑魅》诗""客衣筒布细""杜'拭泪沾襟血'""陈子昂《怀古》诗"(第192—193页),江湛然系统诸本则为"杜《诸将》诗""沈云卿有《答魑魅》诗""客衣筒布细""杜'拭泪沾襟血'""陈子昂《怀古》诗""正声不取四杰""严羽卿之《诗品》""沈云卿《龙池篇》""花卿盖歌伎之姓"等。又如上古本内编卷二终于"诗至五言古"条(第40页),而吴国琦本此后多"古乐府'步出白门冬'""步出白门东""打起黄莺儿"三条,为诸本所无。据我们统计,各本间文字异同、条目有无及条目次序三个方面的差异多达百余条,其中既有传抄刊刻中造成的讹误,亦应有胡应麟不同时期对《诗薮》所做的修订,据此是可以对其诗学及理论体系的完善进行更为深入而有益的研究的。

冯复京《说诗补遗》八卷,《全明诗话》与《明诗话全编》均用复旦大学图书馆藏旧抄本,然二者有较大差异,几似两种版本。如周本卷一:

> 或曰:"诗恶乎学?"予应之曰:"学古而已。"曰:"然则上皇以降,其无诗乎?"予曰:"此天地之元声,假人以宣之也。自史皇观鸟,文意显附。伶伦听凤,宫徵暗和。《虞书》曰:'歌永言,声依永,律和声。'其论已密于后世矣。裔是而降,夏歌浩衍,《商颂》沉沉,《国风》优柔,《雅》《颂》典则,有不循轨度者,无有哉。古者,诗三千余篇,孔子删之为三百,其所删去十九,必皆言之无文,行之不远者也。"(第5册,第3833页)

吴本则云:

> 或曰:"诗恶乎学?"予应之曰:"学古而已。"曰:"然则混沌开辟之初,无诗乎?"予曰:"混沌之诗,此天地之元声,假人以宣之也。自史皇观鸟,文意显附。伶伦听凤,宫徵暗和。琢句选声,法昉于此。《虞书》曰:'歌永言,声依永,律和声。'其论诗知府,已密于后世矣。裔是而降,夏歌浩衍,《商颂》沉沉,《国风》优柔,《雅》《颂》典则,有不循轨度者无有哉!古者,诗三千余篇,孔子删之为三百,其所删去十九,必皆淫靡肤陋,怨诽绞讦,言之无文,行之不远者也。"(第7册,第7164页)

究其原因,乃是原本中多有勾涂、删改,吴本全用原文,不理会改动之处;周本则全用改后文字。像这种情况,宜以校记说明而呈现其全貌。若是作者自改,则更为珍贵。

为使更为广大的读者能够利用、阅读相关的诗话文献,对之加以现代标点,也是文献整理所必需的重要环节,然要做好此项工作,并非简易之事,其中有许多复杂的情况,甘苦自知。尤其像大型文献的汇集整理,工程浩大,要关注的方面很多,整理中出现断句等错误,很难避免。《明诗话全编》中这方面的问题,如王毅《从〈明诗话全编〉说起》一文已有论及①,兹不赘述。《全明诗话》这样的问题也不少,其主要原因,既有误解文意所致,又有所据版本有缺字、讹字或抄录错误造成。如周本《松石轩诗评》"陶潜之作"条云:"虽弗婴笼,终可与其洁。"(第459页)张健《珍本明诗话五种》所据本此条"终"作"络",则此句当断为"虽弗婴笼络,可与其洁";又,周本"杜审言之作"条云:"质笃而有容饰,而弗侈者也。"(第461页)张本作"质焉而有容,饰焉而弗侈者也",张本是。这方面的举证论述会比较琐碎,限于篇幅,此处从略。不管怎么说,现在若要进一步开展相关整理,于标点亦应付之全力,并尽量利用前人成果,努力使这方面的错误率降至最低。

三

作者及其生平的考订,不仅关系到相关诗话创作的必要信息,而且鉴于汇纂一代文献或某专题文献的体例,一般皆按作者生卒年先后排序,生卒年不可考者,则参照诸如成书年代、科第或初仕年份、交游及其他活动情况揣定,尤要求尽力搜讨且著录准确。然对于全编性质的明诗话纂辑来说,要做好这项工作殊为不易,特别是在资料及检索条件受到相当大限制的环境下,已获得的成就

---

① 王毅《从〈明诗话全编〉说起》,《湖北大学学报(哲学社会科学版)》1999年第4期。

让人充满敬意,有失检的资料或些许错误,在所难免,那也正是后来者应该继续努力推进的。事实上,周、吴两著编就或出版后,连文萍、孙小力教授等即已对明代诗话作者生平的有关问题作了不少补正的工作,成绩斐然。我们在搜检各种文献资料的基础上,也对近三十位作者的生平史实予以正讹补遗。以下略分三个方面举述发现的一些问题:

其一,诗话作者姓名、字号等信息的误书、错植及缺载。姓名、字号是最基础的信息,如果每一种诗话不能准确地将其作者予以标示,那么后续研究工作的展开将极为困难。造成上述问题的原因,既有因袭所用资料的错误,也有将同名者错植的情况。

如前及《诗法》一卷的作者黄子肃,实即元人黄清老(1290—1348),字子肃,号樵水,邵武人,传详苏天爵《滋溪文稿》卷十三《元故奉训大夫湖广等处儒学提举黄公墓志铭》。诸家之误,乃是由于《中国丛书综录》将《诗法》收入明代,题著者为"黄省曾(子肃)",连文萍已辨其时代与黄省曾不符①,且"子肃"并非黄省曾字。

前亦述及,《诗文浪谈》一卷,《全明诗话·提要》:"林希恩撰。希恩字懋勋,号龙江,莆中(今福建莆田)人。生平未详。"此作者名的著录,承自《说郛续》本。《明诗话全编》提要略同,其他明诗话或明代诗学文献编目收入该著者,亦大抵如此著录。按,林希恩实为林兆恩,《三一教主夏午尼林子本行实录》:"教主林姓,讳兆恩,字懋勋,别号龙江,道号子谷子,晚年证果后自称曰混虚氏,曰夏午尼。"②又云:"嘉靖四十三年冬十一月,著《诗文浪谈》。"③《澹生堂藏书目》"诗话"类即著录为林兆恩。作为"三一教"的创始人,林兆恩在当时朝野有很大的影响,传记资料并不匮乏,如何乔远《名山藏》《闽书》、陈鸣鹤《东越文苑》等皆有

---

① 《明代诗话考述》,第117—118页。
② 《北京图书馆藏珍本年谱丛刊》第49册,第551页。此录由林兆恩嫡传弟子莆田卢文辉首创而未成,再传弟子清陈衷瑜在卢氏遗稿的基础上删补而成。
③ 同上,第581页。

传,又有其弟林兆珂编《林子年谱》①。据此年谱与《本行实录》,林兆恩生于正德十二年(1517)七月十六日,卒于万历二十六年(1598)正月十四日。

《文式》一卷的作者,研究者一般皆据杨士奇《孝子曾先生改葬志铭》或《明史》卷二九六,著录作:曾鼎(1321—1378),字元友,更字有实,泰和人。然旧抄本作者自序云"暨官岭表,得余姚赵氏㧑谦所编《学范》,内备载其说,遂取以相参订"②,则此书编撰在《学范》之后。据王惠序,知《学范》为赵氏典教琼山时编撰,当在洪武二十二年(1389)后,此时曾鼎(字元友)已逝。且杨士奇所作墓志铭既未著录此书,亦无曾鼎"官岭表"的仕履经历,可知其非《文式》编撰者。今由方志及明人别集,可以考知编撰《文式》之曾鼎,字复铉,江西永丰县人,为曾棨从弟。永乐十年(1412)进士,宣德六年(1431)官广东按察使佥事,《文式》即编于任上。

《诗谈》一卷,《全明诗话·提要》:"徐泰撰。泰(1429—1479),字子元,浙江海盐人。弘治十七年(1504)举人,官福建光泽县知县。"按:此处徐泰卒年与其中举之年显然矛盾,连文萍、孙小力的编目皆已发现疑点,故均未再标生卒年。检《明人传记资料索引》:"徐泰(1429—1479),字士亨,更字大同,号白生,江阴人。景泰七年(1456)顺天乡试第一,选授罗田令……擢知荆门州。"③知此生卒年乃据上述同名者而来,《明诗话全编》"徐泰诗话"提要即据《明人传记资料索引》著录其小传。④然此徐泰实非著《诗谈》者。今检索曾任光泽知县之徐泰的相关信息,有两条材料可资利用:清钱载《萚石斋文集》(乾隆刻本)卷十五有《小瀛洲社会图跋》,云:"明嘉靖壬寅(1542),襄阳守徐咸东滨修社会于其小瀛洲,自为记,而图之者陈询。今此图万历丙申徐俊所仿,盖有溯先哲之流风,抚遗踪而

---

① 有万历三十八年郭泰乔三山宗孔堂刊本,日本蓬左文库藏;清光绪十九年(1893)长盛堂刊本作《林兆恩先生年谱》,福建省图书馆等藏。
② 王水照《历代文话》第2册,复旦大学出版社2007年版,第1535页。
③ 《明人传记资料索引》,文史哲出版社1978年版,第468页。
④ 吴文治:《明诗话全编》,江苏古籍出版社1997年版,第1389页。

欲见者,其去壬寅已五十四年也。图之会者十老,布衣朱朴西村,年七十八;临江守钱琦东畬,先太常叔父也,年七十五;光泽令徐泰丰厓,七十四。"据此,则徐泰当生于成化五年(1469)。又,清盛枫《嘉禾征献录》徐泰小传:"徐泰,字子元,号丰崖,海盐人。弘治甲子举人,授桐城教谕。落托不得志,为《悲世赋》以自广。正德癸酉(1513),主试江西。补蓬州学正,升光泽知县。告归,林居四十年,吟诵不辍。著《玉池稿》《玉池谈屑》《春秋鄙见》《皇明风雅》《诗谈》等书。……卒年九十。"①则知徐泰卒于嘉靖三十七年(1558)。

《独鉴录》一卷,《全明诗话·提要》:"觳斋主人撰。觳斋主人,撰者之号,生平未详。"《明诗话全编》等亦同。连文萍考出作者相关信息:"黄甲,字首卿,号凤岩,上元人(今属江苏)。嘉靖二十九年庚戌(1550)进士,除吏部主事,谪泰州运判,迁东郡监州,旋罢归。"②今据中国国家图书馆藏《凤岩山房文草》卷首自序,知黄甲又号"酒庵老人",《上元县志》、顾起元《客座赘语》有传。其子黄祖儒《吤觉草后集》卷十三《志恸,六月廿三日》云:"大人生坎壈,追恸十五年。"③《吤觉草后集》为编年稿,此卷端大题下标"丙申",则作于万历二十二年(1596)。据此诗,知黄甲卒于万历九年(1581)。

其二,诗话作者生卒年的考辨有误或缺考。明代传世文献颇丰,利用日益进展的检索手段,已相对可以较为便利地考证出作者的生卒年。然而需要注意的是,一些文献资料本身存在的问题或传写过程中出现的问题,可能导致错误的结论;又,所存多种资料或互相矛盾,而研究者仅使用其中一种,未做深辨,易造成各为其说的局面,使人无所适从。

《唐诗品》一卷,《全明诗话·提要》:"徐献忠撰,献忠(1493—1569),字伯臣,上海松江人。嘉靖举人,官奉化县令。"《明诗话全编·提要》:"徐献忠(1469—1545),字伯臣,号长谷,又号九霞山人。松江华亭(今上海松江)人。嘉

---

① 盛枫《嘉禾献征录》卷三十五,《续修四库全书》史部第544册,第649页上—下。
② 连文萍《明代诗话考述》,第135页。
③ 黄祖儒《吤觉草》前集十二卷、后集十三卷,明刻本,复旦大学古籍所藏胶卷。

靖举人。任奉化知县，后弃官寓居吴兴。"①又检《明人传记资料索引》："徐献忠(1483—1559)，字伯臣，号长谷，松江华亭人。嘉靖四年举人，官奉化令，有政绩。"②所据为王世贞为徐氏所撰墓志铭，《弇州山人四部稿》及《国朝献征录》皆见收录。③按，诸说皆本于此，而说法各不相同，原因在于墓志铭的表述本身有误，连文萍已有辨析："据《国朝献征录》卷八五王世贞所著《徐先生献忠墓志铭》，谓其卒于'嘉靖己巳秋'，享年七十有七，此说有所失误，盖'己巳'为隆庆三年（一五六九）矣，而徐献忠之生年则为弘治六年（一四九三）。"④此同周著，然未作具体举证。检《中国历史纪年表》，嘉靖起壬午，终丙寅，并无"己巳"纪年。因此，这里的"嘉靖己巳"，或为嘉靖乙巳(1545)之讹，吴著取此；或嘉靖己未(1559)之讹，《明人传记资料索引》取此；或为隆庆己巳(1569)之误，周著与连文萍取此。据徐献忠集中《壬子六十诞辰二首》⑤，获知嘉靖壬子(1552)徐氏年六十，则其当生于弘治六年(1493)，至隆庆己巳（三年，1569）恰年七十七，亦可知"嘉靖己巳"确系"隆庆己巳"之误，周、连说是。

《诗体明辩》一卷，《全明诗话》提要："徐师曾撰。师曾(1517—1580)，字伯鲁，号鲁庵，嘉靖三十二年(1553)进士，官至吏科给事中。"连文萍同。孙小力云："徐师曾(1517？—1580？)，字伯鲁，号鲁庵，吴江（今属江苏）人……生平见王世懋《徐鲁庵先生墓表》。"其实，三人均据王世懋《徐鲁庵先生墓表》。此《墓表》在《王奉常集》中作："嘉靖庚午，先生年二十四矣。"⑥鉴于《墓表》仅称徐氏卒年六十四，未明确记载其生卒之年，则此为文中可以考知徐师曾生年的唯一线索，然而嘉靖并无庚午纪年。若为庚子（嘉靖十九年，1540）之误，则徐师曾当生于正德十二年

---

① 吴文治《明诗话全编》，江苏古籍出版社1997年版，第3008页。
② 《明人传记资料索引》，第473页。
③ 《弇州四部稿》卷八十九，题作《文林郎知奉化县事贞宪徐先生墓志铭》，伟文图书出版公司1976年版；《国朝献征录》卷八十五，题作《徐先生献忠墓志铭》，《四库存目丛书》史部104册，第615页下—616页下。
④ 连文萍《明代诗话考述》，第104页。
⑤ 徐献忠《长谷集》卷三，嘉靖年间刻本，《四库存目丛书》集部第86册，第195页下。
⑥ 王世懋《王奉常集》卷二十，《四库存目丛书》集部第133册，第413页下。

(1517)。连文萍所取《国朝献徵录》卷八十王世懋《徐鲁庵先生师曾墓表》,"庚午"已改作"庚子",故不疑;孙小力仅见《王奉常集》本,故加"?"以示慎重。另,《明诗话全编·提要》:"徐师曾(1530—1593),字伯鲁,号鲁庵,江苏吴江人。"①未知所据。今检徐师曾《湖上集》,卷一有《丙子六月作》,诗云:"一月脱两齿,吾衰难具陈。……三立未能一,虚度年六旬。"②丙子当为万历四年(1576),此年徐师曾年六十,则当生于1517年,可证王世懋所云"嘉靖庚午"确为"庚子"之误。

与此类似者,还有皇甫汸,其生卒年有1498—1583、1497—1546等六种说法,汪惠民《皇甫四杰研究》对此有详细考证,认为皇甫汸当生于弘治十七年(1504)八月,卒于万历十一年(1583),享年八十③。其说是,当从。

还有一些诗话作者,虽云生平事迹不详,但实际上其生卒年还是可以查考的。如《玉笥诗谈》二卷续一卷,《全明诗话·提要》:"朱孟震撰。孟震,字秉器,新淦(今江西新干)人。隆庆二年(1568)进士,官至右副都御史。"诸家亦同。《全明词补编》已进一步考出其生于嘉靖十三年(1534)④,所据乃是《明代进士登科录汇编》隆庆二年进士录,然此属官年,与真实年龄或有出入。我们考证得出的结果是:朱氏生于嘉靖九年十一月初二日,卒于万历二十一年。

《诗的》一卷,《全明诗话·提要》:"王文禄撰。文禄,字世廉,浙江海盐人。嘉靖十年(1531)举人。"《明诗话全编·提要》则有"约1584年前后在世"的说明。按,王水照先生编《历代文话》所收《文脉》三卷《提要》云:"据其自撰《蛰存坏户记》,王文禄生于弘治十六年(1503)……《槜李诗系》称他'年八十余,吟诵不止'。"⑤于王氏生卒年考证有了进一步的进展。⑥又,徐象梅《两浙名贤录》有

---

① 吴文治《明诗话全编》,第3888页。
② 徐师曾《湖上集》卷一,《续修四库全书》集部第1351册,第90页上。
③ 汪惠民《皇甫四杰研究》,上海师范大学硕士学位论文,2010年,第25—29页。
④ 周明初、叶晔《全明词补编》,浙江大学出版社2007年版,第503页。
⑤ 王水照《历代文话》第2册,第1689页。
⑥ 王文禄《蛰存坏户记》曰:"沂阳王生文禄,字世廉,父讳佐,母陆氏。弘治癸亥夏五二十九日亥时生。七龄ুই傅,弱冠受诗,正德庚辰游海盐邑庠,嘉靖辛卯中浙试式,壬辰遵养,乙未始计偕。戊戌、癸卯连罹内外艰。"《明文海》卷三百八十四,涵芬楼抄本。

王士禄小传,于详述其卒之日事后,概言"文禄生平乐善,尤喜成就后生。有所闻见,辄谆复相告,八十九年如一日"①,则王氏似当卒于万历十九年(1591)。复检得张凤翼有《挽王世廉》一诗,收入《处实堂集》续集卷九"壬癸稿"(万历刻本),为壬辰、癸巳(万历二十、二十一年)之作。其卒年大抵可定。

《诗学杂言》二卷,《全明诗话·提要》:"冒愈昌撰,愈昌(?—1633),字伯麟,江苏如皋人。万历诸生,为博士弟子员。"连文萍同,孙小力云其万历间在世。今检冒愈昌《绿蕉馆集》,卷一有《五先生诗》,其三《高明府子登》云:"夫子为如皋,我生之十八。文才数篇奏,目已一朝刮。牛刀未竟施,鸾翻旋膺铄。楚越两相投,高情劳呴沫。"按,嘉庆《如皋县志》卷十二"职官·县令"载:"万历八年,高瀛,浙江鄞县人,举人,改新城教谕。"可知冒愈昌生于嘉靖四十二年(1563)。

《香宇诗谈》一卷,《全明诗话·提要》云:"田艺蘅撰。艺蘅,字子艺,钱塘(今浙江杭州)人。以岁贡生为徽州训导,罢归。"《明诗话全编·提要》称其约1570年前后在世。王宁《田艺蘅研究》已考证出其生年为嘉靖三年三月初九日。②田氏卒年现不确知,然浙江省图书馆藏万历三十七年(1609)徐懋升重刊本《留青日札》,卷首黄汝亨所作《重刻留青日札序》云,"闻子艺翛然辞世之日,戒儿女子辈勿哭"③,则当卒于此年之前。

其三,明诗话作者身份及科举功名、仕履等的缺漏或疏失。

如《诗家一指》一卷,《全明诗话·提要》:"释怀悦编。悦字用和,嘉禾(今浙江嘉兴)人。诗僧。"《明诗话全编》亦作"释怀悦"。按,《四库全书总目·士林诗选提要》:"悦字用和,嘉兴人。永乐中以纳粟官通判。"钱谦益《小传》亦同,未言怀悦入释。陈尚君教授《司空图〈二十四诗品〉辨伪》(与汪涌豪合作)有关于怀悦被误作僧人的考证,云:"《中国丛书综录》收录《格致丛书》本《诗家一指》,谓

---

① 徐象梅《文定先生王世廉文禄》,《两浙名贤录》卷二,天启刻本。
② 王宁《田艺蘅研究》,浙江大学硕士学位论文,2007年,第58—62页。
③ 田艺蘅《留青日札》卷首,《续修四库全书》子部第1129册,第1页上。

作者为'明释怀悦',误。前引诸书均无其出家之记载。怀为吴中古姓,《广韵》卷一载:'怀……又姓,《吴志·顾雍传》有尚书郎怀叙。'"①

《西园诗麈》一卷,《全明诗话·提要》:"张蔚然撰。武林(今浙江杭州)人,生平不详。"《明诗话全编》及诸家同。按,万历《福宁州志》卷八"福安县知县":"张蔚然,仁和人,举人,(万历)四十四年任。"天启《平湖县志》卷一一"教谕":"张蔚然,浙江仁和人,号维诚,举人,于(万历)三十九年任。张赓,四十一年任。"又,光绪《福安县志》卷十八:"张蔚然,仁和人,丁酉(万历二十五年,1597)顺天解元,万历四十四年知县,有政绩,建三贤祠。"光绪《平湖县志》卷一二:"张蔚然,字维诚(注:一作'成'),号青林,仁和人,举人,万历间教谕。博极群书,与士子讲学不辍,邑令缙绅咸就教。"清杜臻《闽粤巡视纪略》卷下:"白石巡检司,在邑南一百二十里。……泰昌元年,邑令张蔚然刊木辟磴,求得胜地,置亭其上,名之曰'青林洞'。青林者,令别号也。令钱塘人,钱塘尝有青林洞。"(清康熙三十八年[1699]刻本)以上检索所得的信息,皆可补其履历,亦可获其字号。

与其他大型文献的编纂一样,明诗话的汇辑、整理是一项艰巨、长远的工作,需要一代又一代人的持续努力来不断推进。而明诗话作为中国近世文学批评之重要一环,其特色与价值,须在全面清理的基础上才能获得充分的阐扬。当今的明代文学研究已有很大的发展,尤其在诗文领域,这就对相关的文献整理与研究提出更高的要求。因此,鉴于上述种种原因,这方面的任务其实非常紧迫。我们真诚地希望,有更多的研究者关心并投入到这样的事业中,为现代学术的发展、更新夯实基础,同时亦借此推动明代文学文献学的建设。

原载《复旦学报(社会科学版)》2013年第1期

---

① 《陈尚君自选集》,广西师范大学出版社2000年版,第42页。

《卓氏藻林》辨伪

眭 骏

一、关于《卓氏藻林》

《卓氏藻林》八卷。卷端题"武林卓明卿澂甫编辑,吴郡王世懋敬美校正"。明万历八年卓氏妙香室刻本。半叶十行二十字,小字双行同。白口,四周单边,无鱼尾。框高19.2厘米,宽13.8厘米。版心上镌"卓氏藻林卷",中镌类名,稍下镌页次,最下镌"妙香室雕",间有刻工名。

卓明卿,字澂甫,武林人。初与伯兄俱业儒,旋弃去,从父习贾。后悔之,复拾旧业,下帷苦读。年二十五,补南京太学生。万历中,以赀入仕,官光禄寺典簿,迁珍馐署正。卒于官,年六十。生平大略详明冯祯所为《卓澂甫传》。冯氏谓其"于书无不窥,于才无不宜,于事无不练,于小道曲艺无不精晓。少有大志,勉就赀郎,以一割自奋。结发论交至老死,海内名士无不与游者"。又谓其诗"入中唐,近步历下,称能品……所著有《卓氏藻林》《唐诗类苑》《卓澂甫文集》《诗集》《续集》《北游稿》数十卷行世"。

按:《卓氏藻林》以其性质,当属类书。类书为我国古代特有的工具书之一种,其采集各类书籍中有关名物之记载,将其按类或韵加以编排,供需者查稽取资,颇类今日之百科辞典。唯现代百科辞典乃系统化阐明各科知识,而类书则为单纯之资料抄撮,无另加之评述。盖类书之用,备时人日常之检索,且骚雅之徒,从事铅椠,即非俭腹,胸罗万卷,亦难免有不知之处。故寻章摘句,考证出典,实有赖于斯。此书采经史中常见之书,择其可资掌故,文义雅训者,依类列出。

《千顷堂书目》卷十五著录有"卓明卿《卓氏藻林》八卷",《明史·艺文志》著录同。《四库全书总目提要》著录卓明卿两种著作,其一为《卓澂甫诗集》三卷,其一即为《卓氏藻林》八卷,皆入《存目》。《嘉业堂藏书志》卷四集部著录有明万历刻《卓澂甫诗集》十卷,据缪荃孙所撰提要,称其"初刻曰《卓仲莠言》,曰《块独编》。继又合二编,删去十之七,合近作,得稿千一百首。友人胡元静、沈子吉为刻之"。《存目》所录之卓氏诗集,为卓氏子尔康合各集删存之本。

又,《中国善本书目·子部·类书类》著录,计有中国国家图书馆、上海图书馆、复旦大学图书馆等二十三家收藏。台北"中央"图书馆亦藏有此本,据其出版之"国家"图书馆善本书志初稿》所载,其本卷首有万历辛巳(九年,1581)皇甫汸序,万历庚辰(八年,1580)卓明卿自序,及总目录。今齐鲁书社影印出版之《四库全书存目丛书》,所据底本乃山东省图书馆藏本。取而观之,其本与笔者所在的复旦大学图书馆藏本为同一版本,与台北"中央"图书馆之本差近,惟缺皇甫汸一序,而卓氏自序及总目录则赫然列于书首。观其总目,卷一天文类、地理类,卷二时令类、君道类、臣职类、家伦类、交游类、道德类,卷三人物类、人事类、贤才类、修洁类,卷四身体类、情性类、饮食类、衣饰类、珍宝类、文史类,卷五宫室类、器用类,卷六政治类(附理乱)、礼乐类(附歌舞)、军旅类,卷七穷达类、寄别类(附客旅)、宴游类、神鬼类、仙类(附道家)、释类,卷八鸟类、兽类、鱼类、虫类、花木类、祸福类(附灾祥)、声色类、通用类。

《卓氏藻林》问世之后,流传颇广,在万历时期,即有翻刻之本。之后此书又传之东瀛,有日本元禄九年(1697)村山平乐寺重刻本。此两种翻刻本,台北"中央"图书馆皆有收藏。

二、关于王氏《藻林》

笔者于2002年7月,曾赴美国哈佛大学哈佛燕京图书馆,做为期一年的编目交流。哈佛燕京图书馆,为昔贤誉为"海外嫏嬛、学者山渊",其古文献之庋藏,亦为北美之巨擘。位于该馆三楼之善本书室,所藏宋、元、明、清历代秘籍,早已播誉学界,蜚声士林。其中明刻本一千四百余种,其精华已为沈津先生《美国哈佛大学哈佛燕京图书馆中文善本书志》所详细揭橥。而另有明、清抄本,稿本一千二百余种,亦悉渊源有自,而多有为海内外藏书目录所未载者。笔者工作之际,从该馆善本书库中,发现了一部名为《藻林》的明代稿本。

书凡八册。白棉纸。半叶八行二十字,小字双行同。墨丝栏。板框高17.8厘米,宽12.8厘米。版心上书"藻林卷几",下题"梦柏堂"。手书甚工,字体为典型的嘉靖间仿宋风格,疏朗有致。卷端题:"吴兴王良枢编辑。"前有嘉靖乙巳(二十四年,1545)吴兴宋鉴序。序后为目录。书分八卷,凡三十三类。卷一天文、地理,卷二时令、君道、臣职、家伦、交游、道德,卷三人物、贤才、人士、修洁,卷四身体、情性、饮食、衣饰、珍宝、文史,卷五宫室、器用,卷六政治(附地理)、礼乐(附歌舞)、军旅,卷七穷达、寄别(附客旅)、宴游、神鬼、仙释,卷八鸟兽、花木、祸福(附灾祥)、声色、通用。

王良枢,生平资料甚鲜。《天一阁书目》卷四之一,著录其《谷音集》四卷,且引其自序云,"自髫龀习举子业,积三十年,屡试弗就。乃与二三物外友,放情声律,以寄意兴。去年春,谒选归,儿侄庠生文炳、文炯、文耀曾辑余旧稿,得若干首,请刻。今窃禄岭表,追从儿辈之请,附以《入广稿》十七首云"。又清郑元庆《湖录经籍考》卷四,亦著录《谷音集》,然作六卷,谓"良枢自广东布政司理问告归,理旧所为诗凡六卷,名《谷音集》。又衷《藻林》《燕游》二集,并刻之"。查同治《湖州府志》,无良枢之传,惟卷五十八《艺文略三》著录有《谷音集》,作四卷,又《诗牌谱》一卷。按《诗牌谱》,见收于明万历丁酉(二十五年,1597)所刻之《夷门广牍》内,系一种用于文人宴会分韵赋诗的小谱。其卷端题:"吴兴庚阳王良枢慎卿编次,嘉禾梅墟道人周履靖校续。"其书有王氏跋,尾署"吴兴庚阳王良枢跋"。按《府志》卷十二《选举表·举人一》列有为《藻林》作序之宋鉴的简单履历,谓其"号石楼。嘉靖十九年庚子(1540)应天中式,六合知县",与序所署"石楼山人同郡宋鉴"相合。又此书每册悉钤有"庚阳山人"白文、"慎卿"朱文方印。据此数条线索,王氏生平大略,大致已明晰矣。盖良枢,字慎卿,号庚阳山人。生于明嘉靖初年,少从事于科举,然蹭蹬名场三十多年,终未能考中举人。晚以青衿之身,赴岭南任一微官,故而名不登志乘。若非有著述传世,则世几不知其人矣。查现存海内各家图书馆书目,无良枢《谷音集》《燕游集》之著录,盖刊本传世者稀若星凤。即此《藻林》,遍查各家公私目录,除哈佛燕京馆藏之本外,亦无一家有所庋藏。

是书有王良枢私印,的为其稿本无疑。若同治《湖州府志》所言非虚,则其书应曾寿诸木,虽其不传于今,然借此稿本,得延一线之传,可谓幸矣。

此书首册尚钤有"钱仪吉印""愚斋鉴藏""愚斋审定善本""愚斋图书馆藏""武进盛氏所藏"诸印。按:钱仪吉(1783—1850),字衎石,号心壶,又号新梧,浙江嘉兴人。嘉庆十三年(1798)进士,官至给事中。道光间入粤,主学海堂。晚复主讲于大梁书院,成就甚众。仪吉博通群籍,著有《三国会要》《国朝碑传集》《石斋记事稿》等。愚斋,乃清末著名洋务大员盛宣怀之号。宣怀(1844—1916),字杏荪,别号愚斋,武进人。盛氏不仅具经济之才,亦好藏书,精鉴别,有《愚斋图书馆藏书书目》。此书经两位名家收藏,其价值又足增重。

三、《卓氏藻林》与王氏《藻林》真伪辨析

因为发现王氏这部《藻林》,不由令笔者想起了卓明卿之《卓氏藻林》,两书书名近似,成书年代亦相近,虽古书中同名者实不乏其例,然两者究竟有无关联,唯比对原书,才能做出结论。恰好燕京馆亦藏有万历本《卓氏藻林》。笔者

遂将两书做了一番比较研究,今就考索之得,阐述如次。

笔者将卓氏本《藻林》与王氏本《藻林》相勘,发现其目录及卷次之排列顺序,竟如此相近。以目录观之,卓本文字较王本皆多一"类"字。其卷一、卷二、卷四、卷五、卷六分目全然一致;卷三王本之顺序为"人物、贤才、人事、修洁",而卓本"人事"与"贤才"位置互易;卷七之末,卓本作"仙类附道家""释类",王本作"仙释";卷八之始,卓本作"鸟类""兽类",王本作"鸟兽"。再观两者内容,也几乎如出一手。如卷四身体类,两者悉引《诗经》"我心匪鉴,不可以茹",下注同曰:"茹,度也。言我心匪镜,不能以度物。"

按:王良枢生当嘉靖初年,而卓明卿则万历中人,且爵里非一,则卓氏之本诚有伪窃之疑。检《卓氏藻林》之四库馆臣《提要》云:"是书采撷类书,分门别类,颇有简择,而取材未富。谈迁《枣林艺篑》谓是吴兴王氏之本,明卿窃取之。考明卿尝攘张之象《唐诗类苑》刊行,则是说似亦有据矣。"按:馆臣未见王氏之《藻林》,故其只作了推断,然所言卓氏"攘张之象《唐诗类苑》刊行",则为事实。明张之象,字月鹿,一字玄超,别号王屋,松江人。嘉靖中,官浙江按察司知事。著《唐诗类苑》凡二百卷,尚未付梓,其稿为卓氏得之,割裂其前一百卷,于万历十四年(1586)以活字排印行世,其卷端题"仁和卓明卿澂父编辑,华亭张之象玄超、长洲毛文蔚豹孙同校"。《北京图书馆善本书目·集部·总集类》著录此本。张之象原辑本,有万历二十九年(1601)曹仁孙刻本,书前有明冯时可序曰:"云间张玄超先生,淹通宏博,寝食于唐诗中,穷搜有年,分部类之,积至二百卷,名曰《唐诗类苑》。先生没久之,浙人卓澂父偶得其稿,乃割初盛唐梓之,自为名而掩先生劳。"笔者又取谈迁《枣林艺篑》阅之,其"纂书"条有"《卓氏藻林》,本吴兴王氏所辑"语。谈迁乃明末清初之史学家,学问渊深,其说自必有据。然欲明揭其篡伪之行为,非有确实证据,实难遽下定论。

笔者细阅卓氏自序,向之疑窦,顿然冰释。卓氏之序言,实乃剽掠王氏本前宋鉴之序而成。兹将宋、卓两序相校,则卓氏攘善之举,昭然若揭。宋氏序乃用骈体,中有"鹓鸾以羽仪呈瑞,虎豹以炳谓凝姿者矣"语,卓序作"鹓鸾呈羽仪之瑞,虎豹凝炳蔚之姿者矣"。此稍易语序,序中尚有几处,不一一列举。以下所列,则是偷梁换柱,以文其剽窃,如宋序云:"吾邑庚阳王子,以深沉雅淡之思,好奇博伟丽之书。晓窗夜烛,希心下帷之英;秋月春林,托迹挥毫之侣。精通厌汗牛之繁,旁搜耻祭獭之陋。校艺之暇,尝取自经史以下诸书,择其事偕文告,语兼掌故,圆融密致之体,峻洁遒劲之格,可以启临流赋诗之兴,擅登高作赋之奇者,标其门户,别其区畛,抽绎穷年,缮完脱稿,名曰《藻林》,凡若干卷焉。"将王良枢编纂《藻林》之原委,清晰言明。卓氏则将"晓窗夜烛"以上,悉数删去,易为"《藻林》者,余束发抱好奇之辟,喜伟丽之书",又将"抽绎穷年"以下,改作"抽绎十年,缮完兹稿,凡若干卷"。又如宋序云"予与王子解带之谊方深,盍簪之好斯笃。李都尉鸳鸯之辞,联席共赏;祢正平鹦鹉之句,握手同披",此乃表明宋与王之友情,卓氏全部删除。另外,宋序末云"昔屈、宋属篇而依仿诗人,扬、班著作而捃摭史氏。然则宪古崇经,考文正辞,岂非王子纂述之鸿裁,辑略之雅志欤",卓氏则变易为"王使君敬美,赴秦中学宪,便道访余斋头,见兹帙,三复称善,慨任校雠。盖艺林增重,实藉敬美以永传"云。

按:卓氏与太仓王世贞、王世懋兄弟交甚厚。此二人皆隆庆、万历间知名文士,而王世贞更为"后七子"之一,在当时文坛,享有极高声誉。然而两王都未能窥破卓氏剽窃之伎俩,甚而为之作序鼓吹,如卓氏《唐诗类苑》前有王世贞序,称卓某为"友人",且不加细考,谓"有张玄超、毛豹孙者,皆博洽工文章,与澂甫志合,而任校焉"。其实张之象乃嘉靖中人,与卓年辈悬殊,岂能有交?且卓氏掠刻《唐诗类苑》时,张氏早已物故。王世懋不察《卓氏藻林》之赝,居然"三复称善,慨任校雠",则更属无谓。盖卓氏得王世懋相助,实乃欲以名家之口,塞其剽掠之实,真的达到其"藉敬美以永传"的目的。而书中有所改动之处,可能就是那位王敬美校雠的结果。

经上述之分析,可知《藻林》一书,实乃明嘉靖中吴兴王良枢所撰,惜乎其书未得广为流布,而卓氏偶得王稿,攘善略美,将之据为己有,且受梓以传,遂令后世以之为卓氏所为。明人刻书,疏于校勘,且多割裂删节原文,早已为学界所共知,而剽窃他人成果,虽有耳闻,实例则罕见。《卓氏藻林》一书作伪的发现,虽为笔者校书之偶得,却为此提供了一个实例,从一个侧面反映出有明一代文化事业上的不良风气。

参考文献:

[1] [明]王良枢《藻林》,明嘉靖间吴兴王氏稿本。

[2] [明]卓明卿《卓氏藻林》,明万历八年卓氏妙香室刻本。

[3] [明]张之象辑《唐诗类苑》,明万历二十九曹仁孙刻本。

[4] [明]卓明卿辑《唐诗类苑》,明万历十四年卓氏活字印本。

[5] [清]永瑢等编纂《四库全书总目提要》,上海商务印书馆 1933 年印本。

[6] 四库存目丛书编委会编纂《四库全书存目丛书》,齐鲁书社 1997 年影印本。

[7] 中国古籍善本编委会编《中国古籍善本书目·集部》,上海古籍出版社 1990 年印本。

[8] 台北"国立中央"图书馆编《"国立中央"图书馆善本书目》,"国立中央"图书馆 1967 年印本。

[9] 《"国家"图书馆善本书志初稿》,台北"中央"图书馆 1997 年排印本。

[10] [明]黄虞稷《千顷堂书目》,上海书店出版社 1994 年影印本。

[11] [清]张廷玉《明史艺文志》,商务印书馆 1935 至 1937 年铅印本。

[12] [清]缪荃孙等纂、吴格整理点校《嘉业堂藏书志》,复旦大学出版社 1997 年印本。

[13] 沈津《美国哈佛大学哈佛燕京图书馆中文善本书志》,上海辞书出版社 1999 年排印本。

[14] [明]范钦藏《天一阁书目》,上海古籍出版社 1995 年影印本。

[15] [清]郑元庆《湖录经籍考》,上海书店出版社 1994 年影印本。

[16] [清]宗源翰、郭式昌修同治《湖州府志》,江苏古籍出版社等 1990 年影印本。

[17] [清]谈迁《枣林艺篑》,齐鲁书社 1997 年影印本。

原载《古籍整理研究学刊》2005 年第 5 期

从单刻到全集:被粉饰的才子文本
——《双柳轩诗文集》《袁枚全集》校读札记

陈正宏

中国古典文学研究中,对于单个著名作家的研究,向来强调首先应当尽量收罗完备相关作品。以此对旧刊作家全集的检阅与整理重编作家全集,成为文学文献学中一直以来持续不断的一项基础性工作。

但是,与此相关的一种更为复杂的文献现象却似乎很少引起研究者应有的重视,那就是作家别集版本系统中普遍存在的单刻与全集的关系问题。

所谓单刻,又称单刻本、单集、小集,是指作家生前不同阶段编刊的个人作品(主要是诗文)别集;与单刻相对的,是那些由作家自己晚年编定或者作家身后由亲属、门生与故友搜集编定的全集。

就目前掌握的史料而论,至晚从宋代开始,传统的中国文人在编纂自己的全集时,都会考虑对旧作进行程度不同的删改,如果作者已故,作为编纂者的亲友,即使不便改动文辞,一般也会在篇目上做出相应的取舍。这样,最终面世的全集,就往往形成一种奇异的悖论:它让后人读到了一位作家相对较为完备的作品,作家的创作历程,通过作品的有序排次,似乎也得以比较完整地呈现①;但是,由于它所收作品的严格的历时性面貌已经缺失,我们据此所得出的有关作

---

① 传统个人全集的通行编次,一般是诗集编年,文集分体之后再各按年代排次。

家个人创作演变史的结论,与实际存在过的史实,又有着必然的差异。

要突破这一悖论,使对有关单个著名作家历时性的研究建立在一种更贴近原初面貌的比较坚实的基础上,就古典文学文献现存的实际状况而论,对于别集中的单刻给予足够的重视,不失为一条解决问题之道。①

兹以清代著名作家袁枚(1716—1798)的一部早年单刻别集为例,通过该本与今人整理本《袁枚全集》的校读,说明单刻之于古代作家作品真相的探究,有着怎样的实际意义。

一

20世纪以来,以袁枚晚年自定的传世通行本为底本整理的《随园诗话》《小仓山房诗文集》《袁枚全集》等相继问世②。其中影响最大的,当数江苏古籍出版社1993年出版的《袁枚全集》(王英志主编)。该全集的主体部分,是以清嘉庆间"随园藏板"本的袁枚诸种著作为底本标点而成的。由于嘉庆"随园藏板"本的袁枚诗文各集,如《小仓山房诗集》《小仓山房文集》《小仓山房外集》等,在袁枚晚年本有《小仓山房全集》的总名③,所以《袁枚全集》的袁枚本人诗文集部分,除今人补遗外,实际上就是《小仓山房全集》的一个整理本。

---

① 从理论上说,要比较彻底地解决上述问题,最直接有效的方法是追索原始出处,也就是作家最初写作的手迹。关于此问题,拙作《美术世界中的文学文献》有所涉及,可参阅。见复旦大学中文系编《卿云集续编》上册,上海古籍出版社2005年版,第505—519页。

② 其中《随园诗话》的通行本为人民文学出版社1960年刊行的标点本,《小仓山房诗文集》的通行本为上海古籍出版社1988年刊行的标点本。

③ 袁枚生前已着手为自己编全集,名称则或称《随园全集》,如《随园诗话补遗》卷三有"近闻又有翻刻《随园全集》者"语(此点王英志撰《袁枚全集》"前言"已经指出);或称《小仓山房全集》,如《小仓山房诗集》卷三十三有七绝诗,题《余所梓〈尺牍〉〈诗话〉被三省翻板,近闻〈仓山全集〉亦有翻者,戏作一首》。但《小仓山房诗集》卷三十五《答敬斋相公》诗后附福敬斋来札,云"和希斋大司空携有《小仓山房全集》,因得读之";又卷三十六《哭和希斋大司空》诗序中引希斋来札,云"军中带《小仓山房全集》,朝夕讽咏"。来札出福、和二人之手,而语词同样谦恭,其称袁枚全集,均以《小仓山房全集》为名。据此,《随园全集》与《小仓山房全集》二名相较,似《小仓山房全集》当为正名。

从单刻到全集：被粉饰的才子文本

《袁枚全集》及其底本《小仓山房诗集》《小仓山房文集》《小仓山房外集》等，多年来被研究者广泛利用，根据这些文献勾勒的袁枚的生活道路尤其是创作轨迹，学界从无怀疑。而袁才子自少至老英气勃发、下笔风趣流畅的文本风格，似乎也已被视为一种当然的文学定式。

但是，这样的看法其实不无问题。这问题的发现，源于一部刊行后又被作者自行毁板的袁枚早年诗文集——《双柳轩诗文集》。此集上海图书馆尚有藏本，全书二册，包括诗集、文集各一册，均不分卷。正文每半叶九行，每行大字二十一字，小字双行同，大黑口，单鱼尾，左右双边，内无界栏而刻有圈点。诗集大致编年，自《陇西将军歌》起，至《署中即事》止，共收诗一百零二题二百四十五首。其写作的时间，据考在乾隆七年（1742）至乾隆十年冬或十一年间①。文集分体，计赋、论、序、传、书、神道碑、墓志铭七体，共收文二十二篇，其写作年代的上限，早至雍正七年（1729），下限则与诗集大致相同②。

有关该集的编刊情况，袁枚《随园诗话补遗》卷四有如下的记录：

> 余宰江宁时，门下谈毓奇为刻《双柳轩诗文集》二册。罢官后，悔其少作，将板焚毁。后《小仓山房集》中，仅存十分之三。

又《小仓山房诗集》卷二十二《哭谈毓奇郎中三十八韵》云：

---

① 《双柳轩诗集》第一首《陇西将军歌》起首有"袁子改官江南行，路逢将军名国英"诸语，所谓"改官江南"，据位于诗集第二首的《途中寄金二质夫七十六韵兼呈诸同年》中"己未入翰林，我与君期步。……各约今年秋，努力攻章句。……何图志未遂，驱车我南去"等语，参以方濬师《随园先生年谱》，可知所指即乾隆七年袁枚翰林散馆，外调溧水知县事。又诗集上述两诗后，有乾隆七年作《都门留别》诗（详下文），亦可证《双柳轩诗集》收诗上限在乾隆七年。《双柳轩诗集》最后一首《署中即事》前，尚有三首诗，依次为《甲子春余游金陵，秀才汪浚川以诗受业。逾年余为金陵令，秀才来求题其扇，且援京山筠溪为词。时簿校劳甚，故人侯夷门远去，中有所感，乃即席口号以赠，兼寄夷门》《侯夷门卸江宁贰尹事行且就去不能无诗》《送侯夷门赴溧阳》。三首诗内容相关，"甲子春"之"逾年"，参以《随园先生年谱》，当即乾隆九年甲子的次年乾隆十年。又《甲子春……》中记门生汪氏"踏雪愿来游"，而其余两诗各有"残雪满天公去好""匹马千山雪"句，是可知此三首诗均作于乾隆十年冬，则诗集最后一首《署中即事》当作于稍晚，但似不当晚于乾隆十一年，故定《双柳轩诗集》收诗上限在乾隆十年或十一年间。

② 《双柳轩文集》中有《高帝论》，据其全集本《小仓山房文集》所收之本末尾"自记"，写作时袁枚"年甫十四"（详下文引），时当雍正七年。又《双柳轩文集》收文下限不可确考，但其与诗集同编刊（亦详下文），则下限盖亦相同。

>……忆作河阳宰,来称弟子员。咫闻何博洽,才语更蝉嫣。手板才通谒,麻沙已代镌。(原注:余少时《双柳轩稿》君为代梓)……输君一岁长,占我九原先。

按《随园诗话》卷五有"余门生谈羽仪,字毓奇"语,是谈氏名羽仪。又据方濬师《随园先生年谱》,袁枚乾隆十年(1745)"调江宁县知县",乾隆十三年秋"解组归随园"。上文已考《双柳轩诗文集》所收文字的下限,不会早于乾隆十年冬,考虑到编纂与刻版印刷尚需一定的时日,则此集刊刻年代的上限,当在乾隆十一年。但据"手板才通谒,麻沙已代镌"等语,谈羽仪刊刻此集,似亦不至于晚到袁枚由江宁知县卸任的乾隆十三年。因此比较合理的结论是《双柳轩诗文集》的编刊,当在乾隆十一、十二年间①。

而我们根据上引《随园诗话补遗》中"后《小仓山房集》中,仅存十分之三"的记载,取本自《小仓山房全集》的《袁枚全集》相关部分,和这种《双柳轩诗文集》校读,发现了一些很有意味的现象②。

二

通过校读我们发现,《双柳轩诗文集》所载作品,跟后来的全集本《小仓山房诗集》《小仓山房文集》《小仓山房外集》所收相应部分,在以下四个方面存在明显的差异,反映了袁枚在编纂其个人全集时,对自己的往昔作品并非照单全收,而是采取了以删改为主的多种方式。

---

① 李灵年、杨忠主编《清人别集总目》中卷第1743页著录《双柳轩文集》一卷《诗集》一卷,版本为乾隆二十四年刻本,馆藏单位为上海图书馆、南京图书馆。按:上图本无任何文字可证其乃乾隆二十四年刻本,南图本目前尚未目验,详情俟考。但袁枚乾隆十九年已获准辞官,次年移家随园(均见《随园先生年谱》),则谓《双柳轩诗文集》至乾隆二十四年方得刊刻,显与上引袁枚自述不合。

② 笔者前此已以《双柳轩诗文集》为主要材料,通过与《袁枚全集》的详细对比,校勘辑补,撰成《〈袁枚全集〉校补》一文,可参阅。文载复旦大学中国古代文学研究中心编《中国文学研究》第三辑,江西教育出版社2000年版,第276—384页。

一是《双柳轩诗文集》的不少篇章,全集并未收入。显然,这些作品在袁枚编纂全集时被剔除了。①

统计表明,有一百三十四首原载《双柳轩诗集》的诗作,未见于后来的全集本《小仓山房诗集》,有十一篇原载《双柳轩文集》的文章,未见于后来的全集本《小仓山房文集》和《小仓山房外集》。值得注意的是,诗歌部分的一百三十四首这个数字,已经超过了《双柳轩诗集》所收诗作数的一半,而如上所考,《双柳轩诗集》所收诗作的撰写年代,仅在乾隆七年至十或十一年这四五年间,与袁枚八十二年的漫长生涯相比,那只是很短的一段岁月。如此算来,在袁枚亲自编纂的《小仓山房全集》里,已被删落的各个时期的作品究竟有多少,《小仓山房全集》究竟在何种程度上堪称"全"集,实在还是个的问题。

二是《双柳轩诗文集》和全集所收虽然题目基本或完全相同,而实际文本却基本或完全不同。有证据表明,全集本所收是后来重写的。

《双柳轩诗集》中有一首七古,题《沭人有馈白鹤者,署中养豢失所,感赋长歌》,全集本《小仓山房诗集》卷三也有一首七古,题《沭人有馈白鹤者,署中养豢失所,作诗谢鹤》。两诗题目仅最后四字相异。但经过对读正文我们发现,它们的文本又是十分的不同——仅有的关联痕迹,是《双柳轩诗集》所收本有"饥驱耻夺蝼蚁食,高步或防群鸡惊"两句,而在《小仓山房诗集》所收本里,则有与之近似的"饥驱纵夺蝼蚁食,高步岂无群鸡猜"两句,显然后者是以前者为基础稍加修改而成。考两诗在各自诗集中的排次,均为乾隆八年(1743)袁枚到沭阳任知县后的作品,则唯一合理的解释,是《小仓山房诗集》所收本乃袁枚后来重写的文本。

又如《双柳轩诗集》中有一组《前怀人十三首》,分咏了十三位友人,人各一首。其中咏庄容可的一首云:

---

① 全集不收部分早年诗作,袁枚在《随园诗话》卷九曾明言:"余有诗不入集中者,嫌其少作未工也。"

庄公与我贫时交,弟兄次第登仙曹。澄怀园中三百杏,别来不觉秋风高。

但到了《小仓山房诗集》本的《怀人诗》里,咏庄容可的这一首却变成了完全不同的内容:

几回携酒上鸡坛,忽向芙蓉镜里看。读到洛阳《封禅议》,褚生何敢笑兒宽!

由于《前怀人十三首》中的其他诗作,在以后改名为《怀人诗》的组诗里均可寻得相应的文本或经过修改的痕迹,所以上面这首与《双柳轩诗集》所收题旨相同却文本完全相异的诗作,可以肯定也是袁枚后来重写的。

三是《双柳轩诗文集》和全集均加收录的作品,后者中有不少虽然基本框架未变,但从题目到具体文字都做过或多或少的修改。

修改的具体方式,最常见的就是字斟句酌地更换文字、语句乃至段落。如《双柳轩文集》中的《光禄大夫礼部尚书太子太傅杨公神道碑铭》,收入《小仓山房文集》卷二后,题目便改为更为简洁的《礼部尚书太子太傅杨公神道碑》,文字内容也多有调整:不仅删除了原本的数段冗文,重写了篇末的铭文,而且不少段落内几乎到了每句都有改动的地步。

此外,也有前后挪移、拆分或合并文辞的情形。如《双柳轩诗集》中的《浩歌二首》,原本是两首七古。其第二首云:

十二万年天寿短,大海黄河夹地转。河山渣滓消不去,玉帝茫茫何处住?谁云人世乐,赤子生先哭。谁云万物多,有无凭我目。美人如花颜色好,神仙哭泣愁枯槁。尧舜至今此日月,子孙尽是三皇出。君不见轩辕黄帝上天时,当时万物争相随。黄帝哀号不开口,留下人间一杯酒。

到了全集本《小仓山房诗集》卷四,诗题被改为《放歌三首》,因为上诗已被拆分改作为如下的两首:

十二万年天寿短,羲和持鞭不肯缓。开辟以前安可知?我恨不得亲见之。愿持竹一竿,下搜黄顜后,上搜青云端。地尽天穷搜不止,此竹削成天外史。

> 子有衣裳须曳娄,子有车马须驰驱。英雄百事百不理,朝朝暮暮歌《山枢》。君不见轩辕黄帝上天时,当时万物争相随。黄帝哀号不开口,留下人间一杯酒。

这其中原诗的首句和最后四句被保留了下来,分别成为新作第二首的首句和第三首的后半段,其余则全部为新撰文句。再如全集本《小仓山房诗集》中有五绝组诗《李昌谷有马诗二十一首,余仿之作剑诗》,其第十四首云:

> 海角飞残月,空堂作乱波。南山北山处,被发有人磨。

对照《双柳轩诗集》与之相关的五绝组诗《咏剑效昌谷马诗二十一首》,可知上引诗的基础是《双柳轩诗集》同题诗的第十一首,而前两句则由《双柳轩诗集》本第七首前两句"海角千年雨,空堂一片云"和第十一首前两句"气冷含秋月,心惊作乱波"拼改而成。

四是《双柳轩诗文集》的部分作品,原先被全集正编剔除在外,后来又被作为补遗重新收入全集,但重新收入的文本,也已经有程度不同的修改。

如《双柳轩诗集》的《途中寄金二质夫七十六韵兼呈诸同年》一诗,原本已被剔除在《小仓山房诗集》正编之外,后来袁枚在全集本《小仓山房诗集》正编之后,又附了两卷"补遗",收录"癸丑至丙午删余改剩之作"(癸丑当雍正十一年,丙午当乾隆五十一年,即1733—1786年),其卷一就有此诗,题目改为《途中寄金二质夫》。此诗中有一段乃袁枚自述早年经历,《双柳轩诗集》本是这样写的:

> 九岁读《离骚》,嗜古有余慕。学为四子文,逼迫窘严父。糟粕日浸淫,聪明逐臭腐。犹复构残火,偷习词与赋。自谓登青云,专精莫驰骛。未几践玉堂,窃自比徐庾。本朝绎国书,年少莫回护。敖牙舌本强,三年坠云雾。尚期廷试毕,辛苦立门户。岂知俗缘深,弱水不留住。

这一段文字,到了全集本《小仓山房诗集》"补遗"卷一里,被修改成如下的文本:

> 九岁读《离骚》,嗜古有余慕。学为四子文,聪明逐陈腐。犹复篝残火,偷习词与赋。自谓登青云,专精莫驰骛。未几践玉堂,窃自比徐庾。勉力

>作象胥,三年坠云雾。尚期廷试毕,辛苦立门户。岂知俗缘深,弱水不留住。

二者相较,明显的不同,是除了将《双柳轩诗集》本中"学为四子文,逼迫窘严父。糟粕日浸淫,聪明逐臭腐"四句中间的"逼迫窘严父""糟粕日浸淫"两句删却,还把原来的"本朝绎国书,年少莫回护。敖牙舌本强,三年坠云雾"四句,删改缩减为"勉力作象胥,三年坠云雾"两句。

更为复杂的例子,是七古长诗《俗吏篇》。《双柳轩诗集》本该诗以"俗吏未必从我始,吏俗当亦从我止"开头,结束于如下的文句:

>有时窃窃私自语,明日出门无所去。里保催公速下乡,死人横陈三两处。

此诗全文后来被乾隆刻本《小仓山房诗集》正编剔除在外,代替该诗的,是一首题目、体裁相同而文辞大异,因而显然是袁枚以后重写的诗。这首重写的《俗吏篇》,收入《小仓山房诗集》卷四,对照《双柳轩诗集》所收本,可知它仅保留了上面我们引用的原诗最后的四句,其余全部重撰了。但是颇有意思的是,后来全集本《小仓山房诗集》"补遗"卷一里,又有一首七古《俗吏篇》。我们把这首"删余改剩"的《俗吏篇》和《双柳轩诗集》所收以及乾隆刻本《小仓山房诗集》正编所收《俗吏篇》对照,发现它正是以曾经被删除的《双柳轩诗集》所收本为底本修改而成:从开头至后半大部分文辞只经过少许的改动,惟有最后的四句,大概因为已为正编卷四的重写的同名之作挪用,故改为如下的四句:

>仰天大笑卿知否,折腰只为米五斗。何不高歌《归去来》,也学先生种五柳!

三

一个作家别集的早年单刻本和晚年编纂的全集相较,出现这么多的差异,这些差异又反映作家在编纂全集时对单刻作品采取了多种删改方式,其背后自然有特定的动因。就袁枚而言,其之所以如此删改旧作,在我们看来,大概主要有以下显、隐两个方面的缘由。

就比较显著的一面而言,应该是和文学史上所有大家名流一样,成名后的袁枚也试图通过删改修订,使旧作在艺术上臻于完美的境界。

按:全集本《小仓山房诗集》卷二十四有《见太守案上抄枚文字皆少年未定之作,不知得从何处,心为报然,袖归改削再呈,而先以诗谢》七律一首,其中"花因早采香犹薄,琴是初弹手尚生"一联,正是袁枚修订旧作缘由的一种公开表白。而这方面的修改实况,我们可举《双柳轩诗集》所收《次日果□□雪》三首中的第一首为例。诗云:

> 朔风一夜起平沙,飞雪漫漫拂帽斜。早识炎凉能顷刻,不妨清白是生涯。平林直上无飞鸟,天际空行尽落花。漠漠重阴消未得,前村沽酒野人家。

此诗至全集本《小仓山房诗集》卷三,诗题被简化为《次日雪》,文本也被修改为——

> 雪珠夜半响平沙,傍晓银泥压帽斜。四面凉云风剪水,一痕春色手拈花。孤行白觉须眉淡,远望深知道路赊。频把玉鞭催马背,篝灯帘影酒人家。

经过修改的这一文本,就诗意和诗艺两方面而言,无疑比原本水准都要高出很多。起首两句原先只是对风雪漫天的一般描写,修改后不仅声色并茂,而且延展出一个自夜到晓的时间度,颇具现场实感与自然美感。第二联"四面凉云风剪水,一痕春色手拈花",则文辞超脱俊逸,堪称袁枚性灵诗语的典范。后半部的改动,虽不比前半可圈可点,但较之原作仍有质实与灵动之别。

至于相对隐蔽的一面,则大概是成名后的袁枚,试图掩饰或模糊早年经历中的一些重要关节或细节。这一面比较容易为人忽视,其实却甚为重要。

我们也举几个典型的例子。首先是原载《双柳轩诗集》,后来却未被收入《小仓山房诗集》的一首关键之作《题杨皋里夫子小像》:

先生昔来鹫峰山，群才济济相追攀。是时我生十九岁，春风绛帐时往还。忽忽乍离未十载，沧桑变幻蓬莱干。先生局外拭冷眼，为惊为喜为长叹。丙辰始作西征赋，横行万里轻云路。廷试鸿词报罢余，长安索米如枯骑。未几待诏登玉堂，乞恩归娶镜湖旁。敖牙佶屈事翻译，龙门回首春茫茫。自期永守先生钵，不期忽作神仙谪。三载蓬山春梦婆，一麾江左秋风客。戴胜重听张禹笙，龟山再踏程门雪。程门有图命我题，不来安得留墨迹。始知造物自有意，师生遇合真奇绝。把图展玩意转倾，感旧怀人伤我情。经学失传有施氏，夷门流落老侯生。（自注：谓施自最、侯夷门。）先生神明何矍铄，寒霜萧萧满头发。眼中门生旧复新，山上梅花吹更发。我来欲问六朝春，秋雨苍茫万木昏。作宰不知向何处，古寺残灯愁杀人。

按：杨皋里即杨绳武，袁枚早年在杭州万松书院学习时的书院山长[①]。诗首句所写的"鹫峰山"，当即袁枚故乡杭州的灵隐飞来峰，因飞来峰又称灵鹫峰。诗中所述，值得注意处有二：一是袁枚十九岁时，曾在杭州随杨绳武读书，而由"经学失传有施氏"一句看，杨氏当年所授，似非辞章之学，而当是经、史、小学一类当时盛行的朴学[②]。二是自"丙辰始作西征赋，横行万里轻云路"两句以下，"三载蓬山春梦婆，一麾江左秋风客"一联以前，袁枚颇为详细地回忆了自己十年间奔走南北、不无酸楚的早年经历。

这样一首以对往昔生活的真实回忆为基调的诗，何以到后来被排斥在袁枚亲自编定的全集本《小仓山房诗集》之外？我们联系诗中"自期永守先生钵，不期忽作神仙谪"两句看，恐怕和袁枚后半生改变了早年对杨先生的承诺，转而抨

---

① 按：《随园先生年谱》雍正十一年条，记袁枚十八岁时曾在杭州"肄业万松书院"，时书院山长杨绳武，字文叔。

② 《小仓山房诗集》卷二十六《万松书院》有"我昔来肄业，弱冠方童颜。当时杨夫子，经史腹便便"等语，又道光刻本杨绳武《古柏轩文集》卷首有嘉庆元年袁枚序，云"先生著述甚富，或发明经义，或订正史学"，是皆可证杨氏所长确在经史。

击朴学、崇尚性灵不无关联①。而成为随园寓公之后的袁枚，一心打造他的才子形象，不再愿意面对早年直白地叙述自身平凡与磨难的文辞，又似乎是这首长诗只字未留的不可忽略的缘由。所谓"名高愈有欲删诗"②，正透露出袁才子晚岁删落旧作的真实心境。

其次可举以为例的，是《双柳轩诗集》的《都门留别》一诗。那是乾隆七年袁枚初次外放，赴任溧水知县途中补撰的③，叙写的完全是当时的实情与心境：

> 不须潘岳赋闲居，禄养今看奉板舆。此去好修《循吏传》，当年悔读《玉清书》。（原注：习国书，翻译未工，考居末等。）三生弱水缘何浅，一宿空桑恋有余。西笑长安天上客，几回云里觅双鱼。

而到了全集本《小仓山房诗集》卷三，该诗不仅题目改成《改官白下留别诸同年》，文字也颇相异：

> 清溪几曲近家居，天许安仁奉板舆。此去好修《循吏传》，当年枉读《上清书》。三生弱水缘何浅，一宿空桑恋有余。手折芙蓉下人世，不知人世竟何如。

前后两个版本相较，除了"三生弱水缘何浅，一宿空桑恋有余"一联未加改动，其他多有不同。

首先引人注目的不同，是单刻本第二联末的那个作者自注"习国书，翻译未工，考居末等"，到全集本里被全部删除了。这一删除，既隐没了袁枚此番被外

---

① 全集本《小仓山房诗集》《文集》《外集》中，袁枚提及杨绳武的文字十分有限，其中全篇以杨氏为主题者，仅《文集》卷三十五《杨文叔先生文集序》一文。此文作于乾隆五十九年（1794），时袁枚已七十九岁。值得注意的是，该文表扬先师学行，仅"根柢深厚，行安而节和"等寥寥数语，而文末却云："且追忆先生弟子不下数百千人，人人自以为将大昌先生之道。岂料身后传名，转托之于当时执箕膺揭一童子哉！"玩其辞气，似袁枚与杨氏大部分弟子并非同道，其未能传承杨氏之学，由此亦可窥见。又《随园诗话补遗》卷八记及与杨绳武之交谊云："其时（万松书院）掌教者为杨文叔先生，讳绳武，癸巳翰林，丰才博学，蒙有国士之知。后掌教钟山，而余适宰江宁，时时过从。先生归道山后，音问遂绝，今五十年矣。""音问遂绝"云云，恐不仅因杨氏物故，亦与袁枚后来持论已经大变。按：以上有关杨绳武的史料，皆研究生郑幸检示，特此说明，并向郑君致以谢意。
② 《小仓山房诗集》卷二十六《静掩》。
③ 此诗题下有自注："途中补撰。"

放的真实原因,也让"当年悔读《玉清书》"句失却了一重言语上的修辞照应——因为这里的"清书"二字,原本同时还可以指向自注里的"国书",也就是满文。所以"当年悔读《玉清书》"的原本意思,是后悔自己只顾阅读了道教的高蹈之作《玉清经》,却没能学好同样带个"清"字、又更有实用价值且几乎堪称当世经典的清朝满文。有意思的是,全集本的这一句,除了删掉了其注释,还改了两个字,而成"当年枉读《上清书》"。《玉清》《上清》同为道教经典,尚无大碍,"悔"字改作"枉",真情掩盖以后才子式的孤傲与玲珑,跃然纸上,似乎这次外放的唯一原因,只是他个人出处姿态上的一念之差,而与外族语文考试的不及格,了不相干①。

此外还有一处明显的不同,是最后两句的全部重写。单刻本的"西笑长安天上客,几回云里觅双鱼","长安"自是指作者刚刚离开的首都北京,"双鱼"则用古乐府"客从远方来,遗我双鲤鱼"的典故,喻指日后友朋间交流往返的书信,虽然中间着一个"笑"字,并采用了拟想尚留京城的友人日后思念自己的自慰性情节,但整体的情绪毕竟有些失落。不过到了全集本里,这种失落感就了无踪影了:"手折芙蓉下人世,不知人世竟何如。"仿佛天仙下凡,一切尽在掌控之中,似乎需要回答又不需要回答的语气句式,更加强了这种居高临下的态势。

有必要指出的是,即使是那种表面看去只为追求文辞完美的修订,换一个角度看,实际上也是在粉饰自己的既往经历。可以作为这方面典型例证的,是文集里的《高帝论》。此文全集本《小仓山房文集》收于卷二十,文章的末尾,有

---

① 《小仓山房诗集》"补遗"卷一《途中寄金二质夫》将《双柳轩诗集》所收本的"本朝绎国书,年少莫回护。敝牙舌本强,三年坠云雾"四句,删改缩减为"勉力作象胥,三年坠云雾"两句,也是同样的例子。按:"象胥"典出《周礼》,指"掌蛮夷闽貉戎狄之国,使掌传王之言,而谕说焉"的翻译官。而所谓"本朝绎国书"云云,原本即指上引《都门留别》诗自注"习国书,翻译未工,考居末等"一事。显然,以"敝牙舌本强"来形容当年学习满文的艰辛,是实录;把三年的艰辛学习,说成是"勉力作象胥",则不免有点自饰与自夸了。又《小仓山房诗文集》所载其他一些回忆早年经历的作品里,也很少见到对"习国书,翻译未工,考居末等"的直接述说,有的只是些似是而非的记录,像《诗集》卷十五《子才子歌示庄念农》"强学仿卢仝,误书《灵宝章》,改官江南学趋跄",《文集》卷三《文渊阁大学士史文靖公神道碑》"枚习国书免课"之类;或者干脆略去因满文翻译未工而外放一节,如《诗集》卷七《杂诗八首》之五的"廿四入词林,腰带弄银鱼。八载谪江南,手板学奔趋"等。

从单刻到全集：被粉饰的才子文本

袁枚的一段"自记"：

> 此与《郭巨论》同作,年甫十四,受知于杨文叔先生。虽于事理未协,而笔情颇肆,存之以志今昔之感。

我们再看文章的正文,开头一段写的是：

> 用天下之兵,不如用天下之锋,锋即兵也。合时与势,而锋出焉。败国之气,累世不复;胜国之兵,所向无敌。兵之胜败,锋之利钝实使之。项羽以轻用其锋,而计失于高祖;高祖以早藏其锋,而计失于匈奴;均失也。人皆知项羽之失,而不知高祖之失者,误于史称规模宏远,而不熟计夫当日之时势也。

果然"笔情颇肆"。若果真如作者文末"自记"所言,是十四岁时的杰作,则称袁才子为少年天才,可无疑义矣。

但我们翻开《双柳轩文集》,其中的《高帝论》开头,却是这样写的：

> 开国之时,混混沌沌,如民之初生,家之初定,万事纪纲,于斯立焉。汉去古未远,三代可复。人但知文教衰自高帝始,而不知武功衰亦自高帝始。人但知项羽轻用其锋,而败于高祖;不知高祖早藏其锋,而败于匈奴。是何也?夫败国之气,累世不复;胜国之兵,所向无敌。兵之胜败,锋之利钝实使之。

虽然其中的一些文句,一直保留到了修改后的文本中,但无论从组织的逻辑还是行文的气势看,这不过只是当时一般八股文的开局水准。如果我们考虑到《双柳轩文集》本《高帝论》的末尾,本无那段题记,而收入《双柳轩文集》的作品,亦不一定就是最初的文本,则后来的修订,除了追求文辞完美之外,其更为实际的指向为何,是不言而喻的。

四

我们注意到,见于《双柳轩诗集》而未被全集本《小仓山房诗集》收入的,还

有一首《篇成》,颇堪玩味:

  篇成每易千回稿,自信从无一字师。脉脉寸心持得失,我师还是少陵诗。

袁枚创作给人的印象,似乎多是一挥而就式的潇洒做派,以至于后来《清史列传》谓之"名盛而胆放,才多而手滑"。但这首《篇成》以及袁枚其他的不少相关文字①,却给我们展示了袁枚写作更为真实的另一面②。

我们也注意到,早在开始自编诗集的乾隆二十年(1755),袁枚就以《编得》为题写过如下的诗句:

  编得新诗十卷成,自招黄鸟听歌声。临池照影私心语,不信吾无后世名!

这"篇成每易千回稿"式的大规模修改,和"临池照影私心语,不信吾无后世名"式的自恋与自信,从作家对自己作品精益求精、必欲留名后世一面说,自是可以理解的,但是从文学史展现作者及其文学真实的成长史一面看,当曾经面世的作品,在以后的岁月里,被精心地加以删改,又精致地以作品编年的形式,被置于最初的写作年代,却没有附加关于文本原初面貌的具体说明,或者仅有一个不无粉饰成分的说明,这无疑会将读者与研究者引入一个远离作家当时创作实况的歧途,并对作家相应阶段的文学成就做出错误的判断。

在数量庞大的中国古代文学文献中,个人别集的单刻与全集不无差异乃至完全不同,而一并流传至今的,尚有不少。以时代比袁枚相对更早的明代而论,宋濂的七十五卷《宋学士文集》正德刻本、王阳明的三十八卷《王文成公全书》隆庆刻本,由于被收入《四部丛刊》而成为后来学者案头的常用书,但其实在这两

---

① 《小仓山房诗集》卷十五有《改诗》诗,述"改诗难于作,辛苦无定程"之过程与心绪;卷二十《续诗品三十二首》有《勇改》一首,当皆袁枚身历实况之反映,可参阅。又《随园诗话》卷三云:"诗不可不改,不可多改。不改则心浮,多改则机窒。要像初拓《黄庭》,刚到恰好处。"此与《双柳轩诗集》本《篇成》所谓"篇成每易千回稿"意旨不尽相同,据此全集本《小仓山房诗集》删落《篇成》,或与袁枚晚岁对改诗看法的修正不无关联,亦未可知。

② 其实袁枚自己强调的,是"诗到能迟方是才",见《小仓山房诗集》卷二十三《箴作诗者》。

位大家的这两种全集之外,还各有在他们生前就已刊行的单刻存世——宋濂的十卷《潜溪集》明初刻本,因所收皆元末之作,而均被宋濂本人删落在七十五卷本《宋学士文集》之外①;王阳明的三卷《居夷集》嘉靖三年(1524)刻本,所收虽大多见于《王文成公全书》,而仔细校勘,依然可以发现有被《全书》漏收的作品,其两本均收者,文字亦不无差异。至于清人别集,则康熙五十年(1711)王士禛《带经堂集》九十二卷问世时,其《古夫于亭稿》两卷已先此印行;康熙五十三年(1715)朱稻孙编刊祖父朱彝尊《曝书亭集》八十卷之前,朱彝尊已自刻过《腾笑集》八卷;而乾隆间沈德潜忠教堂编刊《沈归愚诗文全集》七十四卷稍前,沈氏的《竹啸轩诗抄》十八卷也已被刊板。虽然其间相关二者的异同尚待比勘考订,而现存古代尤其是明、清的文学文献中,个人别集普遍存在单刻与全集的情形,已毋庸置疑。因此,我们以校读《双柳轩诗文集》和《袁枚全集》相关部分为例,提出注意文学文献中的单刻与全集的关系问题,并重视单刻,其最终的目的,就是提醒学界,面对数量庞大的古代文学文献,如果不作比较细密的调查考订,就简单依据那些通行却可能已被粉饰删改过的全集文本,去匆忙研究单个古代著名作家创作的历时性问题,则既容易对原本复杂多变的个人文学演化态势产生一种刻板的线性印象,又往往会不恰当地评介这些后来成名的大家的早年成就,而以此所得的总体结论,恐怕也会与实际存在过的情形,相去甚远。

原载《中山大学学报(社会科学版)》2008 年第 1 期

---

① 此点章培恒先生在《中国文学史新著》(复旦大学出版社 2007 年版)下卷第 32 页已有述论。

翁方纲纂《四库提要稿》传本考

乐 怡

翁方纲(1733—1818),字正三,号覃谿,晚号苏斋,顺天大兴人。乾隆十七年(1752)进士,选庶吉士,授编修,历任广东、江西、山东学政,官至内阁学士,降调鸿胪寺卿,致仕卒,年八十六。翁氏于清乾隆三十八年(1773)四十一岁时,入四库馆参与修书。乾隆四十二年(1777)冬,辞去武英殿分校、覆校事,仍在四库馆专办金石、篆隶、音韵诸书。次年,与修《四库全书》五年期满,分等议叙,翁氏被列为上等,并奉旨加一级。乾隆五十五年(1790)四月,翁氏奉命前往盛京详校文溯阁《四库全书》,八月回京。乾隆五十七年(1792)正月,再次被命往盛京校书,翁氏因年迈体弱,奏恳以其子树培代往,获准。综计前后,翁氏参与《四库全书》编纂活动近二十年。

翁方纲担任四库纂修官时,曾参与《提要》撰写,所撰《提要》手稿千余篇(以下称"翁氏《提要稿》"),至今尚保存于世。翁氏《提要稿》原本,民国间曾藏吴兴刘氏嘉业堂,并抄出副本一部。原本经辗转流传,今藏于澳门何东图书馆(2000年上海科学技术文献出版社已影印该本),而嘉业堂抄本则归藏复旦大学图书馆。本文对翁氏《提要稿》诸传本之流传与异同略加考述。

一、翁氏《提要稿》稿本之流传

目前翁氏所撰《提要稿》稿本藏于澳门何东图书馆,此稿由翁氏身后流出,最终存放于澳门,其间曾历经磨难。

翁氏著述甚富,生前未尽刊行。如其所著《复初斋诗集》七十卷,生前仅刻成六十六卷,后四卷由门人侯官李彦章补刻。《复初斋文集》三十六卷,也经李氏父子两代续刻,同光间始印行。翁氏晚年生计窘迫,殁时仅余一子,诸孙幼弱,赖门人杭州孙烺赙以千金,始克完葬。以此之故,翁氏诗文手稿及所藏精拓本均归于孙氏①。翁氏《提要稿》原本之散出,或亦与此同时。

翁氏《提要稿》归藏刘氏嘉业堂之前,曾为广东(南海)伍崇曜②粤雅堂所藏。伍氏粤雅堂曾藏有翁氏著述多种,并刊入《粤雅堂丛书》中。翁氏《提要稿》虽未收入《粤雅堂丛书》,手稿本中亦未发现伍氏粤雅堂藏印,然刘承幹《复初斋文集序》(嘉业堂刻本)中曾云"见手写《四库全书提要》若干帙,则其纂修时所属草也。旧为粤雅堂物",据此,粤雅堂应为翁氏《提要稿》手稿本流传的环节之一。

翁氏《提要稿》手稿本中,又有"曾经贵池南山村刘氏聚学轩所藏""贵池刘子""世珩审定"等钤印,则广东伍氏粤雅堂之外,贵池刘氏又曾收藏此书。据刘承幹《翁覃溪四库提要手稿序》云:"右翁苏斋学士手《四库提要稿》草一百四十四册,旧藏广州粤雅堂伍氏。癸丑岁(1913),余以四千金购之沪上,合贵池刘聚卿参议所藏之六册,共一百五十册,分装为廿五箧。"可知贵池刘氏所藏仅六册,后亦归于嘉业堂。

清末民初,嘉业堂主人刘承幹通过多种途径,陆续获得翁氏部分手稿,翁氏《提要稿》亦在其间。前文所述曾归于杭州孙烺的翁氏诗文手稿,清末归为绩语堂魏锡曾所有(台北"中央"图书馆曾将其影印入《清代稿本百种丛刊》),民国初又归于江阴缪荃孙。同一时期,刘承幹又通过张元济购得翁氏《提要稿》二十四箱,每箱六册,共计一百四十四册(沈津《翁方纲与〈四库全书总目提要〉》文中对

---

① 关于此段历史,李彦章之子李以炬于翁方纲《复初斋文集》(清光绪三年[1877]刊本)跋中言之较详,可参阅。
② 伍崇曜(1810—1863),原名元薇,字紫垣,又字良戴,室名"粤雅堂",广东南海(今广州)人。清时赐举人,历官布政使、荣禄大夫。刻有《粤雅堂丛书》《岭南丛书》《广东十三家集》《楚庭耆旧遗诗》等书。

此记述甚详)。缪荃孙、胡思敬获观后,皆曾撰写跋语①。20世纪30年代编成的《嘉业堂藏书目录》中,有"四库提要稿不分卷,清翁方纲编著,稿本,一百五十册"②的纪录。则翁氏《提要稿》民国间曾藏于嘉业堂可以确认无疑。

抗战期间,刘承幹寓居上海,由于时局动荡,迫于生计,不得不以"藏书易米"。刘氏藏书的一大买家即为张叔平③。1942年秋,刘氏曾抄出《嘉业藏书楼善本书目》《嘉业藏书楼抄本书目》副本,所记即为其将十余万册藏书售予张叔平的清点目录,翁氏《提要稿》即在其中。张氏购得刘氏之藏书后,又曾转售朱嘉宾④,刘承幹《壬午让书纪事》⑤于此间原委有记载。翁氏《提要稿》手稿本中现有"朱"朱方、"嘉宾/藏书"朱长方诸印,及"朱嘉宾敬观/时年十七"等题记,想即朱氏得此书后所留印记。1945年5月,张氏又借汪伪势力将朱氏已购之嘉业堂旧藏明抄本、《四库》底本、名家抄本、稿本、批校本等合共三千二百九十六册悉数夺回。

40年代后期,张氏又将此批嘉业堂图书陆续出售。翁氏《提要稿》等书,张氏曾委托当时上海"文海"书店寄售,因未遇买主,后又寄往香港转售。香港中文大学及香港大学冯平山图书馆,今均藏有一些嘉业堂遗书,入藏时间在四五十年代,可见抗战以后,确曾有一批嘉业堂藏书流入香港。

何东图书馆所藏翁氏《提要稿》一百五十册,为该馆1958年登录。该馆所藏其余嘉业堂遗书,亦见于前述刘氏售予张氏的书目清点记录中,由此可知何东图书馆所藏嘉业堂遗书与张叔平之联系。据曾供职于何东图书馆的邓爱贞女士介

---

① 见缪荃孙《艺风堂文漫存》卷四《癸甲稿》(《近代中国史料丛刊》第945册);胡思敬《退庐文集》卷六(《近代中国史料丛刊》第443册)。
② 见周子美《嘉业堂抄校稿本目录·史部》,华东师范大学出版社1986年版。
又据刘承幹《翁覃谿四库提要手稿序》(载《嘉业堂藏书志》附录《嘉业堂群书序跋》,第1373页)云,"右翁苏斋学士手纂《四库提要稿草》一百四十四册,旧藏广州粤雅堂伍氏。癸丑岁(1913),余以四千金购之沪上,合贵池刘聚卿参议所藏之六册,共一百五十册,分装为廿五箧",则一百五十册之数乃合贵池刘氏所藏六册而言。
③ 张叔平,名振鋆,一字子羽,室号圣泽园,湖南长沙人。清季名臣张百熙之幼子。20世纪三四十年代居于上海。
④ 朱嘉宾,字鸿仪,金坛人。
⑤ 《壬午议书纪事》稿本,一册,现藏上海图书馆。

绍:"据馆中图书登录簿所载,馆中所藏的十六种嘉业堂藏书,早在一九五〇年已成为一葡人 José Maria Braga 所有。一九五八年,由 José Maria Braga 手上转卖给何东图书馆。"据邓女士介绍,José Maria Braga(1897—1988)为葡国及澳洲混血儿,长期居住澳门,专研东方史,被誉为"最优秀的澳门及葡萄牙在东方回顾史学家"及"东南亚史的权威",则 José Maria Braga 必能了解嘉业堂遗书之价值,包括翁氏《提要稿》在内的这一批嘉业堂藏书,为其50年代初从香港购入的可能性极大。

2000年,经澳门中央图书馆与上海图书馆合作,翁氏《提要稿》影印本问世,此稿本从此化身千百,不虞散失。

二、翁氏《提要稿》各传本之关系

翁氏《提要稿》原稿本如何分册分卷,如何编排,今已不得而知。原本的体例及形制,今人只能从现存传本中加以推测。翁氏《提要稿》目前共有三个传本:(一)澳门藏翁氏手稿本,(二)复旦藏嘉业堂传抄本,(三)吴县王氏蛾术轩摘抄本。

(一) 澳门藏翁氏手稿本

翁氏《提要稿》手稿本自翁氏殁后辗转流传,其主体现已成为澳门何东图书馆的馆藏。据介绍,其书已经粘裱,为经折装形式。然而,翁氏《提要稿》原本当初是否均为经折装,现存经折装本是否为翁氏所撰全本,仍未可知。2000年底,澳门藏本获复制成为影印本,遂令世人得见翁氏手稿本之面貌。

(二) 复旦藏嘉业堂传抄本

翁氏《提要稿》手稿本民国间藏于吴兴刘氏嘉业堂时,因该书价值珍贵,不便随意翻阅,刘承幹特命藏书楼管理员施维藩(韵秋)先生传抄副本一部①。此

---

① 周子美:"此书我在嘉业藏书楼工作时,曾请人抄出一部。"语见邓美贞《影印本〈翁方纲纂四库提要稿〉序》。
王欣夫:"此抄出于故友海门施君韵秋手。君名维藩,典掌嘉业藏书楼逾廿年,曾佐张咏霓寿镛校刻《四明丛书》。余刊《顾黄遗书》,亦资君之力。"语见王欣夫《蛾术轩箧存善本书录·〈翁方纲纂四库提要稿〉》(稿本)。

抄本于20世纪50年代初转为吴县王欣夫先生收藏,故各册首页均钤有"刘承幹字贞一号翰怡""吴兴刘氏嘉业堂藏书印"及"欣夫"等印。"文革"间王欣夫先生去世,其书归藏于复旦大学图书馆。

(三)吴县王氏蛾术轩摘抄本

嘉业堂传抄本翁氏《提要稿》为王欣夫先生所得后,因原稿中翁氏阅书札记与所撰提要并存,不便对于提要本身的专门研究,故欣夫先生考虑重加选辑,"尝拟将此重编为'四库著录''存目著录''四库与存目皆未著录'三类刊行之"①,即以嘉业堂抄本翁氏《提要稿》为底本,请人摘录出其中翁氏所撰提要语。摘抄初竣,未及编次,王先生即去世。王氏摘抄稿原为散页,后经分类编次,订为十二册,现亦藏于复旦大学图书馆。此稿篇幅甚简,已不存翁氏《提要稿》原本所具的《四库全书总目》编纂原始记录之面貌。

三、现存翁氏《提要稿》主要传本之异同

以下据现存翁氏《提要稿》手稿本以外的主要传本:翁氏《提要稿》影印本(下简称"影印本")和复旦大学图书馆藏嘉业堂抄本翁氏《提要稿》(下简称"抄本")之载体形态和体例、所收篇目和数量、提要内容等,略述异同。

(一)载体形态和体例

翁氏《提要稿》影印本据原本复制,无卷次,分装为十八册,起《刘清惠集提要》,迄《清端集提要》。原稿本所用稿纸基本统一,半叶十一行,各行字数不等,版心有手书所记该页提要的书名。十一行稿纸外,又有少量提要书于无格稿纸。稿纸上间有"文渊阁/校理印"朱长方印,多钤于稿笺左下方。另有诸家收藏印,如"张/叔平"朱方印、"嘉宾/藏书"朱长方印、"何东/图书/馆印"朱方印等。

---

① 语见王欣夫《蛾术轩箧存善本书录·〈翁方纲纂四库提要稿〉》(稿本)。

稿本字体，基本为行草书，偶有例外（如《隶释》提要前引文、《李周望石鼓》等，即以较规整的行楷书写）。影印本内容编排，既未按分类，亦不按编年。目前书前目录，为影印时整理者所加。

嘉业堂抄本《提要稿》分为二十五卷，分装十二册。各卷卷端题"四库全书提要稿卷某"，次行署"校办各省送到遗书纂修官翁方纲纂"。起《周易系辞精义提要》，迄《大金集礼提要》。所用为"吴兴刘氏嘉业堂抄本"蓝格稿纸，半叶十一行，行廿五六字。抄本提要编排，亦不按分类和编年。

（二）所收篇目及数量

影印本所收约一千一百十五条提要①，其中有约十六篇为抄本所无。抄本所收约一千一百二十六条提要，其中有约二十三篇为影印本所无②。

嘉业堂抄本自澳门藏翁氏手稿本出，其所载篇目互有不同之主要原因，可能有二：其一，翁氏《提要稿》曾被各家辗转收藏，原书改为经折装，极易散落脱页（如影印本的整理记录中，就有"某某页下似脱半页""以下缺页"等语）③。嘉业堂传抄的翁氏《提要稿》，在转为何东图书馆收藏前，是否已有少量散失，仍可存疑。其二，翁氏原稿多为行草书，字迹较难辨认，页面亦有破损漫漶之处。从现存嘉业堂抄本的面貌看，施维藩（韵秋）先生当时抄写时，曾大段省略翁氏原先的札记内容，并加按语说明，则漏抄或不抄某些提要的可能是存在的。

---

① 该数字为根据翁氏《提要稿》影印本目录统计所得。
② 影印本有抄本无者：《仪礼旁通图》《周礼训隽》《春秋五礼例宗》《重编千文》《西樵志》《南湖纪略稿》《杨尔逢石经考》《鸡肋编》《录异记》《东牟集》《乐轩集》《可斋杂稿》《续稿》《续稿后》《陵川集》及《附录》《谈艺录》《染香庵近稿》《葵圃撷余》等。
抄本有而影印本无者：《雅乐发微》《乐经元义》《曹江孝女庙志》《吴中往哲记》《续记》《续记补遗》《昆山人物志》《润州先贤录》《逸民史》《历代守令全传》《姑苏名贤小纪》《普陀山志》《天目山志》《雁山志》《龙唐山志》《恒岳志》《鸡足山志》《析酲漫录》《说类》《程篁墩集》《枫山集》《对山集》《海忠介公备忘集》《王文肃集》《何文简公集》等。
③ 翁氏《提要稿》影印本缺页举例：《大易钩元提要》（影印本第740—741页）未完，影印本第742页即接《象象钩解》提要；《翠微南征录提要》（影印本第747页）缺下半页；《蠹斋铅刀编提要》（影印本第748—750页）至少缺札记页第1页下半页；《锦绣万花谷提要》（影印本第1034页）缺上半页。

(三) 提要内容

1. 提要书名

影印本每篇提要前并非皆有书名,而直接从札记内容开始,如:《刘清惠集》(影印本第 1 页)以"卷一卷二诗,卷三至卷十二文"开始,札记后始接"谨案:刘清惠集十二卷"云云。

提要前也有无札记者,如:《华礼部集》(影印本第 10 页),直接以"谨案:华礼部集八卷"开始。

区分影印本每条提要的界限,可依据稿纸中缝所记书名。抄本则每条提要前均先写列书名,然后再抄录原稿内容。

2. 札记内容

影印本大部分提要前,皆有翁氏从原书中摘录的札记(札记偶尔亦有在提要之后者)。此类札记,多为翁氏阅书、校书时随手所记,以便撰写提要时引用,或为其兴趣之所在而摘录,备作资料。札记有的极为简略,仅寥寥数语,有的则篇幅极长,占数页之多。有关文字金石的书籍,其摘抄内容尤多。

从翁氏所作札记,可以略窥四库进呈书的原貌,对于四库目录学研究颇有帮助,对于翁方纲本人的学术思想及偏好,亦可从中找到有价值的资料。

嘉业堂抄本没有完全保留翁氏原稿的面貌,有些札记内容过长,或字迹不清者,抄本皆删去不抄,而在提要之前后加按语说明。即以前文所述《隶释》一篇(抄本第八册第十五卷)为例,抄本在过录"隶释"云云一段后,作按语云:"录者案:上则非翁氏手笔,下有翁氏录内容以俟校补者,略。"以下即接提要正文。

3. 提要正文

影印本与抄本的所录提要正文,基本相同,除个别字句因施氏传抄时分辨不清而致误外,目前没有发现抄本对提要正文有删节之处。

4. 附加按语

影印本中有些提要页上有眉批,行间亦有批语或圈改之处,多为翁氏修改原稿时对提要的补充,亦有似出他手者,抄本则将其移于正文之后,并以"眉批"

两字说明。抄本于各提要之末,加有"《四库全书总目》入某某,提要如何"之类的按语,此因施氏传抄翁稿时,曾将各篇提要与《四库全书总目》相核,并比较两种提要之异同,凡查得者,即注明于该篇之末。抄本的此类按语,多见于前五卷。自第六卷开始,有的仅有"按"字而无按语,可知施氏未及将查核进行至全书之末。已经查核者亦有误说,想因当时随抄随对,未及细勘之故。

综上所述,翁氏《提要稿》原稿经改装成为装裱本,经嘉业堂主人刘承幹收藏后增加了一部传抄副本,经王欣夫先生收藏后又产生一部摘抄本。诸传本中,最接近原貌者,仍为澳门何东图书馆所藏翁氏《提要稿》手稿本。然翁氏手书,字体作草,较难辨认,现藏于复旦大学图书馆的嘉业堂抄本《提要稿》字迹则较为规整,故亦可以作为研究翁氏《提要稿》之参考本。翁氏《提要稿》保留了《四库全书提要》初稿面貌,对于《四库全书总目》编纂之研究,无疑具有较高的资料价值。

原载《历史文献》第十三辑,上海古籍出版社 2009 年版

《续修四库全书提要》分纂稿二十篇

陈尚君

应清华大学中国古典文献研究中心之约,为《续修四库全书总目提要》撰唐人集部提要二十篇。初稿成,编委会复依照全书体例有所删改,以成定稿。愚意以为提要之撰,当述作者,考成书,叙梗概,记流传,凡涉有争议者亦须加以讨论,与辞书或大百科之写法宜有不同。初稿述个人所见,定稿则务求划一,平妥是期,故多有改删,虽多订初误,间亦颇削独见。谨仿前清馆臣存私稿之例,仍辑存一编。敝帚自珍,鸿识谅之。

一、《朱庆余诗集》一卷　唐朱庆余撰。

朱庆余,名可久,以字行,越州(今浙江绍兴)人。出身寒素。入京赴试时,曾行卷于水部郎中张籍,张籍赏之,广为赞扬,遂有名。敬宗宝历二年(826)登进士第,授秘书省校书郎。官至协律郎。庆余尤长于五律七绝,内容多为送别酬答及题咏纪游之作。《闺意献张水部》"洞房昨夜停红烛,待晓堂前拜舅姑。收罢低声问夫婿,画眉深浅入时无"一诗,比喻新颖,广为传诵。《宫词》"含情欲说宫中事,鹦鹉前头不敢言",深婉含蓄,亦为世称。一时诗人如贾岛、姚合、章孝标、顾非熊等多预唱和。唐末张为《诗人主客图》将列为"清奇雅正"类之及门者,元辛文房《唐才子传》谓其诗"得张水部诗旨,气平意绝"。生平事迹见《云溪友议》卷下、《新唐书·艺文志四》、《唐诗纪事》卷四六、《唐才子传校笺》卷六。

庆余有诗集一卷，《崇文总目》《新唐书·艺文志》《直斋书录解题》皆著录。本集为南宋临安陈氏刻书棚本，书末有"临安府睦亲坊陈宅经籍铺印"印记一行，另有"泰兴季振宜沧苇氏珍藏"题记，知清初为季氏所藏。后归黄丕烈，跋其尾称此集"目录五叶，诗三十四叶，宋刻之极精者"。清末归常熟瞿氏铁琴铜剑楼，民国间曾借商务印书馆影印收入《四部丛刊续编》。原本今藏中国国家图书馆，本书即据以影印。

本集收诗凡一百六十七首（包括李躔二首），不分体，亦不分类，是否保存原写作次第，则难以确定。从集内尚附李躔（即李回）与庆余唱和诗看，应出自唐人原编。《全唐诗》卷五一四、卷五一五收庆余诗为二卷，自《赠凤翔柳司录》以前皆存原集次第，此后另据《文苑英华》《万首唐人绝句》等书补诗十二首。以唐、宋诸书所引庆余诗与本集相校，则差异较多，如《湖州韩使君置宴》，《文苑英华》卷二一六作《陪湖州韩中丞宴》；《上汴州令狐相公》，《文苑英华》卷二六〇于"汴州"二字下校"集作'淮南'"；《发凤翔后途中怀田少府》，《文苑英华》卷二六〇作《发沂州寄田少君》；《送张景宣下第东归》，《文苑英华》卷二八四题作《送张景宣下第归扬州觐省》；《送品上人入秦》，《文苑英华》卷二二二作《送偘上人北游》；《过旧宅》，《唐诗纪事》卷四六引《主客图》作《题王侯废宅》；《孔尚书致仕》，《文苑英华》卷二六〇此题下尚有"因而有寄赠"五字；《送僧》，《文苑英华》卷二二二题作《送僧游庐山》。凡此之类甚多，诗歌本文异文更多。可知唐、宋时期，庆余诗集所传有多本，故各书有较大差异。而本书为南宋旧刻，且于原本有阙讹之处，皆予保留，绝无后世妄加增改之病，故尤为可贵。

二、《张承吉文集》十卷　据北京图书馆藏南宋蜀刻本影印。

唐张祜撰。祜字承吉，南阳（今河南邓县）人，寓居姑苏（今江苏苏州）。早年浪迹江湖，狂放不羁。穆宗长庆间至杭州，谒刺史白居易，与徐凝争解元，不胜而归。后屡举进士不第。文宗大和五年（831），令狐楚为天平军节度使，录张祜诗三百首表荐朝廷，为权贵抑退。后久客扬州，屡辟使府，转徙徐、许、池等州及魏博、宣城等地，所在狷介少合，故杜牧《登池州九华楼寄张祜》诗称其"谁人得似张公子，千首诗轻万户侯"。晚年卜宅丹阳，隐居以终。祜苦心为诗，早享盛名。《宫词》"故国三千里，深宫二十年。一声何满子，双泪落君前"一首传入禁中，累经谱唱，传诵极广。五律《观猎》《惠山寺》《题金山寺》《孤山寺》等篇亦堪称名作。令狐楚评其诗"研几甚苦，搜象颇深。辈流所推，风格罕及"(《进张祜诗册表》)。陆龟蒙称其"稍窥建安风格"，"为才子之最"(《松陵集》卷九《和张处士诗序》)。

张祜集十卷，《新唐书·艺文志》及《郡斋读书志》皆著录，惟明、清二代不甚流传，所通行者如明朱警辑《唐百家诗》本《张处士诗集》五卷、清康熙间席氏《唐诗百名家全集》本《张祜诗集》二卷等，所录均仅三百余篇。本书十卷，为南宋蜀刻唐六十家诗集之一，开卷有"翰林国史院官书"长方印，又有"颍川刘考功藏书印""刘体仁印""祁阳□澄中藏书记"等藏记，知其为元代翰林国史院藏书，清初曾为刘体仁七松堂收藏，流传有绪。书为白口，左右双边，字近颜体，行格疏朗，为宋蜀刻之精品。

全书收诗四百六十八首，按诗体编次，卷一、卷二、卷三、卷六为五言杂题，卷四、卷五、卷七为七言杂题，卷八为杂题，卷九、卷十为五七言长韵。本书所收诗中，有一百五十首为《全唐诗》所失收，近人孙望编《全唐诗补逸》曾据以辑录逸诗为四卷。其中尤以七言律诗和五言长篇排律为大宗，足以改变前人以为张祜偏于写作绝句和五律之倾向。其中如《元和直言诗》为其早年议论时事而作，《叙诗》纵论历代诗歌，于唐初以来名家皆有所评骘，《梦李白》表达对诗人李白的向往之情，《寓言》《苦旱》等篇表达对社会问题的关切，《投陈许崔尚书二十韵》《投魏博李相国三十二韵》《忆江东旧游四十韵寄宣武李尚书》《戊午年感事书怀一(原误作"二")百韵谨寄献太原裴令公淮南李相公汉南李仆射宣武李尚书》表述周游各藩镇幕府时之曲折心态，均有很重要之研究价值。至于对作品归属之确定、文本异文之定夺、流传事迹之纠补等方面价值，也颇可参考。

今人严寿澂编《张祜诗集》(江西人民出版社1983年版)、尹占华《张祜诗集笺注》(甘肃文化出版社1997年版),皆以本书为底本,校订文本,尹书注释详赡,足资参考。

三、《周贺诗集》一卷　唐周贺撰。

周贺,字南卿,东洛(今河南洛阳)人。曾客南徐三年,又隐嵩阳少室山,后居庐岳为僧,法号清塞。文宗大和末,姚合任杭州刺史,爱其诗,命还初服。其《秋宿洞庭》称"一官成白首",知曾出仕,然仕履未详。贺工诗,《唐诗纪事》卷七六以为与贾岛、无可齐名,王定保《唐摭言》卷一〇称其诗"诗格清雅",张为《诗人主客图》将其列于"清奇雅正主"之"入室"者。《新唐书·艺文志》《崇文总目》《直斋书录解题》《宋史·艺文志》均著录《周贺诗》一卷,《郡斋读书志》著录《清塞诗》一卷。

此本为南宋临安陈氏书棚本,卷末有"临安府棚北大街睦亲坊陈宅书籍铺印"牌记,凡收诗七十六首。原书今藏中国国家图书馆(原北京图书馆),为清常熟瞿氏铁琴铜剑楼旧藏,有清初何焯手跋,曾借张元济影印收入《四部丛刊续编》。张氏为撰跋及校勘记,认为"所收视《全唐诗》为少,而比《弘秀集》为多;亦有弘秀集所收,而是本反阙者"。今检《全唐诗》卷五〇三收周贺诗一卷,凡九十二首,除去《送李亿东归》一首系误收温庭筠之诗外,本集以外之十五首分别见于《文苑英华》《唐诗纪事》《古今岁时杂咏》《万首唐人绝句》等书收录,《唐僧弘秀集》则稍后出。《四库》所收《唐四僧诗》本《清塞诗集》二卷、复旦大学图书馆藏明抄《唐人诗集八种》本《清塞诗集》二卷,均仅收五十二首,殆远不及此本。从宋人大量引及此集外诗判断,此集虽未必为唐时原编,然存诗于文本校订仍具重要价值。如《唐诗纪事》卷七六收《秋日同朱庆馀怀少室旧隐》,本书题作《同徐处士秋怀少室旧居》;《送晏上人》,本书题作《书实上人房》;《早秋至郭劲书斋》,本书题作《早秋过郭涯书堂》;《赠幻群法师》,本书题作《送幻法师》。虽不能以为本书皆是,但文本价值则可确认。再如《送庐岳僧》,因本书收录,而可确知别作朱庆馀之未当;《送李亿东归》本书不收,知《唐诗品汇》卷四五作周诗之失考。凡此之类，不胜举例，读者逐一对校，自可明晓此宋本之珍贵。

四、《唐女郎鱼玄机诗》一卷　唐鱼玄机撰。

鱼玄机(约844—868)，字幼微，一字蕙兰，长安(今陕西西安)人。初为补阙李亿妾。曾历游各地。懿宗咸通中出家于长安咸宜观为女道士。与诗人温庭筠、李郢等有唱和。咸通九年(868)，因私刑笞死侍婢绿翘事发，为京兆尹温璋所杀。鱼玄机工诗，有才思。其诗属对工稳，遣词用典颇有新意，写男女之情，尤为真切细腻，坦率热情。《寄李亿员外》中"易求无价宝，难得有心郎"二句，传诵颇广。事迹见《太平广记》卷一三〇引《三水小牍》、《北梦琐言》卷九、《南部新书》卷甲、《唐才子传校笺》卷八。

《鱼玄机诗》一卷，宋陈振孙《直斋书录解题》始著录，《崇文总目》《新唐书·艺文志》不载，殆南宋始传。本书据原北京图书馆藏南宋书棚本影印。此集白口，左右双边，刊刻精美，为宋刊之精品。集末有"临安府棚北睦亲坊南陈宅书籍铺印"牌记一行。前后收藏印有数十方之多，有黄丕烈、顾莼、潘奕隽题跋并诗，曹贞秀、瞿中溶、石韫玉等十四人题诗，朱承爵、王芑孙等人题款，可谓流传有绪。

此集收诗凡五十首，其中包括光、威、哀三姊妹示玄机联句诗一首，所存鱼玄机诗凡四十九首。《全唐诗》卷八〇四收鱼诗一卷，仅较本集多录自《文苑英华》卷二〇八之《折杨柳》一首，及录自《唐诗纪事》卷七八之若干残句。以诸书与本集对校，如卷首《赋得江边柳》，《又玄集》卷下、《才调集》卷一〇、《文苑英华》卷三二六、《唐诗纪事》卷七八题作《临江树》；《赠邻女》，《才调集》卷一〇题作《寄李亿员外》，颇有不同。是此集虽未必为唐时原编，但多数鱼诗则因本集而得流传。

另明、清流传鱼集版本甚多，多据此集翻印。黄丕烈于嘉庆八年(1803)曾就此本影刻行世，江标、叶德辉于光绪间也曾先后影刻，另钱塘丁氏八千卷楼曾藏有汪士钟影抄本。盖唐女流诗集不多，而此宋集巍然完整，故尤为藏家所珍视。

五、《翰林集》四卷附录一卷　唐韩偓撰。

韩偓(842—约914),字致尧,一作致光,小字冬郎,自号玉山樵人,京兆万年(今陕西西安)人。韩瞻子。昭宗龙纪元年(889)登进士第。初佐河中幕府,召拜左拾遗,迁刑部员外郎。历司勋郎中兼侍御史知杂事。宰相王溥荐为翰林学士,复迁中书舍人。尝与崔胤等人定策诛宦官刘季述。天复元年(901)冬,从昭宗避乱凤翔,以功拜兵部侍郎、翰林学士承旨。为昭宗所倚重,屡欲任其为相。三年,为朱全忠所恶,贬濮州司马,再贬荣懿尉,徙邓州司马。天祐二年(905),复召为翰林学士,惧不赴任。寻入闽依王审知。后寓居南安卒。偓早能诗,姨父李商隐有"雏凤清于老凤声"(《韩冬郎即席为诗相送一座皆惊》)之誉。早年作《香奁集》多涉艳情,词致婉丽,世称"香奁体"。经历世变,诗多感伤时事、慨叹身世。《四库提要》评其诗"忠愤之气,时时溢于语外,性情既挚,风骨自遒,慷慨激昂,迥异当时,靡靡之响,其在晚唐,亦可谓文笔之鸣凤矣"。事迹见《新唐书》卷一八三本传、《唐诗纪事》卷六五、《十国春秋》卷九五本传、《唐才子传校笺》卷九。近人震钧著有《韩承旨年谱》。

韩偓文集宋、元著录不一。《四库全书》收录其《韩内翰别集》一卷,《提要》云:"《唐书·艺文志》载偓集一卷、《香奁集》一卷,晁氏《读书志》云韩偓诗二卷,《香奁集》不载卷数,陈振孙《书录解题》云《香奁集》二卷、《入内廷后诗集》一卷、别集三卷。各家著录互有不同。今抄本既曰别集,又注曰'入内廷后诗',而集中所载,又不尽在内廷所作,疑是后人裒集成书,按年编次,实非偓之全集也。"本书所收为清嘉庆十五年庚午(1820)福鼎王遽春麟后山房刊《王氏汇刊唐人集》本《翰林集》四卷。与《四库》收《韩内翰别集》对校,正编所收篇目完全相同,所不同者,一为一卷,一拆为四卷,是其一。《四库》本《苑中》《锡宴日作》两首在《辛酉岁冬十一月随驾幸岐下作》后,此集卷一则《苑中》在《辛酉岁冬十一月随驾幸岐下作》前,《锡宴日作》则在《中秋禁直》后;另卷四《赠友人作》《曲江晚思》

两首次第互乙。是其二。《四库》本末附补遗,录《寄禅师》《日高》《夕阳》《旧馆》《中春忆赠》五首,此集则无。而此集末有《翰林集附录》,据诸书录韩氏遗事,末附刊者之跋。此外,二集皆不收《香奁集》诸诗。另《大庆堂赐宴元珰而有诗呈吴越王》四首,《全唐诗》卷七八四又收吴越失姓名人,岑仲勉《读全唐诗札记》谓"偓未尝入吴越,此殆误收"。而二集皆赫然收入该组诗。此集刊刻既晚于《四库》,内容也别无取资,阑入《续修四库全书》,似未尽妥当。《王氏汇刊唐人集》所收黄滔《莆田黄御史集》颇存宋代结集时初貌,王棨《麟甲集》、林蕴《林邵州遗集》颇少流传,惜皆未获收录。

六、《唐秘书省正字先辈徐公钓矶文集》十卷　唐徐夤撰。

本书据《四部丛刊三编》所收钱遵王精抄本影印。夤名一作寅,字昭梦,莆田(今属福建)人。昭宗乾宁元年(894)登进士第。释褐秘书省正字。归闽,为闽王王审知辟为掌书记。早年以《游大梁赋》献朱全忠,讥及沙陀李克用。克用子后唐庄宗李存勖即位,命审知杀夤。审知不敢复用,夤遂拂衣而去,归隐延寿溪而终。事迹见《五代史补》卷二、《十国春秋》卷九五、《唐才子传校笺》卷一〇。

夤工诗赋。其《斩蛇剑赋》《御水沟赋》《人生几何赋》尤脍炙人口。著作有《雅道机要》一卷(《吟窗杂录》收入)、《温陵集》十卷、《探龙集》一卷、《钓矶集》三卷、《书》二十卷、《赋》五卷等(据《补五代史艺文志》)。其《徐正字诗赋》二卷,《四库全书》已经收录。《提要》云:"此本仅存赋一卷,计八首;各体诗一卷,计三百六十八首。盖其后裔从《唐音统签》《文苑英华》诸书裒辑成编。"所云未当。盖《唐音统签》有诗而无赋,《文苑英华》仅收夤赋四篇而无诗,馆臣盖凭臆推想耳。至收诗则为二百六十八首,则或写定后誊写偶误。《全唐诗》卷七〇八至卷七一一编夤诗四卷,大致与此集所收数相当。《全唐文》卷八三〇编夤文一卷,收赋二十八篇,则远富于该集,当别有取资。

本集卷首有夤族孙师仁建炎三年(1129)序,称"家故有赋五卷、《探龙集》五卷,正字自序其后"。"又访于族人及好事者得五言诗并绝句,合二百五十余首,以类相从为八卷"。此本未传。另有可珍序,称"至延祐丁酉岁,叔父于洛如金桥林必载家得诗二百六十余首,复于己亥岁,族叔祖道真公遗赋四十首"。清钱大昕跋以为此集即"可珍所编",可从。本集前五卷为赋,凡五十题,其中卷五《汉武帝求仙赋》《星赋》《伍员知姑苏台有游鹿赋》三篇有题无文,实存四十七篇。其中卷一《玄宗御制卢征君草堂铭赋》、卷三《五王宅赋》稍有阙文,则皆空格以为标识。卷六存长律八首、五言律诗二十一首、七言绝诗二十八首;卷七至卷十,每卷各存七言律诗五十二首,五卷共存诗二百六十五首,较《四库》所收《徐正字诗赋》尚少《蝴蝶》《初夏戏题》《春入鲤湖》三首。

至本集之价值,则一为保存大量徐氏之赋,光绪间陆心源编《唐文拾遗》卷四五,补录其赋二十一首为一卷,殆即据此一系统文本。二为可资校勘。张元济为《四部丛刊三编》撰《徐公钓矶文集校勘记》一卷,以《唐音统签》《全唐诗》及《宛委别藏》本、铁琴铜剑楼藏旧抄本及瞿本旧校对读,指出本书与他本相异之文字甚多。三为卷十保存寅撰单题诗较集中,可知为当时系统写作,与《徐正字诗赋》混编有所不同。今人金程宇撰《韩琮单题诗考辨》(《谁是诗中疏凿手——中国诗学研讨会论文集》,凤凰出版社 2007 年版)与韩琮诸诗比较,认为是一时之作,且用韵多同,足可参考。

七、《张象文诗集》三卷　唐张蠙撰。

张蠙,字象文,族望清河(今属河北),家居江南。幼颖慧能诗,尝游塞北,赋《登单于台》诗云:"白日地中出,黄河天外来。"懿宗咸通间以累举不第,与许棠、张乔、周繇交,时号"九华四俊"。昭宗乾宁二年(895)始登进士第,释褐为校书郎,调栎阳尉。后避乱入蜀,迁犀浦令。前蜀建,仕为膳部员外郎。后主王衍时任金堂令。《唐诗纪事》卷七〇载徐后游大慈寺,见壁间张蠙题云:"墙头细雨垂纤草,水面回风聚落花。"乃令进诗二百首,王衍善之,欲召为知制诰,为宋光嗣阻止。据此则其享寿当在七十以上。事迹见《新唐书·艺文志四》、《唐诗纪事》卷七〇、《郡斋读书志》卷一八、《十国春秋》卷四四、《唐才子传校笺》卷一〇。

《新唐书·艺文志》著录有《张蠙诗集》二卷，《郡斋读书志》《直斋书录解题》则均载其集一卷。本书所收《张象文诗集》三卷，为北京大学图书馆藏清抄本，卷首、卷末皆有麟嘉馆印，知为民国李盛铎旧藏。首有《张象文传》，内容据宋、元各书编次而成，末有赞，以为"在唐末诗人亦卓然当表出者也"，当出明、清人编写。卷一收五言律诗五十二首，卷二收七言律诗二十五首，末附续增《边将》一首，又五言律诗《送友人尉蜀中》二首；卷三收五言排律三首，七言绝句二十一首，实收二十首。总计全集存诗为一百零三首。《全唐诗》卷七〇二收蠙诗一卷，凡一百零二首，较此少《送人尉蜀中》二首之二。今检续增三首，《边将》，见《文苑英华》卷三〇〇，为罗邺诗，因接收张蠙同题诗后，而误作张诗；《送友尉蜀中》其一"故友汉中尉"一首，与唐芮挺章编《国秀集》卷下收徐晶《送友人尉蜀中》全同；"我屋与君室"一首，则见南宋周孚《蠹斋铅刀编》卷九，为《寄辛幼安二首》之一，元方回《瀛奎律髓》卷四二亦收入，确非唐诗。其余均与《全唐诗》同。今检明朱警《唐百家诗》、清席刻《唐诗百名家全集》均有《张蠙诗集》一卷，收诗均仅八十一首。《全唐诗》合胡震亨《唐音统签》、季振宜《唐诗》搜罗之绩，据《才调集》《文苑英华》《唐诗纪事》《万首唐人绝句》补录佚诗，得成一百零二首之规模。本书则除误收宋人诗一首外，内容全同《全唐诗》，唯分体编排，重分卷次，为不同耳。原书无抄写年代。据此推测，则应在雍、乾以后。就唐诗文献价值言，似无甚意义。

八、《唐求诗集》一卷　唐唐求撰。

唐求，唐末蜀中隐士。宋初黄休复《茅亭客话》卷三云："唐末，蜀州青城县味江山人唐求，至性纯悫，笃好雅道，放旷疏逸，几乎方外之士也。每入市，骑一青牛，至暮醺酣而归，非其类不与之交。或吟或咏，有所得则将稿捻为丸，内于大瓢中，二十余年，莫知其数，亦不复吟咏。其赠送寄别之诗，布于人口。暮年因卧病，索瓢致于江中，曰：'斯文苟不沉没于水，后之人得者，方知我苦心耳。'漂至新渠江口，有识者云：'唐山人诗瓢也。'探得之，已遭漂润损坏，十得其二三,凡三十余篇,行于世。"为其生平之最早记录,知其为蜀州青城(今四川都江堰)人,号味江山人,隐居方外,以吟咏为乐,至暮年方为人收得三十多篇行世。其集中有《邛州水亭夜宴送顾非熊之官》,大约为大中、咸通间所作。《唐诗纪事》卷五〇称"或云王建帅蜀,召为参谋,不就",若所云可信,应为昭宗大顺以后诗。唐末诗人李洞《赠唐山人》云:"垂须长似发,七十色如鬓。醉眼青天小,吟情太华低。千年松绕屋,半夜雨连溪。邛蜀路无限,往来琴独携。"知求年逾七十,且略存其形貌及襟怀。其集至南宋《遂初堂书目》《直斋书录解题》始见著录作一卷,今存宋书棚本一卷,存诗凡三十五首,与《茅亭客话》所云有侍者编其诗三十余篇合,殆即当时之原编。此集外唐求佚诗,则仅孙光宪《北梦琐言》(《诗话总龟》卷一四引)引《临池洗砚》"恰似有龙深处卧,被人惊起黑云生"二句。《续修四库全书》即据书棚本影印。

九、《李丞相诗集》二卷　南唐李建勋撰。

建勋(约873—952),字致尧,广陵(今江苏扬州)人。南唐赵王李德诚子。初为昇州巡官、金陵副使,助李昇禅吴。南唐建国,拜中书侍郎、同平章事,加左仆射、监修国史,领澶州节度使。先主昇元五年(941),罢相归私第。未几,复入相。元宗立,出为昭武军节度使。后召拜司空。以司徒致仕,赐号钟山公。乃于山中营别墅,放意泉石。保大十年(952)卒,谥靖。马令《南唐书》卷一〇、陆游《南唐书》卷九、《十国春秋》卷二一皆有传。《宋史·艺文志》著录《李建勋集》二十卷,《唐才子传》卷一〇谓其有《钟山集》二十卷,皆不存。

建勋少好学,遍览经史,尤工诗。所作以五、七言律诗为多。宋马令《南唐书》谓其诗"少时犹浮靡,晚年颇清淡平易,见称于时",元辛文房《唐才子传》则评其诗"琢炼颇工,调既平妥,终少惊人之句",而胡应麟《诗薮》则以为"虽晚唐卑下格,然模写情事殊工"。

《崇文总目》卷五著录《李建勋诗》二卷、《钟山公集》二十卷。后者虽《通志·艺文略》《宋史·艺文志》尚称及,未必南宋至元代尚存。此诗集二卷,为南宋临安刊本,卷末署"临安府洪桥子南河西岸陈宅书籍铺印",款式皆同书棚本。清季为常熟瞿氏铁琴铜剑楼所藏,借商务印书馆影印收入《四部丛刊续编》,流布始广。

本集收诗凡上卷四十四首,下卷四十一首,总八十五首。大致上卷以五言律诗为主,间有一二首五言古体及排律;下卷则皆七言,凡七律三十六首、七绝五首。诗则多为怀人感时、流连风物之作,性情闲雅,当多为退归山中后所作。有《殴妓》一首云:"自为专房甚,匆匆有所伤。当时心已悔,彻夜手犹香。恨枕堆云髻,啼襟揾月黄。起来犹忍恶,剪破绣鸳鸯。"足见其时士大夫私生活之一端,可与《韩熙载夜宴图》参看。明田艺蘅《留青日札》称其"虽居极品,然惜花怜酒,解吐婉媚辞。如'预愁多日谢,翻怕十分开','空庭悄悄月如霜,独倚阑干伴花立',如'肺伤徒问药,发落不盈梳','携酒复携觞,朝朝一似忙',足见得花酒风味"。清贺裳《载酒园诗话又编》认为"李建勋诗格最弱,然情致迷离,故亦能动人"。均是较有识之归纳与评价。

《全唐诗》卷七三九收李诗一卷,除据本集外,另补十首又若干残句。今人辑《全唐诗补编》,复自《江南余载》《吟窗杂录》《咸淳临安志》《六朝事迹编类》《舆地纪胜》等书中补诗数首。盖建勋风流自命,所作甚多,此集仅收一时之作,二十卷本《钟山公集》不传,散逸尤夥,是足可惜。

十、《碧云集》三卷　南唐李中撰。

李中,字有中,九江(今属江西)人。曾与刘钧共学于庐山国学。元宗时,仕于下蔡。交泰二年(959),以双亲老病,表请归家侍奉。后主时,任吉水县尉。乾德二年(964)后,历任晋陵、新喻县令。开宝五年(972),又转淦阳县令。六年,集五七言兼六言诗二百篇为《碧云集》,孟宾于为之作序。称其诗"缘情人妙,丽则可知","可与贾岛、方干相比肩"。卒年不详。生平事迹详《碧云集》及孟宾于序、《郡斋读书志》卷一八、《唐才子传校笺》卷一〇。

李中与诗人沈彬、左偃、史虚白、匡白善,多有酬和,亦有诗涉及柴再用、乔匡舜、韩熙载、张洎、徐铉、汤悦等名臣。其诗在宋、元之间流布不广，总集仅见元方回《瀛奎律髓》引及《春日野望》一首，许以"新异""淡而有味"之评。至辛文房《唐才子传》则有"惊人泣鬼之语"。

此集三卷，《崇文总目》《宋史·艺文志》著录皆同，唯《郡斋读书志》作二卷，疑偶误"三"为"二"耳。此本为南宋陈氏书棚本，收藏印有季沧苇、徐健庵等，书末又有"泰兴季振宜沧苇氏珍藏"题记，知清初为泰兴季振宜、昆山徐乾学所藏。末附黄丕烈跋，称道光癸未（1823）得于昆山一书肆，殆即徐氏散出之书。至清末此书与宋刻《李群玉诗集》并归邓邦述，邓氏珍惜，命书斋为群碧楼以为纪念。商务印书馆借邓氏所藏，影印收入《四部丛刊初编》，以广其传。原本今存台北"中央研究院"历史语言研究所傅斯年图书馆。台北"国家"图书馆藏有琴川张氏小嫏嬛福地影抄本，亦据此本出。本书则据《四部丛刊》本影印。

本集收诗凡三百一十首，《全唐诗》卷七四七至七五〇录为四卷。李中虽官职、诗名皆不甚显，然以南唐原编别集，经历千年而得巍然保存，是可珍贵。其集述其经历感受，及与当时诗人文士之交往，亦颇可资研究。

十一、《翰林学士集》 唐佚名编。

本书为日本尾张国真福寺藏唐卷子本，清光绪间贵阳陈田、陈矩兄弟在日得见，据以影写一本，归而收入《灵峰草堂丛书》本行世。本书即据复旦大学图书馆所藏该本影印。

此集收录唐太宗时君臣唱和诗五十一首，分属十三题，其中许敬宗最多，凡十二题十三首，另诗序一首，其次为唐太宗八题九首，上官仪五题六首，其他十五人各一首至三四首不等。据各诗诗题及诸人署衔来推测，诸诗大致作于太宗贞观八年（634）至二十三年（649）太宗去世以前。其中仅十二首见于《全唐诗》，其余皆不见于中国传世文献，可补《全唐诗》之缺落，尤称珍贵。

此集原卷首缺，书名佚失，所存自目录后半页起，卷末有"集卷第二，诗一"字样。旧题《翰林学士集》，不知始于何时。唐设翰林学士在玄宗以后，唐初无此官名，书名绝非原集名。日人森立之《经籍访古志》谓"书中所载，许敬宗诗居多，而目录每题下称同作几首，似对敬宗言"，因疑为"敬宗所撰"。服部宇之吉《佚存书目》则另拟题为《贞观中君臣唱和诗集》。大阪市立美术馆编《唐钞本》附福本雅一解说，则认为可称《弘文馆学士诗集》或《唐太宗御制及应诏诗集》。今人甚或认为系许敬宗所编数种大型总集之残卷。陈尚君校订本集（收入《唐人选唐诗新编》，陕西人民教育出版社1994年版）认为各组诗多为太宗首唱，而目录残叶则均以许敬宗诗立目，以太宗及诸臣为附见，若敬宗自编，自应尊君抑己，断不可如此，应判定本集应为敬宗子孙或门人为其所编别集之残帙。

此集原卷尚存于日本名古屋真福寺，有影印本可见，以之与陈氏影写本对刊，如"五言奉和侍宴仪鸾殿早秋应诏并同应诏四首并御诗"下，原卷有"赋得早秋"四字，为太宗首唱之原题，影写本脱去。褚遂良《五言春日侍宴望海应诏》一首中"麾城湛卢剑，舞戟少年场"二句，影写本仅存"麾城湛"三字。至于字形因影写而致误者，如收诗第一首"流形肇分""肇"误作"䂞"，"皇灵启统""启"误作"拓"，学者亦应有所注意。

十二、《唐诗鼓吹》十卷　题金元好问辑，元郝天挺注，明廖文炳解。

本书据北京图书馆藏清顺治十六年（1659）刻本影印。每卷首题："元资善大夫中书左丞郝天挺注，古冈后学廖文炳解。虞山后学钱朝鼒、王俊臣、王清臣、陆朝典参校。"书前有钱谦益序，称"里中陆子敕先、王子子澈、子吁偕余从孙次鼒服习《鼓吹》，重为校雠，兼正定廖氏注解，刻成而倩序于余"。知朝典字敕先，清臣字子澈，俊臣字子吁，朝鼒字次鼒，校定该本成而清谦益序行。《四库全书》已收《唐诗鼓吹》十卷，为郝天挺注本，称有"国朝常熟陆贻典题词"，《提要》称"天挺之注，虽颇简略，而但释出典，尚不涉于穿凿，亦不似明廖文炳等所解，横生枝节，庸而至于妄也"。是当时曾见廖本而不取，且所据本亦出常熟陆氏，为同一渊源。本书书前有凡例十五条，称"廖君，新会人，举孝廉，为琼山学博。其于是编也，窜取原注，杂以荒陋鄙俗之说。茅苇盈前，率皆削去，而其每诗附以解义,往往与注同辙。然而推其志意,实切婆心。故一一更定,以附篇末,未必无小补于初学也"。其他各则亦多称于廖解"详观其解,颇近于迂,故悉改正","若廖解之谬,去者过半"。是四人于廖解删略颇多。另台湾新文丰出版公司 1979 年影印《唐诗鼓吹笺注》,卷端题识及书前《凡例》同本书,但无钱序,有陆贻典题词及王清臣、王俊臣两《小引》,或即《四库》本所据者。《四库》本仅存郝注,将廖解全部删去,故本书收录四人校定本,尚有必要。廖氏于每首诗后皆作解说。其解说甚为浅显通俗,大多据原诗敷衍成文。如卷二岑参《和贾舍人早朝大明宫》,原诗云:"鸡鸣紫陌曙光寒,莺啭皇州春色阑。金阙晓钟开万户,玉阶仙仗拥千官。花迎剑佩星初落,柳拂旌旗露未干。独有凤凰池上客,阳春一曲和皆难。"廖解云:"鸡鸣紫陌,曙色犹寒,时方暮春,故莺啭皇都。而君视朝之际,玉阶仗列,共拥千官。是时也,花迎剑佩,星初落而未沉;柳拂旌旗,露尚凝而欲滴。此皆言时之早也。末谓舍人若白雪阳春,难于属和,其才思之高妙,当可想见矣。"再如卷六杜牧《登池州九华峰寄张祜》:"有感中来不自由,角声孤起夕阳楼。碧山终日思无尽,芳草何年恨始休。睫在眼前犹不见,道非身外更何求。何人得似张公子,千首诗轻万户侯。"廖解云:"此因登山触景,怀人而作也。首言百事感心,不能自主,况闻角声孤起,而怀人感事,其又何穷耶?若碧山一对,而愁思愈长,芳草一生而旅恨不息,乃所为有感中来也。以余念身世之事,睫在眼前,犹且不见,道非身外,亦又何求。是而思君之高致,以诗赋为重,以封侯为轻,忘利修道,此真能自见其睫,近求诸身者也,其谁得而及之耶?"语意浅俗,虽可为童蒙作诗意之串讲,略及诗歌之意旨,然解者于原诗之作者生平、写作原委及作品寓意,皆无所解,仅就文本敷衍成解,难免受到有"荒陋鄙俗""庸安"之讥。四库不取,是可理解。本书收入,存明人通俗讲诗之案例,于学者抑或可参考一二。至今人韩成武等点校《唐诗鼓吹评注》(河北大学出版社 2000 年版),署"清钱谦益、何义门评注",据此本亦可知钱仅作序,未曾作评。

十三、《绝句衍义》四卷、《绝句辩体》八卷、《绝句附录》一卷、《唐绝增奇》五卷、《唐绝搜奇》一卷、《六言绝句》一卷、《五言绝句》一卷　明杨慎辑、明焦竑批点，许自昌校。

本书据中国国家图书馆藏明曼山馆刻本影印。诸书多题"成都杨慎选辑，琅琊焦竑批点，茂苑许自昌校"，间或校者有题"钱塘徐象枟梓""茂苑许元溥校"者，版式相同，是一书而分题七书。杨、焦两人皆明名士，《四库全书》收其著颇多。许自昌(1578—1623)，字玄祐，江苏长洲(今江苏苏州)人。擅作曲，有传奇《水浒记》《报主记》等。又好刻书，所刻有韩、柳等唐人文集及《太平广记》等。另著有《樗斋漫录》十二卷、《捧腹谈》十卷等。

书首有杨慎嘉靖丙辰序，称因禺山张子认为谢叠山注章泉、涧泉所选唐诗百绝"为之例也则可，曰尽则未也"，乃有意另选百首注之。至丙辰之夏，乃取各家全集及洪迈《万首唐人绝句》而得百首，"因笺而衍之，或阐其意，或解其引，或正其讹，或采其幽隐"。是此《绝句衍义》四卷为杨慎所选解。所收皆七言绝句，恰为一百首，卷首有梁武帝、江总、魏收、梁简文帝、萧子显五首，略存六朝绝句之面貌，余皆唐人之作，若李白收六首，徐凝三首、韩愈三首、司空图三首、张旭四首，余均一二首而已。且有无名氏诗多首。若以杜常为唐人，以王涣诗署王之涣，则沿洪书之误。而录何兆诗二首，则分别误收卢肇、严休复诗，与杨氏《全蜀艺文志》之误同。诗后所附评解，繁简不一，如称李郢《宿杭州虚白堂》"《唐语林》盛称此诗"，李约《观祈雨》"与聂夷中二丝五谷之诗并观，有《三百篇》意"。也有一些诗评语较详，不具录。其中十首有焦竑评语。

其余各书，大致叙述如下。

《绝句辩体》八卷，各卷首有小注，分别为"四句不对""前对""后对""前后皆对""散起""四句皆韵""仄韵""换韵"。殆按照绝句之体式编选，所收以唐人七言绝句为主，有少数六朝之作。间有点评，其中署"杨评"者二十余则，署"焦评"者不足十则，均甚简略。

《绝句附录》一卷，首有题记："此卷皆昔贤所选，世所常诵者，或转刻之讹，或妄改之谬。今以善本互证之于此。"收唐人七言绝句二十三首，多数附有今本文字异同的校订。

《唐绝增奇》五卷,所收皆七言绝句,分为神品、妙品、能品、杂品、仄体五类。偶尔有杨、焦两人之评解,每卷仅一二则。

《唐绝搜奇》一卷,所收皆七言绝句,凡一百六十多首,二十三首下附有焦评,三首有敖清江评,另有数首有考订而未云谁说。

《六言绝句》一卷,卷首录唐人所作凡二十一首,其他皆宋、元、明人所作,末殿杨慎十首,焦竑二十六首;六言八句则列唐人四首,末殿杨慎十一首。

《五言绝句》一卷,首列唐人自杨炯至刘采春诗凡六十七首,后收杨慎十三首,焦竑三十六首。以上两书均仅偶有校评语。

就此套书而言,大体《绝句衍义》为杨慎编选,其余各书则偶有杨、焦两人之评解,未必皆两人选辑、批点,而全书则皆以两人领衔,殆书估求售之常伎耳。可能皆由许氏编刊。全书所收以唐人各体绝句为主,亦时人所乐诵习者,所采亦晓畅传诵之作,足见明人在崇唐风气下,研习唐诗之一斑。

十四、《唐诗选》七卷　明李攀龙选,明王穉登评。

据复旦大学图书馆藏明闵氏刻朱墨套印本影印。攀龙,字于鳞,历城人。嘉靖甲辰(二十三年,1544)进士。官至河南按察使。《明史》卷二八七有传。《四库全书》已收其《沧溟集》三十卷、《古今诗删》三十四卷。穉登(1535—1612),字百谷,先世江阴人,移居苏州。嘉靖末入太学为诸生,万历间曾召修国史。有《王百谷全集》。

李攀龙与王世贞为明"后七子"之首,论诗尤崇盛唐,有"诗必盛唐"之议。本书即为其亲选,以为学者诵读之资。其自序云:"唐无五言古诗而有其古诗,陈子昂以其古诗为古诗,弗取也。七言古诗,唯子美不失初唐气格,而纵横有之。太白纵横,往往强弩之末,间杂长语,英雄欺人耳。至如五七言绝句,实唐三百年一人,盖以不用意得之,即太白亦不自知其所至,而工者顾失焉。五言律、排律,诸家概多佳句。七言律体,诸家所难,王维、李颀颇臻其妙,即子美篇什虽众,愤焉自放矣。作者自苦,亦唯天实生才不尽,后之君子乃兹集以尽唐诗,而唐诗尽于此。"可见其对唐诗各体及各家诗之评骘,亦足见其对此选本之自负。

全书凡收一百二十八人诗四百六十五首。卷一五言古诗,收十二人诗十四首,仅李白、杜甫各二首,余均一首,除韦应物、柳宗元外,皆初盛唐人。卷二首七言古诗,录初盛唐十八人诗三十一首,其中杜甫独选八首,岑参三首,刘希夷、宋之问、李白、张谓各二首,余均一首。卷三首五言律,录二十九人诗六十七首,除张祜、处默为晚唐人,余均初盛人。其中杜甫十二首,王维八首,李白、高适五首,杜审言四首,其余均在三首以内。卷四收五言排律,录初盛唐二十一人诗四十首,其中杜甫录七首,宋之问、张九龄录四首,王维录三首,其余均一二首。卷五录七言律诗,录二十九人诗七十首,其中大历后诗人有钱起、韦应物、郎士元、卢纶等八人,杜甫录十二首,王维八首,李颀七首,沈佺期、岑参各六首,苏颋、张说各三首,余均一二首。宋之问及晚唐皆不录。卷六收五言绝句,凡取五十人诗七十三首,作者包含唐各时期,李白、王维各录五首,韦应物四首,孟浩然、储光羲各三首,余各一二首。卷七录七言绝句,凡收七十三人诗一百六十六首,作者包含唐代各时期,中、晚唐入选者超过二十人。其中李白收录十七首,王昌龄十六首,岑参十二首,贾至六首,王维、杜甫各五首,常建、高适、李益、刘禹锡、张仲素各四首,其余均在三首以内。

以上详列各体选诗情况,可见李攀龙坚持其以盛唐为主之原则,于各体则以其标举之原则遴选。大家如白居易、李贺、杜牧至一首不选,七律名世者如晚唐李商隐及刘沧、许浑、罗邺诸家,亦全付阙如,故本书为专家之选,见一人之喜好。自此书行,风靡一时,注评者尤多。传至日本,亦广传不衰。而批评者亦颇多讥弹。如清吴乔《围炉诗话》卷六以为"全唐诗何可胜计,于麟抽取几篇,以为唐诗尽于此矣,何异太仓之粟陈陈相因,而盗择升斗,以为尽王家之蓄积哉"。李重华《贞一斋诗说》以为"李于麟天分极好,但学力未至,所选唐诗数百首,俱冠冕整齐,声响洪亮者,未尽各家精髓"。皆颇有见。本书盛于明而衰于清,晚近隆于日而衰于华,虽风会有变使然,亦与其本身局促有关。

今人孙琴安《唐诗选本提要》(上海书店出版社2005年版)录明人批校笺注李攀龙《唐诗选》者逾十家。本书收录此王穉登评本,原书为朱、墨套印本,颇有特色,惜影印本无法显示墨色。书首有焦竑序,认为李氏"精心妙会,自具别解,非唐诗之果尽,要亦选唐诗者之心尽矣",称赞王氏批评"点次安详,位置如故,则于麟一段苦心,庶几不磨云尔"。王氏之参评,一是于入选诗篇施加圈点,以提示警句,揭示妙处,亦有全诗加圈者。二是各诗多有眉批,语多简略,如称魏徵《述怀》有"大雅之音",张九龄《和许给事直夜简诸公》"不拘不滞,此唐律之高者",王昌龄《答武陵田太守》批"侠气",《出塞行》批"末句出人不意",李白《清平调》批"画出媚态",王翰《凉州词》批"语意速乃得隽永"。大体如是,于读者理解诗意或可参酌。

十五、《唐诗归》三十六卷　明钟惺、明谭元春辑。

据辽宁省图书馆藏明刻本影印。钟、谭二人皆竟陵(今湖北天门)人,论诗一反前后七子"诗必盛唐"之说,标举性灵,或转为幽深孤峭,世称竟陵派。惺字伯敬,万历三十八年(1610)进士。授行人,稍迁工部主事,寻改南京礼部进郎中,擢福建提学佥事。以父忧归,卒于家。元春字友夏,年辈后于惺,至天启七年(1627)始举乡试第一,时惺已卒。《明史》卷二八八《袁宏道传》末附二人事迹。

本书三十六卷,收诗约二千余首。首五卷为初唐诗,选张九龄五十一首,宋之问诗四十九首,张说二十八首,刘希夷二十一首,沈佺期二十首,陈子昂十八首,杜审言十六首,王勃十一首,余均不足十首。卷六至卷二十四收盛唐诗,其中杜甫独占六卷,选诗约三百五十首;王维约占二卷,储光羲、孟浩然独占一卷,其他李白、高适、岑参、王昌龄均不足一卷。卷二十五至三十二收中唐诗,无人能独占一卷,其中刘长卿五十一首、张籍四十一首、孟郊四十首、韦应物三十一首、卢纶二十五首、皎然十九首,为录诗较多者,如李益录八首,柳宗元、元稹各录六首，白居易录七首，姚合录八首，与其他选本有很大不同。最后四卷录晚唐诗，其中曹邺录三十二首，马戴二十一首，朱庆余十四首，齐己、李商隐各十三首，其他各家都在十首以内，如杜牧六首，温庭筠四首，许浑三首，韩偓六首，韦庄二首，似皆有意与世违拗。

　　此书无笺注，有圈点与评语。其评语分列钟、谭二人名，作者总评系于作者名下，各诗评语或诗于诗题之下，或于诗后列专段议论，较多者则以双行夹注之方式列于诗篇当句之下。其评语多即兴而发，随意而不拘体式，感兴而时多妙语。评人如卷七评储光羲："钟云：储诗清骨灵心，不减王、孟，一片深淳之气，装裹不觉，人不得直以清灵之品目之。所谓诗文妙用，有隐有秀，储盖兼之矣。"卷三十评张籍："钟云：张文昌妙情秀质，而别有温夷之气，思绪清密，读之无深苦之迹，在中唐最为蕴藉。""谭云：司业诗，少陵所谓'冰雪净聪明'，足以当之。"尚大体妥帖有见。夹评如卷十评孟浩然《岁暮归南山》首句"北阙休上书"："钟云：五字怨。""谭云：自言自语，妙。"皆率意而无新解。"多病故人殊"句评："钟云：浩然于明皇前诵此二句自是山人草野气。然真怜才之主，自能容保之。"于旧说中翻出新解，如此之类甚多。卷十一于王昌龄《出塞》后评："诗但求其佳，不比问某首第一也。""李于麟乃以此首为唐七言绝压卷，固矣哉！无论其品第当否，何如茫茫一代，绝句不啻万首，乃必欲求一首作第一，则其胸中亦梦然矣。"持说甚为通达。

　　本书印行后，风靡一时，影响巨大。同时王嗣奭《管天笔记外编》卷下即以为"古来选诗者最多最佳者，前则《品汇》，后则《诗归》"。然后世批评者亦多。如李重华《贞一斋诗说》即斥其"专取寒瘦生涩，遂至零星不成章法"。吴乔《围炉诗话》卷四批评"钟、谭选之，唯取似钟、谭者，涂污唐人而已"。毛奇龄《诗辨诋》卷四则为其归纳出"指义浅率，展卷即通""矜巧片字，不规闳整""但趣新隽，不原风格"等六项缺憾。《四库全书》列合古诗与唐诗为一编之五十一卷本《诗归》于《存目》，《提要》云："大旨以纤诡幽渺为宗，点逗一二新隽字句，矜为元（玄）妙，又力排选诗惜群之说，于连篇之诗随意割裂。古来诗法，于是尽亡。"又摘其一二谬误,叱为"小人而无忌惮者"。虽贬斥稍显偏失,然所见尚属有据。

大致清康熙后朴学渐盛,此书遂不复为世人所重。较平允之评价,当以贺贻孙《诗筏》为有识:"今人贬剥《诗归》,寻毛锻骨,不遗余力。以余平心而论之,诸家评诗皆取声响,唯钟、谭所选特标性灵。其眼光所射,能令不学诗者诵之勃然乌可,又能令老作诗者诵之爽然自失。扫荡腐秽,其功自不可诬。但未免专任己见,强以木樨子换人眼睛,增长狂慧,流入空疏,是其疵病。然瑕瑜功过,自不相掩,何至如时论之苛也。"

十六、《唐音统签》一千零三十三卷 明胡震亨辑。

本书据故宫博物院图书馆藏范希仁抄补本影印。震亨(1569—约1645),字孝辕,浙江海盐人。万历二十五年(1597)举人。历任故城教谕、合肥知县、定州知州,擢兵部职方司员外郎。所著有《李诗通》《杜诗通》《赤城山人稿》等,而以本书汇聚唐一代全诗而最为世所重。《四库全书》已收其《唐音癸签》三十三卷,所据为康熙戊戌(五十七年,1718)江宁书肆刻本,即本书之第十签。

据震亨子胡夏客为《李杜诗通》题识云:"先大父孝辕府君搜集唐音,结习自少。至乙丑岁(1625)始克发凡定例,撰《统签》一十卷。阅十年书成。"全书以天干为序,分为十签:《甲签》七卷,收帝王诗;《乙签》七十九卷,收初唐诗;《丙签》一百二十五卷,收盛唐诗;《丁签》三百四十一卷,收中唐诗;《戊签》二百一卷,收晚唐诗,附《戊签余》六十四卷,收五代十国诗;《己签》五十四卷,收五唐杂诗及世次无考诗;《庚签》五十五卷,收僧诗、道士诗、宫闱诗及外夷诗;《辛签》六十六卷,收乐章、杂曲、填词、歌谣谚语、谐谑、谜语、酒令、题语、判语、谶记、占辞、蒙求、章咒、偈颂;《壬签》八卷,收仙诗、神诗、鬼诗、梦诗、物怪;《癸签》三十三卷,汇录唐诗研究文献,包括《体凡》《法微》《评汇》《乐通》《诂笺》《谈丛》《集录》诸门。

全汇唐一代诗歌而不作选择,宋洪迈编《万首唐人绝句》、赵孟奎编《分门纂类唐歌诗》已初见端倪。明隆庆至万历初黄德水、吴琯仿效冯惟讷《古诗纪》编

《唐诗纪》,尤致力于此,惜仅成初盛唐部分一百七十卷(有万历十三年[1585]刻本,中国书店1990年影印)即中辍。胡震亨毕生致力于此,首次完成唐一代全部诗歌的汇编,建立甚伟。

就全书言,凡唐人有残篇一句以上存世者,皆予登录。于明末可以收集之唐五代诗文集,均曾努力汇聚。诗集不存而存诗较多者,则据可靠文献加以辑录。如司空图,明以后仅存文集十卷,录诗甚少,震亨乃广稽群书,录成五卷。于所见唐集录诗有疑问者,亦曾认真加以辨析,如指出戴叔伦集多录宋、元、明诗,乃将可靠者录出,存疑者附录;指出王周、刘兼集或出宋人,虽存而质疑;指出钱起集附《江行》百首绝句为其裔孙钱翊作,举证亦颇有力。于唐人集外残逸诗篇,胡氏尤致力于网罗搜辑,凡韵文近诗者亦加采录,故所得甚丰。于各诗家小传,亦采据可信文献,钩稽事迹,得以大备。其所据文献,今人统计凡六百多种,其中如《贵池志》《金华志》《封川志》《通江志》《宜阳集》《澹岩集》《曾能始诗话》等今皆不存。稍晚季振宜编《唐诗》七百十七卷,仅录完诗而不存零残,于各家集外诗亦未广加采辑,故虽后出,所收反不及胡书丰备。

至本书之可议者,一是本书循时行之四唐说分列诸签,于帝王、僧道、闺媛另列,存诗无多者又皆入《己签》,编次甚显芜乱;二是凡据集所录诗,皆分体古今五七言编列,不存原集面貌;三是记录文献出处者,仅占全书十之一二,未能贯彻始终;四是虽强调唐诗真伪鉴别之重要,但仍多误收,如殷尧藩、唐彦谦诸集颇多伪诗。

康熙间在扬州委托江宁织造曹寅主持编修《全唐诗》,所据底本即本书与季振宜《唐诗》。据今人刘兆祐、周勋初研究,《全唐诗》所收有别集流传诸大家,一般多据季书,抽换若干底本而成编。无别集流传者、各集诗之补遗,以及卷七六八以下之事迹无考者、无名氏诗、僧道闺媛诗、神仙鬼怪诗、歌谣谚语之类,全部据胡书编录,但如歌谣谚语之拟题,则多曾重新拟写。其中《辛签》所录章咒四卷、偈颂二十四卷,则以为"本非歌诗"(《全唐诗·凡例》),仅保留寒山、拾得七卷,余均不取,以致胡书已收之王梵志诗亦皆不存。《全唐诗》新辑补之诗歌,主要为卷八八二至卷八八八,凡七卷。《全唐诗》得以在年余时间迅速成书,原因即在充分利用胡、季二书,当时因政治原因贬抑胡书之成就,故特为表出之。

本书编成后,因部帙巨大,仅《癸签》《戊签》曾刊刻流行,全书则以抄本存于内府,至近年方得影印流传,除本书收入外,又曾收入《故宫善本丛书》,上海古籍出版社2003年亦曾单独印行。

十七、《删订唐诗解》二十四卷　明唐汝询选释,清吴昌祺评定。

据浙江图书馆藏清康熙四十年(1701)刻本影印。唐汝询,字仲言,华亭人。少丧目,闻人诵书,遂极博洽。有《编蓬集》十卷,《千顷堂书目》卷二六著录,事迹亦据该书。所编《唐诗解》五十卷,存世版本甚多。其《选目》云:唐诗选本"正法眼藏无逾高、李二家,然高之《正声》体格綦正而稍入于卑,李之《诗选》风骨綦正而微伤于刻,余欲收其二美哉",以"令观者架格于高而标奇于李"。知其推崇高棅《唐诗品汇》、李攀龙《唐诗选》二书,又遗憾于二书各有偏失,乃取二书之长而为本书,故除少数篇目外,多数篇目皆取自二书。全书入选唐诗人一百八十四家,诗一千余首,分八体编次:卷一至十为五言古诗,卷十一至十八为五言古诗,卷十九至二十为长篇歌行,卷二十一至二十四为五言绝句,卷二十五至三十为七言绝句,卷三一至三十八为五言律诗,卷三十九至四十四为七言律诗,最后六卷为五言排律。所选最重盛唐李白、杜甫、王维、储光羲、王昌龄、孟浩然诸家,取径原则略同于高、李二选。其长处则在注释亟详,《凡例》称"属辞比事则博引群书,遵李善注《文选》之法,揣意募情则自发议论,遵朱氏传《诗》之例",于引注之法则列举正注、互注、训注三法,可见其立意之高识,注解之详密。本书篇幅介于高、李二书之间,详注细解又契合一般阅读之需求,故得流行于明末清初之际。

吴昌祺,字绥眉,康熙间在世,与唐汝询为同乡,后徙居朱泾(今上海金山)。其自序云唐书长处为"句考字徵,分疏详密",然而"注则繁而复,解或凿而支,善读者藉为津梁,不善读者且犹河汉而无极",因而有意删其繁复枝蔓之注释与穿凿未妥之解说,以方便一般之读者。卷首有《例言》,交代删订之细节。篇目基本仍存唐书之旧,唯增目录有而正编所无之谭用之诗。于注解删略殆半,自称"旧作五十卷,今节而合之,不及十之六,故总为二十四卷云"。而于原书未安挂漏者,吴氏自称"家无赐书,腹无经笥,加以健忘,不敢妄补,但于触景所得,确然不惑者,识一二于简端"。今所见其解说评语,皆列于书眉,以与唐解区别。几乎每首均有数十字至数百字之所见,其内容涉及文本之校订、诗意之解读、唐解之商榷等,亦足成一家之说。本书选收吴氏删定本而不取唐书原编,大约也考虑因一书而得存二家诗解。

十八、《才调集补注》十卷　蜀韦縠辑,清殷元勋注,清宋邦绥补注。

据清乾隆五十八年(1719)宋思仁思补堂刻本影印。《才调集》十卷,《四库全书》已收录。原集仅题縠为蜀监察御史,余不详。今巴蜀书社2005年出版了四川省文物管理局编《四川文物志》收韦縠夫妇墓志,知其为唐末宰相韦贻范子,后蜀官至侍御史。该集收诗一千首,为唐人选唐诗中存诗最多之一种。选诗则以"风流挺特""韵高""词丽"为标榜,故历代颇受重视。清初以来先后有冯舒、冯班评阅本,又有吴兆宜笺注本、赵执信批校本(山东博物馆藏康熙重云堂刻本)、纪昀《删正二冯先生评阅才调集》(收入《镜烟堂十种》)。

本书首三序,一为乾隆二十九年(1764)宋邦绥序,称以二冯本"尚昧津梁",因得殷注残抄本数卷,乃"广搜博采,补其残缺,正其舛讹"。二为乾隆五十九年宋思仁序,称其先人遗稿历二十多年而未付梓,至此方付梨枣。三位乾隆三十九年吴玉纶序,殆应思仁所请而作。知此书初稿于殷元勋,宋邦绥补注,成书虽在纪昀以前,刊布则在纪昀以后。元勋,字于上,长洲(今江苏苏州)人。经历不详。宋邦绥,字逸才,号况梅,于元勋为同乡。乾隆二年进士,选庶吉士。历任四川川东道、河南按察使,广东、山西布政使,湖北巡抚,陕西布政使,广东巡抚,兵部侍郎,乾隆三十五年卒,事迹见《同治苏州府志》卷八九。

本书各卷署衔:"虞山冯默庵、钝吟先生评阅,古吴殷元勋于上笺注,长洲宋邦绥况梅补注。"殆以二冯评阅本为依据,于二冯评阅原文概予保留。至殷、宋二人之注,则不加区别,无以判明。其中凡涉作者事迹,多据两《唐书》《唐诗纪事》《全唐诗话》等书所载传记略存本末。于各诗题下,也颇有解说,多涉诗歌写作本事、所咏事实原委等。于各诗中所涉辞章典故,多在诗后将词语录出,加注说明。所引原原本本,沿旧注之惯例,多致力于语源之所出,引征多妥帖简净,对阅读此集,颇有助益。稍可议者,喜引唐人类似诗句以作比证,未必为语源所自。如崔仲容《赠歌妓》"水剪双眸"引白居易诗"双眸剪秋水,十指剥春葱"为注,然崔未必晚于白。刘瑶《暗别离》题解全录白居易《潜别离》,亦全无必要。然就全书言,在清人唐总集注本中,尚属中上之著。

十九、《钦定全唐文》一千卷《总目》三卷　清董诰等辑。

董诰(1740—1818),字蔗林,浙江富阳人。乾隆二十八年(1763)进士。乾隆末官至军机大臣、户部尚书。嘉庆亲政后,授文华殿大学士。二十三年卒,谥文恭。本书为嘉庆十三年(1808)清仁宗诏令编修,董诰以文华殿大学士领衔,实际主持编修者则为总纂官徐松、孙尔准、胡敬、陈鸿墀等。历时六年,先后参与编修达五十余人,于嘉庆十九年(1814)编成,存录唐五代人文章二万零二十五篇,作者三千零三十五人。

《全唐文》卷帙浩繁,其体例仿《全唐诗》,以文从人,各家名下再按照《文苑英华》文体分类编排。其总体编次为:首诸帝,次后妃,次宗室诸王,次公主,次臣工,次释道,次闺秀,以宦官、四裔各文附编卷末。各部分又略以作者世次先后编次,每人之下均有作者小传,略叙字里、科第及历官始末。

《全唐文》成于乾、嘉朴学既盛时期,主事者徐松等学识博洽,谙熟唐、宋史事及文献,在搜罗遗佚、录文校订、小传编次诸方面,均优于《全唐诗》。其工作底本,为清内府所藏海宁陈邦彦于雍正、乾隆间所编《唐文》抄本一百六十册,徐松等又据四部群书、《永乐大典》、碑帖方志及佛、道二藏,广事网罗遗文,加以校正。其中四部群书充分利用了《四库全书》编修成果。《文苑英华》用影宋抄本,较陈辑据明闽刻本为优。清仁宗特许将《永乐大典》全部调入《全唐文》馆,得以充分利用,仅李商隐一人即据以补出逸文二百余篇。地方志书和石刻碑帖则得利用内府藏本。佛藏所据为万善殿西配房所藏《乾隆版大藏经》,道藏则利用了大高殿和白云观所存《正统道藏》。是书《凡例》称"唐人之文,悉行甄录","单篇断简,搜辑无遗"。就其时代来说,编修诸人的确恪尽责任,于前人讹误亦颇予纠订。如曾误编入庾信集中之杨炯《彭城公夫人尔朱氏墓志铭》《伯母东平郡夫人墓志铭》,刊正改入杨炯名下。《邕州马退山茅亭记》,既见柳宗元《河东集》,又见独孤及《毗陵集》;卢坦之、杨烈妇二传,既见李翱《文公集》,又见李华《遐叔集》,都加以订正,归于一是。陈辑《唐文》误辑之唐前宇文逌《庾信集序》、尹义尚《与齐仆射书》,及宋王珪《除郝质制》、元冯志亨《普天黄箓大醮碑》等文,亦均予删去。《全唐文》搜罗宏富,编次规范,于唐五代文网罗大备。

为当时条件所限,加上成于众手,迫于时限,《全唐文》亦难免大型官修书之常见谬误。举其大端有四。一为漏辑。如《永乐大典》引皇甫松《醉乡日月序》,《全唐文》漏收,至《全唐文纪事》始予补出。亦有因不符合"屏斥邪言,昌明正学,咸归正道,共登古文盛世"(《全唐文序》)之宗旨而删去之文,如唐人小说《会真记》《柳毅传》《霍小玉传》《周秦行记》《韦安道传》,即因"事关风化""猥琐""诞妄"而"遵旨削去"(《全唐文·凡例》)。二是与《全唐诗》一样,一律不注文本所据,出校异文也不作来源说明,使读者无从覆按文献。三是重收误收仍颇多见。如高适名下收《皇甫冉集序》,乃高仲武《中兴间气集》评语,非高适所作;皮日休名下收《论白居易荐徐凝屈张祜》,为宋人计有功《唐诗纪事》中一节,亦非日休所作,二篇题目亦《全唐文》编修者所拟。至于唐代学士、舍人起草之诏制,在诸帝和起草者名下重收者也颇多见。四是录文颇多缺误。如李邕《云麾李秀碑》,今存宋拓本碑文大致完整,而《全唐文》所录不足二百字,残缺过甚,无从阅读。所录昭陵诸碑,也存文无多,远逊近人罗振玉《昭陵碑录》之录文。考订《全唐文》之作,清人劳格作《读全唐文札记》,匡谬正失一百三十则,又补遗文目于文末;近人岑仲勉作《续劳格读全唐文札记》,又得三百一十则,偏于小传订误;陈尚君《再续劳格读全唐文札记》,沿其例而重在辨伪考异,又指出六百余处。本书据嘉庆间扬州内府刻本影印。

二十、《唐文拾遗》七十二卷《目录》八卷《唐文续拾》十六卷　清陆心源辑。

陆心源,生平见本丛书收《李氏易传校》提要。心源为清末四大藏书家之一,其皕宋楼、十万卷楼藏书之富,为世称羡。陆氏乃利用其藏书,于光绪十四年(1888)辑成《唐文拾遗》七十二卷,得文二千六百五十二篇(从日本平冈武夫《唐代的散文作品》统计。下同)。其后续加搜求,至临终前又完成《唐文续拾》十六卷,得文三百五十三篇。合计二书,共补录唐五代遗文三千零五篇,相当《全唐文》收文总数七分之一。

二书大致仍沿《全唐文》体例,以人系文,人以类分,然后再以时为序。不同者则于逐篇下皆标明文献所自,于学者最为称便。其所据典籍达数百种。其中有《全唐文》编纂时曾检用者,如《册府元龟》《唐会要》《五代会要》诸书,经仔细对检,补录颇富。尤以嘉庆后新见之四部典籍和日韩舶归文献为大宗,若日藏《文馆词林》、高丽刊《桂苑笔耕集》、旧抄《钓矶集》等所存遗文皆颇可观。另据金石碑帖、地方总集及方志,采录亦为不少。嘉、道以后地方金石研究成绩显著,陆氏得以充分参考。《全唐文》已收诸文,或因所据拓本未尽善而缺漏较多,或因所据文本有误脱而作者归属有误,陆氏或据善本精拓重新校录,或据可靠文献逐次考订。凡《全唐文》已见作者,则注明在《全唐义》之卷次,于新见作者则备列小传。凡此皆凭借其丰硕藏书,作翔实可信之校订,原原本本,足可信据,堪称清编断代全集中之上乘之著。俞樾《唐文续拾序》称唐文"几于无一字一句之或遗矣"。就当时而言,并非过誉。

唯此书多托门人故交之佐助而成编,校勘粗疏、录文脱讹处仍时有所见,作者误植、文章重收亦在所难免。又收日、韩人文章五百多篇,除崔致远诸文在唐所作外,多数作者则未曾入唐,所收稍显宽滥。今人陈尚君有二书校订本,收入《传世藏书》,可参看。

本书据《潜园总集》所收二书影印,为二书唯一刻本。

2011年8月13日于复旦大学光华楼

吴县王大隆先生传略

吴 格

　　王大隆先生，字欣夫，以字行，号补安。室名有学礼斋、抱蜀庐、蛾术轩等。江苏吴县人。原籍浙江嘉兴府秀水县新塍镇。

　　始祖□□，明末处士，世称望山先生。子孙散处江浙，历世以耕稼自给。十世传至元松，字翠亭，号芎娱，报捐国子监生，是为先生之高祖。元松迁居江苏吴江县盛泽镇，以经营丝绸致富，王氏家族由此而盛。曾祖亨临，官名师晋，字以庄，号晋斋、敬斋。报捐国子监生。佐父经营家业，好学未仕，晚年精研理学，曾著《资敬堂家训》二卷，以立身积德、崇俭力学勖子孙，人称能得张杨园、陆清献之传。祖利榦，官名伟桢，字宗谔，号仙根。屡散家财，输金办赈。咸丰八年（1858），以捐饷功钦赏举人、内阁中书。后以子祖庆入仕，诰赠荣禄大夫。同治初，利榦率家迁居苏州，经营药材及酱园等业，光绪二十四年（1898）卒，自此王氏家道渐替。

　　父祖询，原名祖培，字慕唐，号次欧，别号蟫庐。喜读《汉书》，寝馈不废。好苏诗，工书法。光绪十七年（1891），由廪膳生举优贡。十八年（1892），朝考一等一名。分发江西，改湖北。三十二年（1906），湖广总督张之洞派赴日本考察。次年归，保授通城知县。未赴而卒，年仅四十有二。配吴氏，同邑翰林院侍讲广东学政吴宝恕第三女。王氏家藏图籍，自祖询始，藏书室名"二十八宿研斋"，曾藏宋、元本数十种。

祖诒三子。长大文，字广华。幼颖异，年十三而殇。仲大森，字直夫，号荫嘉、苍虬、殷泉。生于清光绪十八年(1892)，卒于1951年。配周氏，字琼虬，卒于1960年后。大森长先生九岁，与先生手足情深，同学共业。平生酷嗜藏书，勤于阅市，搜讨乡邦文献，不遗余力。卷轴以外，并锐志搜罗古钱。王氏二十八宿研斋藏币之名，周于海内。所著有《双长生书屋泉斛》《殷斋长物志》及《藏书纪事诗补正》（与先生合作）等。所藏善本数十种，身后归于中国国家图书馆，亦有散见于京、沪书市者。次大隆，即先生。

先生自高祖以下，历世业商，至父辈始入仕，生父虽授知县，未任而卒，故自言出身，仍为工商业者，然赈灾行善，世传义声。外家吴氏，两世状元，故慕学尊儒，守为家训。

先生生于光绪二十七年(1901)五月十五日子时，卒于1966年，寿六十有六。妻黄翠云，后先生数年卒。子四：启璠（君衡）、启睿（健舆）、启焯、启栋。长子启璠出嗣，次子启睿为仲兄所抚。

先生生六岁，父祖诒捐馆武昌。母氏钟爱逾恒，期望甚殷。七岁，入苏州小学就读。十三岁，因报考高等小学未录取，遂于家塾延师授学，发奋自修。越数载，学大进，塾师不能教，惶谢以去。十九岁，经友人介绍，从吴江名士金松岑先生读书，习诗古文辞。同年，曾从虞山丁国钧（秉衡）游，论学谈艺，结为忘年之交，相约同校《晋书》，嗣以丁先生辞世而未果。二十一岁，经金先生介绍，师事吴县宿儒曹元弼先生，受《三礼》之学，自此笃志经学，用力甚勤，并由治经而究心名物训诂。尝颜其斋曰"学礼斋"，金先生为撰《学礼斋记》；友人武进徐震，亦为撰《学礼斋铭》，并以通经致用相期许。先生又因徐震而结识武进吕诚之、庄通百、吴伯乔、陆忍謇诸先生，学识益进。

岁乙丑(1925)，先生二十五岁，因金先生介绍，任太湖水利工程局书记。自谓此年始究心版本目录学。同年夏，张一麐、李根源于苏州发起"平旦学社"，延请名师如章太炎、吴梅等讲学，先生年齿尚少，亦被邀讲演两月。青年绩学，声名播于士林。时与同邑王佩诤先生，有"王氏双凤"之目。未几，吴中成立国学会,先生又由金先生介绍,任研究组经学干事。

丙寅秋(1926),先生二十六岁,经同学薛颐平介绍,赴沪任圣约翰大学(以下简称"约大")附属中学国文教员。次年(1927),约大因学潮停办,先生请假返苏。由同学王佩诤介绍,兼任省立苏州女子中学国文教员。明年(1928),约大复学,先生被聘为约大专任国文教员。辛未(1931),升任中国文学系副教授。越十年辛巳(1941),升教授。自丙寅至1952年,先生执教于约大凡二十七年。约大为美国圣公会所办教会学校,地在沪西梵皇渡,滨苏州河曲,林木翳郁,屋宇幽深,为读书藏修之佳境。先生随师自修,讫无学历,厕身于外籍教员及留学归国者之间,居大学讲席二十余年,实因其湛深国学,为众推服之故。先生课徒余暇,拥书万卷,读书校雠,精研经史百家,学养与日俱进,平生著述编纂,亦由此发轫。

癸酉岁(1933),先生受《安徽通志》编纂处之邀,编纂《安徽艺文志》。同年,辑刻黄荛圃、顾千里书跋始(至1940年完成),此为先生从事书目之学始。岁甲戌(1934),赵诒琛、王保谖辑印《甲戌丛编》,命先生为助。丛编之辑,以传布先贤未刊遗著为宗旨,多选前贤诂经订史、小学金石、目录掌故、艺术说部之作,尤着意于短篇小种、流传罕见而有裨实学者,印书采用活字排版,白纸线订,费省而犹饶古趣,印资则募诸并时同好,集股以行。自乙亥(1935)以后,选本借书,集赀校印,先生多任烦剧,岁出一辑,辑各十数种,书名"丛编",缀以干支纪年,历八载而不辍,遂成世所谓《八年丛编》者,至今为学林所推重。溯自"九一八"事变,东人亡我之心日炽,时势危迫,先生虽枝栖于教会学校,伤时悯乱,忧深故国,遂藉流传先贤文字以寄意。丁丑(1937)之秋,先生避居洞庭东山,犹手自一编,校刊不辍,事铅椠以明志。所辑印《倭情考略》《辽广实录》《惕斋见闻录》《靖康稗史七种》诸书,既存遗闻,复昭史鉴,流传至敌伪地区,竟被列为禁书。

先生身际忧患,痛近世故家文物半遭摧残,深恐先哲遗书沦胥殆尽,遂立志征求遗献,收拾丛残,以保存文献为职志。中年以还,与并世南北学人及藏书家游,锐意搜讨前贤著述之未刊稿本,或虽刊而流传稀见者,传抄校辑,集赀刊布,矻矻孜孜，不遗余力，终其身而不懈。所搜集传抄之善本秘籍，数十年所积，盈笥溢箧。凡事关文献流传，如师门著述之流传刊布，合众图书馆之辑印丛刊，嘉业堂藏书之播迁易主，先生皆勉尽己责，贡其劳绩。

先生之学，原本经、史、小学，泛及子书、集部。中年以后，益肆力于流略之学，而其归在网罗散佚文献。先生少从曹复礼先生受《三礼》之学，深慕吴中惠氏之四世传经，亦欲以经术自任，于《礼》于《易》，均深研讨，《元贞本论语注疏考证》《松崖读书记》诸作，世称力作；又奉常熟丁先生之教，勤于治史，于陈寿书有《三国兵志》之补，于蒙元史有《元史校释》之作，咸推名著；治诸子学，则有《管子校释》之作，考定版本，商榷异说，时贤为之折服；而读书万卷，见闻广博，辑佚补阙，写录勤劬，一如乡先辈吴枚庵老人之晨抄雪纂。先生抄辑之书，积稿隐身，成书者有百数十种之夥，所辑《学礼斋经解》《抱蜀庐丛书》，收罗清人治经及他种著述数百种，俱出亲手纂辑。如于清代藏书家黄丕烈、校雠学家顾广圻著述，则有《黄顾遗书》《士礼居遗诗》之编；于历朝诗文，则有元欧阳圭《玄斋集补遗》、清孙星衍《孙渊如文补遗》、清陈奂《三百堂集》之辑；于五代以来藏书史料，则有叶昌炽《藏书纪事诗》之补正、清人藏书题识之辑录；于师门著述，则有金天羽《天放楼遗集》、曹元忠《笺经室遗集》、胡玉缙《许庼遗集》《许庼学林》等编。晚年校订胡氏《四库全书总目提要补正》，写定自著《蛾术轩箧存书录》，尤推近世目录学之精撰。

先生性和易，慕古风，交游有道，笃于师友，并世宿儒学人，多为文字之交。师门如金松岑（天羽）、曹叔彦（元弼）、胡绥之（玉缙），少日受教，终身礼敬；前辈如张菊生（元济）、赵学南（诒琛）、傅沅叔（增湘）、叶遐庵（恭绰）、周叔弢（暹）、卢慎之（弼），搜辑遗佚，谊坚金石；同辈如周子美（延年）、潘景郑（承弼）、顾起潜（廷龙）、陆维钊（微昭）、任心叔（铭善）、徐声越（震堮）、胡宛春（士莹）、严昌堉（载如）等，俱博雅君子，为一时之选，借书问字，赏奇析疑，诗酒唱酬，极朋簪之乐，而先生学行醇厚，尤为众所推重。同里胡绥之先生，湛精学术，著书等身，人称清季朴学之后劲，其年辈于先生为尊行，晚年归自燕都，息影家园。先生以年家子进谒,胡先生一见倾心,清谈竟日,别后音问稠叠,至以身后事相托付。胡先生未几既逝,先生背负遗稿,矻矻抄纂,历十余载始编定,而中经世乱,谋刊未成,致丛怨谤,而《许顾学林》《四库提要补正》煌煌巨帙,字逾百万,终于20世纪60年代前后由中华书局次第出版问世,誉重学林。即此一事,先生之尊师重道,不负委任,概可想见。

1952年高校院系调整,先生移砚沪北复旦大学。曾执教中文、新闻两系。1956年,入民盟,为会员。课余仍潜心学问,撰著不已,而体弱多病,颇为肺喘心疾所苦。1957至1960年,先生主中文系古典文献学讲座。所撰《文献学讲义》(1959),以目录、版本、校雠三者,述文献学之要义,谓文献之学,应以搜集与整理文献之方法为鹄的。《讲义》中所论列,俱为平日研治学问之心得,自出机杼,迥越流辈。凡所称引,言必有据,而书末自识,犹引宋卫湜"他人著书,惟恐不出于己;予之此书,惟恐不出于人"之语以执谦。自20世纪60年代起,先生致力于所藏抄校稿本之整理,并逐种写成书录。今观《蛾术轩箧存书录》遗稿,于箧藏诸书,考作者之行实,述学术之原委,博综约赅,精审详明,而通篇楷书精整,光彩流动,实为先生毕生学业之所萃,堪称信今而传后。至丙寅(1966)夏,动乱骤起,举世骚然,铅椠俱废。秋、冬之际,先生因肺疾发作,遽然辞世,享年六十有六,仅得中寿。一代文献大家,志业未竟,言之恻怆。时遭扰攘,人心仓皇,身后遗书,几遭散失,幸有识者为之维护,抄稿本尚未全失。乱定董理,损者三分之一,而余书今存复旦大学图书馆。2001年3月,乌伤后学吴格敬述于复旦大学图书馆古籍部。

原载《书目季刊(台湾)》2001年第35卷

复旦大学图书馆古籍存藏状况

潘继安

一、馆藏古籍的来源

复旦大学虽创建于 1905 年,但建校之初,校中未设图书馆。至 1918 年,戊午级学生深感图书对于学习的重要,经集议每人捐款购置图书,成立戊午阅书社,于是校中始有图书馆的雏形。至 1920 年,学校接收了戊午阅书社,改称图书馆,于是复旦大学图书馆始脱离雏形而成为正式称馆的藏书单位。不久,校董聂云台捐赠《四部丛刊》一部,都两千余册。此后十余年间,由于逐年添购图书和社会热心人士捐赠,藏书渐多,至 1936 年年底,已有藏书近四万册。其中如商务印书馆影印的《四部丛刊》正续编、《四库全书珍本初集》,中华书局影印的《古今图书集成》等大部头书均有收藏。至于旧版古籍则收藏未富,亦多非要籍。然自 1926 年起,即有明万历刻本《重刊并音连声韵学集成》《证治准绳》等书相继入藏。而《重刊并音连声韵学集成》一书的入藏,实为该馆善本收藏之始。

1937 年秋,日本侵华战争爆发,复旦大学与大夏大学联合内迁,设第一、第二两部。第一部以复旦为主体,第二部以大夏为主体,复旦图书馆属第一部。在西迁过程中,图书馆藏书搬上了庐山,不久又搬下庐山,辗转运至四川北碚黄桷镇新校址开馆。至是,内迁工作告竣,复旦、大夏两校又复分开。1945 年抗战胜利,复旦图书馆又将馆藏图书从四川搬运回沪。这一往一返,共约一万里。图书馆载书播迁,任重道远,可谓历尽艰辛。所幸在四川期间,该馆征集到川省各县县志数十种,丰富了馆藏,是为该馆入川一大收获。抗战胜利后,在复旦大学文学院伍蠡甫院长的关怀下,图书馆收购了一些比较珍贵的版本,如明刻本《修辞指南》《三才图会》等书,均于此时入藏。稍后,又购进了朝鲜旧抄本《高丽史》七十册。但以经费有限,故入藏尚不多。

1949年9月,同济大学文、法学院并入复旦大学,该校于1946年年底购进的庞氏百柜楼藏书的绝大部分,及1946年由驻沪图书仪器接运清理处分配给该校的图书中的若干线装古籍,均随同归并入复旦大学图书馆。百柜楼藏书原藏于浙江吴兴南浔镇庞元澂(号青城)老家中,约于二十年代移储庞氏沪寓。两大房间藏书百柜,故名百柜楼。这批书中抄本及明刻本甚多,不但要籍咸备,而且其中有若干未刻的稿、抄孤本,故其所藏足与其同邑的刘氏嘉业堂、蒋氏密韵楼、张氏适园三家所藏媲美。庞元澂晚年精神不振,家事由其子秉利做主。1941年,因出售沪寓房屋,其子欲将全部藏书出售,事为原在北平图书馆工作的钱存训氏所知,遂由钱氏私人筹款,向庞秉利将书买下。因钱氏原系北平图书馆派驻上海的工作人员,故当时在沪学者如王謇等人闻其事而未悉其实情者,均以为是钱氏为北平图书馆购得庞氏书,而不知此乃钱氏私人筹款购书,与北平图书馆无涉也。钱氏购得庞氏书后不久,即向来薰阁书店出售其中的一小部分。这一小部分均系来薰阁书店从庞氏书中选出的名贵珍本,其中有明抄本《三朝北盟会编》等书。这批百柜楼藏书经钱氏售去这一小部分后,尚有一千三百五十种、二万八千册。至1946年冬,这批书由名曰邢孟甫者出售给同济大学。书存藏于同济大学仅两年余,至1949年9月,其绝大部分即归并入复旦大学图书馆。与百柜楼书同时归并入复旦大学图书馆的另外一些同济大学的线装书,原系陈群泽存书库沪库藏书。抗战胜利,陈群仰药自尽后,其藏书悉被没收。其沪库各书,由驻沪图书仪器接运清理处分配给若干高校,同济大学得其一小部分。这部分书,量虽不大,而其中有不少善本书。以上两批书归并入复旦图书馆后，复旦馆藏古籍已要籍咸备，善本盈橱，而具有大学第一流图书馆之规模。1951年，华东教育部将前中国国际图书馆所藏古籍三千零八十册拨给复旦图书馆。这一批书均系普通版本。书在装运到馆时发现其中有少量图书已结成纸块，可能是这批书在从前曾因失火而浇到了水，以致如此也。1952年暑期，大陆高等学校进行院系调整，震旦、沪江两大学图书馆所藏古籍调移入复旦大学图书馆。其中以震旦大学所藏李氏文库、丁氏文库最为重要。李氏文库原系李鸿章后人李国松藏书。他捐赠藏书时，已将其中的善本书抽去，幸尚未抽尽，故其中仍稍有善本书。丁氏文库原系丁福保藏书之一部分，系丁氏暮年捐赠给震旦大学图书馆的。其书以普通本为主，但其中亦有不少珍本。在普通本中有少量书已为丁氏在从前编书时剪残，殊为可惜也。在从震旦大学调入书中，有一些是胡寄尘氏旧藏书，系胡氏殁后其子道静捐赠给震旦大学的，多系旧时训蒙书，种类不多，可能已有散失。1952年冬，上海停办高校办事处又将前上海暨南大学图书馆所遗留的一批古籍拨交给复旦大学图书馆。这批书原系陈群泽存书库沪库中物，1946年，由驻沪图书仪器接运清理处分配给上海暨南大学。1949年9月上海暨南大学停办后，其所遗图书大部分已于1951年分配给有关高校，但尚遗留古籍部分未作处理，至是，始拨交给复旦大学图书馆。这部分书量虽不大，但其中却有不少书是善本书。

1953年，高一涵氏向复旦大学赠书一批。但这批书不在市区而是于数年前寄存于上海南郊的上海中学。经复旦图书馆派员前往提取，发现仅有小木箱数箱，有的箱子已被撬开而箱内书仅存半箱，可见已有散失。这批书多半是碑帖，其中拓本多而印本少，但多系新拓，旧拓甚少。自1953年冬至1957年，这五年中，经王欣夫教授介绍，复旦大学图书馆先后四次向现代著名藏书家刘承幹氏收购其嘉业堂藏书。刘氏原籍浙江吴兴，久寓上海。他自1910年起开始收书，一时间卢氏抱经楼、莫氏影山草堂、朱氏结一庐、丁氏持静斋、缪氏东仓书库等散出之书，无不被他所收罗。于是他于1920年至1924年间，建嘉业藏书楼于吴兴南浔镇，而将他所拥有的一万二千四百五十余部书分藏于南浔藏书楼及沪寓。

抗日战争初期,他从南浔藏书楼运出楼中古籍的佳本三万余册,藏于沪寓。从此刘氏所藏的精华,已不在南浔而在其沪寓。刘氏自三十年代起,已开始以善价出让其少量孤本秘册。1940年,文献保存同志会的郑振铎等人晓以大义,以二十五万元购买了他沪寓所藏明版书一千二百余种,归前重庆中央图书馆。1942年年底,他又将其沪寓藏书一大批出售给张叔平。这批书除大量明刻本(含明刻《大藏经》全部)及四库底本外,尚有殿本《古今图书集成》及石印大本《古今图书集成》各五千零二十册。1953年冬,他向复旦大学图书馆出售其沪寓所藏清人诗文集二千余种。1954年,又将其沪寓所存清刻本书全部出售给复旦图书馆,都二千余种。1956年,他又将沪寓所藏旧抄本书及花费巨额倩人从北京国史馆抄得的《国史稿》和《清实录》各一部出售给复旦图书馆。1957年,又将其沪寓所存元、明刻本之半出售给复旦图书馆。稍后,他又欲将其另一半出售给复旦图书馆,适逢上海高校开展反浪费运动,复旦图书馆不敢再以巨额经费购此使用率不高之书,遂作罢。然经此四次交易,刘氏沪寓存书的绝大部分已归复旦图书馆矣。1956年春,复旦大学图书馆购得古钱币书两批。这批书原系上元宗惟恭癖泉书室旧藏,有一百五十余种之多。是年夏天,久寓上海的金山高吹万老先生将其旧藏《诗经》类图书七百余种采取半送半卖的方式出让给复旦大学图书馆。高氏名燮,世居金山原籍,其闲闲山庄藏书三十万卷。1937年日寇侵华,金山沦陷。高氏避难来沪后,命人将闲闲山庄所藏《诗经》类图书,用小船从偏僻水路运至上海,藏于沪寓。山庄中其他图书则无暇顾及,遂全部损失。这批硕果仅存的《诗经》类图书,其中颇多极为罕见的秘笈。这批书在高氏沪寓中藏了近二十年,至是全部让归复旦图书馆。1957年,复旦大学图书馆又从顾翼东教授家购得其外祖父王同愈栩栩盦藏书。王氏系著名书法家,其书每种均夹有王氏手书书签。王氏殁后,其书存藏于其外孙顾氏苏州城中的老宅中。复旦图书馆收购这批书时,其中的善本书早已被抽去,幸尚未抽尽,故其中仍有少量善本书。复旦图书馆经1952年高校院系调整时大量古籍调入,又经1953年至1957年的大量收购,至1958年,馆藏古籍总量已达三十万册。在如此雄厚的基础上,复旦图书馆开始选提善本书,设立善本书库。

自 1958 年至 1965 年间，馆中古籍虽无大批入藏，但陆续向上海古籍书店及外地旧书店零星购入者为数也不少。1973 年 6 月，已故教授王欣夫先生的家属以接近捐赠的最低价格将王氏生前所藏蛾术轩箧存书四千一百八十册出让给复旦大学图书馆。这批书中批校本、传抄稿本甚多，入藏后，大部分被选入善本。1975 年 3 月，复旦图书馆从上海古籍书店购得该店从谭正璧氏处收购的弹词唱本一批，都一千六百零八册。1977 年，已故教授刘大杰先生的家属将刘氏生前藏书一批，捐赠给复旦大学图书馆，其中有一部分是线装古籍。1979 年，陈望道校长逝世，其家属遵遗嘱将陈氏生前藏书全部捐赠给复旦大学图书馆，其中有一部分是线装古籍。1982 年，复旦图书馆以馆藏"伪满本"《清实录》的复本一部，同上海古籍书店进行图书交换，换得该店丁显稿本数种、刘承幹身后所遗稿本数种及版本不相同的《淮南子》十余部。1986 年，已故教授赵景深先生的家属将赵氏生前藏书全部捐赠复旦大学图书馆，其中线装古籍约有二千种。这二千种中，有不少戏曲、曲艺书及明、清小说书，其中有若干是极为罕见的珍本。自 1986 年年底至 1989 年间，复旦图书馆用馆藏古籍的复本书同北京中国书店进行三次图书交换，共换得馆中缺藏的古籍九百三十六种、二千零五十四册。在这三次交换中，换出的系复本书，原有馆藏未受影响，而换入的地方志一百余种、清人及民国时人的诗文集约五百种，及其他有裨实用之书约三百种，则为净增长。近年旧版古籍日见稀少，而苏州、杭州、扬州的古籍书店却还时常有书供应。因之复旦图书馆近年常向各店买书，日积月累，所得亦颇可观。计自复旦图书馆建馆以来，经过七十九年的积累，馆藏古籍已达三十六万余册，从数量言，所藏诚不及北京大学图书馆及东北师范大学图书馆之富，然若从质量言，则各校图书馆各具特色，各不相同，故未可以数量之多寡定馆藏之高下也。

二、馆藏古籍的内容

在复旦大学图书馆所藏的三十六万余册线装古籍中，有善本书六万余册，计有七千余部,珍藏于面积三百余平方米的善本书库中。这部分书是集庞氏百柜楼、丁氏畴隐庐、高氏吹万楼、刘氏嘉业堂、王氏蛾术轩五家藏书的精华,可称为文化的瑰宝和馆藏的明珠。现将这部分书的版本情形略述如下:

  宋、元刻本   近四十部
  明刻本   约一千部
  清刻本   约三千部

  藏书特色又可分为三类:(一)具有学术资料性或历史文物性或艺术代表性而又流传较少的清嘉、道以上刻本。(二)经清人或近、现代学者手校或评点或批注的清代刻本。(三)经清代或近、现代学者手跋的清代刻本。

  稿本、抄本共两千余部。细别之,可分为五类:(一)稿本。(二)明抄本。(三)清抄本。(四)晚近著名藏书之家传抄稿本或传抄稀见本。(五)经学者批校或题跋的近人抄本。

  域外本共约一百六十部。其中高丽刻本七十余部,和刻本八十五部。

  石刻旧拓本共约一百六十部(件)。包括旧拓的石经、历代碑铭、墓志、造像及法帖等。

  特种资料共约一百余部(件)。包括舆图、鱼鳞册、明代阄书及明、清人书画卷(册)等。

  以上七千余部善本书,其中为《中国古籍善本书目》收录入目者,据上海图书馆编制的《上海市入选善本书统计表》所载为二千九百六十九部,而实际上该书目收入之复旦馆藏善本远远不止此数,不过有些书在该书目的藏书单位检索表中没有能反映出来罢了。

三、馆藏古籍的特色

  复旦大学图书馆所藏古籍,不但质量较高,而且在长期的收集积累中形成了自己的若干特色,兹略述如下:

（一）《诗经》类图书收藏甚为丰富，其各种版本及历代各家评注合计共有七百二十种。其中有二百三十余种较珍贵或甚稀见之本列入馆藏善本书中。这些书大多得自高氏吹万楼，是高吹万先生竭毕生精力辛勤收集的成果。其中如明代吕柟所著《泾野先生毛诗说序》（明嘉靖刻本），明张以诚、徐光启参阅审定的《葩经嫡证》（明刻本），清冯登府所著《诗异文释》（稿本）、《三家诗遗说翼证》（稿本）等书均为海内孤本。

（二）馆藏清人诗文集极为丰富，计有三千余种。这些诗文集绝大多数得自刘氏嘉业堂，部分得自北京中国书店（通过图书交换），而中国书店则得自山东济宁孙氏兰枝馆（通过收购），多为清乾、嘉以上刻本，内有不少极为稀见，而且大多是精刻印本。此外，稿本和旧抄本也不少。这些书，有近九百种已列入馆藏善本书，其中如清汪森手辑的《钱牧斋先生书启》（汪氏裘杼楼稿本）及清佚名所辑的《钱牧斋先生集外诗集外文》（旧抄本）、《有学外集补遗》（旧抄本），均系从钱氏《初学》《有学》二集未收的旧稿抄辑成书，均为逃过清乾隆时禁毁而幸存于今日的清初本。又如清王士禛、朱彝尊、邵长蘅手批的《绵津山人诗集稿本》一书，虽仅存十卷，而其中的第三十二卷未见有刻本，弥足珍贵，而全书经此三名家批点，书中又有清代著名学者钱大昕等十四人题诗，及朱彝尊等八人手跋，一书之中保存了清代学者及名人二十余人的遗墨，可谓兼具文献价值与文物价值。

（三）馆藏地方志约二千种，其中入馆藏善本者约一百七十余种。这一百七十余种中，有宋代地方志四种，元代地方志二种，明代地方志十一种，其余均为清代地方志。这些清代地方志，大多数为刘氏嘉业堂旧藏书，其中颇多罕见者，其中十种为海内孤本，列举于下：

《（乾隆）房山县志》不分卷，清张世法纂修，清乾隆刻本。

《（乾隆）续枣强县志》不分卷，清任增纂修，清乾隆四十年（1775）刻本。

《（康熙）上元县志》二十四卷，清唐开陶纂修，清康熙六十年（1721）刻本。

《（嘉庆）仪征县续志》十卷，清颜希源纂修，稿本。

《（康熙）宁阳县志》八卷、首一卷，清李温皋编纂，清康熙四十一年（1702）

刻本。

《前朱里纪略》不分卷,清盛炉撰,清人传抄稿本。

《(顺治)襄阳府志》三十四卷,清赵兆麟纂修,董上治等编辑,清顺治九年(1652)刻本。

《(嘉庆)内江县志》五十四卷,清顾文曜、罗文黻等编订,稿本。

《(康熙)上思州志》四卷,残存第四卷,清戴梦熊修,唐灵绪纂,清康熙刻本。

《(嘉庆)和平县志》八卷、首一卷,清徐延翰纂修,清嘉庆二十四年(1819)刻本。

由于近二三十年来复旦大学图书馆曾应某些兄弟馆的请求,对这些孤本或允借抄,或代为复印,或为拍摄胶卷,因此这些孤本的大多数已有了化身,因而其大多数实际上已不是孤本,然于此可见复旦图书馆对文献资源共享所作出的贡献是何等的巨大。

(四)馆藏清代史原始史料相当丰富。如《大清穆宗毅皇帝本纪》一书,为清季史馆纂修、内府恭缮的原本,有五十四卷之多,分装成五十五册,远比赵尔巽《清史稿》中之《穆宗本纪》为详。又如馆藏《国史稿》一部,都一百九十五册,系现代藏书家刘承幹氏于二十年代花费巨额倩人从北京国史馆中所藏《国史稿》原本抄出的,可以说是该原本化身。全书本纪、志、传等合计共有二千六百二十一篇之多,特别是在列传方面,它比赵尔巽主编的《清史稿》多出二千余人,可见其内容之富。又如馆藏《清实录》一部,都四千四百零一卷,分装八百五十九册,亦系刘承幹氏于二十年代花费巨额倩人从北京国史馆抄出的,系该馆所藏大红绫本的化身,远比对原文有删削和挖改的"伪满本"为佳。又如馆藏《平定洪杨谕折录存》一书,书中有"统领铭字等营淮勇关防""统领铭字等军直隶提督行营关防""江南江西总督关防"等官印,显系当日淮军将领在与太平军作战之际,将当时的上谕和奏折,命僚属一一录存的原本,实为平定洪、杨的原始史料。又如馆藏《李少荃公牍稿》一书,系李鸿章就其幕僚所拟发文草稿亲笔详加改定,然后照此缮发的定稿本,多达十九册,内容甚为丰富。又如馆藏《总理各国事务衙门清档》七册,系清同治六年(1867)至光绪二年(1876)间总理各国事务衙门清档原本,亦为不可多得的清代史原始史料。此外如《满汉名臣传》(旧抄本)一百二十册、《谕折丛钞》(清季抄本)一百三十六册、《道光回疆奏稿》(清道光抄本)四册、《善后奏案备览》(清道光抄本)七册等,均属此类原始史料。上述诸书中,《国史稿》一书,近年已由北京中华书局出版,付印时于书名上冠一"清"字,曰《清国史》,公开发行。

（五）馆藏弹词有四百余种,其中有一些弹词有数种版本,若将不同的版本作为不同的类别计算,则馆藏弹词的种类可达五百余种。这部分书多半系谭正璧、赵景深二氏旧藏,其中除苏锡地区的弹词外,还有广西弹词、云贵弹词、四川弹词、广东弹词等。在这四五百种弹词中,有不少是胡士莹《弹词宝卷书目》所未收的,如《双玉鱼》《文武图吹笺记》及清汪藕裳所著的《群英传》等书,都是胡目未收的稀见珍本。

（六）馆藏古钱币书约有一百五十种,其中列入馆藏善本书者有五十三种。这些书绝大部分系上元宗惟恭癖泉书室旧藏,其中如清冯登府的《冯氏钱谱》(稿本)、清陈启运的《钱录补遗》(稿本)、《钱谱续编》(稿本)等书,均系海内孤本。

（七）馆藏《淮南子》一书包括各种版本、各家校注共四十余种,其中列入馆藏善本书者有二十三种。诸如明正统《道藏》本、明刘氏安正堂本、明王銮仕学堂本、明茅一桂所刊大字本及小字本、明茅坤本、明汪一鸾本、明张贤本、明中都四子本、明张炌如本、明闵齐伋本及清庄逵吉本等无不具备。在校本及注本方面,则有清惠栋《淮南子校语》、清谭献《淮南鸿烈解举正》及清许克勤《淮南子斠注》等书。在校本和注本中,有不少是流传较少的稀见之书。如上举的这三种校注,都是王氏蛾术轩从原稿抄出的抄稿本,均属流传绝稀之本。

以上仅就复旦馆藏古籍特色中的荦荦大者作扼要的叙述,于此亦可见复旦馆藏古籍中能构成多种专藏,这在各大学图书馆中亦不多见。

节选自潘美月、沈津编《中国大陆古籍存藏概况》,台湾学生书局 2002 年版

《中国古籍总目》编纂介绍

吴 格

《中国古籍总目》编纂，自1992年以来，经规划筹备、调查清理、编纂审订、定稿出版诸阶段，历时十七年终告完成。

中国传统文化发展具有悠久的历史，其文献记载历数千年而迄未中断。由汉文书写记录的历代文献，夙称汗牛充栋、浩如烟海，其数量之丰富、内容之深厚，举世无俦。中国古籍不仅记录承载了中华民族的传统文化，并对东亚乃至西方文明的进程产生深刻影响，是全人类共有的宝贵文化遗产。保护并继承中华民族文化遗产，要求今人对现存中国古籍作系统整理与研究，而整理研究须有所凭借，首先需要对文献资源作全面调查与清理。《中国古籍总目》的编纂出版，具有开创性与总结性，堪称中国古籍整理研究的重要成果。

编纂全面反映中国古代文献流传与存藏状况的总目录，是文献学界、图书馆界多年的共同理想。中国历代有编纂史志目录、公私藏书目录的传统，并重视书目编纂"辨章学术、考镜源流"的指导作用。史志与公藏目录多反映各朝皇家或官府的典籍积累，私家藏书目录则较多反映民间的文献收藏，两者各有局限，互为补充。收罗完备、著录详明、体例精严的总目录，唯有至文献典籍大多归于公藏，各地区、各系统图书馆开展联合编目的当代，才有可能产生。近代以来，各大图书馆逐步积累的馆藏古籍记录、与各学科专家合作编纂的专科目录，是《中国古籍总目》编纂的基础。1949年以来合众多图书馆之力集体编纂的《中国丛书综录》《中国古籍善本书目》等大型书目,为《中国古籍总目》编纂提供了文献调查与收集、书目汇总与校订的成功范例。

编纂《中国古籍总目》是中国图书馆界、文献学界的基础建设工程,因其前所未有的规模,具有里程碑式的意义。1949年以后尤其是近三十年来,中国古籍的整理及出版工作,作为国家支持的文化事业,取得了丰硕成果。20世纪90年代,图书馆界历时多年完成《中国古籍善本书目》编纂,基本著录了中国大陆现存的善本古籍。此后,继续开展并完成对现存中国古籍所有品种及其版本的全面调查与著录,即成为时代赋予今人的历史任务。1992年在北京举行的第三次全国古籍整理出版规划会议,不失时机地将编纂《中国古籍总目》列为国家古籍整理出版重点项目,由国务院古籍整理出版规划小组(现为全国古籍整理出版规划领导小组,下简称"古籍小组")主持,设立编纂办公室,并由国家图书馆等十一家图书馆古籍编目人员组成编委会,于1993年7月启动编纂工作。至1999年,编纂工作因机构调整等原因而中辍。该阶段的工作重点,主要用力于清理并汇总各馆古籍收藏记录,为《中国古籍总目》提供书目编纂基础。

2003年底,由古籍小组主持、古籍小组办公室具体组织,《中国古籍总目》编纂工作重新启动。依据工作需要及人员变动情况,组成以杨牧之为主任,詹福瑞、李岩为副主任,王兴康、朱强、吴建中、马宁、黄松等为委员的编纂出版工作委员会;调整并增补编委会成员,组成以傅璇琮、杨牧之为主编,陈力、吴格为副主编,孔方恩、任光亮、李致忠、李国庆、吴旭民、谷辉之、沈乃文、徐俊、徐忆农、高克勤、宫爱东、陈先行、崔建英、许逸民、张力伟、阳海清、鲍国强、韩锡铎等为委员的编纂委员会。此后,接受古籍小组委托,国家图书馆、上海图书馆、南京图书馆、北京大学图书馆、湖北省图书馆、天津图书馆具体承担了《中国古籍总目》各分部(类)的编纂任务,复旦大学图书馆相关人员也应邀参加编纂。调整后的编纂委员会,对《中国古籍总目》原定的收录范围、立目原则、分类表、著录规则等进行修订,并确立编纂工作流程及时间表,随即展开紧张工作。2004年以来,《中国古籍总目》编纂工作,严格按照"分卷主编馆编定初稿、编委会组织专家审订、分卷主编馆参照专家意见修改以形成定稿、编委会委托专人统一定稿、编委会委托专人及出版社审读定稿"的流程推进。依赖各相关图书馆的大力配合、各有关专家学者的热心支持,编纂人员辛勤劳动,有效合作,六载于兹,终克于成。

《中国古籍总目》是现存中国汉文古籍的总目录,旨在全面反映中国(大陆及港、澳、台地区)主要图书馆及部分海外图书馆现存中国汉文古籍的品种、版本及收藏现状。《中国古籍总目》以古代至民国初人撰著并经写抄、印刷的历代汉文书籍为收集范围,汇聚各家馆藏记录,在传统四部分类法的基础上,以经、史、子、集、丛书五部,分类著录各书的书名、卷数,编撰者时代、题名及撰著方式,出版者、出版时地、版本类型及批校题跋等信息,同时标列各书的主要收藏机构名称。各部陆续付印告竣,随即推出全书索引。《中国古籍总目》作为反映中国古籍流传与存藏状况的最全面、最重要成果,其编纂特点如下:

一、著录了现存中国古籍十七万余种。19世纪以来,随着中国社会转型及图书馆事业的发展,历代流传的典籍,渐次由私人收藏转为公共收藏。20世纪中叶以后,绝大部分的存世中国古籍,已成为国家及各地公共图书馆、高校及科研机构等图书馆的馆藏。参与《中国古籍总目》编纂的国内各大图书馆,所收藏古籍已涵盖现存古籍百分之九十以上品种,编纂中又吸收图书馆历年编纂的丛书、方志、家谱等联合目录成果,所录古籍收藏机构已逾千家,对现存中国古籍,完成了迄今最大规模的调查与著录。

二、著录了中国港、澳、台地区及日本、韩国、北美、西欧等地图书馆收藏的中国古籍稀见品种。现存中国古籍的总目录,理应反映全球收藏的中国古籍信息,限于人力物力,此项工作目前尚属起步。《中国古籍总目》已利用知见的中国港、澳、台地区及日本、韩国、北美、西欧等地图书馆古籍收藏目录,采录大陆图书馆未见著录的古籍品种,并为稀见品种增补了海外收藏机构名称。

三、著录了现存中国古籍的主要版本。中国古代典籍的撰著与流传,经历了漫长的过程。宋、元以降,历代典籍屡经写抄刊刻、汇编选辑,传存后世,版本极为复杂,人称书囊无底,难以穷尽。《中国古籍总目》的版本著录,不仅包括历代公私写抄、刻印、排印、影印之本,又综录佛、道二藏,旁搜秘本僻书,兼及批校题跋,囊括所有版本类型。至如丛刻单刻、汇印选印、增刊补版、抄配补本等版本特征,形式多样,著录歧异,整合归并,多费斟酌。《中国古籍总目》对于所著录古籍的版本描述,已具初步清理之功。

四、依据传统的四部分类法并有所突破。《中国古籍总目》沿用四部分类法类分古籍,并参酌《中国丛书综录》《中国古籍善本书目》等增损类目,部居类分,有条不紊。如照应现代图书馆编目及庋藏实际,将"汇编丛书"单列为"丛书部",与经、史、子、集四部并列,形成五部分类。《中国丛书综录》收录的"类编丛书",则分归四部之首,各设"丛编"以统之。又如明、清以来方志、家族谱编纂兴盛,清季新学流行,相关译著及著述繁多,遂因书设类,特于史部增立"方志类""谱牒类",子部增立"新学类",汇录相关书籍,以便读者即目求书。

五、为专家学者提供书目工具,为古籍同行提供交流平台。文献整理与研究中,书目指导的重要作用,久已成为共识。古籍编目似易实难,人才培养须经多年历练。近代以来,图书馆界曾涌现不少古籍编目专家,1949 年后历次全国性古籍联合目录编纂,多由目录版本专家主持。《中国古籍总目》编纂持续多年,参与其事者多经磨炼,已造就一批古籍编目骨干。然而,在近年开展的古籍保护、古籍普查工作中,面对全国数千家古籍收藏机构所藏的数千万册古籍,古籍编目力量仍嫌薄弱,可资参考的书目工具仍感不足。古籍书目编纂是一项逐步积累、渐臻完善的事业,书目收罗的完备与著录质量的精准,前修未密,后出转精,校核修订,迄无止境。《中国古籍总目》的编纂完成,不仅为古籍整理与研究者提供了前所未有的书目工具,又为古籍书目建设培养了后继人才,并提供了可持续发展的平台。各馆古籍编目人员利用《总目》及其索引,可收举一反三之效。《中国古籍总目》的著录质量,又可借助古籍读者与同行的核查比勘而精益求精。

六、吸收了古代文献研究最新成果。《中国古籍总目》初稿完成,编委会即分邀各学科专家学者参与审稿。参与审稿的数十位专家学者,来自文学、史学、哲学、宗教、军事、地理、医学、科技、艺术、出版等领域,遴选及于中国台湾地区及海外。各科专家学有专长,熟精文献,认真审阅,悉心校核,补苴罅漏,多所指正,及时反映了古代文献研究成果,由此提高《中国古籍总目》编纂质量,促进了图书馆界与学术界之交流。

《中国古籍总目》出版在即,行将接受读者与同行的检验。借此机会,我们对所有先后参与编纂的同道所付出的辛勤劳动,对所有参与审订的专家学者所提供的宝贵意见,对承担出版工作的中华书局、上海古籍出版社,表示诚挚的谢忱。并盼海内外古籍整理研究者与图书馆同行,不吝指教,惠予订正。(2009年6月)

原为《中国古籍总目》(中华书局、上海古籍出版社2012年版)"前言"之初稿

种系发生学方法在西方校勘学中的应用

苏 杰

余英时(2006)曾提到西方"文本考证学"的"源远流长""日新月异"①。对于西方校勘学传统的"源远流长",拙译《西方校勘学论著选》一书已约略呈现大概,本文将对西方"文本处理技术"的"日新月异",进行简要的介绍。

校勘学的科学化

胡适(1933)说:"西方校勘学所用的方法,实远比中国同类的方法更彻底、更科学化。"②回顾西方校勘学的发展历史,我们可以知道,胡适所说的"更彻底、更科学化"的校勘方法主要是指谱系法。

何为谱系法?校勘又称"考证""考据",最重"证据"。当证据存在分歧时,不能简单地"三人占则从二人之言"③,因为,"证据应当衡其轻重,而不是

---

① 余英时《老子古今》序,刘笑敢《老子古今》,中国社会科学出版社2006年版,第2、3页。
② 胡适《校勘学方法论——序陈垣先生的〈元典章校补释例〉》,《胡适文集》第5卷,北京大学出版社1998年版,第122页。
③ 《三国志·魏志·高贵乡公纪》载,少帝高贵乡公至太学与诸儒论学,问及郑玄与王肃对《尚书》同一问题的解释"二义不同,何者为是",博士庾峻对曰:"先儒所执,各有乖异,臣不足以定之。然《洪范》称'三人占,则从二人之言'。贾、马及肃皆以为'顺考古道'。以《洪范》言之,肃义为长。"中华书局1959年版,第136、137页。

计其多寡"①。要确定哪一种证据更为可信,就要搞清楚各种证据之间的关系。"谱系法"就是通过比较各种本子证据之间的同和异,勾勒出文本传播的历史谱系,进而得出文本歧变之前的"原型"。这种方法减少了校勘判断的主观随意性,因而是较为科学的。

"谱系法"的发明权被记在了德国校勘家卡尔·拉赫曼(Karl Lachmann,1793—1851)的名下,故又被称为"拉赫曼方法"。不过,这并不符合历史事实。

雷诺兹(L.D.Reynolds)和威尔逊(N.G.Wilson)指出:意大利古典学家波利提安(Politian,1454—1494)已经开始对范本依然存世的抄本正确地适用"剔除法"(eliminatio),法国古典学家斯卡利杰(Scaliger,1540—1609)提出了中世纪抄本的"原型"这一概念。德国神学家本格尔(J.A.Bengel,1687—1752)在谱系的基础上对《新约》抄本进行分类,"谱系法"已具雏形。1830 年卡尔·拉赫曼在为自己的《新约》校理本进行方法设计和论证的时候,对本格尔的方法进行了更为细致的表述②。

塞巴斯提亚诺·廷帕纳罗(Sebastiano Timpanaro)用谱系法对"拉赫曼方法"的来龙去脉进行了考察,认为:与谱系法相关的许多方法和意见可以上溯至文艺复兴时期,18 世纪《新约》研究者的贡献尤其巨大;在拉赫曼整理卢克莱修文本时对谱系法的表述(1850)之前,其他学者如聪普特(Zumpt)、里奇尔(Ritschl)、马兹维(Madvig)等已有大致相同的表述,特别是里奇尔的学生贝尔奈斯(Bernays)在其 1847 年发表的关于校理卢克莱修的论文中,已经对谱系法有了相当完整的表述;而拉赫曼本人,不但在其以前的文本校理中没有使用过谱系法,而且就在其对卢克莱修的校理中,也没有贯彻始终,存在一些根本性的错误;谱系法的创始之功应当归于施利特尔(Schlyter)、聪普特、马兹维,特别是

---

① Bruce M.Metzger, Bart D.Ehrman. *The Text of the New Testament*. New York: Oxford University Press, 2005, p.302.

② L.D. Reynolds, N. G.Wilson. *Scribes & Scholars*: *A Guide to the Transmission of Greek & Latin Literature*. 3rd edition. New York: Oxford University Press, 1991, pp.208-211.

里奇尔和贝尔奈斯①。

到胡适接触西方校勘学的时候,"谱系法"已有一百多年的历史,是相当成熟的方法。在19世纪初叶对"赛先生"热情礼赞的语境下,胡适强调指出西方校勘学的"科学化"。与此同时,西方也有不少人对"科学"推崇有加,将科学的方法运用到人文艺术领域蔚然成风。海瑟伦(R. B. Haselen)在其《科学对于抄本研究的帮助》(1935)一书中说道:"更为重要的是,科学开始改变学者面对其问题的态度,包括方法的使用和推理的过程……最重要的是爱因斯坦以及其他数学家的工作,他们对科学'思想'进行了彻底的革命。"②

不过,也有人对科学在校勘领域的适用性表示怀疑。英国古典学大师A.E.豪斯曼在其《用思考校勘》(1922)一文中指出:"校勘不是数学的一个分支学科,事实上根本就不是一门严格的科学……校勘工作跟牛顿研究行星运动完全不同,更像是狗抓跳蚤。如果一条狗用数学原理研究跳蚤的区域和数量,除非碰巧,否则它永远也抓不住一只跳蚤。"③路德维希·比勒尔(1960)认为,科学方法的机械使用导致了"校勘学的危机":"这种倾向作为对于过度臆测的一剂有益的解毒针而兴起,却一方面引向过度的批判,另一方面引向纯粹的假定构建。"④

事物的发展道路往往是螺旋式上升。20世纪80年代以来,随着自然科学和计算机技术的进一步发展,校勘学再次走向"科学化",主要表现为运用种系发生学方法考察文本传播的进化关系。

1991年,文本整理者暨计算机专家彼得·鲁宾逊和进化生物学家罗伯特·奥哈拉合作,以挪威古代叙事诗《斯维波达格之歌》(*Svipdagsmal*)为对象,尝

---

① Sebastiano Timpanaro. *The Genesis of Lachmann's method*. edited and translated by Glenn W. Most. Chicago: The University of Chicago Press. 2005. pp.102-118.
② 转引自路德维希·比勒尔《文法学家的技艺:校勘学引论》,收入《西方校勘学论著选》,上海人民出版社2009年版,第151页。
③ A.E.豪斯曼《用思考校勘》,收入《西方校勘学论著选》,第26页。
④ 路德维希·比勒尔《文法学家的技艺:校勘学引论》,收入《西方校勘学论著选》,第151页。

试用种系发生学方法厘清各抄本之间的关系,首次对豪斯曼的名言提出挑战①。后来鲁宾逊又与多人合作,用类似的方法整理英国文学名著《坎特伯雷故事集》,进一步拓展这一方面的研究②。克里斯多夫·豪等人《抄本进化论》(2001)以《坎特伯雷故事集》以及史诗《英格兰诸王》为例,对考察抄本进化的方法进行了介绍③。迈克尔·斯托尔兹《新文献学与新种系学》(2003)④对运用种系学方法并以电子版的形式整理沃尔弗拉姆(Wolfram)史诗《珀西瓦尔》(*Parzival*)进行了全面的报告。马修·斯潘塞《虚造抄本的种系发生学实验》(2004)⑤模仿真实抄本传播的过程,人为虚造出一个抄本系统,然后请不同的人用种系发生学方法构拟抄本的进化关系,将结果与真实的抄本关系进行对照,对种系发生学方法的可靠性进行检验。

我们将在以上文献的基础上,对西方校勘学运用种系发生学的情况进行简要的述评。

种系发生与文本演化之间的相似性

种系发生学(phylogenetics)是生物学的一个分支学科,主要从历史演化的角度研究生物种群之间的进化关系。物种随着时间的推移发生变化,可能分化成不同的枝系,或者杂交在一起,或者因灭绝而终结。这个过程可以用种系发

---

① Peter Robison, J. O'Hara. "Report on the Textual Criticism Challenge 1991". *Bryn Mawr Classical Review*, 1992, 3(4), pp.331-337.

② Peter Robison et al. "New methods of editing, exploring, and reading". *The Canterbury Tales*. http://www.canterburytalesproject.org/pubs/desc2.html.

③ Christopher J.Howe, Adrian C.Barbrook, Matthew Spencer, Peter Robison, Barbara Bordalejo and Linne R.Mooney. "Manuscript evolution". *TRENDS in Genetics*, Vol.17, No.3, 2001, pp.147-152.

④ Michael Stolz. "New Philology and New Phylogeny: Aspects of a Critical Electronic Edition of Wolfram's *Parzival*". *Literary and Linguistic Computing*, Vol.18, No.2, 2003, pp.139-150.

⑤ Matthew Spencer, Elizabeth A. Davidson, Adrian C. Barbrook and Christopher J. Howe. "Phylogenetics of artificial manuscripts". *Journal of Theoretical Biology*. Vol.227, No.4, 2004, pp.503-511.

生树进行形象的反映。化石的记录是零星的,不可靠的,种系发生学主要依据的是现在的 DNA 数据。种系发生树就是以关于进化事件发生的先后顺序的假说为基础而构建起来的。

种系学方法之所以可以应用于文本校勘,是因为种系发生与文本传播之间具有很强的可比性。对于这一点,克里斯多夫·豪等人的《抄本进化论》(2001)进行了很好的总结:

在 15 世纪古登堡活字印刷术推广之前,书的传播依靠的是抄工的手抄。抄工在抄写文本时常常出现一些错误,有时也会有意地予以改动。无论是出于有意还是无意,改动过的文本,都有可能成为下一个抄工的范本,从而讹变的文字扩散开来。在抄写过程中出现的讹变在下一轮抄写中繁衍开去的过程,与DNA 发生变异,并随着遗传繁衍开去的过程甚为近似。

甚至种系发生学中的一些特异现象也可以在文本传播嬗变中找到相对应的现象。例如重新组合(recombination)。进化就是分化,已分化的相近物种之间杂交混合,形成重组体,称作"遗传重组"(genetic recombination)。抄工在抄写文本的过程中,有时候会中途更换范本,从而造成文本拼凑补衲的情形。这与生物进化中的遗传重组颇为相似。

又如水平迁移(lateral transfer)。基因特征在历时种群之间的传承演化是"垂直进化",在共时种群之间的感染同化是"水平迁移"。共时的若干文本(而不是同一文本的若干变本)之间的混同,可以比作基因的水平迁移。

又如"窜句脱文"(homoeoteleutons)。在抄写过程中,抄工的视线从范本移向抄本,然后再移回范本。在移回范本的时候,抄工的视线并没有回到此前所看的地方而是回到后面出现同一个词的地方,从而导致中间内容的脱漏,称作"窜句脱文"。在遗传系统中,DNA 在两个短的直接重复之间的序列被删弃的现象,是重复因素的错位重组,或称为"滑脱复制"(slippage replication)。"滑脱复制"与"窜句脱文"内在机理大致相同。

又如趋同进化(convergent evolution)。无论由于什么原因,在不同的种群中出现同样的变化,称作"趋同进化"。不同的抄工在同一地域工作,可能因共同的方言产生相同的讹变,这其实也是一种趋同进化①。

种系发生学方法

西方古典校勘和《圣经》校勘所要处理的文本证据,有相当大一部分是抄本。同一文本的存世抄本数量有时候可达几十种、几百种之多,《新约》的抄本数量甚至有数千种。面对数量如此庞大的资料,如果用传统的谱系法,非经年累月,不能有个结果。

进化生物学家们研究种系发生,已经取得了巨大的成就,特别是利用计算机技术,对各种数据进行自动化处理,发展出一系列方法和程序。如果这些方法和程序可以用来处理与种系数据相类似的抄本异文信息,那将会大大提高研究的速度。

研究种系发生,最为关键的是对生物进行分类。分类的方法大致可分为枝序分类法(Cladistics)和表型分类法(Phenetics)。枝序分类法着重研究种群在其进化历史上分蘖事件(branching events)的顺序。表型分类法则是根据生物体的相似程度对种群进行分类②。

分类所依据的数据有两种,一是特征数据(character data),二是距离数据(distance data)。特征数据的表述形式是:物种 x 具有特征状态 k。距离数据的表述形式是:物种 x 和物种 y 之间的差距为(譬如说)3.2 单位③。特征数据是原始数据,距离数据是由特征数据计算获得。采用特征数据的分析方法又可称为特征方法,采用距离数据的分析方法又可称为距离方法。

---

① Christopher J.Howe, Adrian C.Barbrook, Matthew Spencer, Peter Robison, Barbara Bordalejo and Linne R.Mooney. "Manuscript evolution". *TRENDS in Genetics*, Vol.17, No.3, 2001, pp.147-152.
② http://www.icp.ucl.ac.be/～opperd/private/phenetics.html.
③ http://rjohara.net/darwin/logs/07/07-095.

最大简约法(maximum parsimony)是枝序分类法的代表,最大似然法(maximum likelihood method)是表型分类法的代表。此外,还有距离矩阵法(distance matrix method)。

最大似然法虽然广泛适用于生物学领域,但在用于抄本分析时却存在困难[①]。因而目前用于文本种系分析的主要是最大简约法和距离矩阵法。

最大简约法的原理是,生物演化应该遵循简约性原则,所需变异次数最少(演化步数最少)的进化树,可能是最符合自然情况的系统树。由此出发,1991年美国佛罗里达州立大学生物学教授大卫·斯沃福德(David Swofford)研发出"用简约法分析种系"(Phylogenetic Analysis Using Parsimony)程序,简称PAUP[②],是目前适用范围较广的种系发生分析软件之一。

距离矩阵法方面,最常用的方法是"邻接法"(Neighbor-Joining)。另外,德国比勒费尔德大学数学教授A.德雷斯等人研发的"分裂—分解"(split-decomposition)法也是在距离矩阵的基础上推导生物种系,相关的"分裂—树"(SPLITSTREE)程序往往被用来分析抄本系统[③]。

文本的转写、校对和编码

在运用有关种系发生分析软件对文本信息进行处理之前,先要对有关抄本进行转写、校对和编码。

(一) 转写

转写(transcription),就是将纸本文件的内容转写为可机读的电子文件。

[①] Matthew Spencer, Elizabeth A.Davidson, Adrian C.Barbrook and Christopher J.Howe. "Phylogenetics of artificial manuscripts". *Journal of Theoretical Biology*, Vol.227, No.4, 2004, pp.503-511.

[②] http://paup.csit.fsu.edu/index.html.

[③] A. Dress, D. Huson, V. Moulton. "Analyzing and visualizing sequence and distance data using SPLITSTREE". *Discrete Applied Mathematics*, Vol.71, 1996, pp.95-109.

鲁宾逊和斯劳波瓦《〈巴斯妇故事〉之序言抄本转写的指导原则》(1993)①是这一方面的代表性文献。其"转写理论"主要有以下四点：

(1) 将抄本内容转写为可机读的电子文件，从根本上讲是一种阐释活动。

(2) 转写存在层次选择的问题，按照忠实度从高到低依次有：

Graphic 式，较为忠实地记录原始文件的文字形体，类似于摹写；

Graphetic 式，区分字母的各种写法，相当于中文古籍转写时保留异写字；

Graphemic 式，区分词的各种拼写，相当于中文古籍转写时保留异构字②；

Regularized 式，对词的各种拼写进行统一化，相当于中文古籍转写时对异体字进行规范化。

(3) 就转写的目的而言，Graphic 式（"摹写式"）和 Regularized 式（"规范式"）都不可取。

(4) 合理的做法是，在 Graphemic 式的基础上，适度向 Graphetic 式倾斜，相当于中文古籍转写时在保留异构字的基础上，保留一部分异写字。

(二) 校对

校对(collation)，就是将各个抄本的转写文件进行逐行对照，按词对齐，记录有意义的异文，生成关于所有本子之异同的尽可能精确的记录。克里斯多夫·豪等(2001)以史诗《英格兰诸王》第 13 行为例对此做了说明。该行 6 个抄本和 1 个印本的文字如下：

ffourtene yeere he bare his crowne l reede	Ashmole59
xiiije yere he bare his crowne in dede	Bodley48
xiiije yere bare his corone in dede	Bodley686
ffourtene yere he bare his croune l rede	CULAd6686

---

① Peter Robinson and Elizabeth Solopova, "Guidelines for Transcription of the Manuscripts of the Wife of Bath's Prologue". *The Canterbury Tales* Project Occasional Paper I, 1993, pp.19-52. 见 http://www.canterburytalesproject.org/pubs/opl-transguide.pdf.

② 关于"异写字"与"异构字"，参看王宁《汉字构形学讲座》，上海教育出版社 2002 年版，第 84 页。

ffourtene yere bare he his crowne in dede　　　　　　Harley2261
fortene bare hys crown in dede　　　　　　Lansdowne210
Bare the crowne xij yere xi monthes & xvi dayes in ded
　　　　　　　　　　　　　　　　　　de Worde（印本）

这一行文字的意思大致是，"事实上他在位十四年"。校对结果如下：

ffourtene	yeere	he	bare	his	crowne	l	reede
xiiije	yere	he	bare	his	crowne	in	dede
xiiije	yere		bare	his	corone	in	dede
ffourtene	yere	he	bare	his	croune	l	rede
ffourtene	yere	bare	he	his	crowne	in	dede
fortene		bare		hys	crown	in	dede
Bare the crowne xij yere xi monthes & xvi dayes in							dede

最后一行可照其他本子乙转如下：

　　xij　　yere xi monthes & xvi dayes　Bare the crownein dede

（三）编码

编码（encoding），就是将转写文件的校对结果转化为种系发生学分析软件可以直接处理的形式。克里斯多夫·豪等（2001）将以上各行的异文信息编码如下：

　　AAAAAAAHH　　　　　Ashmole59
　　AAAAAAAAA　　　　　Bodley48
　　AAASAAAAA　　　　　Bodley686
　　AAAAAAAHH　　　　　CULAd6686
　　AAARAAAAA　　　　　Harley2261
　　ALASAAAAA　　　　　Lansdowne210
　　HAESRMAAA　　　　　de Worde

最后一行de Worde印本的文义大致为"事实上在位（字面义："戴王冠"）十二年十一个月又十六天"，编码含义如下：

H 表示从"十四"(ffourtene 或 xiiije)变为"十二"(xij);

A 表示没有发生变化的"年"(yere);

E 表示一行中的一部分发生变化(衍增"十一个月十六天"[xi monthes & xvi dayes]);

S 表示脱漏"他"(he);

R 表示舛倒,即"戴"(bare)的前移;

M 表示限定词"他的"(his)替换为定冠词"这个"(the),意义差别不大;

AAA 表示"王冠"+"在"+"事实上"(crowne in dede)3 个单词相对于底本没有变化。

应当说,在将校对结果进行编码时,比较棘手的是衍文和夺文,因为这在按词对齐时会乱了阵列。在这里西方校勘家借用种系学中的"空位"(gap)概念来概括衍文和夺文两种现象。对于"空位",种系分析软件允许三种处理方式:忽略空位,把空位当作一个特殊的异文,或者排除掉包含空位的整列①

异文的情况还可以以异文为目加以记录。鲁宾逊等(1992)以《斯维波达格之歌》的 44 个抄本为例进行了说明:

这些文件可以用两种格式展示。格式 A,每一行以异文数码开始,继之以标志抄本的数码,中间空一格。如此则"6 1 2 7"表示异文 6 只出现于抄本 1、2 和 7。格式 B,每一行首列异文数码,空一格,然后是 44 个 0 或 1。1 表示相应位置所对应的抄本中有该异文,0 表示相应位置上所对应的抄本中没有该异文。如此则为 6 1100001000000000000000000000000000000000000000。

用种系发生学方法分析抄本系统的几个实验

如前所说,近二十年来,西方文本整理者、计算机专家以及生物学专家共同

---

① Matthew Spencer, Elizabeth A. Davidson, Adrian C. Barbrook and Christopher J. Howe. "Phylogenetics of artificial manuscripts". *Journal of Theoretical Biology*. Vol.227, No.4, 2004, pp.503-511.

努力,尝试用种系发生学方法重建若干中世纪抄本系统的传播历史,取得了可喜的成果。这里将这些跨学科的实验综述如下①:

(一)《斯维波达格之歌》抄本系统

《斯维波达格之歌》是挪威古代叙事诗,现存古抄本 47 个,是 1650 年至 1830 年之间分别用冰岛语、丹麦语以及瑞典语写成。因时代晚近,这些抄本之间的关系大多是清楚的。这一点,为验证种系发生学方法分析结果提供了可能性。这也是鲁宾逊选择该文本开展实验的原因。

首先,鲁宾逊根据外部证据并用传统谱系法,对《斯维波达格之歌》的抄本进行了分组,得出一个抄本关系列表。然后,鲁宾逊对各抄本进行转写、校对和编码,并将编码后的文件交给几个生物学家,请他们用种系发生学方法进行分析处理。这几个生物学家在对编码文件所对应的抄本完全不了解的情况下,用两种不同的种系发生学方法进行处理,分别得出种系发生树。有两位生物学专家采用类聚统计法(statistical clustering techniques),结果不是很理想;奥哈拉采用枝序分类方法,借助 PAUP 软件所得出的种系发生树,与鲁宾逊根据外部证据所得出的抄本间的关系大致吻合。

为什么枝序分类法会获得成功? 鲁宾逊总结了三点原因:(1)枝序分类法对祖传异文和派生异文进行了区分,主要根据共同的派生异文对抄本进行分组,这与传统的谱系法在原理上非常接近。(2)枝序分类法提供了一个绕开所谓"对校的悖论"的方法。E.塔尔博特·唐纳逊(E. Talbot Donaldson)曾指出:在知道原型之前,我们无法构拟谱系,但是如果没有谱系,我们就无法确定哪一个异文是原型②。面对这一困境,我们可以用枝序分类法构拟一个无根的树(unrooted tree),从而将整个树的祖本异文(即所谓"原型")问题暂且搁置起来。

---

① 克里斯多夫·豪、鲁宾逊等人《抄本进化论》(2001)的核心内容与《坎特伯雷故事集》的有关种系发生学应用实验大致相同,这里略过不提。

② E. Talbot Donaldson. The Psychology of Editors[A]. *Speaking of Chaucer*. London: Athlone Press,1970,pp.102-118.

(3)枝序分类法明确以树的模型开展工作,认为相似性不等于同源性。类聚统计学方法则主要是在相似性的基础上进行类聚统计分析,因而效果不如枝序分类法好。

用枝序分类法分析《斯维波达格之歌》所获得的成功具有重要意义。那些抄本多,部头大,关系复杂,令传统谱系法束手无策的文本传承系统,将有望得以厘清。在此基础上,文本整理者、语言史研究者以及文化史研究者的研究都将获得进展。

(二)《坎特伯雷故事集》抄本系统

乔叟《坎特伯雷故事集》的文本问题是英语文学文献中最为困难的难题之一。1400年,乔叟辞世时该书并没有完成,1500年前的各种本子流传至今共有88种,其中84种是抄本,4种是早期印本,大约有60种相对完整。六百年的传抄和整理都未能根本解决其文本问题。20世纪二三十年代约翰·曼利(John Manly)和伊迪思·里克特(Edith Rickert)对《坎特伯雷故事集》的文本系统进行艰苦的梳理,先后制作了6万多张校对卡,在此基础上分析了文本传承,并最终在1941年推出了一个整理本。但是他们的工作没有获得成功,没有人采信他们的整理本,学者们对他们的方法进行了严厉的批判。从此人们视此为畏途,少有问津者。

1989年,鲁宾逊开始用《坎特伯雷故事集》的部分内容验证其所研发的校对程序。1991年之后,伊莉莎白·斯劳波瓦(Elizabeth Solopova)和诺曼·布莱克(Norman Blake)先后加入该项研究,共同制定了研究方案。他们借助计算机技术,采用种系发生学方法,有步骤地对《坎特伯雷故事集》各部分进行分析研究,并以光碟形式逐步出版他们分析过程的所有文件,使读者可以验证他们的方法。

在他们的网站上可以看到对该项目的介绍——"《坎特伯雷故事集》阅读、研究和整理的新方法"①。关于文本的转写、校对和编码等步骤已见前述。在编

---

① Peter Robison, J.O'Hara. "Report on the Textual Criticism Challenge 1991". *Bryn Mawr Classical Review*, 1992, 3(4), pp.331-337.

码之后,他们用了两个种系发生学方法分别作进一步的处理。

首先,他们采用"分裂—分解"方法,用 SPLITSTREE 程序对《坎特伯雷故事集》总序的前 250 行的 21 个抄本的异文信息进行分析,得出 SplitsTree 图(图 1)。

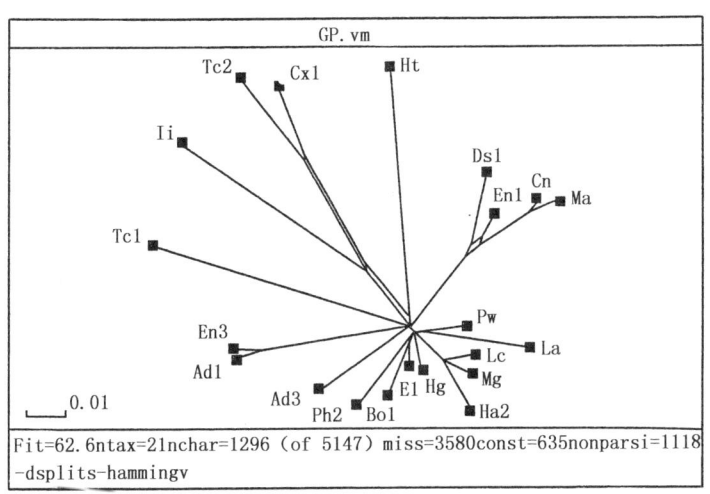

图 1

这个多歧树形图告诉我们,文本传承有一个根本的分裂:从 Ad3、Ad1、En3 顺时针旋转一直到 Ds1、En1、Ma 的各枝系构成上部(称为 α 组);从 Ph2、Bo1 逆时针旋转一直到 Pw、La 各枝系构成下部(称为 O 组)。此外,它还告诉我们,在这两个大组中还存在多个小组:如 Ds1、EN1、Cn、Ma 小组(称为 A 小组)和 Ii、Tc2、Cx1 小组(称为 B 小组),而 Ht 可能来自于 A、B 两个枝系的根系。

应当说明的是,在这个树形图中,枝条的长度代表差异的距离。另外,这是个无根树,并没有告诉我们哪个抄本最接近乔叟的原稿。树的中心点并不一定就代表根部。不过,学者们用传统谱系法所推导出的最接近原稿的抄本 Hg,倒正好是在树的中心点①。

---

① Christopher J.Howe, Adrian C.Barbrook, Matthew Spencer, Peter Robison, Barbara Bordalejo and Linne R.Mooney. "Manuscript evolution", *TRENDS in Genetics*, Vol.17, No.3, 2001, pp.147-152.

他们又采用枝序分类法,用 PAUP 软件,得出枝序图(cladogram)(图 2)。

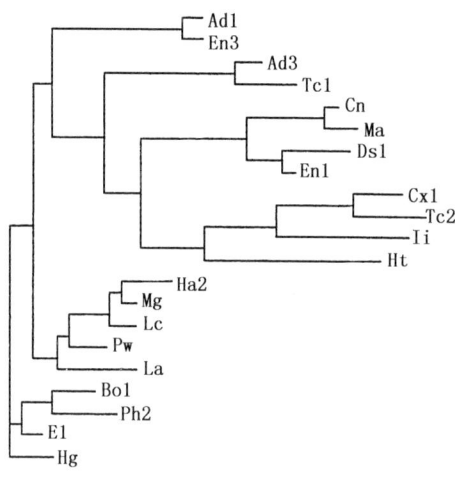

图 2

不难看出,用两种程序所得到的抄本分组十分接近。不过,鲁宾逊等人仍然非常谨慎:"这些程序所得出的抄本关系图不是我们分析的终点,而是起点。我们学会了质疑这些程序:它们的结果有可能偏离正轨,有时非常离谱,从数据上校勘学家一眼就能看出是不合逻辑的。因而,我们用这些程序得出关系线索,然后再用其他方法进行探寻,确认,澄清,拓展,或者否定。"①

(三)《珀西瓦尔》抄本系统

沃尔弗拉姆的《珀西瓦尔》是欧洲中世纪最重要的史诗作品。因其内容复杂,篇幅巨大,抄本繁多,整理难度颇大。迈克尔·斯托尔兹(2003)对在新的历史条件下整理《珀西瓦尔》进行了尝试和讨论,提出了"新文献学"(New Philology)和"新种系学"(New Phylogeny)两个概念。其所谓"新种系学",就是指生物种系发生学方法在文本校勘中的运用。

---

① Christopher J. Howe, Adrian C. Barbrook, Matthew Spencer, Peter Robison, Barbara Bordalejo and Linne R. Mooney. "Manuscript evolution". TRENDS in Genetics, Vol.17, No.3, 2001, pp.147-152.

斯托尔兹认为,"新文献学"强调文本传播的多样性和中世纪文本的不稳定性,放弃定于一尊的等级谱系,转而探寻中世纪文本的不确定性背后的意义和价值;而"新种系学"则是聚焦于抄本之间的关系和分类,以之作为文本校勘判断的基础。《珀西瓦尔》新的校理本必须考虑大量的异文,在新文献学和新种系学二元对立的方法论格局下确立文本。在新种系学方面,生物学家与文献学家的合作清楚地证明了两个学科所面临的问题的相似性。为分析生物进化关系而编写的计算机程序被证明对于确定抄本之间的关系也是有用的,在比传统方法用时要省很多的情况下,可以对抄本进行清楚明白的分类。在新文献学方面,电子媒介技术为清楚展示中世纪文本的嬗变提供了条件。电子显示文本是新校理本不可或缺的前提,同时其本身也是一个整理本,有其自身的价值。这样的整理本使读者可以参与到校理的过程之中,将在不同异文间取舍的权利留给他们。另外,在这一过程中所形成的抄本数据库对于文学史研究者和语言史研究者也都有重要意义。

(四)虚造抄本系统的实验

用实际存在的抄本系统进行种系发生学分析的实验,可以将其结果与用传统的谱系学方法所得出的结果互相对照,从而检验其有效性。然而这并不是终极的验证,因为两种关于抄本间关系的构拟结果,都只是假说(hypothesis)。有鉴于此,马修·斯潘塞等虚造了一个抄本系统(当然,这个系统中各抄本之间的关系,就是确切无疑的),然后用多个种系发生学方法进行实验,从而对种系发生学方法的适用性进行最终的验证。

他们以《珀西瓦尔》哈托(A.T. Hatto)英译本的前8段(834个词,49个句子)为基础制造抄本系统。之所以做这样的选择,是因为这是一部文学作品,长度适合志愿抄写者(剑桥大学的研究生)在较短时间内抄完(20到50分钟),而且有一些不寻常的语言现象,可以产生一些讹误以供分析。虚造传承中的第一个文本是直接从印本抄写而来。接下来的20个抄本是以此前抄本的复印本为范本抄写而来。他们要求抄写者仔细、清晰地抄写其范本,但没有告诉他们研究目的是什么,对于明显的拼写错误和标点错误是否应当校正,也没有做任何要求。由此得到一个完全的抄本传播系统,这些抄本之间、抄本组之间的关系,称为"真实种系"(true phylogeny)。

他们对这些抄本进行转写和校对,形成以抄本为行,以单词为列的阵列。如果有单词的衍增或脱漏,就用空位(gap)代表。他们把这个阵列通过编码转化成生物种系学中常用的 NEXUS 格式文件,交给没有参与第一阶段工作的其他几个人(记为 ACB),让这几个人用种系发生学方法重建文本传播的历史。套用论文"盲审"的说法,这可以称之为"盲析"(blind analysis)。

ACB 等人采用多种方法(邻接法、最大简约法、分裂—分解法)和软件尝试重建这个虚造文本的种系。因为真实文本在传播中往往会发生抄本亡佚,所以他们还从全部抄本中任意选取一部分做子集合的种系分析,借以考察抄本亡佚对于种系重建的影响。

这个实验的结果表明,用种系发生学方法重建文本传播的进化历史虽然并不完美,但总的说来十分接近真实种系,种系发生学方法可以用于对抄本进化的分析研究。

结　　语

近些年来,种系发生学的方法越来越多地被运用到人文社会科学领域,为语言史、文化史的研究打开新的局面[①]。用种系发生学方法研究文本谱系,正是在这一潮流中应运而生。

西方文本整理者认识到,文本在复制过程中发生讹变与生物在进化过程中

---

① 语言史方面的研究如美国 Don Ringe 等正在进行的"历史语言学中的计算机种系发生学"(COMPUTATIONAL PHYLOGENETICS IN HISTORICAL LINGUISTICS)项目,参看 http://www.cs.rice.edu/~nakhleh/CPHL/;文化史方面的研究,可参看如 Ruth Mace 等"用种系发生学方法研究文化进化"(A phylogenetic approach to cultural evolution),*Trends in Ecology & Evolution*. Vol. 20, No. 3, 2005, pp. 116-121.

发生变异,两者十分近似,从而产生了用生物种系发生学方法分析文本传播过程的想法。西方的文本整理者借助计算机技术,运用种系发生学方法分析文本传承关系,取得了令人欣喜的成果,证明了这种方法跨学科应用的可行性和有效性。总的来说,这一方面的研究有以下几个特点:

一是多个学者的分工合作。个案研究中所面临的抄本系统庞大而又复杂,只有众人协同工作,才能有效推进。前面介绍的几种研究文献,除了迈克尔·斯托尔兹是单独署名外,其他都是集体合作,而且是你中有我,我中有你,形成了一个学术共同体。

二是多个学科的交流融合。运用种系发生学方法重建文本传播的历史,需要综合文献学、计算机应用、统计学以及种系发生学等几个学科领域的知识、技术和方法。

三是寻找自然科学与人文艺术之间的契合点与平衡点。A.E.豪斯曼反对用数学原理、用统计学的方法研究文本问题,认为校勘更像是"狗抓跳蚤",需要具体问题具体分析。鲁宾逊等人尝试用种系发生学的方法重建文本的传播历史,是对豪斯曼观点的挑战。不过,他们也认识到这种方法的局限,认为种系发生学方法所得出的结论不是终点,而是起点,需要校勘者进一步的鉴别和判断。

正如胡适(1933)所说,中西校勘学在研究方法上有"殊途同归"的一面,但总的来说,西方校勘学的方法"更科学化",值得我们学习和借鉴。种系发生学方法在文本校勘中的应用,是西方校勘学科学化的最新的体现,无疑值得我们关注。本文的综述不一定全面,介绍也不一定准确,抛砖引玉,希望有更多的国内同行关注西方校勘学,也希望国内生物学以及计算机应用方面的专家学者关注其技术和方法在文本校勘中的应用,共同推进对西方校勘学的研究和借鉴,最终提高中国校勘学的理论水平和实践效果。

原载《古典文献研究》第十三辑,凤凰出版社2010年版

编　后　记

去年是复旦大学中文学科建立一百周年,系主政者觉得总结百年来的学科成就,是最好的纪念,因此有系列中文学科建设丛书编纂的构想。本书是其中古典文献学研究专卷。书名包括两层含义。"蛾术"一词,语出《礼记·学记》:"蛾子时术之。"元儒陈澔解释是:"蛾子,虫之微者,亦时时述学衔土之事而成大垤。"借此比喻学者因积学而渐臻大道。既可以指勤学,也可以指不轻弃局部细微之积累,日渐月增,得成大器。清人王鸣盛的读书札记《蛾术编》,即用此意。本系治古籍文献学之前辈王欣夫先生,继承乾嘉正学重版本、严考据之传统,以备收善本、校勘群籍为职志,所著《文献学讲义》《藏书纪事诗注》等著,久已享誉学林。他的书斋名"蛾术轩",所著遗稿后整理为《蛾术轩箧存善本书录》及《题跋》出版。收入本书之作者,有的是王先生的同事,有的是他的学生,但多数与他本人并没有学术上的师承。因为王先生的长期坚持,他与许多前辈学者的共同倡导,本系从成立之初,就以"整理旧文学,创造新文学"为办系宗旨,以新旧治学方法的兼容并蓄为特色,从读书而做札记,经文献考辨而积累学术心得,传统始终没有中断。我从学也晚,入学时王先生归道山已逾十年,但读书应选择版本,书不经手校不可轻从,学术应从做读书札记开始,无论做哪路研究,都应以踏实的文献阅读为基础,这些基本的治学原则,是我开始学术摸索时就已耳熟能详的基本原则。此后能有一些创获,应与当年入门稍正有关。

本书凡收文四十一篇,作者三十九人,其中十六人已经辞世,在世作者之任

编后记

职单位包括本校中文系、语文所、古籍所、图书馆等。出土文献与古文字研究中心也有学者做类似之研究,因已另成单元,相关论文没有收入本书。

读者不难发现,收入本书内的文章,上自上古,下及晚近,旁及四部,不弃域外稗俗,所有作者皆依凭各自之学术兴趣,浩浩汩汩地表达所见。其间没有中西学术之区隔,也没有文、史、哲之分野,唯一坚守之原则,为言必有据,言从己出,言能成说,言期存远。这正是复旦中文学科百年来始终保持学术活力、长盛不衰的根本原因。

我没有能力概括所有各家治学的特点,也不拟逐篇介绍各文的成就,只是希望借以上之介绍,传达从传统学术到现代学术,经历了百年的时代剧变,乾嘉考据,民初大师,欧风美雨,革命开放,学术在夹缝中生存,学者在真知与良心间徘徊,何去何从,任何人都曾认真思考。我不否认本系前辈与同仁也都走过许多弯路,但从总的精神上来说,则尚能保存学术薪火,将独立踏实的学风坚持至今。本书所收作者,年龄最长者出生于19世纪最后十年,经历了从科举教育到现代学校的转型;最年轻的作者还不到四十岁,是学位教育制度恢复和普及后成长的一代。大约估计,就学术年轮来说,经历了四五代人。从各家师承与治学兴趣来说,或偏于版本流传,或寻求训诂真义,或因典籍考察历代治乱,或因细节探索风俗移易,或质疑文献而勇创新说,或叙录典坟而能提纲挈领,或从域外介绍中土失传之要籍,或据甲骨审视上古巫蛊之行事,硬要区分流派,大约划切十多家也很难统摄,如果要概括基本追求,则必为谨守传统,尊重实学,开阔视野,倡导多元,不愿墨守,更不愿盲从。就文献考据之学来说是如此,就本系百年历程来说,又何尝不是如此呢!

本书之编成,承复旦大学中文系、语文所、古籍所、图书馆相关各同仁之大力支持,夏婧博士承担了主要编务,商务印书馆先后责任编辑倪文君、阎海文认真校订,亦均在此致谢!

编选者

2018年11月